JUDITH JASMIN

Dᴇ ʟᴀ ᴍêᴍᴇ ᴀᴜᴛᴇᴜʀᴇ

Le Silence des médias (les femmes, les hommes et l'information), Montréal, Les Éditions du remue-ménage, 1987.

Défense de la liberté, textes de Judith Jasmin recueillis et présentés par Colette Beauchamp, Montréal, Éditions du Boréal, 1992.

Colette Beauchamp

JUDITH JASMIN
1916-1972

De feu et de flamme

Boréal

Cet ouvrage a été publié avec l'appui du Programme
de subvention globale du Conseil des Arts du Canada.

Conception graphique: Gianni Caccia
Photo de la couverture: Radio-Canada

Dépôt légal – 4e trimestre 1992
Bibliothèque nationale du Québec

Diffusion au Canada: Dimedia
Distribution en Europe: Les Éditions du Seuil

Données de catalogage avant publication (Canada)

Beauchamp, Colette

Judith Jasmin, 1916-1972: de feu et de flamme

Comprend des réf. bibliogr. et un index.

ISBN 2-89052-508-2

1. Jasmin, Judith, 1916-1972. 2. Journalistes – Québec (Province) Biographies. I. Titre. II. Titre: Judith Jasmin, dix-neuf cent seize-dix-neuf cent soixante-douze. III. Titre: Judith Jasmin, mille neuf cent seize-mille neuf cent soixante-douze.

PN 4913.J38B42 1992 070.92 C92-097263-2

En hommage à

Madeleine Parent et Léa Roback,
contemporaines de Judith Jasmin,
pionnières de la lutte ouvrière et
ardentes féministes des années 1990,
pour leur courage
de ne jamais s'être tues,
de ne jamais s'être rangées

AVANT-PROPOS

Au décès de Judith Jasmin, le 20 octobre 1972, sa collègue Andréanne Lafond affirma: «Le meilleur journaliste québécois n'est plus.» L'animateur de télévision Pierre Nadeau, qui avait été son protégé à ses débuts dans le métier, eut ce commentaire: «Judith Jasmin, c'était un phénomène dans le métier de l'information politique.» René Lévesque, qui avait créé avec elle en 1953 le premier service de reportages du réseau français de Radio-Canada et qui allait être premier ministre du Québec du 15 novembre 1976 au 20 juin 1985, confia: «Dans le métier, c'est un des cas les plus exceptionnels que j'ai rencontrés. Cultivée, honnête, Judith Jasmin était aussi très attachante et d'une grande générosité. (...) Quelle brillante journaliste! Judith Jasmin, c'était un gros morceau[1]...» Quant à son amie de vingt ans, la journaliste Solange Chaput-Rolland, elle déclara sur les ondes de la station montréalaise CKAC: «Le Québec perd, avec la mort de Judith Jasmin, l'un de ses observateurs les plus passionnément attentifs à son évolution... Ce n'était pas seulement une très grande journaliste de radio et de télévision; c'était une femme complète, passionnément attentive à toutes les manifestations des humains partout où ils vivent, peinent, travaillent, luttent[2].»

Toute une génération de journalistes — en particulier les femmes — la considère comme son inspiration et sa mère spirituelle. Nombre de ses collègues disent qu'elle n'a pas encore été remplacée. Ceux et celles qui l'ont approchée en parlent avec émotion.

Un prestigieux prix annuel de journalisme, créé en 1975 par le Cercle des femmes journalistes, porte son nom ainsi que, depuis 1979, l'un des pavillons principaux de l'Université du Québec à

Montréal, sans compter un parc dans le voisinage de la Maison de Radio-Canada et un centre d'accueil pour personnes âgées. Le nom de Judith Jasmin est auréolé de respect bien qu'elle n'ait pas à proprement parler connu la gloire de son vivant. Pionnière de la presse électronique au Québec, elle fut la première femme à s'y imposer comme grand reporter, traitant «comme les hommes» les sujets chauds de l'heure, aussi à l'aise en entrevue avec les grands écrivains de ce monde ou les chefs d'État qu'avec les gens de la rue. Elle fut aussi la première femme canadienne à être correspondante à l'étranger. Sa stature professionnelle et sa contribution, dans les années cinquante et soixante, à la création et à l'évolution du Service des affaires publiques du réseau français de Radio-Canada, qui eut un impact extraordinaire sur une société avide de changement, suffiraient à justifier la présente biographie.

Mais il y a plus. Au tournant des années soixante, chaque fois que je voyais l'un des grands reportages que cette journaliste ramenait d'un coin du globe, j'étais émue, bouleversée, je vibrais. Encore aujourd'hui me reviennent en mémoire des images précises de ses émissions sur la première année de la révolution cubaine, l'Espagne de Franco, le Haïti de François Duvalier, l'Algérie indépendante, la Suède, les pays d'Amérique latine, la faim dans le monde, les Inuit, les Indiens du Grand Nord québécois. Et comment oublier les topos que, du siège des Nations Unies à New York et de Washington où elle fut successivement correspondante de 1966 à 1970, elle envoyait aux bulletins de nouvelles télévisés de Radio-Canada, et dans lesquels elle nous expliquait avec une telle maîtrise et une telle perspicacité les questions complexes de politique internationale débattues à l'ONU! Ses billets de cinq minutes de Washington nous amenaient au cœur d'une Amérique déchirée par les luttes raciales et sociales, et par les assassinats du sénateur Robert Kennedy et du leader noir Martin Luther King. Son commentaire sur la mort du sénateur Kennedy en juin 1968 demeure un chef-d'œuvre du genre.

Judith Jasmin était différente des autres journalistes. Au-delà des faits qu'elle savait mettre en perspective avec une rare intelligence et une exceptionnelle rigueur, elle communiquait une autre dimension des réalités, que je sentais sans pouvoir encore la définir. Elle dégageait aussi autre chose: une intensité d'être, une conscience de la responsabilité sociale, une volonté de cerner le réel dans son endroit et dans son envers. En classant de vieux papiers du temps de mes débuts journalistiques, j'ai trouvé une note griffonnée au crayon sur une feuille de papier pelure froissée que je ne me souvenais pas d'avoir écrite: «Je veux, comme Judith Jasmin — une femme intelligente, et, comme il arrive à une personne de ce calibre, un peu en avance sur son temps — être contre, surtout contre la bêtise!» Je la voyais s'engager en faveur de la laïcisation des écoles, et «être contre» signifiait pour moi aller à contre-courant, prendre parti contre ce qui brime les êtres humains.

Deux incidents dans ma jeunesse ont eu une influence déterminante sur mon avenir de femme. Le premier, lorsque j'avais dix ans. J'habitais Valleyfield. Un soir du mois d'août 1946, après le souper, nous allions en famille faire un tour en voiture. Tout à coup, je vois, devant nous, dans la boîte arrière d'un gros camion, debout au milieu d'ouvriers, une femme, jeune et belle, un porte-voix à la main, en train de haranguer les passants. C'était la syndicaliste Madeleine Parent.

La mauvaise réputation que lui faisaient dans la ville les bien-pensants était parvenue jusqu'à mes jeunes oreilles: «Une femme dangereuse, déplacée, aux mœurs légères, une femme de vie douteuse, une put... quoi, qui n'avait pas d'affaires là.» Pas plus d'ailleurs, selon eux, que son comparse, Kent Rowley, «l'agitateur communiste venu de Montréal fomenter la grève à l'usine de la Dominion Textile». La vision de cette jeune syndicaliste en action m'avait pourtant secouée d'exaltation: une femme, ça pouvait aussi être ça! Et j'ai su instantanément dans mon cœur qu'on la calomniait. Je n'en ai parlé à personne, bien sûr, mais j'étais folle de joie et, pendant plusieurs jours, je me suis souri à moi-même, j'ai ri et j'ai dansé toute seule.

J'avais dix-huit ou dix-neuf ans. Un soir, à un spectacle du Théâtre du Nouveau Monde, je vis arriver Judith Jasmin, les cheveux légèrement en broussaille, sans maquillage, vêtue du «trench-coat» à l'européenne, des souliers plats aux pieds. Tenant amoureusement par le bras un jeune homme petit, de quinze ans son cadet, cette grande femme d'une quarantaine d'années riait aux éclats, la tête renversée. Ce fut ma deuxième vision d'une femme libre. Celle que j'admirais tant sur le plan professionnel et que je voyais à la télévision dans des tenues élégantes mais strictes défiait ce soir-là avec une belle assurance les interdits qui pesaient lourdement sur le comportement social des femmes — leur tenue vestimentaire devant être irréprochablement féminine, et leur attitude, empreinte de discrétion et de réserve. Quant à se présenter en public avec un compagnon beaucoup plus jeune qu'elle, ce geste chez une femme suscite encore aujourd'hui des jugements sévères!

Judith Jasmin fut dans ma vie comme un phare qui guide de loin la marche à travers tempêtes et brouillards. Dès mon adolescence, elle a incarné mon idéal de femme, ma vision du monde, mes convictions et mes aspirations les plus profondes, en rupture avec les valeurs de la société d'alors.

Je ne l'ai pas connue intimement. Je l'ai rencontrée en groupe, avec d'autres journalistes. Je suis allée chez elle une seule fois, en 1962, discuter d'une question touchant les affaires professionnelles du Cercle des femmes journalistes. Elle habitait avenue McGregor, au centre-ville de Montréal, un appartement moderne, avec vue sur le mont Royal. Un décor élégant dans les teintes d'orange et d'ocre, meublé sobrement à la scandinave. S'y détachaient une belle armoire canadienne, un majestueux coq de clocher et des souvenirs rapportés de ses voyages qu'elle me décrivit avec attachement. Elle m'intimidait mais elle me mit tout de suite à l'aise avec simplicité, me traitant d'égale à égale; elle s'intéressa à moi, me posa beaucoup de questions, parla très peu d'elle. J'avais espéré profiter de l'occasion pour mieux la connaître. Je sortis de là, étonnée de son extrême modestie et déçue par cette qualité même que j'admirais tant chez cette grande intervieweuse: son intérêt pour les gens, quel que soit leur statut social... Deux ans plus tard, elle devait donner une communication au congrès annuel du Cercle des femmes journalistes mais dut partir en reportage à l'étranger, et on avait demandé à la jeune journaliste que j'étais de lire son texte à sa place. Notre rencontre fut brève, mais j'avais en poche l'un des plus beaux textes qu'il m'ait été donné de lire sur l'engagement social des journalistes.

Au décès de Judith Jasmin, j'aurais dû me sentir triste de ne pas l'avoir connue de plus près. Mais non, c'était bien, peut-être mieux ainsi. J'avais la certitude absolue que nous avions à vivre ensemble quelque chose d'important, dans un autre type de rencontre, peut-être encore plus intime. J'avais l'intuition profonde qu'elle avait joué au Québec un rôle social immense. Dès ce moment-là, j'ai fait le projet d'écrire sa biographie. Il était trop tôt pour elle, pour moi.

Au fil des années et de par mon propre cheminement de femme journaliste, je saisissais mieux la force de la détermination de cette femme, son audace, son courage. Je commencais à saisir cette autre chose qui la rendait unique et à pressentir à la fois l'envergure et les embûches de son parcours professionnel.

Puis vint la vraie rencontre par le biais de ses archives personnelles, déposées aux Archives nationales du Québec à Montréal, des archives personnelles de sa sœur Claude, et de quelque quatre-vingts entrevues avec ceux et celles qui avaient vécu avec elle, travaillé avec elle ou qui l'avaient mieux connue que moi de son vivant. Des mois et des mois de plénitude à la découverte d'un être cher qu'on accepte à l'avance tel qu'il est, dans toutes ses dimensions. Des surprises, des étonnements, des émotions intenses, la confirmation d'intuitions. Le portrait prend forme. Celui d'une enfant, d'une adolescente, d'une femme, de totale passion.

Toute vie est un roman. Certains protagonistes sont exceptionnels et leur trajectoire, tracée dans la fureur du dépassement de soi. Judith Jasmin était de ceux-là.

Les femmes qui marquent leur époque demeurent souvent dans l'ombre de l'histoire, même quand leur nom est célèbre. Aujourd'hui, je tente de rendre Judith Jasmin à l'histoire des femmes et à l'histoire du Québec.

CHAPITRE 1

UNE ENFANCE EXCEPTIONNELLE

Le 13 avril 1928, à Paris, au numéro 4 de l'avenue de Corbera, près de la rue Crozatier et du boulevard Diderot, dans le 14e arrondissement, une fillette de onze ans fait avec sa sœur de seize mois plus jeune un étrange pari, solennellement authentifié par un sceau.

> Nous Judith et Claude Jasmin filles du Notaire Canadien Jasmin nous gageons la somme de 1000 francs pour le paris que Judith Jasmin pense faire une révolution mené à bon compte pour la liberté Canadienne ce qui Claude Jasmin dédit le contraire. Claude Jasmin laisse à Judith Jasmin le temps de 35 ans pour acomplir sa dite Révolte.
>
> Judith Jasmin Claude Jasmin[1]

Un défi de taille à la mesure d'une âme passionnée, généreuse et audacieuse. À cet âge, la plupart des petites filles rêvent à la trinité d'amour: mari, foyer, enfants. Les plus hardies se voient infirmière, maîtresse d'école ou missionnaire. Quelques-unes, le rêve de leur mère ou de leurs parents parfois les y poussant, nourrissent des ambitions osées pour leur époque: devenir écrivain, médecin, actrice. Judith n'avait que huit ans, et ses parents échafaudaient des projets de carrière pour leur fille aînée: serait-elle écrivain ou médecin[2]? Elle, elle rêve de faire la révolution, rien de moins.

À l'âge de quarante ans, dans un moment de remise en question de sa vie, elle écrira pour elle-même:

> ... Je me souviens de mes rêves d'adolescente. L'homme idéal était le héros de chevalerie Parsifal, le pur entre les purs. Quand je rêvais d'avenir, je me voyais volontiers à la tête d'une armée (sans arme, comme Jeanne d'Arc) boutant les Anglais hors du Canada, ma lointaine patrie, ou bien encore active dirigeant un orphelinat modèle où garçons et filles connaîtraient une vie meilleure. Ce bonheur je le concrétisais volontiers en distribuant des chevaux à mes pensionnaires comme nos maîtres, des sucres d'orge. Et à la tête de ce régiment d'enfants-écuyers, je parcourais les belles prairies de France.
>
> Jamais je n'ai rêvé d'un mari, d'un foyer, d'enfants à moi. Ce bonheur simplet ne m'appelait pas — il me semblait médiocre, borné, fait pour tout le monde. Je voulais une vie d'exception. Mais intérieurement j'avais une peur bleue de ne pas l'obtenir[3].

Cette fillette précoce, idéaliste et exubérante, inscrit très tôt dans sa vie cette passion de la liberté qui ne la quittera jamais. Liberté! Justice! Des mots qu'elle entend si souvent dans la bouche de son père, qu'il parle de l'infériorité économique des Canadiens français ou de la situation faite dans le monde à la masse ouvrière. Des mots qui ponctuent les descriptions de sa mère quand elle raconte à ses filles sa propre enfance pauvre au Canada et les injustices des religieuses du couvent à son endroit.

Cette petite Canadienne française, qui prend déjà Jeanne d'Arc pour modèle, n'est pourtant pas réfugiée en France, exilée d'un pays en proie à la guerre civile ou à l'occupation. Elle y vit depuis sept ans, avec sa sœur Claude* puis avec son petit frère de quatre ans et demi, Jean-Jacques (ainsi prénommé à cause de la grande admiration de sa mère pour Jean-Jacques Rousseau), un rêve, celui de ses parents, ce couple étonnant que forment Amédée Jasmin et Rosaria Desjarlais. Lui a alors quarante-sept ans, elle, trente-cinq. Ils prolongent à la limite de leurs économies ce séjour

---

* La sœur de Judith Jasmin, Claude Jasmin, fit carrière comme réalisatrice à la Société Radio-Canada sous son nom de femme mariée, Claude Finozzi. Elle changea son prénom pour celui de Marie-Claude quand elle reprit son nom de fille, et ce, pour éviter toute confusion entre elle et un autre employé de la maison, le décorateur et écrivain Claude Jasmin (fils d'un cousin, Édouard Jasmin). Comme les documents de la famille utilisés dans la biographie se réfèrent à Claude Jasmin, j'ai utilisé ce même prénom tout au long du livre.

si «chèrement voulu» dans la «capitale du monde civilisé», selon les termes mêmes d'Amédée Jasmin[4].

Leur curiosité intellectuelle, leur indépendance d'esprit, l'étouffante tutelle religieuse qui limite dans leur pays la liberté d'expression les ont poussés à réaliser ce projet peu commun pour un couple de Canadiens français des années vingt, issus de surcroît de milieux modestes et ruraux et n'appartenant pas à la bourgeoisie traditionnelle de leur pays. Pour Amédée Jasmin, le séjour de ressourcement au pays de ses aïeux se double d'un voyage d'étude sur l'application du socialisme et sur les coopératives ouvrières.

L'Europe vibre déjà à ces nouvelles idées. Au Québec, la seule mention du mot socialisme fait surgir le spectre du monstre des monstres, le communisme, que le clergé, les élites, la presse dans son ensemble pourfendent au nom du bien du peuple. Amédée Jasmin, lui, croit en cette réforme sociale globale; il ne peut accepter la pauvreté dans laquelle les riches maintiennent les ouvriers, ni l'hypocrisie d'un clergé qui s'allie à ce pouvoir pour conserver sa toute-puissante autorité et ses privilèges; il n'admet pas davantage, comme l'entendent les élites en place, que l'on puisse résoudre les nombreux problèmes sociaux sans l'intervention de l'État, selon les directives de l'Église, par l'intermédiaire d'organismes catholiques de charité privée.

Dans les années vingt, le Québec, pauvre en capitaux, assujetti aux décisions politiques et économiques prises à Ottawa, à Londres et à Rome, a vu sa population séculairement agricole devenir urbaine à soixante pour cent. Mais les ouvriers gagnent à peine de quoi vivre, en peinant souvent dix heures par jour, six jours par semaine, sans protection d'aucune sorte contre les accidents du travail, les logements insalubres au prix exorbitant, la maladie, la misère. L'instruction n'étant pas obligatoire, la majorité des enfants ne fréquentent pas l'école au-delà du primaire et une bonne proportion d'entre eux se retrouvent sur le marché du travail à quatorze ans, souvent plus jeunes.

Amédée Jasmin écrit en juillet 1921, au moment de son départ avec sa famille pour la France:

> Le jour où j'ai compris certains désastres d'enseignement, d'éducation, de mentalité, et la multitude des mensonges sociaux, j'ai résolu — comme obsédé, et malgré mes préférences à l'isolement et à la tranquillité — de joindre mes efforts, tout minimes qu'ils soient, à ceux des réformateurs héroïques qui composent l'armée des socialistes, dans tous les pays.

> Ceux-là sont méritoires devant Dieu et devant tous les témoins impartiaux qui se dévouent à la correction du passé de l'Histoire: le remplacement d'un régime social exclusivement basé sur l'argent — le régime dit capitaliste dont le monde goûte plus que jamais les fruits désastreux — par un régime communiste méthodiquement appliqué et digne des hommes que le Christ, en mourant, a appelés des frères[5].

Rosaria Desjarlais, qui a terminé ses études à l'âge de seize ans au couvent de son village natal, n'a pas les connaissances, la structure de pensée, la force intellectuelle de son mari, ni une conviction sociale et politique aussi poussée que lui. Néanmoins, elle partage son goût pour la culture et s'enthousiasme pour le socialisme, non seulement par admiration ou contagion, mais à la lumière de ses propres expériences de jeunesse.

Dans leur quotidien de petites filles, Judith et Claude sont exposées au pluralisme d'idées et de croyances. À la maison, dans le salon, traînent côte à côte le journal du Parti socialiste, *Le Populaire*, le quotidien communiste, *L'Humanité*, et celui d'extrême-droite, *L'Action française*, car Amédée Jasmin, aussi engagé qu'il soit, n'a rien d'un sectaire étroit et il se tient au fait de tous les courants d'idées. Cet homme de tradition libérale est demeuré proche des socialistes, mais, après avoir assisté pendant quelque temps aux réunions du Parti communiste français, il a pris ses distances par rapport à cette formation politique, la jugeant trop rigide et peu subtile. Le lycée Fénelon que fréquentent Judith et Claude est un milieu ouvert. Laïque, comme tous les lycées français, il dispense des cours d'éducation religieuse catholique, orthodoxe, protestante et juive. Bien que leurs parents n'aillent pas à l'église, «les Canadiennes», comme on appelle les deux sœurs au lycée, y reçoivent les cours d'instruction catholique et y font leur première communion le même jour; les Jasmin ont obtenu une dispense pour Claude qui n'a que dix ans, car à cet âge les enfants du Québec ont déjà fait la leur, et ils ne veulent pas que leur fille souffre d'ostracisme au retour. Mais la meilleure amie de Claude est protestante, celle de Judith, Éliane Goldenthal, juive.

C'est dans le giron familial, auprès de parents libres penseurs, aux fortes aspirations culturelles et sociales, que la jeune Judith apprend tôt à se tracer un idéal d'envergure. Quand, à onze ans, elle prononce avec sa sœur cadette le pari solennel de faire la révolution pour libérer le Canada français, son geste n'est pas simplement celui d'une fillette au romantisme exacerbé, mais traduit l'engagement d'un être déjà absolu et mû par l'action, qui s'élance dans la vie au-delà de sa condition de fille.

L'idéal révolutionnaire qui anime Judith enfant porte les traces de la lignée paternelle et sa volonté d'action, celles de la lignée maternelle. Du côté de son père, on est gens de fierté et de libre pensée: libéral et profondément attaché à la France, la mère patrie. Du côté de sa mère, on est gens de courage, d'action et d'aventure.

De fierté et de libre pensée

Amédée Jasmin et Rosaria Desjarlais sont tous deux originaires du milieu rural où vit encore dans la deuxième moitié du XIXe siècle les trois quarts de la population québécoise. La vie y est rude et le plus souvent pauvre, l'argent difficile à gagner. Dans les rangs de campagne, on pratique encore une agriculture de subsistance, et dans les villages, les emplois sont rares. Les journaliers agricoles, qui ne possèdent pas de terre, vont de ferme en ferme en quête de travail. Comme toutes les terres de la plaine du Saint-Laurent sont occupées, beaucoup de fils de cultivateurs sont forcés d'aller défricher des sols pauvres et ingrats dans des régions aux conditions climatiques moins propices à la culture, dans les Laurentides et la région du Saguenay. Pour survivre, les hommes abandonnent la maisonnée l'automne et montent bûcher le bois dans les chantiers pour ne revenir qu'au printemps avec un maigre revenu d'appoint, laissant souvent fort peu d'argent à leur veuve d'hiver. La surpopulation en milieu rural pousse des centaines de milliers de familles à s'exiler vers les manufactures de textile de la Nouvelle-Angleterre.

Né le 14 février 1881, le dix-septième d'une famille de dix-huit enfants, Amédée Jasmin n'a pas connu sa mère, Bona Franche dit Laframboise, décédée peu après la naissance de son dernier enfant, Hermine. Il est élevé par l'aînée de ses sœurs, Joséphine, dans la ferme familiale de la Côte-Bois-Franc, à Saint-Laurent, une région largement agricole, en banlieue nord-ouest de Montréal. Son père, Vincent-Ferrier Jasmin, un gaillard mince et musclé, s'adonne surtout à la culture des pommes de terre et des navets. Même si les aînés quittent le toit paternel l'un après l'autre dès qu'ils sont en âge de s'établir, Vincent-Ferrier Jasmin, ce veuf et père de famille nombreuse, a la tâche bien lourde. Il doit exercer à lui seul l'autorité parentale et trimer dur pour nourrir tous les enfants qui s'entassent dans la toute petite maison de bois. Pour aller vendre ses légumes au marché Bonsecours, en bordure du port de Montréal, il lui faut partir, seul ou avec ses fils, dans l'obscurité, à trois heures du matin. Il arrive au cultivateur épuisé de somnoler sur le chemin du retour, mais heureusement, le cheval connaît bien le trajet. Il l'a échappé belle, ce jour où, à un passage à niveau, un train a happé les caisses vides à l'arrière de la voiture et l'a réveillé brusquement. L'hiver, le voyage recèle plein de dangers. Si la tempête fait rage sur cette fameuse Côte-des-Neiges déserte qu'il faut traverser pour atteindre Montréal, le cheval s'enfonce dans la neige jusqu'au poitrail, la bourrasque vous aveugle, et le froid peut vous geler tout entier.

Chez les Jasmin, on est cultivateur dans la région de Saint-Laurent, de père en fils, depuis l'arrivée, au début du XVIIIe siècle, du premier ancêtre, Aubin Callié dit Jasmin, un soldat originaire du Poitou qui devait certainement son surnom de Jasmin à sa qualité de soldat. À cette époque, toutes les recrues passaient par la cérémonie appelée «baptême du régiment» et adoptaient un surnom souvent poétique: Jasmin, Des Lauriers, La Rose, La Fortune, La Liberté, etc. Ce premier Callié-Jasmin s'établit immédiatement comme colon à Saint-Laurent, territoire qui n'était pas encore érigé en paroisse. L'un de ses fils, Jacques, alla se fixer un peu plus au nord, à Bois-Franc. Les deux fils de Jacques, Louis-Henry et Raphaël, épousèrent les deux sœurs Beautron dit Major et s'installèrent du côté nord de Bois-Franc sur deux lots de colonisation voisins l'un de l'autre, qui allaient jusqu'à la rivière des Prairies. C'est à Bois-Franc aussi que s'établirent les fils de Louis-Henry, et ses petits-fils dont Vincent-Ferrier, le grand-père paternel de Judith Jasmin.

Vincent-Ferrier Jasmin, cultivateur peu instruit, n'a pas l'humeur moutonne. Il est nationaliste, libéral — un rouge — et anticlérical, ce qui va presque de pair dans la deuxième moitié du XIXe siècle où le Parti conservateur domine la scène politique canadienne et québécoise et où le Canada français vit à l'ombre des clochers — le pouvoir temporel et le pouvoir spirituel gouvernant main dans la main. Ses convictions prennent racine dans la réalité sociale et politique, pas dans les livres. Le souvenir de l'écrasement brutal par les Anglais de la rébellion des Patriotes de 1837-1838 est encore frais à la mémoire des gens de sa génération: les Patriotes condamnés à mort ou exilés, les villages incendiés, pillés.

En 1885, un événement politique spectaculaire attise son indignation et sa colère contre les Anglais: la pendaison de Louis Riel, le chef du soulèvement des Métis et des Indiens de l'Ouest canadien, dépouillés de leurs territoires, contre le gouvernement fédéral dominé par les Orangistes de l'Ontario. Le peuple canadien-français vit un deuil national, les Métis rebelles étant en majorité catholiques et de langue française. Vincent-Ferrier Jasmin s'est peut-être rendu, six jours après la pendaison de Riel, au Champ-de-Mars à Montréal, à cette assemblée monstre de cinquante mille personnes venues de la ville et des régions avoisinantes écouter Wilfrid Laurier, le principal lieutenant des libéraux fédéraux, et Honoré Mercier, le chef des libéraux provinciaux, conspuer le gouvernement fédéral et ce parti de pendards. Son allergie aux Anglais n'a d'égal que son attachement viscéral au pays de ses ancêtres. Il a prénommé son premier fils Napoléon, et sa première fille Joséphine. Il n'est pas dupe non plus des condamnations en chaire, pendant les campagnes électorales, du Parti libéral fédéral et du Parti libéral provincial, saisissant bien que, derrière ses beaux discours, l'Église protège son pouvoir et ses privilèges plus que les intérêts du peuple. Au même moment, en France, les libéraux attaquent avec force les privilèges de l'Église catholique, sa puissance politique et sa mainmise entre autres sur l'éducation.

L'indépendance d'esprit de Vincent-Ferrier Jasmin imprègne les valeurs paysannes de droiture, d'honnêteté, d'ardeur au travail qu'il transmet à ses enfants. Chez les plus jeunes, aucune influence maternelle ne vient colorer ce patrimoine paternel. D'ailleurs, le jeune Amédée souffre terriblement de n'avoir pas de mère. Les sœurs et frères aînés tendent leurs mains vers le petit avant-dernier, les nièces et neveux plus âgés le promènent en landau, sans jamais combler chez lui la carence creusée par l'absence de tendresse maternelle. Amédée s'imagine blotti dans les bras d'une mère qui lui raconterait des histoires merveilleuses. L'arrivée dans la maison, quand il a dix ans, de la seconde épouse de son père, Marguerite Boyer, ne semble pas remplir ce vide affectif. Comme les autres enfants, Amédée aide son père aux champs et, vers l'âge de onze, douze ans, il commence à se lever la nuit pour l'accompagner au marché Bonsecours. Mais ce petit garçon sensible, rêveur et curieux, préférerait s'évader dans la lecture plutôt que d'arracher des pommes de terre. Il se sent bousculé dans sa nombreuse famille où l'on vit pauvrement l'un sur l'autre, et il souffre déjà du désert culturel qui l'entoure. Malgré l'héritage politique de son père, son milieu familial modeste devait faire de lui un cultivateur comme ses frères. Il ne le destinait pas à suivre la trajectoire d'intellectuel qui devait le conduire avec son épouse Rosaria jusqu'à Paris au début des années 1920. À moins d'un étrange coup du destin.

À l'âge de quinze ans, Amédée perd le bras droit. Il a reçu un mauvais coup au coude en jouant au hockey. Quand il se plaint d'avoir mal au bras, sa sœur Joséphine, débordée par la besogne quotidienne, le soigne au mieux de ses connaissances. Elle lui fait tremper son bras dans de l'eau de vaisselle — un excellent moyen de guérir les douleurs du rhumatisme, au dire des voisines. Mais Amédée se plaint de douleurs de plus en plus aiguës, et son père décide d'aller consulter un médecin à Montréal. La gangrène a déjà atteint tout le bras et l'épaule de l'adolescent. Il faut pratiquer l'amputation de toute urgence. Le cas étant exceptionnel et perdu d'avance, la délicate opération se déroule devant un groupe d'étudiants en médecine, ce qui en prolonge la durée. Amédée survit miraculeusement, après plusieurs semaines passées entre la vie et la mort. Mais quand il sort, au bout de six mois d'hospitalisation, l'épaule elle-même ayant été amputée, il n'arrive plus à garder son équilibre et est incapable de marcher.

Son père se dit dans sa sagesse: «Celui-là ne pourra jamais travailler la terre, je lui paierai des études.» Chance contre malchance, Amédée pourra au moins combler ses aspirations intellectuelles. Il poursuivra des études classiques aux collèges de Saint-Laurent et de Sainte-Thérèse, des études de notariat à l'Université Laval à Montréal, et deviendra un «professionnel». Il aurait eu des ambitions littéraires ou le goût d'études sociales. Mais, à cette époque, on a le choix, à l'université de la rue Saint-Denis, entre la médecine et le droit; l'École Polytechnique ne jouit pas d'un grand prestige et attire peu d'étudiants. La profession médicale est hors de question pour lui. Son accident l'a traumatisé. Plus tard, la moindre égratignure chez ses enfants l'affolera et il aura toujours sous la main un flacon de teinture d'iode pour badigeonner abondamment leur plus petite écorchure.

Amédée Jasmin est un jeune homme fier mais timide, marqué par son infirmité. À cause de son amputation, les chemises et les vestons tiennent mal sur lui. Quand il sera en mesure de gagner sa vie, il se procurera une prothèse. Au collège, il éprouve beaucoup de honte devant ses camarades et se réfugie dans les livres. Grand, mince, solide, il aurait autrement belle prestance. Sans être laid, il n'a pas, pour compenser sa disgrâce physique, un visage d'Adonis: le front est large, le regard altier et perçant, mais les traits anguleux, le menton saillant et le nez encore plus busqué que celui de son père dont il a le profil. Peu à peu, il réussira à surmonter son handicap et à se sentir plus à l'aise dans un milieu d'hommes, mais pas avec les femmes...

De courage et d'aventure

La mère de Judith, Rosaria Desjarlais, a connu elle aussi une enfance difficile. Troisième d'une famille de cinq enfants, elle naît le 5 octobre 1892 à Saint-David d'Yamaska, un village de la région de Sorel, situé à une centaine de kilomètres à l'est de Montréal, sur la rive sud du Saint-Laurent. Son père, Benjamin Desjarlais, est boulanger. À la suite d'une faillite, il perdra son commerce, et comme d'autres hommes en mal d'emploi des villages environnants, il partira chercher de l'or au Klondike.

Avant son mariage, étant l'aîné des garçons de la famille, il était allé travailler avec son père aux États-Unis. S'expatrier ne lui fait pas peur. Il tentera de faire fortune là où l'or ruisselle. C'est ce qu'on raconte partout en Amérique du Nord et jusqu'à Saint-David: des hommes ordinaires peuvent revenir riches du Klondike depuis la découverte récente, en 1896, de riches gisements d'or sur ce territoire du Yukon. Qu'importent, devant le miroitement des paillettes, les difficultés rencontrées pour se rendre à l'autre bout du pays dans le Nord-Ouest canadien, à la frontière de l'Alaska, la dureté de la vie là-haut, les dangers d'une entreprise qui attire autant des aventuriers et des escrocs que des travailleurs intrépides! Benjamin Desjarlais vivra la fièvre et les aléas de la ruée vers l'or à Dawson City, capitale de cette intense activité qui compta jusqu'à dix mille habitants en 1900.

Il a de qui tenir. Il vient d'une lignée de grands voyageurs. Son premier ancêtre, Jean-Jacquet de Gerlaise, sieur de St-Amant, venu de Liège, en Belgique, avec le régiment de Carignan-Salières au XVIIe siècle, avait été l'un des premiers colons à s'établir à la Rivière-du-Loup (aujourd'hui Louiseville). Mais plusieurs de ses petits-fils partaient annuellement faire la traite avec les Indiens de l'Ouest américain; d'autres descendants allèrent s'installer dans la région de Saint-Boniface et une branche de la famille fit souche en Australie. L'un des grands-oncles de Benjamin Desjarlais, Antoine, gagna le Nord-Ouest canadien très jeune, et vraisemblablement avec deux de ses frères. Commis traiteur pour la Compagnie du Nord-Ouest, interprète et trappeur, il eut une descendance métisse. Son fils Antoine, né près des montagnes Rocheuses, dirigea, en 1833, l'expédition des explorateurs anglais Back et King à travers les steppes de l'Arctique; on le disait un homme fort, habile, bon chasseur et l'un des plus adroits timoniers du pays.

La femme de Benjamin Desjarlais compte suivre au Klondike son mari dont elle est si amoureuse, avec ses quatre enfants, Euclide, Antoine, Rosaria et Lucia, dont l'aîné a dix ans et la dernière, trois. Le médecin du village s'y oppose, ne la jugeant pas assez robuste pour entreprendre une aventure aussi risquée.

Benjamin Desjarlais part à la recherche de l'or avec un groupe d'amis, une première fois en 1898 et une deuxième, en 1904. Après deux années de dur labeur, il trouve un filon d'or. Il revient avec quatre mille dollars en poche, une fortune à l'époque. Il rapporte un bijou à sa femme, des montres en or à ses deux fils, paie des cours de piano à l'aînée de ses filles, Rosaria, et des cours de violon à la cadette, Lucia. Son retour crée un grand émoi dans la famille et dans le village; tout le monde est pendu aux lèvres du héros. Mais quand, en 1907, Benjamin Desjarlais retraversera le Canada pour aller retirer le reste de son or, son voisin de «claim» aura tout pris. Sûr de son bon droit, il lui intentera un procès qu'il perdra à cause d'un avocat plus ou moins véreux.

Il restera au loin neuf autres années sans que la chance lui sourie à nouveau; il ne connaîtra qu'à son retour son troisième et plus jeune fils, Robert, né après son départ. De temps en temps, quand il le peut, il envoie de l'argent à sa femme. Grand-maman Desjarlais racontera plus tard à ses petits-enfants: «Il m'écrivait de si belles lettres, il me parlait toujours des enfants, il m'aidait de ses conseils pour leur éducation.» Quand Judith ou Claude lui demandait si elle trouvait juste d'avoir été abandonnée par son mari pendant près de vingt ans, elle leur répondait d'un ton sévère: «Il a fait ce qu'il a pu, ma p'tite fille, il a fait cela pour nous.» Son amour et sa foi en son Benjamin, rencontré à quinze ans à la seule sauterie de sa jeunesse — le curé du village ayant par la suite défendu toute réunion dansante — et épousé à dix-sept, étaient restés inébranlables. Après le décès de son mari, quand il avait soixante-sept ans, en 1929, elle refusa deux demandes en mariage, l'une du médecin du village de Saint-David, l'autre de son propriétaire et voisin. «Je n'ai aimé qu'un seul homme dans ma vie», expliquera-t-elle.

Parti au Klondike à trente-six ans et revenu à cinquante-cinq, Benjamin Desjarlais travaillera jusqu'à la fin de ses jours, sans que le succès couronne ses projets et ses efforts. Ce chercheur d'or, qui revient pour de bon à Saint-David d'Yamaska en 1916, a connu d'autres horizons, s'est frotté à d'autres mentalités; il se réadapte mal à la vie monotone et à l'esprit étroit de son village. Grand seigneur, travailleur, mais peu prévoyant, il n'est pas non plus un homme d'affaires. Les quatre plus âgés de ses enfants sont déjà des adultes, et le plus jeune a neuf ans. Benjamin Desjarlais ouvre une épicerie avec l'argent amassé avec tant de peine dans les Territoires-du-Nord-Ouest. Le commerce roule bien au début. Après la Grande Guerre, les prix au détail dégringolent, son inventaire est trop élevé, il a consenti beaucoup de crédit, pratique courante en ce temps-là, et l'aventure tourne mal. Puis, ce seront des emplois qui permettent de subsister mais n'apportent pas la fortune.

Cet homme sans métier précis était un romantique, habité par l'appel de l'aventure, des grands espaces, des conquêtes lointaines. Quand sa petite-fille Judith, à l'adolescence, rêve d'avenir, elle se voit, certains jours, «posséder un cheval arabe, vivre dans la pampas [sic] et épouser un pirate de légende[6]».

Grand-mère Desjarlais, née Mélina Joyal, était la benjamine d'une famille de onze enfants, la plus instruite — elle avait terminé sa neuvième année — et la plus gâtée. Pourtant, cette femme très religieuse, soutenue par sa foi en Dieu et son amour pour son mari, affrontera toute sa vie les épreuves avec une détermination et un dynamisme qui ne se démentiront pas. En économisant on ne sait comment, elle réussira à payer un cours classique à son fils aîné Euclide, qui fera par la suite son droit à Montréal, gagnant ses études en travaillant le soir comme conducteur de tramway. À quarante-cinq ans, son mari toujours au loin et la caisse familiale dégarnie, elle descendra à Montréal ouvrir une maison de chambres. À soixante-seize ans, elle se cassera une hanche. Bien qu'assez lourde, elle refusera de garder le lit après l'intervention chirurgicale et, contre l'avis du médecin, demandera une «marchette» pour réapprendre immédiatement à marcher. «Je veux aller à l'église faire mes prières», déclarera-t-elle simplement. Cette femme, que le médecin du village avait jugée trop frêle à l'âge de vingt-huit ans pour suivre son mari au Klondike mais que la vie loin de lui n'avait pas ménagée, s'éteindra à l'âge de quatre-vingt-seize ans, en 1966.

Son courage en toutes circonstances rappelle le sang-froid de son grand-père et de son père. Son grand-père Antoine Joyal, cultivateur à Saint-David, était doté, disait-on, d'une force herculéenne et d'un caractère jovial. Avant son mariage, en 1812-1813, il avait été soldat du bataillon «des vrais diables», surnommé ainsi à cause de la vaillance de ses membres. Quant au père de Mélina, Michel Joyal, également fermier de la paroisse de Saint-David, il avait eu le bras happé par la batteuse attelée à des chevaux. Le médecin fut forcé de le couper à froid, avec une scie ordinaire, pendant qu'on versait des rasades d'alcool à l'accidenté, qui n'émettait pas un son, sauf pour demander à un moment: «Est-ce que c'est fini?», et entendre le médecin lui répondre: «Je fais le dernier nœud à l'artère.»

Le premier ancêtre Joyal, Jacques Jouiel, un arquebusier originaire de la ville de Bergerac dans le Périgord français, était un homme d'aventures. À l'âge de dix-neuf ans, trois ans après son arrivée en Nouvelle-France, il connaissait les dialectes indiens et servait d'interprète aux pères jésuites dans leurs missions. En 1671, tandis qu'il faisait la traite et le commerce des fourrures, il avait assisté, au Sault-Sainte-Marie, avec les missionnaires de l'Ouest, les officiers de la milice et les représentants d'une vingtaine de nations indiennes, aux cérémonies de la prise de possession de tous les territoires de l'Ouest au nom du roi de France. (Les généalogies des familles étant faites au masculin, nous ne savons rien des aïeules de Judith Jasmin; on ne peut que présumer du courage de ces mères de famille de dix, quatorze ou dix-huit enfants, qui travaillaient aux champs souvent aussi fort que leur mari; nous ne savons rien non plus de leur caractère, de leurs exploits, de leurs idées politiques, religieuses ou sociales.)

La mère de Judith Jasmin, Rosaria Desjarlais, n'a pas une enfance heureuse à Saint-David: la vie est pénible pour les familles pauvres dont le père est au loin et dont la survie tient par moments à la générosité des grands-parents, des oncles, des tantes. Elle aime étudier au couvent du village, mais étant la fille aînée elle doit beaucoup aider à la maison. En dépit de ses dix ans, elle va chercher l'eau du puits au fond du jardin et, l'hiver, elle doit briser la mince couche de glace qui se forme sur le dessus. Elle subit aussi les corrections d'une mère qui se fait peut-être d'autant plus sévère que lui incombe toute la responsabilité de bien éduquer ses enfants. Rosaria partage son lit avec sa sœur cadette, Lucia, qui à la puberté deviendra épileptique. Quelles nuits pénibles pour elle quand il lui faudra introduire un tampon d'étoffe dans la bouche de sa sœur qui se mord la langue dans ses convulsions!

Il y a des échappées de bonheur dans la vie de cette petite fille pauvre: les joyeuses réunions de famille chez les grands-parents Joyal au temps des fêtes de Noël et du Nouvel An et à l'époque des moissons où enfants et adultes sont invités à donner un coup de main à la corvée. En comptant les petits-enfants et les arrière-petits-enfants, ils sont une centaine à se réunir au temps des Fêtes. On couche les tout-petits dans les tiroirs des commodes, les violoneux ne manquent pas, et les enfants, cordés dans les marches de l'escalier, regardent les adultes s'en donner à cœur joie. Grand-père apporte un grand seau plein de bonbons multicolores, et tous les enfants ont droit à deux poignées de ces merveilleuses douceurs qui illuminent l'enfance de Rosaria.

Ces souvenirs heureux de sa jeunesse, Rosaria aimera les raconter à ses enfants, comme elle prendra plaisir à rappeler avec émotion la joie qu'elle éprouvait toute petite quand ce père qu'elle a si peu connu la hissait dans la voiture à pain pour rentrer à la maison, sa tournée terminée.

À la croisée du destin

À l'âge de dix-sept ans, Rosaria Desjarlais décide de quitter son village sur un coup de tête. Son père est toujours au loin. Elle devrait rester auprès de sa mère et continuer à enseigner la musique aux plus jeunes élèves du couvent, mais l'injustice qu'elle vient de subir durant sa dernière année d'études et l'hypocrisie des religieuses l'ont révoltée trop profondément. Elle avait mérité la médaille d'or, mais on avait remise celle-ci à la fille du docteur. Ayant eu le tympan crevé dans son enfance, elle prend prétexte d'une consultation médicale pour obtenir de sa mère la permission d'aller seule à Montréal. Fonceuse et déterminée, elle n'hésite pas à mentir s'il le faut pour obtenir ce qu'elle veut. L'une des sœurs de son père, qui habite près du parc Lafontaine, a offert de l'héberger. La tante Rochefort la convainc définitivement de ne pas retourner à Saint-David où aucun avenir ne s'offre à elle et de chercher du travail à Montréal. Tante et nièce parcourent les petites annonces des journaux. Tiens! Un notaire de Terrebonne cherche une secrétaire. Rosaria n'a pas fait d'études de secrétariat, mais elle a copié de la musique au couvent qu'elle fréquentait: elle a une «belle main d'écriture».

La candidate semble intéresser le notaire en question, Amédée Jasmin, qui se rend chez la tante Rochefort. Il semble être un homme sérieux. Il offre quinze dollars par mois plus le logement et la nourriture, et les convenances sont respectées puisque ce célibataire habite avec une de ses sœurs, veuve et mère de deux enfants. La tante lui trouve l'air honnête et donne son approbation. Rosaria fait son petit baluchon et, tremblante, fait face à une nouvelle vie chargée d'inconnu.

Terrebonne, 1910. Le jeune notaire Amédée Jasmin, fraîchement diplômé de l'Université Laval de Montréal, s'était installé deux ans plus tôt dans cette petite ville pastorale, située à une trentaine de kilomètres de Montréal, sur la rive nord du Saint-Laurent, en bordure de la rivière des Mille-Îles, et reliée à l'île Jésus (aujourd'hui Laval) par un pont de fer payant, même pour les piétons. Il est aussi secrétaire-trésorier de la municipalité et de la compagnie d'éclairage électrique locale.

À vingt-neuf ans, Amédée Jasmin est déjà un personnage important de cette ville sise sur l'ancienne seigneurie de Terre Bonne, nommée ainsi par son premier occupant à cause de la richesse de ses terres et comptant alors moins de deux mille habitants dont une douzaine de familles canadiennes-anglaises et quelques familles juives[7]. Avantagée par son emplacement stratégique entre Montréal et Québec, Terrebonne est un centre moderne pour l'époque, qui possède l'électricité et figure au nombre des cinq premières villes canadiennes à avoir le téléphone. La manufacture Matthew Moody et Fils, qui produit des instruments aratoires forgés à la main et mondialement reconnus, et la fabrique de portes et châssis Limoges procurent chacune du travail à deux cents hommes. Les moulins à scie, à farine et à cardage de la seigneurie Masson dans l'île du Moulin (aujourd'hui l'île des Moulins), en bordure de la rivière, avaient donné à la localité, au XIXe siècle, son essor industriel et commercial. La petite communauté compte quelques notables: l'avocat, le notaire, les médecins, les Moody et les

Masson, les principaux employeurs locaux qui, disait-on, «faisaient la pluie et le beau temps».

Terrebonne n'offre pas à Rosaria Desjarlais toute l'excitation de la grande ville, mais déjà plus d'animation que le terne Saint-David, et la vie dans la maison du notaire est nettement plus intéressante que dans son village natal où elle étouffait. La secrétaire débutante commet bien des erreurs, mais monsieur Jasmin est gentil, patient. Assez grande, bien bâtie, la brune jeune fille aux yeux pers et souriants est déjà une jeune femme mûrie par la vie dont le moral reflète le physique. Douée d'une grande volonté, forte de caractère, résolument optimiste, elle regarde droit devant elle, quelles que soient les difficultés, sans jamais s'apitoyer sur le passé, héritage qu'elle a reçu de sa mère Mélina et qu'elle transmettra plus tard à sa fille aînée, Judith.

Quelle chance pour une jeune fille indépendante d'esprit, d'un naturel curieux et aventureux, de travailler pour un patron libre penseur et cultivé, liseur invétéré et passionné de littérature, poète à ses heures, qui se plonge avec la même avidité dans Victor Hugo, Anatole France, Zola, Tolstoï ou Gorki et aime lire les classiques à haute voix, et qui s'intéresse à la politique internationale autant que locale. La maison du notaire est accueillante et remplie de rires et de maussaderies d'enfants; elle est située à un carrefour animé de la basse ville, sur la rue Saint-Pierre, près de la rue du Boulevard (aujourd'hui le boulevard des Braves), à côté du collège des Clercs Saint-Viateur, en face de l'hôtel Happy Home Inn et de biais avec la place du Marché. À quelques centaines de pas vers la gauche, un pont de bois permet d'accéder à l'île du Moulin où l'on va chercher sa farine et son bois; seuls les terrains du collège séparent l'arrière de la maison du bord de la rivière des Mille-Îles. Le décor bucolique de cette petite ville ouvrière et paysanne ne manque ni de charme ni de beauté. Les eaux de la rivière déferlent sur les rochers des rapides devant des îles déposées là, dirait-on, pour le plaisir de l'œil. Tout autour, selon les saisons, les grands vents font bruisser les feuilles dans les arbres ou rafaler la neige à perte de vue.

L'été, la vie quotidienne se mêle aux plaisirs champêtres et nautiques. Dans cet endroit de villégiature apprécié des Montréalais et des touristes, le dimanche, l'étrange famille — le notaire, sa secrétaire, sa sœur veuve et ses deux enfants — goûte les douceurs de la baignade, des pique-niques sur les galets, des randonnées en chaloupe entre l'île du Moulin et l'île Saint-Jean. L'habileté sportive de monsieur Jasmin impressionne sa secrétaire tout autant que ses qualités intellectuelles. En dépit de son infirmité, il est étonnamment adroit; avec son seul bras gauche, il sait nager, ramer, il tire même au fusil. L'hiver, le patron et son employée patinent sur la rivière gelée, le vent les poussant parfois à des dizaines de kilomètres de Terrebonne et les obligeant à trouver refuge chez un habitant avenant. Toujours à l'affût d'intérêts nouveaux, en avance sur leurs contemporains, ils se passionneront pour la photographie, développant leurs clichés à partir de plaques de cuivre dans la chambre noire aménagée dans la maison par le notaire. À l'automne 1913, Amédée Jasmin fonde avec quatre autres jeunes notables le Club social de Terrebonne. Le club a ses salons dans une maison à l'allure de manoir antique, retirée du chemin et isolée de ses voisines, rue Saint-Louis, la rue principale de la haute ville, face au couvent des sœurs de la congrégation Notre-Dame. Il offre à ses membres une salle de billard, une salle de jeux de cartes, d'échecs, de dames, de parchési, un salon de musique, les journaux montréalais, des revues américaines, des publications de France et d'Angleterre, et organise à l'occasion des concerts, des conférences, des soirées récréatives. Célibataire dans la trentaine, le notaire Jasmin a d'autres loisirs moins intellectuels. Avec l'un des médecins de l'endroit et le curé en tenue civile, il prend le train pour aller se divertir à Montréal dans les boîtes de nuit à la mode et voir «les filles». Il arrive à sa secrétaire de recoudre le bouton qui manque à sa veste, avant son départ pour ses joyeuses virées.

Cinq années s'écoulent ainsi, et l'affection se tisse au fil des jours entre cette jeune fille qui a si peu connu son père et cet homme qui n'a pas eu de mère. L'indépendance d'esprit et le goût de l'aventure rapprochent ces deux êtres idéalistes, aux caractères par ailleurs fort différents. Déterminée et possessive, Rosaria Desjarlais affiche un amour puissant de la vie et des gens; toujours en mouvement, elle trouve son bonheur dans l'action et entraîne les autres dans son sillage. Amédée Jasmin, d'une intelligence remarquable, est autoritaire et sûr de lui, passionné de culture et animé d'une conviction sociale et politique peu commune, d'une grande retenue affective ou peu à l'aise avec ses émotions. Elle: plus extravertie, plus rieuse. Lui: plus introverti et maniant l'humour avec finesse.

Le destin sonne à nouveau. Rosaria doit aller rejoindre sa mère qui vient d'ouvrir une maison de chambres à Montréal et a besoin de son aide. La séparation fait comprendre au notaire la place qu'occupe sa secrétaire dans sa vie, et il demande sa main. Rosaria Desjarlais a vingt-deux ans, Amédée Jasmin, trente-quatre; ils s'épousent le 30 août 1915. Un an après leur mariage, l'année même du retour du Klondike du père de Rosaria, naît aux premières lueurs du matin, le 10 juillet 1916, une première fille, prénommée Judith Renée Jacqueline Carmen et le 18 novembre de l'année suivante, une seconde, prénommée Claude Suzanne Cécile Mésange.

Cette première-née a du tempérament. À quatre ans, Judith est déjà le chef de bande des enfants du voisinage, garçons plus âgés y compris. C'est elle qui commande. Adulte, elle dira en entrevue: «Aussi loin que je remonte en arrière, je me suis toujours sentie l'égale de l'homme. J'étais un peu garçon manqué d'ailleurs, j'étais chef de bande[8].» Elle traîne dans ses escapades sa petite sœur de trois ans, de constitution plus fragile, dont elle a mission de bien prendre soin. Parfois, le jeu l'emporte tout entière, elle en oublie sa benjamine. Dans la grange des voisins, Claude, la culotte mouillée, est en pleurs au bas de l'échelle où elle ne peut grimper toute seule, regardant avec envie sa sœur aînée et les autres enfants sauter dans les balles de foin. Toujours la première à inventer des jeux, Judith n'a peur de rien. Un jour, elle détache la chaloupe, y fait monter Claude; ses petits bras n'arrivent pas à contrer le courant et la chaloupe dérive vers la digue. Des voisines affolées viennent avertir leur mère: «Madame Jasmin, madame Jasmin, vos petites vont se noyer!» On sauve les naufragées en catastrophe.

Comment occuper cette enfant dégourdie et fougueuse qui explore les rues de Terrebonne avec son amie Hélène Aubry en quête d'aventures? Les mères des petites convainquent les religieuses du couvent de l'endroit de prendre leurs filles en maternelle, une classe qui n'existe pas à l'époque. Le couvent n'impressionne pas Judith outre mesure: les deux petits bouts de femmes y amènent subrepticement dans leurs bras le chien de la famille Aubry et réussissent pendant quelques jours à le cacher dans un casier.

Un père frondeur

Le cinquième anniversaire de Judith marque l'un des tournants déterminants de sa vie: son départ pour un séjour en France avec sa famille. Le journal mensuel, *L'Écho de Terrebonne*, qu'Amédée Jasmin avait fondé quatre ans et demi plus tôt, livre au fil des numéros les étapes du cheminement de ce notaire, qui l'amène, à quarante ans et en pleine prospérité, à vendre son étude pour aller vivre quelque temps en France avec sa famille, en caressant secrètement le projet de s'y établir[9].

La publication en 1917 du premier journal de Terrebonne est un événement comme l'est l'arrivée de tout nouvel organe de presse dans une communauté. Il apporte sa livraison mensuelle de nouvelles locales et régionales, il offre une page sociale et une chronique des décès. *L'Écho* n'est pas un journal ordinaire, il dérange et fait jaser. Il pénètre dans presque tous les foyers des municipalités environnantes de Lachenaie, Saint-François-de-Sales, Saint-Henri-de-Mascouche, Saint-Vincent-de-Paul, Sainte-Rose, Sainte-Thérèse, Sainte-Anne-des-Plaines, sans compter son retentissement à l'extérieur de la région; son apparition est saluée par *L'Avenir du Nord* de Saint-Jérôme et par le grand quotidien montréalais *La Presse*, et sa liste de fervents abonnés comprend des intellectuels, des collègues notaires, un épicier de Ville Saint-Laurent, un médecin de Fournier en Ontario.

Personnage déconcertant que cet Amédée Jasmin! Notable de la place par sa profession et son poste au conseil de ville, il ne dédaigne pas sa position sociale, fort conscient des privilèges et du pouvoir d'influence qui y sont attachés. Dans ses relations quotidiennes avec son entourage, c'est un homme affable, aux manières distinguées et aux propos mesurés, qui ne manque pas d'humour pour faire valoir son point de vue. Mais, sous la signature du directeur et principal rédacteur de *L'Écho*, se révèle un journaliste au franc-parler qui interpelle les pouvoirs en place et défend avec vigueur des idées peu orthodoxes, voire sacrilèges pour l'époque. Son attitude courageuse commande le respect mais provoque de fortes réactions autour de lui.

Dans «Souvenirs», publié en 1961 dans *La Revue de Terrebonne*, Amédée Jasmin racontera que, un soir d'août 1919, voulant propager parmi ses concitoyens quelques-unes des idées socialistes auxquelles il était attaché, il donna une conférence dans la salle publique de l'hôtel de ville, en se gardant bien d'utiliser une seule fois le mot anathème. Il se contenta d'en exposer les avantages sous les étiquettes de coopératives, de nationalisations et de municipalisations, de faire ressortir les avantages économiques qu'aurait un régime de nationalisation des grandes entreprises, des banques et des sociétés d'assurances et de municipalisation des services d'utilité publique (téléphone, électricité, transport en commun, etc.), en particulier pour les Canadiens français économiquement fort défavorisés, puisque possédant alors à peine un dixième des richesses du pays, dont la presque totalité appartenait aux Canadiens anglais et aux Américains. La salle bien remplie l'avait applaudi, et le bon curé Comtois, assis au premier rang, le tout premier. Mais des citoyens qui ne partageaient pas les idées du conférencier rapportèrent ses propos au maire en les qualifiant de «socialistes». Le notaire ne fut pas long à s'entendre dire que plus jamais il ne disposerait de la salle municipale pour faire la propagande de ses idées subversives! Quelques jours plus tard, invité par l'Association des notaires des districts de Terrebonne et des environs à prononcer la même conférence, il eut le plaisir de voir les notaires Forest de Sainte-Scholastique et Gauthier de Sainte-Anne-des-Plaines le féliciter et lui dire qu'ils adhéraient à ses idées, toutes socialistes qu'elles étaient[10].

Pendant ses études universitaires, Amédée Jasmin avait pris modèle sur un homme d'à peine six ans son aîné, le journaliste canadien-français le plus combatif, le plus contestataire et le plus visionnaire du début du siècle: Olivar Asselin. Il lui dédiera d'ailleurs, en 1915, un recueil de sonnets, *Au pays des ailes*, en ces termes: «À l'homme le plus représentatif du courage et de l'esprit français en ce pays.» Asselin avait lancé, en 1904, avec trois autres jeunes journalistes, Jules Fournier, Omer Héroux et Armand Lavergne, l'hebdomadaire d'opinion *Le Nationaliste*, qui bénéficiait de l'appui financier et rédactionnel du député libéral fédéral et chef de file nationaliste Henri Bourassa. Pendant ses quatre années d'existence, avec ses dix mille acheteurs par numéro, *Le Nationaliste* prépara la voie à la fondation par Bourassa du quotidien *Le Devoir*, où les deux meilleurs journalistes du moment, Asselin et Fournier, resteront peu de temps, jugeant leur patron hautain et intransigeant.

À sa sortie de l'université, Amédée Jasmin pouvait continuer de suivre le combat d'Asselin qui collaborait à divers journaux dont

La Patrie, *Le Mâtin*, *L'Action* de Jules Fournier, prononçait des conférences, écrivait des brochures et, en 1913, après trois ans de lutte pour démocratiser la société Saint-Jean-Baptiste et en réformer la structure élitiste, en devenait le président. S'il n'a pas le tempérament bouillant, le goût de la polémique et la plume caustique et acérée d'Asselin, il partage sa persévérance à diffuser ses idées, son nationalisme, son amour de la langue française, mais peut-être surtout son indignation devant la misère, les injustices sociales, les abus des pouvoirs en place et son attachement au principe sacré de la liberté d'expression. Lui, pour qui la guerre n'est que destruction, horreurs et souffrances humaines au profit d'ambitions sordides, et qui s'oppose à la conscription militaire, commente pourtant ainsi, dans l'édition d'août 1917 de *L'Écho*, l'attentat à la dynamite dont a été victime un partisan de la conscription de Sainte-Scholastique:

> Nous n'avons pas plus le droit d'empêcher par la violence un homme de penser que la conscription est la mesure qui répond le mieux à l'accomplissement de la tâche que le pays a entreprise dans la guerre actuelle que nous avons le droit de dépouiller, pistolet au poing, un travailleur de son salaire.
>
> L'opinion d'un homme est sacrée et dans ce pays, grâce aux luttes de nos pères, le droit d'exprimer cette opinion est inviolable[11].

Plus proche d'Olivar Asselin que d'Henri Bourassa (qui soumet son patriotisme aux directives de l'Église et du pape et dont les idées sociales et économiques suivent fidèlement la doctrine sociale de l'Église), Amédée Jasmin est croyant mais anticlérical. Prôner ouvertement la séparation des pouvoirs de l'Église et de l'État dans un Québec où l'encyclique *Il fermo proposito* de 1905, qui affirme la suprématie du pouvoir religieux sur le pouvoir civil, garde toute sa force et où la langue et la foi sont soudées l'une à l'autre, c'est commettre un péché mortel.

Préconiser l'instruction gratuite et obligatoire, c'est se voir comme Asselin soupçonner de franc-maçonnerie et risquer d'encourir l'excommunication... Pourtant, Amédée Jasmin ne rate jamais l'occasion publique de revenir sur le sujet comme en témoigne son discours de bienvenue, au souper aux huîtres offert par le Club de Terrebonne au député du comté, le secrétaire provincial Athanase David, responsable du département de l'Instruction publique[12]. Même s'il prend soin de dire au ministre la confiance qu'il a en sa volonté de réformer l'éducation, il y réaffirme néanmoins la nécessité, en vue d'assurer l'avenir économique du Canada français, d'instaurer l'instruction obligatoire jusqu'à dix-huit ans et de développer l'enseignement scientifique et commercial dans les collèges qui ont «pour but principal la préparation aux carrières libérales dont l'encombrement est un fléau national», affirme-t-il. Dans ses éditoriaux, Amédée Jasmin réclame aussi, pour la masse des travailleurs et travailleuses, autant que le progrès matériel, la construction de théâtres subventionnés comme moyen d'éducation sociale, comme moyen de leur faire aimer les belles choses et de leur faire découvrir ce qui est au-dessus des nécessités matérielles immédiates[13].

Asselin avait recommandé l'étatisation de la Montreal Light Heat & Power (elle se fera quarante ans plus tard au moment de la création d'Hydro-Québec). À Terrebonne, en 1916, Amédée Jasmin est l'un des artisans de la municipalisation de la centrale électrique locale dont il est pourtant actionnaire...

Comme Asselin, il dénonce la complaisance coupable du gouvernement du Québec envers les financiers et les industriels étrangers qui établissent des entreprises dans la province. En 1917, pour contrer le chômage local, il participe à la création d'une manufacture de chaussures à Terrebonne. Au début des années soixante, il expliquera ainsi son action:

> Ce geste de saine économie politique fut l'œuvre d'un petit groupe d'hommes qui composaient le conseil municipal d'alors et qui peut servir d'exemple à ceux qui ambitionnent de voir notre groupe ethnique sortir de son infériorité économique[14].

Et il propose dans son journal l'étatisme à l'échelle nationale comme la seule mesure capable, au lendemain de la Première Guerre mondiale, de sauver le Canada de la grave crise ouvrière qu'il prévoit. Il suggère au gouvernement de retenir, à la fin de la guerre, les services de ses soldats démobilisés et des travailleurs des usines de fabrication de munitions qui seront sans emploi:

> Si l'étatisme — lâchons le mot, effrayant aux philistins — est louable et réussit à donner des rendements merveilleux quand il s'agit de détruire et de tuer, pourquoi serait-il condamnable et impuissant appliqué aux œuvres de reconstruction et de vie? De ce million d'hommes sans emploi après la guerre, que le gouvernement en distraie une centaine de mille pour accroître la culture du blé dans l'Ouest, une centaine de mille pour le creusage et l'amélio-

ration des grandes voies fluviales — canal de la baie Géorgienne et autres —, une centaine de mille et beaucoup plus pour la démolition des masures inhabitables, des bouges infects où croupissent des misérables, repaires de maladies infectieuses et de vices, et pour la construction d'habitations ouvrières, hygiéniques et modernes où les fils des bougres sentiront les forces de leur âme s'accroître avec le confort de leur nouvelle existence.

Et, quand toutes les grandes œuvres d'urgence nationale seront terminées, qu'on se garde de licencier ces armées de travailleurs — et d'ailleurs on n'y songera plus alors — et qu'on les emploie à la confection de toutes les choses nécessaires à la vie de manière à acculer à l'impuissance tous les trustards qui emmagasinent les objets de première nécessité et qui affament le peuple pour accroître leurs millions.

Voilà ce que nous dirons à nos cadets qui nous interrogeront quand la guerre sera finie[15].

Dans sa vision des réformes économiques et sociales, l'élève dépasse son professeur Olivar Asselin qui s'arrête, lui, à la porte du socialisme et du communisme. L'audace tranquille d'Amédée Jasmin a de quoi méduser ses contemporains! Alors que la peur du péril rouge sévit au Canada à l'état d'épidémie nationale et que la répression s'abat sur toute velléité d'organisation politique dans ce sens, le directeur de *L'Écho de Terrebonne* célèbre, dès le troisième numéro, la révolution russe:

Pour éprouver toute l'allégresse contenue dans cette nouvelle, il suffit de songer à la misère morale et physique qui fut des siècles le lot de ce peuple nombreux et fort, à ses hommes colossaux et intelligents, à ses femmes rêveuses et belles, tous ensevelis dans l'ignorance, la servitude et la misère. Pour le peuple, défense de s'instruire, pour tous, défense de se réunir en assemblée politique, condamnation sans procès; et voilà maintenant, dans l'héritage commun, la jouissance de toutes les libertés des civilisations occidentales[16].

Dans le numéro suivant du mensuel, dans un long article remarquable de simplicité et de clarté, tant sur le plan historique que sur le plan théorique, il entreprend d'expliquer le socialisme à son public lecteur, après cette mise au point:

Il est curieux et drôle à la fois de voir comme tous nos journaux canadiens n'écrivent ce mot fatidique qu'avec une sorte de sainte horreur, sans jamais expliquer ce qu'il veut dire[17].

Dans cet article rédigé au printemps de 1917, il prétend qu'«il n'y a pas de socialistes au Canada». Il n'existait pas encore du moins de véritables penseurs qui auraient pu l'inspirer. Le mouvement socialiste avait commencé à se développer par factions au début du siècle en Ontario et dans les provinces de l'Ouest, et le Parti communiste naîtra seulement en 1921, en milieu anglophone et à l'extérieur du Québec. Dans les années 1900, les mouvements de gauche étaient en gestation ardue dans le milieu montréalais. Il y avait bien eu un chef socialiste, Albert Saint-Martin, qui, en 1905, s'était porté candidat du nouveau Parti ouvrier dans la circonscription de Saint-Jacques contre le chef du Parti libéral Lomer Gouin et, trois ans plus tard, candidat socialiste dans Saint-Laurent. À la première célébration du 1er mai, en 1906, un millier de personnes défilaient derrière le drapeau rouge aux accents de *L'Internationale*. Et, l'année suivante, en dépit d'une lettre pastorale de l'archevêque Bruchési contre la célébration du 1er mai, l'assemblée sur le Champ-de-Mars comptait dix mille personnes. Les manifestations de rue réunissaient à l'occasion des milliers de personnes, mais les organisations arrivaient difficilement à faire de réelles percées, même en milieu ouvrier, face à l'hostilité systématique de l'Église et à l'ampleur de la répression pratiquée contre eux[18].

Amédée Jasmin, isolé à Terrebonne, fait ses classes socialistes par la lecture de théoriciens et d'hommes d'action européens, Karl Marx en tête, et surtout Jean Jaurès, son véritable maître à penser.

Le chef du Parti socialiste français, journaliste prolifique, qualifié de «plus grand esprit de son temps» par ses contemporains Maurice Barrès et Anatole France, et qui fut assassiné à quelques jours du déclenchement de la guerre de 14-18, a tout pour séduire ce jeune intellectuel canadien-français, épris de liberté et de justice sociale, pacifiste, anticlérical sans être antireligieux, qui vibre aux joies intellectuelles.

D'origine paysanne comme lui, agrégé de philosophie et député à l'âge de vingt et un ans, Jaurès lui donne la preuve qu'on peut, sans être ouvrier soi-même, mener avec la classe ouvrière une lutte politique pour instaurer un régime économique et social en utilisant le parquet d'un Parlement et les journaux, qu'on peut promouvoir ses idées dans le respect du processus démocratique et qu'on peut adhérer au socialisme sans abdiquer ses valeurs spirituelles et sa liberté de pensée. Le chef socialiste français prônait la laïcisation complète de l'État et se battait avec autant d'acharnement contre la puissance politique de l'Église que contre celles de la finance et de l'armée. Mais ce marxiste n'était pas athée. «L'organisation matérialiste de la justice, écrivait-il, est la condition pour l'humanité de tout accès à la vie spirituelle[19].» Se disant affranchi de toute religion et de tout dogme depuis l'adolescence, il voyait en Dieu le point d'unité de l'univers et l'univers comme une sorte d'incarnation divine[20]. «Tout acte de bonté, écrivait-il, est une intuition du vrai, tout effort de justice est une prise de possession de Dieu.» Ou encore: «Je me demande souvent quand les travailleurs auront obtenu ce qu'ils désirent quelle sera leur vie intérieure[21].» Ce socialiste se doublait d'un pacifiste antimilitariste qui cherchera par tous les moyens à éviter la guerre de 1914, allant jusqu'à tenter, pour l'empêcher, d'organiser en France une grève générale.

Le lien de filiation entre la philosophie de Jaurès et celle du directeur de *L'Écho de Terrebonne* est transparent. Oser publiquement défendre le socialisme et applaudir le communisme au Québec dans les années vingt est périlleux, encore plus dans une petite communauté. Amédée Jasmin a beau user de ruse dans son journal et dans son patelin, cela ne fonctionne pas toujours. Il se présente à la messe dominicale avec des romans à l'index qu'il a fait relier et qui, avec leurs belles tranches dorées, ressemblent à s'y méprendre à un missel. Quand, en juillet 1920, il reprend la publication de *L'Écho*, suspendue pendant deux ans à cause de la guerre, il ne se présente plus comme son directeur et il emprunte le nom de plume de Paul Darcher pour commenter chaque mois avec la même vigueur les événements politiques tant locaux que nationaux et étrangers, témoignant d'une vaste connaissance de la politique internationale. Sans doute veut-il éviter d'être ostracisé par son milieu, de froisser trop de susceptibilités, de créer trop de remous ou de s'attirer des ennuis trop graves. Mais le pseudonyme ne berne pas tout le monde, et son ami le curé Comtois finira, semble-t-il, par dénoncer le notaire-journaliste du haut de la chaire. Cette dénonciation publique aurait pesé dans la décision du couple Jasmin d'aller respirer un air moins étouffant en France.

Le notaire n'avait guère meilleure réputation dans la parenté. Il y avait deux clans chez les Jasmin originaires de Saint-Laurent et de Cartierville, rapportera l'écrivain Claude Jasmin: «Certains devenaient des ouvriers non spécialisés comme tous ces néourbains qui sortaient des campagnes. Quelques-uns tenaient à faire instruire leurs enfants. L'oncle de mon père, le père de Judith, était du clan des obstinés. Dans la famille, on en parlait comme d'un dangereux "socialisse", presque d'un affreux "communisse"! C'était un notaire pas très pieux, disait-on, une sorte d'anticléricaliste. Et en un certain temps, cette attitude vous isolait un homme[22].»

À Terrebonne, Amédée Jasmin ne se sent pas non plus parmi les siens. Jusqu'à son départ, il cherchera à maintenir ce fragile équilibre entre ses sentiments authentiques, les idées qu'il croit impératif de propager et, par ailleurs, le respect de son entourage, de la communauté dans laquelle il vit et le désir de conserver sa position sociale. Avant son départ pour l'Europe, dans un dernier article, qu'il signe cette fois, et où il s'affirme sans ambages socialiste, il avoue:

> Tout convaincu que je sois, croyez que je dis ces choses avec une âme craintive et vacillante. Et je ne les dirais pas si je ne m'étais, auparavant, sérieusement interrogé sur l'utilité de la vie. Car je sais blesser profondément de bons amis, de généreux camarades qui ne partagent pas mes croyances sur ces doctrines sociales. Qu'ils conviennent que d'autres, avant eux, croyaient posséder la vérité en ces matières, et cependant leurs conceptions sociales ont depuis été reconnues arriérées et barbares et définitivement condamnées. Qu'ils conviennent de cela seulement, et ils m'accorderont le droit de penser autrement qu'eux. Qu'ils conviennent de cela et qu'ils regardent et qu'ils réfléchissent, et qu'ils étudient, et qu'ils soient au-dessus des contingences d'argent, de pays, d'habitudes sociales; qu'ils soient surtout sincères, car ceux-là seuls ont droit d'être écoutés, et ils ont ce droit absolument[23].

Et, en fin renard, comme pour adoucir la potion-choc qu'il vient d'administrer, il poursuit son article d'adieu en rappelant ses treize ans et demi passés à Terrebonne, en ayant un bon mot, teinté d'un humour généreux, à l'endroit de chacun de la trentaine de représentants municipaux avec lesquels il a siégé à la table du conseil.

Plusieurs hochent la tête autour du couple Jasmin. Effectuer un séjour en France quand on en a les moyens, bravo! La bourgeoisie locale est voyageuse. De là à vendre son étude et à quitter une situation florissante... mais le notaire a des idées si étranges. Comment son épouse accepte-t-elle de le suivre dans cette aventure avec des filles en bas âge? Si l'on savait! La plus décidée du couple, la plus enthousiaste à concrétiser un projet, c'est Rosaria

Jasmin. Son idéaliste de mari a proposé l'idée, elle fait déjà les malles.

Les charmes de la France

À l'arrivée en France de la famille Jasmin, partie de New York à bord du *Rochambault*, les traces de la guerre se font encore cruellement sentir. À Paris, il y a pénurie de logements, et les concierges refusent de louer à un couple avec enfants. La famille réussit à se loger dans un hôtel de passe... Avec deux fillettes, on ne peut rester longtemps dans ce genre d'établissement. La dévaluation du franc aidant, Amédée Jasmin décide de bâtir une petite maison dans les environs de Paris. Au hasard, il prend un tramway et descend au terminus de la ligne: il est à Noisy-le-Grand sur les bords de la Marne. Les Jasmin s'y installeront au numéro 23 de l'avenue Chilpéric, une avenue bordée de beaux marronniers. La construction de la maison est confiée à des ouvriers communistes, et la famille se rend à Menton sur la Méditerranée. Les deux filles sont mises en pension chez de vieilles dames sympathiques pendant que leurs parents visitent l'Italie et la Grèce. Le grand drapeau rouge que les maçons mettent sur la cheminée pour fêter la fin de la construction de la maison, effraie les petits bourgeois de l'avenue qui découvriront vite que leurs nouveaux voisins étrangers ne sont pas de ces communistes sanguinaires dépeints par la propagande de droite.

C'est dans ce village que Judith commence à aller à l'école communale avec des sabots de bois aux pieds. Pendant cinq ans, elle y goûte la douceur d'une vie pastorale qui meuble la mémoire des enfants de souvenirs inoubliables: la lente marche des escargots, la naissance des poussins, les œufs tout chauds que l'on ramasse délicatement dans les nids, la luzerne que l'on cueille pour les lapins et l'odeur unique du pain tout frais sorti du four que l'on va chercher à la boulangerie. La fierté du travail bien fait qui caractérise les artisans du village laisse des traces marquantes chez Judith et Claude: celle du boulanger qu'elles aperçoivent à travers la porte entrouverte, derrière le comptoir, le torse nu, blanc de farine, penché sur le pétrin, brassant à pleins bras la pâte épaisse; celle du forgeron, rouge de chaleur, qu'elles regardent, fascinées, sculpter sur l'enclume, au-dessus du feu, des morceaux de métal incandescents, les jeudis après-midi de congé — puisqu'en France on va en classe le samedi.

L'hiver, quand les fillettes rentrent de l'école, leurs galoches à semelles de bois résonnent sur le chemin pierreux, et tous les chiens des environs se mettent à aboyer... car les bourgeois qui habitent ce village ont tous un gros chien, ou un petit, pour défendre leur propriété. Les dimanches d'été, on se baigne dans la Marne. Un peu plus loin, en aval, les palefreniers viennent rafraîchir leurs chevaux et, vers Brie-sur-Marne, les petites guinguettes offrent aux amoureux des frites, du vin blanc, une piste de danse et des airs d'accordéon. Avec les garçons plus âgés, Judith continue de s'imposer naturellement comme une meneuse de groupe; elle organise des jeux, se retrouve à la tête du peloton dans les excursions à bicyclette. Jamais à court d'idées ni de ressources, elle entraîne les autres par son enthousiasme, sa fougue. Rosaria appelle ses filles ses «garçons manqués». Quand leurs jeux d'aventure tournent en mauvais coups, leur père punit l'aînée en sa qualité de leader. Judith se sent à peine atteinte par la chose; elle ne craint pas d'affronter ce père autoritaire. Son passe-temps favori à l'âge de huit ans: profiter des récréations pour raconter à ses petites camarades des contes qu'elle anime du mieux qu'elle peut et jouer à la maison des saynètes avec sa sœur. Un jour, elle fera pleurer Claude, tant elle mettra d'âme à jouer un vieux mendiant qui raconte ses misères.

D'ordinaire, la vie de famille est douce. Quand papa est à la maison, il est présent auprès de ses filles, leur lit avant le coucher les aventures de Robinson Crusoé, leur apprend à nager, les emmène en excursion et visiter des musées, et s'intéresse de près à leurs études. Mais il est très souvent absent. Il suit assidûment des cours à la Sorbonne, au collège de France et à la fameuse École des sciences sociales et économiques de la rue Saint-Guillaume, il participe aux activités de la Société des études jaurésiennes, ou il est en voyage, parcourant l'Europe. Il se rend, à l'automne 1925, en Algérie et en Tunisie et, en mars 1926, le bateau *Le Sphinx* le conduit en croisière dans le bassin méditerranéen vers «un pèlerinage aux pays mères de notre civilisation et de nos croyances religieuses: l'Égypte, la Palestine, la Syrie, l'Asie Mineure, la Grèce[24]». Dans ces années, naît en France une nouvelle presse quotidienne d'information où le grand reportage à l'étranger prend le pas sur la chronique d'opinion, et le Tout-Paris s'arrache *Paris-Soir*. À l'instar des Henri Béraud, Albert Londres et Joseph Kessel, bien que plus modestement, Amédée Jasmin raconte ses périples dans de longues lettres de voyage qu'il adresse à *La Presse*, glissant des informations économiques à travers ses descriptions enlevées des paysages, des sites historiques, de la culture et de la vie quotidienne de pays inconnus de la majorité des lecteurs du quotidien montréalais. Comme cela est habituel à son époque, sa vie intellectuelle et professionnelle, dont les études et les voyages font partie intégrante pour lui, il la mène indépendamment de sa femme, qui a une douzaine d'années de moins que lui et qu'il continue de traiter en jeune fille, comme au temps où ils étaient patron et secrétaire. Peut-être à cause du caractère primesautier et alerte de Rosaria, du tempérament plus sérieux d'Amédée et de ses cheveux prématurément blanchis, la différence d'âge semble plus grande qu'elle ne l'est en réalité.

Aidée d'une gouvernante, maman s'occupe de la maisonnée et de son bébé Jean-Jacques, né le 15 septembre 1923, deux ans après l'arrivée de la famille en France. Elle est moins libre de son temps, mais elle accompagne son mari le plus souvent possible à Paris, au théâtre, au concert ou à une conférence de la Société des études jaurésiennes, professant elle aussi pour Jean Jaurès une admiration inconditionnelle. Rosaria Jasmin est plus près de ses filles que son mari, plus distant, peu caressant, moins à l'aise avec les enfants en bas âge. Les longues soirées d'hiver où il n'est pas encore rentré de Paris ou revenu de voyage, Rosaria leur lit des contes et leur raconte son enfance et le Canada français. Mais la conteuse qui enchante Judith et qui lui fait découvrir le merveilleux, c'est la gouvernante, Mme Elsa Gasnet, qui possède un répertoire extraordinaire d'histoires fabuleuses et de légendes féériques.

Au bout de cinq ou six ans, la famille serait peut-être rentrée au pays, car les économies s'épuisent et Amédée Jasmin ne trouve pas de travail en France. Mais les filles viennent d'entrer au lycée, elles y reçoivent une excellente éducation; elles aiment bien leur école où, de surcroît, l'exotisme de leur pays d'origine les distingue. Espiègles, elles profitent de l'ignorance naïve de leurs compagnes de classe, fascinées par les Indiens du Canada, pour s'amuser à leurs dépens et leur faire croire qu'elles parlent la langue des autochtones, l'inventant à mesure. Il y a une seconde raison. Bien qu'elles ne le sachent pas, leur père s'est créé des attaches sentimentales. Au cours de ce voyage au printemps de 1926 qui l'a conduit jusqu'en Terre sainte, il a rencontré l'amour dans la personne d'Andrée Joly, fille d'un industriel de Saint-Ouen; il aura beaucoup de mal à s'arracher à cette femme et continuera de correspondre avec elle même après le retour au Canada de toute la famille, ce qui provoquera chez Rosaria de terribles colères de jalousie. La jeune Française se mariera cinq ans après leur rencontre, mais il gardera d'elle un vif souvenir. Vingt ans plus tard, il lui rendra visite à l'occasion d'un voyage en Europe.

Printemps 1927. Les déplacements continuels en tramway entre la maison et Paris fatiguent Amédée Jasmin. Judith et Claude doivent faire quotidiennement la navette entre la pension de Saint-Mandé et le lycée Fénelon à Paris, qu'elles fréquentent depuis l'automne précédent. De plus, cette année est la dernière du séjour en France, et la famille déménage avenue de Corbera à quelques rues du lycée, dans un vieux quartier ouvrier parisien. Il est encore difficile de se loger à Paris: les Jasmin habitent un appartement de quatre pièces dans une nouvelle construction de six ou sept étages. Les parents couchent sur le divan-lit du salon, les filles dans la chambre, et le petit lit de bois blanc de Jean-Jacques, qui va à l'école maternelle, est dans la salle à manger. Des malles non déballées rappellent à tous le départ prochain. Mme Jasmin a quitté à regret Noisy-le-Grand où elle était heureuse; elle s'était adaptée rapidement à cette communauté de petits rentiers et avait établi, grâce à son caractère enjoué, d'excellentes relations avec ses voisines. Paris lui offre les activités culturelles, lui permet de suivre toutes les semaines les conférences de la Société des études jaurésiennes, d'aller plus souvent au spectacle, d'y amener à l'occasion ses filles... mais la rapproche aussi du départ.

Mil neuf cent vingt-huit. Amédée Jasmin est retourné une deuxième fois au Canada pour vérifier ses avoirs et prendre le pouls de la situation. C'est le boum économique; à Montréal, on construit des logements et on ouvre des rues dans de nouveaux quartiers. Le notaire aura tout le temps, croit le couple Jasmin, de se refaire une situation financière, une fois rentré au pays. Le séjour se prolonge d'une année supplémentaire. Et la famille en profite pour visiter les châteaux de la Loire.

Adieu au pays tant aimé

Avant de quitter la France, en mars 1929, à Pâques probablement, Judith fait avec son père un voyage de cinq jours à Londres. Elle y vit son premier béguin. Jusque-là, ses élans romanesques se portaient sur l'acteur de cinéma Ramon Novarro. À Londres, elle s'éprend d'un étudiant en médecine d'origine roumaine, aux cheveux châtain clair ondulés et aux yeux bleu foncé, qui fait partie du groupe mais qui ne lui accorde aucune attention. Elle se raisonne. «Que veux-tu, Judith, je suis un enfant encore et je ne dois pas songer à l'amour à mon âge mais je suis précoce», écrit-elle dans son journal[25]. Quand elle le voit au théâtre, la tête appuyée sur l'épaule d'une jeune Anglaise du même âge que lui, c'en est trop. Elle en éprouve tant de chagrin qu'aussitôt de retour à l'hôtel elle court pleurer «comme une folle» dans sa chambre. Elle en perd l'appétit et en tombe physiquement malade. Son père croit qu'elle s'ennuie de la maison et se fait tellement de souci à son sujet qu'il refuse de rester un jour de plus, comme elle le lui demande, pour rentrer avec le deuxième groupe de touristes. Judith racontera en secret à sa sœur cadette son chagrin d'amour.

Au début d'avril, Amédée et Rosaria Jasmin laissent les enfants à la gouvernante, Mme Gasnet, et entreprennent un voyage d'un mois et demi qui les conduira entre autres à Lourdes, Madrid, Biarritz et Lucerne, et pendant lequel parents et enfants s'écrivent régulièrement. À peine rentré, Amédée Jasmin repart seul en voyage: «Papa est parti hier pour un grand voyage de quinze jours en Italie et en Suisse [sans doute un voyage d'adieu avec la jeune femme qu'il aime]», écrit Judith dans son journal. «Depuis qu'elle lit *Line* [de Sévérine], maman a un drôle de caractère», poursuit-elle, sans faire aucun lien entre les humeurs de sa mère et le voyage de son père[26]... Elle aussi lit *Line*, les souvenirs d'enfance de la célèbre journaliste de la presse d'opinion française, anarchiste, féministe, pacifiste, décédée trois semaines plus tôt à l'âge de soixante-treize ans. Elle se compare à la jeune héroïne:

> Je me compare à elle (à certains points de vue). Maman dit que je suis exalté [sic] et c'est vraie [sic], personne ne peut me comprendre entièrement (que Dieu bien entendu), je sens que je suis bizarre et l'on prend cela pour des enfantillages ou trop de sensibilité, et je ne peux pas leur expliquer. Ce soir, j'ai très envie de pleurer et de riposter mais je fais pénitence en me taisant. C'est dur! mais il faut me mater et personne n'y arrivera que moi.

Elle ajoute deux pages plus loin:

> Il y a des jours ou [sic] je mourrais sans regret pour des personnes qui à ce moment-là sont tout pour moi, tandis que d'autres jours je suis

> à peu près froide. J'ai vraiment un drôle de tempérament et j'ai peur de souffrir (pour *les autres*) plus tard[27].

Très jeune, Judith entretient des préoccupations au-dessus de son âge et est portée à l'introspection malgré son entrain et sa gaîté. L'année précédente, elle s'engageait à libérer son pays natal des Anglais. Aujourd'hui, elle s'interroge sur elle-même et cherche à se prendre en main.

Lire est une occupation sacrée dans la famille, comme en font foi ses carnets de lecture. À huit ans, elle lisait, fascinée, *L'Odyssée* d'Homère. À dix ans, les jours de cafard, elle se plongeait avec ravissement dans *La Semaine de Suzette*, un périodique populaire pour les fillettes de dix à quinze ans, et oubliait tout. À douze ans, elle s'absorbe dans *Vingt mille lieues sous les mers* de Jules Verne. À l'incitation de son père, qui corrige régulièrement l'orthographe et la syntaxe de ses enfants de même que leur langage, elle copie des poèmes et tente d'aligner ses premiers vers. Penchée sur son journal, la plume à la main, elle ferme les yeux un instant, et «[sa] pensée s'envole vers un pays de rêve, celui des écrivains[28]». Julot, comme la surnomment affectueusement sa famille et ses amies, est dotée d'une excellente mémoire. Plus curieuse que studieuse, c'est une élève moyenne à l'école. Trop d'intérêts extérieurs aux études la sollicitent, aiguisent son introspection, nourrissent ses aspirations de fillette précoce au bord de l'adolescence, que ce soit un livre ou un spectacle: «J'ai été voir *Mme Sans-Gêne*. Que c'était beau!... Mon dieu, je rêve d'être comme Marie Leconte[29].» Quand elle réussit à appliquer pendant toute une semaine ses résolutions «d'être charitable, franche, patiente, d'apprendre régulièrement [ses] leçons, d'aider beaucoup maman, d'être gentille avec [sa] sœur et [son] frère», elle se réjouit de cette «semaine de bonté». D'autres soucis l'accaparent depuis un an, sa nature exaltée et une inquiétude gardée secrète, l'éveil de sa sexualité qui l'oblige à livrer une «formidable lutte contre un de [ses] plus grands défauts», sa mauvaise habitude d'avoir des pensées malsaines[30].

Pendant ces années en France, elle nourrit une véritable vénération pour son père. Il l'impressionne par son grand savoir, ses dons poétiques et ses idées politiques. Elle admire sans réserve son autorité et son charisme et ne doute aucunement de sa supériorité. Toute petite, elle voulait l'épouser et versa ses premières larmes d'amour quand il lui répondit que c'était impossible. Amédée Jasmin est flatté et ému de l'admiration que lui porte son aînée. Il note sur des fiches les réactions de la petite fille à son endroit, ses bons mots. Sur l'une d'elles, il avait transcrit une de leurs conversations quand Judith avait six ans. Elle l'interrogeait sur les fées et regrettait d'apprendre qu'elles n'existent pas. Il lui avait alors parlé du pouvoir de Dieu qui peut tout faire avec son petit doigt, et Judith lui avait répondu: «Le Bon Dieu, c'est le meilleur homme du monde avec papa. Si papa pouvait tout faire, ce seraient deux jumeaux[31]!»

Après huit ans, le rêve doit prendre fin, et la famille rentre définitivement au Canada en juillet 1929. Au moment de quitter le sol français, Mme Jasmin et sa fille aînée, qui vient tout juste d'avoir ses treize ans, pleurent à chaudes larmes. Le départ est déchirant pour le couple Jasmin. Amédée, moins expansif, a l'œil sec. Le cœur n'en est pas moins lourd. Il laisse derrière lui un grand amour et la France. Rosaria devrait se réjouir de voir s'établir une grande distance entre cette autre femme et son mari, mais non. Quitter la Mecque de la culture occidentale la chagrine encore davantage. Elle mesure trop bien le fossé qui sépare le Paris libéral et excitant des années vingt du Montréal provincial, fermé et culturellement sous-développé qui les attend, elle et sa famille.

Le «Paris des Années Folles» ne sera plus pour les Jasmin que le souvenir d'une des périodes les plus exaltantes de leur vie. Même s'ils n'y participent pas directement, l'explosion créatrice et libératrice qui a enfiévré Paris au lendemain de la Grande Guerre se répercute partout. Pendant leur séjour en France, Paris est devenue la capitale de tous les plaisirs et de toutes les extravagances, de toutes les audaces et de toutes les utopies, de l'avant-garde et de la mode. Montparnasse et Montmartre, fréquentés par une bohème cosmopolite venant de tous les coins d'Europe et aussi d'Amérique, deviennent le lieu d'une activité artistique considérable avec leurs ateliers de peintres et de sculpteurs. Le mouvement surréaliste bouleverse tous les arts, rebondissant jusqu'à New York. À l'avant-scène de cette révolution culturelle, des artistes qu'on peut croiser dans les cafés à la mode: les poètes Paul Éluard, André Breton, Louis Aragon, Jean Cocteau, les peintres Pablo Picasso, Henri Matisse, Georges Braque, les musiciens Éric Satie, Francis Poulenc, Darius Milhaud, Arthur Honneger et Germaine Tailleferre. Au milieu des controverses, Le Corbusier projette l'architecture dans la modernité. Coco Chanel lance la coiffure à la garçonne et la jupe courte. La prolifique Colette est au zénith de sa popularité, et un jeune chroniqueur sportif du *Toronto Star*, Ernest Hemingway, patronné par Gertrude Stein, sur sa lancée de romancier. Le jazz américain envahit et bouleverse l'Europe, Joséphine Baker fait scandale au théâtre des Champs-Élysées dans *La Danse nègre* pendant que Mistinguett tient la vedette du music-hall parisien. Mil neuf cent vingt-cinq est l'année de l'Exposition des Arts décoratifs et industriels modernes. Mil neuf cent vingt-sept salue l'arrivée triomphale, à l'aérodrome de Paris, de Charles Lindbergh qui réussit la première traversée sans escale au-dessus de l'Atlantique, seul sur son monoplan, et des manifestations monstres réclament la libération de Sacco et Vanzetti qui pourrissent aux États-Unis depuis sept ans dans leur cellule de condamnés à mort, attendant leur exécution.

Judith, elle, écrit sa tristesse de quitter la France à une amie du lycée:

> C'est aujourd'hui notre dernière journée sur le sol français. C'est triste de partir pour si longtemps, peut-être pour toujours d'un endroit où l'on s'est attachée, où l'on a passé toute son enfance, de quitter ses amies, sa maison, l'école même, enfin tous les êtres avec qui on est habitué de vivre et qu'on aime. J'ai eu 13 ans il y a une semaine et j'ai beaucoup réfléchi. Il le fallait bien, voilà 13 ans que je n'ai peut-être jamais réfléchi et j'ai pensé que je ne serai jamais si bien qu'en France, que je ne verrai rien comme j'en ai vu en France [...][32]

Sa sœur Claude ne se rend pas compte qu'elle retourne dans un pays au climat intellectuel et social fort différent; elle est heureuse et excitée à l'idée de découvrir le Canada dont elle n'a aucun souvenir et dont sa mère lui a tant parlé. Quant à Jean-Jacques, il n'a que cinq ans et demi, et ce séjour en France ne laissera pas de traces profondes sur le Canadien qu'il deviendra.

La vision que se fait Judith du monde, à son départ de la France, porte déjà l'empreinte des valeurs de ses parents et des idées politiques et sociales de son père. Notant ses réflexions sur la traversée du retour au Canada, elle décrit ainsi l'arrêt du paquebot près des côtes d'Irlande:

> [...] un petit voilier venait à nous; il emmenait un pilote du pays pour nous guider à travers ces ilôts [sic] entourés de récifs et de bas-fonds; montèrent aussi des Irlandais qui étalèrent leurs marchandises sur le pont, qui consistait [sic] en de la dentelle, des châles

> multicolores et différents autres objets qu'ils débitaient pour des prix fabuleux. Le commerce ne perd jamais ses droits.

Suivent quelques pensées jetées en vrac:

> Idées, projets de réforme etc. La guerre, c'est une chute pour l'homme. Et si l'homme était *civilisé** il comprendrait que la guerre est le point où l'homme moderne se ratache [sic] à l'homme des cavernes. Laissons les points d'honneur pour son pays, ce n'est qu'une loi de convention [....] Code universel, salaires, communisme admissible [...] [33]

L'avenir montrera la fidélité de Judith à ces principes.

---

* Les mots ou les phrases en italique dans les citations qui proviennent du journal de Judith Jasmin étaient à l'origine soulignés.

CHAPITRE 2

AU-DELÀ DU RÉEL

Au retour à Montréal, la famille Jasmin s'installe dans l'avenue la plus noble du quartier Villeray, un quartier en expansion dans le nord de la ville, et loue le rez-de-chaussée d'un «triplex» de briques brunes, spacieux et clair, au 8173 de la rue Saint-Denis, presque à la frontière d'Ahuntsic. Fidèle à ses idées socialistes, Amédée Jasmin veut établir son étude dans un quartier d'ouvriers et d'immigrants. Il choisit celui des Italiens, croyant pouvoir les faire bénéficier de ses services professionnels. Plein d'enthousiasme, il pose sur la devanture de la maison une grande affiche détaillant tous les services offerts, mais doit la retirer au profit d'une plaque réglementaire en cuivre portant la sobre inscription «Amédée Jasmin, notaire». Il partage aussi un bureau avec un collègue, rue Saint-Jacques, au cœur du quartier des affaires et de la finance. Deux mois plus tard, c'est le krach à la bourse de New York. Les économies qui restaient au notaire Jasmin sont en partie balayées; de même que les espoirs de se constituer rapidement une clientèle.

Le garçon manqué de cinq ans qui avait quitté le Canada en 1921 est devenu à sa rentrée au pays une jeune adolescente au corps élancé et souple, plus mûre que les filles de son âge, qui a gardé l'audace de ses premières années: capable de soutenir une sérieuse conversation d'adulte ou d'éclater en fous rires d'enfant. Sa force de caractère se reflète dans l'ovale bien dessiné de son visage qu'encadre une courte chevelure brune, abondante et ondulée. Le front, large, est volontaire, le nez long et effilé. Les lèvres bien tracées semblent toujours prêtes à se relever en un sourire moqueur et parfois sarcastique. Ses traits sont éclipsés par l'intensité du regard de ses yeux d'un brun vert changeant qui plonge droit dans les êtres. Sur certaines photos, une timidité farouche auréole le jeune visage, sur d'autres, une franche gaîté. La jeune tante de Judith, Laurette, qui avait épousé un an plus tôt le frère benjamin de Rosaria, Robert Desjarlais (un petit employé des Postes qui deviendra plus tard l'un des premiers maîtres d'escrime au Québec), rencontre, à son arrivée de France, la famille d'Amédée Jasmin pour la première fois. Elle décrit ainsi sa nièce Judith: «Une adolescente attirante qui avait du charisme, que l'on sentait volontaire et déterminée à faire les choses à son goût. Elle avait beaucoup de connaissances qu'elle tenait de ses lectures, elle faisait la conversation comme une adulte et possédait déjà l'art d'affirmer ses idées sans heurter les autres.» Le penchant rieur et moqueur de l'adolescente frappe ses amies françaises du lycée. Ainsi, dans ses lettres à Judith, Éliane Goldenthal lui fait remarquer qu'elle est la première à avoir le mot pour rire et à trouver le ridicule des situations et des personnes, et évoque son habitude de donner des noms typiques aux choses qu'ensemble elles trouvaient drôles[1].

Rosaria et Amédée Jasmin se réadaptent avec peine à leur pays, à son milieu social moins ouvert, à son hiver plus rude. Tout dans leur entourage les rebute, les déçoit: l'indifférence des gens, le mauvais goût de leur habillement, leur propension, disent-ils, à gaspiller temps et argent. Leur retour au Québec aurait dû au moins repaver confortablement leur avenir économique. Voilà qu'ils doivent faire face en plus à une insécurité financière inconnue jusque-là. Les jeunes lycéennes parisiennes, elles, vont de surprise en surprise: leur tenue vestimentaire, leur langage étonnent, leurs bicyclettes font sensation dans le voisinage. Leur réinsertion à l'école est difficile. Claude est inscrite à l'académie Marchand, située dans le bas de la ville près de la rue Saint-Denis, au sud de la rue Sainte-Catherine, l'une des rares écoles de langue française dont la directrice soit une laïque. Son beau parler, sa différence suscitent des sentiments d'agressivité chez les petites filles de ce quartier ouvrier qui la bousculent, la poussent dans le vestiaire; elle réussira finalement à se faire une petite amie qui elle non plus n'habite pas le quartier. Quant à Judith, elle entre en neuvième année et est inscrite au cours Lettres-Sciences (cours qui n'est pas offert dans les écoles publiques québécoises), dans un pensionnat des religieuses de la congrégation Notre-Dame, non loin de l'académie Marchand. Elle déteste carrément les religieuses-enseignantes, les trouve arrogantes, ignorantes, et manque de rater son année scolaire. Habituée à fréquenter une institution laïque, elle ne peut se faire à l'atmosphère de bénitier des couvents québécois. La religion n'y est pas une simple matière d'étude, elle imbibe toutes les activités; la morale étroite et janséniste qu'on y enseigne contredit le genre d'éducation que les sœurs Jasmin ont reçue, plus orientée vers l'apprentissage du libre arbitre et le respect des valeurs chrétiennes. Judith s'adapte encore plus mal que le reste de la famille à sa nouvelle réalité. Convaincue par son père que les Canadiens français sont étroits d'esprit et que le système d'enseignement français est supérieur, elle se sent dépaysée et ne rêve que de la France.

Une composition qu'elle rédige à l'automne illustre l'ouverture d'esprit des jeunes lycéennes françaises et leur avance intellectuelle sur les jeunes Canadiennes françaises d'alors. La rédaction porte sur les projets d'avenir de trois filles. Judith les imagine toutes trois optant pour une carrière et dresse une liste de professions prestigieuses, intellectuellement stimulantes et peu traditionnelles pour l'époque: actrice, artiste-peintre, journaliste, directrice d'un orphelinat modèle, bibliothécaire (parce que j'aime les livres, précise-t-elle), médecin, ou d'autres professions reliées aux langues vivantes et aux voyages[2]. Au début des années trente, les ambitions professionnelles des filles sont mieux admises et jugées moins extravagantes en milieu français que québécois. Certes, encourager leurs aspirations intellectuelles n'est pas généralisé chez les parents français mais n'est pas aussi exceptionnel qu'au Québec.

C'est que l'évolution de l'éducation supérieure des filles progresse en France avec des décennies d'avance sur le Québec. Au tournant du XXe siècle, il y a de fortes résistances des deux côtés de l'océan à sortir les femmes du foyer et à donner aux filles une formation intellectuelle équivalant à celle des garçons; l'opposition vient de tous les milieux masculins mais surtout du clergé. En France cependant, dès 1886, l'État avait établi le principe de la laïcité de l'enseignement public, privant le clergé de son droit de contrôle sur les écoles publiques, tandis qu'au Québec, les autorités religieuses contrôlent toute l'éducation, privée et publique, de l'école de rang à l'université jusque dans les années soixante, et ce n'est qu'en 1943 que le gouvernement rendra obligatoire l'instruction publique jusqu'à l'âge de quatorze ans.

Dès 1880, l'État français avait instauré l'enseignement secondaire public pour les filles, une loi vivement contestée par la droite libérale et le clergé. Ce cours secondaire n'offrait encore qu'une formation limitée à leur rôle de mère et d'épouse, mais en 1924 il est aligné sur celui des garçons et prépare aux études du baccalauréat[3]. La situation au Québec est tout autre. Au début du siècle et jusque dans les années cinquante, les écoles ménagères y sont florissantes. Les écoles normales préparent les futures enseignantes. Les pensionnats, institutions religieuses privées, dispensent l'enseignement secondaire et, à compter de 1916, le cours Lettres-Sciences qui se veut le pendant féminin du premier cycle du cours classique des garçons mais n'offre qu'un vernis culturel polyvalent. Dans le système public, à compter de 1929, des classes de dixième, de onzième et de douzième années sont peu à peu offertes dans un nombre restreint d'écoles, mais un cours secondaire complet ne sera accessible à l'ensemble des garçons et des filles que dans les années cinquante. En 1930, il n'existe que deux collèges féminins francophones qui offrent les quatre dernières années du cours classique masculin menant à l'obtention du baccalauréat et, en 1940, seulement 16 pour 100 des jeunes Montréalaises de quinze à vingt-quatre ans sont à l'école[4].

En France, la plupart des professions s'ouvrent aux filles au début du XXe siècle; à partir des années vingt, un nombre grandissant de femmes fréquentent l'université; pour l'année scolaire 1929-1930, la population étudiante féminine des facultés parisiennes atteint 13 pour 100 en droit, 20 en médecine, 32 en sciences, 39 en pharmacie et 48 en lettres[5]. À ce chapitre, le Québec accusera plus de trente ans de retard. Les facultés de médecine et de droit des universités francophones ne s'ouvriront aux femmes que dans les années trente et le Barreau du Québec refusera de les admettre à la pratique du droit jusqu'au début des années quarante[6].

Dire que la jeune Judith vit sur le mode de la passion est un euphémisme. Au rythme des montagnes russes, elle ressent toute émotion avec une acuité extrême, tantôt écorchée de peine, tantôt emportée de joie. À peu près toutes les adolescentes, à l'âge de douze ou treize ans, s'éprennent follement en secret d'un garçon plus âgé, souvent le frère d'une amie, un cousin, le copain de leur grand frère. Mais toutes ne tombent pas malades à la suite de leur premier chagrin d'amour comme ce fut le cas de Judith à Londres. Depuis son retour au Canada, Judith est dans tous ses états, ne parvenant pas à surmonter la déception de se voir transplantée au Québec où rien ne ressemble à ce qu'elle a connu, à ce qu'elle a aimé, où elle se sent une étrangère.

Amédée Jasmin tente de suppléer au vide intellectuel que ressentent ses filles en les intéressant à des activités parascolaires instructives — films, conférences et même réunions politiques. Il les emmènera voir des films de toutes sortes, comme ce documentaire sur la culture inuk. Il se tiendra au courant des conférences qui sont offertes sur des sujets aussi variés que les arts, l'histoire, l'actualité et les problèmes sociaux, et il encouragera sa femme et ses filles à l'y accompagner ou à y assister elles-mêmes[7].

En 1930, il y a élection fédérale. Amédée Jasmin, fervent défenseur des droits des femmes, est un partisan de la journaliste et féministe Idola Saint-Jean qui se présente comme candidate libérale indépendante dans la circonscription de Saint-Denis-Dorion, première femme québécoise à tenter l'aventure. Il admire cette femme de cinquante ans au féminisme non bourgeois, qui fait œuvre d'information auprès des ouvrières et des classes populaires et qui préside l'Alliance canadienne pour le vote des femmes du Québec. Il amène ses filles à une réunion politique de la candidate au sous-sol de l'église Saint-Vincent-Ferrier et, devant une salle aux trois quarts vide, Judith y récite des poèmes, aidée par sa sœur cadette qui joue la souffleuse. Son plus grand succès, *Les Beausoleil*, un texte patriotique, arrache des larmes à l'assistance. Les adolescentes riront longtemps d'avoir vu les têtes se tourner et s'étirer pour chercher d'où venait cette autre voix lorsque Judith a eu un trou de mémoire. Dans les années qui suivent, M. Jasmin prononcera occasionnellement des conférences aux réunions mensuelles de l'Alliance tenues dans une salle prêtée gracieusement par le propriétaire de l'hôtel Windsor ou par ceux d'autres hôtels chic montréalais, sa femme participera aux activités du groupe et Judith y dira à nouveau des vers[8].

Comme la décrit sa tante Laurette, Judith est une adolescente déterminée: elle supplie sans relâche ses parents de l'envoyer étudier en France, leur jurant d'être très studieuse. Aucun client n'ayant accouru à l'étude du notaire Jasmin, ses parents n'ont vraiment pas les moyens d'acquiescer à son désir. Le dépaysement de leur aînée aurait pu leur paraître secondaire par rapport à leurs difficultés économiques immédiates. Mais eux qui valorisent tellement la culture et la formation intellectuelle ne comprennent que trop bien son état d'esprit et son désarroi; ils s'inquiètent de voir aussi mal réagir leur adolescente dotée d'une maturité précoce et d'une forte personnalité. Et son père a un faible pour Judith. Touché et flatté de l'amour et de l'admiration qu'elle lui porte depuis l'enfance, il reporte ses rêves sur sa fille aînée. Il retrouve chez elle sa propre curiosité, sa soif de culture, son intolérance vis-à-vis des esprits moins ouverts et moins raffinés; il aime sa jeune exubérance, sa franchise et se sent proche de son tempérament idéaliste et sentimental. Lui accorder cette faveur ne peut que renforcer leurs liens[9].

Pour les Jasmin, envoyer leur fille aînée étudier en France, c'est aussi poursuivre le rêve qui leur échappe. Au Québec, ils ne sont plus au centre du riche milieu intellectuel qu'ils avaient connu en France, et leur situation financière actuelle ne leur permet plus d'aspirer à leur rang d'autrefois. Judith peut représenter dans les circonstances le symbole de la réussite économique, sociale et culturelle de la famille. D'ailleurs, l'annonce de son départ et sa photo paraissent dans *La Presse* et *La Patrie*[10]. Et son père lui écrira le jour de ses trente-deux ans: «Affectueux souvenir d'anniversaire à ma chère Judith, tapissée de qualités et de défauts, phare de la famille et son orgueil[11].» Sans doute, s'ils en avaient eu les moyens, les Jasmin auraient-ils offert la même possibilité à leur seconde fille. Ils n'avaient certes pas imaginé, eux pour qui l'éducation de leurs enfants est une priorité, d'avoir un jour à privilégier les études de l'un par rapport à celles des autres. Qui sait, leur situation financière pourrait s'améliorer sous peu et leur permettre d'offrir la même chance à la cadette. Claude comprend que l'aînée ait préséance dans les circonstances. C'est pourtant la première fois qu'elle ressent une différence dans la façon dont ses parents les traitent, sa sœur et elle. Élevées ensemble et liées par une vive affection, elles ont bénéficié des mêmes avantages. Claude est très heureuse pour Judith, mais elle se sent laissée-pour-compte.

Le bonheur à Versailles

En septembre 1930, à l'âge de quatorze ans, Judith repart seule pour deux ans étudier au lycée de jeunes filles de Versailles, où elle sera pensionnaire. Les adieux au quai d'embarquement à Québec sont une fête. Malgré un léger serrement de cœur à l'idée d'avoir à quitter les siens pour si longtemps, l'adolescente frémit de bonheur et de reconnaissance. Son rêve le plus cher se réalise. Ses parents, si fiers de lui offrir ce voyage d'études en France, ne sont que sourires enthousiastes. Des amis de la famille, sachant Rosaria Jasmin très maternelle, s'étonnent de la voir garder l'œil sec au moment du départ: «Vous ne pleurez pas? Vous n'avez pas peur d'envoyer votre fille seule à Paris?» «Je suis tellement heureuse qu'elle aille étudier dans un endroit où il y a de la culture», leur répond-elle[12]. Quant à Claude, la joie qu'elle éprouve pour sa sœur se teinte d'envie.

Des inquiétudes d'ordre moral agitent bien sûr le cœur de Rosaria Jasmin à voir son adolescente, passionnée et aventureuse, s'embarquer seule pour une longue traversée en mer et à la savoir au loin, livrée à elle-même. Mais ses appréhensions ne sauraient ternir sa joie de lui offrir une excellente formation et un environnement culturel qui lui fait tant défaut à elle-même. La rassurent sa confiance en la direction de l'institution réputée, la maturité de Judith, leur affection mutuelle et l'ascendant que son mari et elle-même peuvent continuer d'exercer à distance. On ne saurait cependant être trop prudent ni user de trop de précautions pour sauvegarder l'honneur de sa fille. Avant le départ, les Jasmin instruisent Judith des dangers qui guettent toute jeune fille, la mettant en garde contre certains hommes qui pourraient tenter de profiter d'une adolescente qui voyage et séjourne seule à l'étranger. Leurs recommandations doivent avoir été strictes, car Judith prend la peine de les rassurer à son arrivée à Paris: elle avait pris toutes les précautions nécessaires, de son départ de Québec jusqu'à son arrivée à la gare Saint-Lazare où l'attendaient son amie Éliane et Mme Goldenthal, «en choisissant toujours un compartiment occupé qui n'avait rien de dangereux[13]».

Une fois Judith au lycée, ses parents n'ont plus rien à craindre. L'institution, comme tous les établissements du genre, aussi bien en France qu'au Québec, assure la protection physique et morale de ses élèves quant à leurs fréquentations, leur correspondance et leurs lectures. Aucune interne n'a droit de sortie sans être accompagnée d'un adulte responsable, et le lycée organise tous les quinze jours un transport entre Versailles et la gare des Invalides de Paris, où les lycéennes sont prises en charge par leurs parents ou des personnes désignées par eux. Les pensionnaires ne peuvent se rendre chez les parents d'une camarade sans la permission écrite des leurs, et ce, pour chaque sortie; elles ne peuvent recevoir que les visiteurs inscrits sur une liste de personnes admise par eux — cela était encore vrai dans les pensionnats québécois des années cinquante. Le lycée interdit toute correspondance non préalablement approuvée par les parents et tout livre ou revue venant de l'extérieur, pratique normale car les mères aussi bien françaises que québécoises dépouillent à l'époque la correspondance de leurs filles. Rosaria Jasmin lit les lettres de ses filles au moins jusqu'en 1934, quand Claude, à dix-sept ans, s'y oppose vigoureusement[14]. La stricte surveillance de l'internat français pèse énormément à Judith; dans leurs lettres, ses parents se montrent partagés entre leur compassion pour leur fille soumise à un contrôle excessif et leur besoin de la savoir protégée.

La volumineuse correspondance familiale pendant le séjour de Judith à Versailles est un livre ouvert sur sa vie en France et celle de sa famille à Montréal, et sur les relations qu'elle entretient avec ses parents et sa sœur Claude, son jeune frère Jean-Jacques n'ayant que sept ans. On s'écrit toutes les semaines d'un côté à l'autre de l'océan, souvent plus d'une fois la semaine. Le langage est franc et aucun sujet n'est tabou. Se dégage de ces échanges épistolaires une impression de liens très étroits, empreints d'énormément d'amour, d'affection et d'attentions entre parents et enfants. Judith se montre ouverte, audacieuse même, et donne souvent des descriptions amusantes des choses. Ses lettres, longues de quatre à six pages chacune, racontent avec candeur et profusion de détails ses activités et ses sentiments. Toute la vie de l'internat y défile: le programme d'études, les règlements, la routine quotidienne, les activités parascolaires, ses relations et ses amitiés avec ses camarades de lycée. Son tracé personnel aussi: sa perception d'elle-même, de ses obligations personnelles et familiales, ses ambitions et ses buts, ses réactions aux attentes de ses parents. Les lettres de son père et de sa mère, rédigées occasionnellement en collaboration soit pour se compléter soit pour renforcer un conseil, un commentaire, dévoilent une différence d'attitudes et de priorités à l'endroit de Judith, reflétant les préoccupations propres à un père et à une mère de cette époque. Celles d'Amédée Jasmin indiquent ce que la famille attend d'elle, les responsabilités qu'on lui assigne, les normes morales qu'on lui impose; elles entretiennent sa ferveur intellectuelle et son désir de réussir en lui proposant quantité de projets et d'activités. Celles de Rosaria Jasmin décrivent sans pudeur le statut économique et social de la famille; ses propos révèlent son intérêt pour le développement de la personnalité de ses enfants, les liens affectifs généreux et étroits qu'elle entretient avec ses filles et l'excellente communication mère-fille qu'elle établit. Ce sont les lettres que Judith préfère entre toutes et qui la ravissent; elles sont plus longues, plus vivantes et fourmillent de détails sur la vie familiale et montréalaise. Son père soutient à distance ses efforts intellectuels tandis que sa mère prodigue conseils et encouragements à la jeune fille en devenir qu'elle est. Quant aux lettres de Claude, elles sont courtes: l'adolescente de treize ans y raconte surtout les événements de sa propre vie étudiante et des incidents qui frappent son jeune esprit.

Les lettres de Judith étant habituellement lues par toute la famille, l'étudiante se confie avec moins de retenue à son journal intime. Elle tient son journal (quelque trois cents pages) de 1928 à 1939, de douze à vingt-trois ans, discipline qu'elle s'impose volontairement au départ pour apprendre à mieux écrire et, dans un deuxième temps, afin de noter «les gros événements de [sa] vie, [ses] peines et [ses] bonheurs[15]». Par la suite, elle ne reprendra cette habitude de jeunesse qu'aux moments douloureux de sa vie amoureuse. D'une plume alerte, elle écrit une dizaine de pages en une journée ou délaisse son journal pendant des semaines, voire des mois. Mieux qu'un journal de bord qui relaterait minutieusement les activités de la lycéenne de Versailles, ses cahiers révèlent ses questionnements et débats intérieurs les plus intimes, ses états d'âme les plus secrets, ses sentiments, ses émotions. Ses propos empruntent le ton propre à l'adolescence, souvent pathétique, excessif, emphatique. Judith sait ses émotions changeantes et passagères, note ce trait de caractère dans son journal et s'amuse par moments de ses excès d'émoi. Les confidences qu'elle se fait à elle-même dans les années charnières de sa vie fournissent les clés de sa structure morale, éthique, spirituelle aussi bien qu'intellectuelle, découvrant au passage son tempérament et ses goûts, traçant le fil des événements et des influences à travers lesquels s'est forgée sa personnalité.

Le lycée accepte l'étudiante canadienne en cinquième, la loge dans une chambre à quatre au pavillon des étrangères, et l'adolescente se met à l'étude avec enthousiasme et détermination. Le privilège de réaliser un rêve qui lui paraissait inaccessible, le sacrifice financier de ses parents et la séparation d'avec eux la motivent à étudier sérieusement, à se discipliner et à réussir. À peine arrivée, elle apprend que son père a été mal informé, que le coût de la pension est le double du prix de l'entente initiale; elle s'affole. Elle en est quitte pour la peur, mais son père lui demande de ne raconter l'incident à personne:

> Je voudrais qu'aux personnes qui t'interrogent sur l'importance de mon étude et l'état de mes affaires, tu répondes plutôt de façon optimiste. On gagne toujours à paraître prospère. L'apparence de la prospérité attire la prospérité elle-même. C'est peut-être une loi injuste, mais il n'y a rien à faire. Nous n'avons qu'à en tirer profit comme les autres[16].

Forte en français, surtout en composition, Judith est faible en latin et en arithmétique. Elle a pris du retard pendant son année scolaire à Montréal et il lui faut avoir recours aux services d'une répétitrice. Dès la fin du mois de novembre, voulant se montrer digne de la confiance de ses parents, elle leur envoie une profession de foi: même si ses buts semblent différer de ceux de la plupart de ses compagnes de classe, elle veut compter parmi celles qui s'intéressent à la culture, à la science, et se dissocier de celles qui se contentent d'un vernis superficiel «n'ayant pas comme moi un but bien fixe voulant une vocation et des diplômes et gagner ma vie[17]».

À son arrivée à Versailles, Judith ne semble pas connaître de difficultés d'adaptation au milieu. Gaie et aimant rire, enthousiaste et pleine d'entrain, elle est d'un commerce agréable et se lie facilement avec les autres, tout en choisissant ses amitiés avec des camarades sérieuses comme elle dans leurs études et en s'éloignant des «petites pimbêches» et des oisives. Elle renoue avec sa meilleure amie du lycée Fénelon, Éliane Goldenthal, dont la mère est libraire à Paris, au fil d'une correspondance assidue, car les deux adolescentes fréquentent des institutions différentes et se voient peu souvent, les parents de Judith ayant limité ses sorties à une par mois. Elle la nomme affectueusement «ma sœur, plus qu'une sœur, une autre moi-même[18]». Pour inscrire cette amitié dans la mémoire du temps, elle notera dans son journal au sujet d'Éliane:

> [...] c'est elle surtout qui m'a donné l'énergie de vouloir jusqu'au bout! Oh! la pensée de baisser dans son estime, cette amie que j'aime et que je vénère!

> Je la connais depuis 5 ans mais je suis son amie depuis 3 ans et jamais jamais le moindre conflit ou malentendu ne s'est élevé entre nous. Nous nous aimons toujours comme de nouvelles amies embrasées et aveugles. Mais nous nous connaissons et nous évitons tout ce qui pourrait blesser l'autre. Nous avons des ménagements d'amoureux. [...] Je dois être toujours de bonne humeur avec elle. Il est impossible de faire autrement. Je prend [sic] une cure de rire et de gaité auprès d'elle.
>
> Lorsque je sens la confiance et l'amour de cette amie, lorsque je sens que je puis à mon tour tout lui dire et que toujours elle me comprendra, avec une émotion profonde, je ne puis m'empêcher de songer qu'avec le trésor d'une telle amitié partagée, je suis bien plus riche que tous les rois de la terre[19].

On voit déjà l'importance qu'elle attache aux relations humaines, les précautions de tendresse et de générosité dont elle entoure ses amitiés.

Judith retrouve à Versailles, pensionnaire comme elle, sa deuxième amie du lycée Fénelon, Éthéra Mackarachvili, d'origine géorgienne, qui habite Paris avec sa mère pendant que son père médecin a dû rester en Serbie. Les deux adolescentes deviendront inséparables, et la profondeur de cette amitié à vie aura une influence déterminante sur l'évolution de Judith. Elles s'entendent à merveille, partageant une même curiosité intellectuelle et le goût des discussions sérieuses, se confiant tout, leurs sentiments les plus profonds comme leurs interrogations les plus intimes. Judith passera plusieurs congés chez cette deuxième précieuse amie pendant ses deux années au lycée. Elle se plaint d'ailleurs de n'avoir droit qu'à une sortie mensuelle. Toutes les semaines, elle reçoit des invitations pour le week-end, soit des parents d'Éliane, soit de la mère d'Éthéra, soit encore d'autres compagnes ou d'amis des Jasmin. Les Goldenthal et Mme Mackarachvili la traitent en fille adoptive. Ils l'invitent au théâtre, au cinéma, l'emmènent aux jardins du Luxembourg, au bois de Boulogne ou en dehors de Paris. Elle passera ainsi une dizaine de jours, à la Pentecôte, à la propriété des parents d'Éliane, à Martizay, en Touraine, et s'initiera au tennis avec les trois enfants Goldenthal. Elle se sent choyée par ces deux familles, l'une lui offrant un milieu littéraire, l'autre, un environnement artistique et scientifique.

Son désir de réussir ses études lui fait toutefois prendre au sérieux les remarques de son père sur son manque de discipline et de sens de l'organisation, et ses exhortations à acquérir de bonnes habitudes de travail. «Travaille et vis avec ordre, lui écrit-il, c'est la clef du succès et du bonheur[20].» Elle se morigène souvent: elle doit combattre sa propension à la paresse et se motiver[21]. Même les vacances de Noël lui semblent une pause peu salutaire. Ses parents lui ont refusé de passer le congé des Fêtes à Saint-Ouen, dans la famille Joly, ou chez des compagnes, à Douai et à Reims. Judith passe outre l'interdiction de ses parents et accepte l'invitation des Joly. Mais elle prend par erreur un train vers une autre destination et doit revenir à Paris. Elle passe les vacances chez son amie Éthéra où, en plus d'aller au théâtre et au cinéma, elle consacre d'excellentes journées, dit-elle, à visiter le Louvre et une exposition d'art chinois, avouant par contre avoir fait une indigestion de fêtes géorgiennes. Au retour, elle écrit dans son journal:

> Le commencement de ce mois a été déplorable. Les vacances ne sont pas un entraînement loin de là, et la belle ardeur qui n'avait pas cessé de m'animer depuis octobre semblait s'éteindre. Ces jours de paresse quel tort ils m'ont fait! [...] je me suis rejetté [sic] tête première dans la bonne voix [sic], dans l'ordre et l'étude — chemin que je n'aurais jamais dû abandonner[22].

Dès ce moment-là, elle se fixe des buts précis afin d'atteindre son objectif ultime: faire honneur à ses parents et afficher une telle réussite qu'on ne puisse la ramener de France sous aucun prétexte. Elle décide d'elle-même de sauter la quatrième afin d'être reçue l'année suivante en troisième*:

> *Il faut que je saute la 4ième! Il faut que je me donne cette preuve* d'énergie à moi-même!! *Il faut que je fasse ce plaisir* à mes parents!!! *Il faut que j'atteigne ce but*[23]!!!

Des compagnes l'aident, et ses parents l'y encouragent, en veillant à s'assurer que ses études courantes n'en souffrent pas. Avant d'entrer en troisième, elle devra, à la fin de sa première année scolaire, passer des examens dans ses matières plus faibles, le latin et les mathématiques. Elle réussira et criera victoire:

> Cette épreuve que je m'étais assumé [sic], ce but que je m'étais destinée [sic]: ce concours que je m'étais proposé, j'en suis venue à bout, je l'ai atteind [sic], je l'ai passé. Je suis vainqueur de ma

* Équivalent de la Belles-Lettres du deuxième cycle du cours classique québécois.

> volonté et de ma ténacité. C'est la plus belle victoire que je n'ai [sic] jamais remportée sur moi-même. J'ai droit d'être heureuse et fier [sic][24].

Le temps de la dignité

Dès l'hiver 1931, quelques mois après l'arrivée de Judith à Versailles, les retombées de la dépression économique affectent plus gravement sa famille. Un seul client est venu depuis deux ans à l'étude de son père. En temps de crise, on se marie sans contrat, on meurt sans testament. En mai suivant, les Jasmin déménageront à Ville-Émard, à l'extrémité ouest de Montréal, au sud du canal Lachine, entre Côte-Saint-Paul et Verdun, un quartier de cols blancs et d'ouvriers où le seul notaire de l'endroit dessert la clientèle bourgeoise. Ils louent à un moindre prix que rue Saint-Denis une maison de deux étages comptant dix pièces et difficile à chauffer, au 2364, rue de Biencourt, et déménageront à nouveau, trois ans plus tard, dans un six-pièces au 5991, boulevard Monk, l'artère commerciale du quartier où ils traîneront leur misère sociale. Le quartier est peu agréable. La maison est à deux rues d'une usine de gaz, dont l'odeur forte envahit le voisinage, surtout le matin. En entrant dans le hangar pour prendre du bois de chauffage, il faut frapper sur le plancher pour faire fuir les rats[25].

Le notaire Jasmin a cinquante ans, il ne sait rien faire d'autre sur le plan professionnel. Avec son infirmité, il ne peut se rabattre sur des travaux manuels. De ne pouvoir gagner honorablement la vie de sa famille l'affecte et l'amène à rester en retrait de la vie sociale de Ville-Émard. Blessé, humilié, il s'enferme dans ses souvenirs et ses regrets. Les ouvriers et les commerçants du quartier comme la petite élite de l'endroit prennent le nouveau notable au nez très busqué, à l'accent français et aux idées socialistes pour un juif d'Europe de l'Est. Cela ne facilite pas au départ l'intégration de la famille, les juifs étant généralement suspectés «d'importer le fléau communiste» ou «de concurrencer déloyalement les commerçants canadiens-français». Les clients n'affluent pas, là non plus. Par moments, le dénuement oblige les Jasmin à recourir à la générosité d'amis.

L'énergique Rosaria joue un rôle clé dans le maintien de la réputation de son mari, elle s'efforce de conserver à la famille une certaine respectabilité. Grâce à son habileté de couturière, elle sauve souvent les apparences. Pour maintenir coûte que coûte un semblant de position sociale et contribuer à faire redémarrer les affaires de son mari, elle participe à la vie paroissiale, dirigeant pendant quatre ans la chorale des Dames de Sainte-Anne, et côtoie les épouses de pharmaciens, de médecins, d'avocats de son nouveau milieu; le snobisme et l'étroitesse d'esprit de ces dames lui déplaisent, et elle dit sarcastiquement qu'«elles appartiennent à l'aristocratie canadienne[26]». Quand l'une d'elles lui demande: «Ma chère dame, vous parlez si bien, vous avez un si bel accent, vous avez dû aller à Villa-Maria?» (le couvent montréalais le plus huppé d'alors), une pointe de malice au coin de l'œil, sans faire référence à son séjour en France, Mme Jasmin répond avec sa simplicité coutumière: «Non, non, je suis allée au petit couvent de Saint-David d'Yamaska.» À un autre moment, décrivant à Judith une soirée de bridge chez le pharmacien du quartier, réunissant plusieurs professionnels et leurs épouses, elle fera ce commentaire: «Beaucoup de snobisme et de hockey[27].» Elle ne trouve pas son compte dans cet entourage: elle préférerait discuter de cette conférence sur Molière à laquelle elle a assisté ou de ses lectures des romanciers du XIXe siècle. Elle s'ennuie de ses voisines du quartier Villeray et raconte à sa fille aînée sa hâte de rencontrer une jeune journaliste et poète, Jovette Bernier, dont on dit le plus grand bien et qu'une amie de la rue Saint-Denis doit lui présenter, amie qui lui a aussi parlé d'un autre jeune poète du nom de Robert Choquette[28]. Le rôle qu'elle s'est assigné est loin d'être facile à tenir. Les finances familiales précaires sont un obstacle de taille à l'intégration aux rites sociaux du milieu bourgeois de son quartier qu'elle juge par ailleurs snobinard; à cause de sa position d'épouse de notaire et de sa culture, il lui est difficile d'être admise dans les milieux plus modestes.

Ce déclin social et économique est pénible à accepter. Les Jasmin en éprouvent de la honte et ne le cachent pas à Judith dans leurs lettres. Amédée demeure discret en ce qui concerne leurs soucis matériels. Son épouse est plus loquace. Le petit Jean-Jacques, «malade des poumons», ne va pas à l'école, et elle lui fait la classe. Quant à Claude, elle est indolente, montre peu de goût pour se tracer un emploi du temps: son père lui apprend à jouer aux échecs et l'emmène à des conférences et au cinéma, mais elle fait une poussée de croissance, s'ennuie de sa sœur aînée et fréquente l'académie du quartier, qui ne lui offre pas la qualité d'enseignement de l'académie Marchand et peu de stimulation intellectuelle. Heureusement, le docteur Auguste Desjardins, personnage encombrant mais ami généreux, a soigné gratuitement Jean-Jacques, invité la famille à passer l'été au lac Guindon dans les Laurentides et offert un canot à Claude[29]. Quand Rosaria parle de problèmes financiers, elle le fait avec dignité:

> Conserve toutes tes guenilles pour moi. Elles me seront précieuses. Les temps sont durs et, moi, je m'habille avec vos restes et j'en suis fière en attendant mieux. Si le million pouvait me tomber dans les mains, c'est à Paris que je m'en irais et sans plus tarder[30].
>
> [...] l'argent, ce trésor qui manque à tant de gens, nous manque en particulier. Heureusement, quand il nous manque, nous savons trouver ailleurs de quoi le remplacer et noblement[31].

La défaite personnelle des Jasmin les porte à investir Judith d'espoir, non seulement scolaire mais social. En d'autres circonstances, ils ne lui auraient pas fait sentir aussi clairement le lien entre ses résultats scolaires et l'accès pour elle à un rang social supérieur[32]. Son père lui demande entre autres de se rendre, à l'occasion du jour de l'An, présenter ses vœux au Commissaire canadien à Paris, et lui donne des directives précises quant au protocole à suivre[33]. Il insiste à une autre occasion pour qu'elle assiste à une réception de nouveaux académiciens à l'Académie française, «un signe, lui écrit-il, de raffinement social et intellectuel»; il regrette, ajoute-t-il, d'avoir lui-même manqué celle de Paul Valéry avant son départ de la France[34]. Sans doute, cette suggestion lui vient-elle surtout de son désir de voir sa fille faire partie de l'élite intellectuelle du monde, comme il le lui avait souligné dans une lettre précédente. Il sait mieux que personne ce que signifie souffrir dans sa jeunesse de pauvreté culturelle lorsqu'on appartient à un milieu modeste. À aucun autre moment de sa vie, Amédée Jasmin n'aura été aussi préoccupé de prestige social que pendant le séjour de Judith en France. Ayant complètement perdu le sien, cherche-t-il à compenser cet échec en proposant à sa fille des moyens de se frayer elle-même un chemin vers une meilleure position sociale et intellectuelle? Car les Jasmin sont des gens simples, et les privilèges de leur classe signifient avant tout pour eux le raffinement intellectuel; ils accordent infiniment plus d'importance aux activités culturelles et aux engagements politiques qu'aux activités de salon du milieu bourgeois, comme le montrent le comportement de Rosaria Jasmin avec les «dames» de Ville-Émard et ultérieurement l'intérêt de son mari pour les réunions des groupes socialistes, et son engagement politique à la Cooperative Commonwealth Federation (CCF), activités dites subversives et guère prisées par l'élite canadienne-française de l'époque.

Judith comprend, peut-être trop bien, que lui échoit en ces temps difficiles le soin d'incarner l'avenir social, culturel et économique de sa famille, lourde responsabilité pour une adolescente de quatorze ans. Pourtant, elle assume ce rôle intelligemment, se pliant aux désirs de ses parents tout en conservant une remarquable indépendance d'esprit. Ainsi, elle se rend aux activités sociales suggérées par son père, elle s'applique à suivre l'étiquette protocolaire, à ne jamais oublier d'envoyer de lettre de remerciement et à faire partout bonne impression. Ce sont en fait des obligations ordinaires pour une jeune fille de bonne famille. Comme elle fait tout consciencieusement, elle s'y prête de bonne grâce, y voyant un apprentissage de plus:

> Je vous raconte tout car vous tenez à ce qu'on appelle «la figure en société». Petite, je ne promettais pas beaucoup car j'étais gauche, dégingandée, je ne savais pas jouer du piano. Il y a eu de légers changements, heureusement à mon avantage (sauf le piano qui ne mord pas)[35].

Elle chérit ses parents, leur est soumise et fidèle, tout en restant foncièrement indépendante. Qu'il s'agisse de sorties, de vacances ou de lectures, elle prend des initiatives dont elle les informe après coup et elle n'accepte pas toujours leurs suggestions. À ses premières vacances de Noël, elle avait décidé de se rendre à Saint-Ouen malgré leur interdiction. L'année suivante, elle acceptera, sans leur en parler, l'invitation d'être demoiselle d'honneur au mariage de Mlle Joly. Les Jasmin auraient préféré qu'elle refuse, et elle se débrouillera pour acheter une tenue de circonstance avec l'argent reçu pour ses vacances des Fêtes. Bien que son père lui ait recommandé de ne «jamais, jamais sortir seule[36]», elle leur annoncera fièrement avoir entraîné dans les rues de Paris son amie Éliane qui n'était jamais sortie seule auparavant.

Une volonté de fer

L'ambition d'une carrière s'est inscrite tout naturellement dans la vie de Judith. Dès ses premières années d'école, ses parents rêvaient déjà pour elle d'une profession, même s'ils ne l'envisageaient pas avec autant de conviction que si elle avait été un garçon. Leur noble et belle ambition de départ se transforme en objectif à atteindre au moment où leur fille aînée fait ses études à Versailles; ils comprennent qu'elle devra de toute façon gagner sa vie. Judith, elle, n'a jamais pensé autrement. Son père semble la pousser davantage vers une carrière en lettres, en écriture ou en journalisme. Peut-être craint-il de ne pas avoir les moyens de lui payer des études de médecine? Ou son attitude est-elle le résultat de sa conviction que le Québec a besoin pour se développer de voir les nouvelles générations choisir d'autres voies que les carrières libérales dont il qualifiait jadis l'encombrement de fléau national? Judith partage avec des compagnes du lycée un intérêt pour les sciences et elle adore les livres. Médecin, écrivain, elle ne se sent pas pressée de faire un choix. Chose certaine, elle désire exercer une profession plus tard, et le plus urgent, ce sont ses études.

Toujours plein de sollicitude, de conseils et de suggestions, Amédée Jasmin suit de très près l'évolution de sa fille aînée. Il en a tout le loisir. Cette occupation doit lui donner le sentiment d'être au moins utile à quelque chose dans son bureau vide de clients. Son ton est ferme, insistant mais doux. Il continue de corriger la syntaxe et l'orthographe de ses lettres, l'incite à la lecture, l'exhorte à noter tout ce qu'elle voit d'intéressant durant son séjour en France, lui expliquant que ces notes pourraient lui servir plus tard à écrire des vers ou un roman[37]. Pour la motiver, il lui fait parvenir des coupures sur les sujets les plus variés, dont une sur les champions du monde de tennis, l'encourageant à pratiquer ce sport, et il lui cite des noms d'écrivaines célèbres comme la comtesse de Noailles[38]. Il lui envoie un roman canadien, en ajoutant: «J'espère que tu le liras dans un esprit critique avec cette idée que, lors de ton premier roman canadien, tel paysage sera mieux décrit, telle scène de la vie sera mieux peinte[39].» Il lui expédie aussi le texte d'un reportage suisse qu'il juge particulièrement bien rédigé: «Comme aucun journaliste canadien ne peut en faire en ce moment, mais comme tu pourras peut-être en faire toi-même un jour[40].» Il freine ses encouragements seulement quand il la sent trop insatiable ou inassouvie dans ses curiosités et ses ambitions.

Rosaria Jasmin se sent davantage une responsabilité d'éducatrice à l'égard de ses enfants, particulièrement à l'endroit de sa fille adolescente qui est loin d'elle. Elle cherche à leur inculquer le sens de la discipline personnelle et de l'autonomie pour les amener à agir selon leur conscience et à faire leurs propres choix. Aussi n'emploie-t-elle pas un ton impératif à l'adresse de Judith et lui arrive-t-il très rarement de la sermonner. Ses remontrances se limitent à quelques mots bien sentis. Quand elle lui fait part de ses inquiétudes la concernant, elle ajoute presque invariablement qu'elle lui accorde une totale confiance. Comme son mari, c'est en faisant appel à sa raison qu'elle exerce son autorité sur Judith. Elle l'invite à examiner judicieusement chaque situation afin de prendre la décision la plus éclairée et lui laisse savoir quelle aurait été sa propre conduite dans telle ou telle circonstance. Elle entretient déjà des rapports de complicité avec cette aînée qui deviendra très tôt sa confidente:

> Claude est féministe comme Idola Saint-Jean. Si tu l'entendais dans une discussion sur la femme. Elle s'emporte et devient peu pratique tout comme moi. Elle me copie hélas trop; même dans ses colères, elle essaie de m'imiter déplorablement. Tu sais que je suis encore à vouloir me corriger de mes vilaines colères et je n'ai pas réussi. Ah, ma fille, c'est toi qui est la mieux à Paris[41]!

Croyant leur faire plaisir, Judith répète régulièrement à ses parents combien elle est heureuse à Versailles et contente de s'appliquer à ses études, et leur signale avec fierté la moindre réussite. Parfois, sa mère s'impatiente et s'inquiète de l'entendre parler surtout de ses succès[42]. Par ses remarques, elle semble vouloir la protéger d'une suffisance excessive mais aussi d'un trop grand désarroi devant les difficultés, car elle devine que les choses ne sont pas toujours aisées pour sa fille au lycée. Elle aimerait bien que Judith lui confie plus souvent ses difficultés afin de pouvoir la soutenir et l'aider de ses conseils. Peut-être tente-t-elle d'alléger le poids que les attentes de son mari ont placé sur les épaules de leur aînée, qui se culpabilise facilement quand elle croit ne pas être à la hauteur. Judith craint alors de perdre le respect de ses professeurs et surtout celui de son père adoré dont elle veut conserver l'admiration[43].

Ses parents souhaitent pour elle un mariage heureux, un bon parti. Pourtant, ni Rosaria ni Amédée Jasmin ne lui servent les recommandations parentales usuelles: qu'une bonne éducation peut servir à trouver un mari, à élever des enfants, ou encore qu'une femme peut accéder à une position enviable par l'entremise d'un mari fortuné ou promis à un bel avenir. Son père espère que son éducation lui donnera les moyens d'atteindre par elle-même la célébrité et il la pousse à y parvenir. Comme un certain nombre d'autres pères canadiens-français de profession libérale de cette époque, Amédée Jasmin croit au droit des filles à une éducation égale à celle des garçons; il les considère aussi douées pour les études et la poursuite d'une carrière[44]. Quant à Rosaria, sa façon de parler d'avenir à sa fille accuse plus de mesure, l'incitant à acquérir «un caractère fort comme je veux que tu aies» et «à sourire, ce qui, en plus d'être joli, t'aidera à supporter plus aisément les ennuis[45]».

Certaines des remarques de Judith s'inspirent des propos que lui tiennent ses parents sur l'autonomie, l'égalité des sexes et les capacités intellectuelles des femmes. Dans son cahier de notes de lectures, elle écrit que le livre *Une jeune fille voyagea* de Claude Farrère

> prouve que les voyages dégourdissent et que les femmes peuvent très bien gagner leur vie. Qu'une femme qui travaille n'est pas entretenue par son mari et qu'ainsi aucun des deux époux n'a la sensation d'acheter l'un en l'épousant[46].

Et dans son journal:

> Je veux avoir la même volonté et le même courage au travail lorsque j'aurai un métier[47].

Au-delà d'une ambition personnelle très affirmée, son choix d'une carrière professionnelle a un lien direct avec la dette qu'elle croit avoir contractée envers ses parents. Cette responsabilité n'est pas sans l'angoisser par moments:

> Je suis confuse de ne m'être pas encore décidée. Car j'estime que le goût de la vocation se marque déjà lorsqu'on est jeune. Si je suis médecin, comme le désirent mes parents, je veux, à force de travail acharné, procurer à mes parents une douce aisance où ils puissent couler leurs vieux jours entourés du confort et même d'un certain luxe: théâtre, livres, voyages, des plaisirs instructifs. Ils auront tout ce qu'ils voudront. Je voudrais le promettre ici mais le destin est là qui se joue de nous et de nos projets[48].

Assez fréquemment, elle s'inquiète de l'inconstance qui la détourne de son but, de sa difficulté à tenir ses bonnes résolutions plus d'une semaine de suite, ou elle se reproche ses envies de plaisirs plus frivoles. Et le sentiment de culpabilité ressurgit en elle. Certains jours, la crainte de l'échec la hante. Mais les instants de doute sont passagers; l'angoisse dissipée, l'adolescente se remet au travail avec une ardeur nouvelle.

Malgré une situation financière ingrate, les attentions de ses parents à son endroit ne manquent pas. Leur ami le docteur Desjardins, de passage à Paris, lui apporte un colis rempli de cadeaux: une liseuse tricotée main de sa mère, l'appareil-photo de son père, de la peinture à l'huile de Claude et des truffes au chocolat de Jean-Jacques. Ses parents l'incitent à gérer scrupuleusement son budget, ce qu'elle fait, mais ne lui refusent rien. Quand, à sa deuxième année scolaire, elle demande une chambre seule, son père lui répond: «Les affaires ne sont pas prospères et nous commandons l'économie la plus stricte. Mais si tu montes en troisième, il serait préférable que tu sois seule pour mieux travailler[49]», lui cachant, pour ne pas l'inquiéter, l'ampleur de ses difficultés financières. Quand elle subit un échec en latin aux examens, au lieu de la gronder, il l'invite à ne pas se décourager[50].

Néanmoins, l'appel répété à sa maturité, à sa capacité de raisonner pour diriger sa conduite a des effets démesurés sur son tempérament impressionnable et volontaire. Les exhortations de ses parents ne font que décupler les exigences qu'elle se fixe. Comme sa fougue passionnée la porte à ne rien faire à moitié, la moindre de ses actions a du prix à ses yeux. À la longue, les attentions de son père forment un faisceau de pressions directives, du moins Judith les perçoit-elle ainsi. Chacun de ses conseils ou suggestions prend pour elle dans l'instant le sens d'une injonction impérative, d'un espoir auquel elle ne peut se dérober. Sa crainte récurrente de l'échec semble disproportionnée à ses talents. Sans être la première de classe qui réussit haut la main toutes les matières, elle parvient à sauter une année scolaire. Son nom figure souvent sur le tableau d'honneur mensuel réservé aux élèves qui ont obtenu une bonne moyenne. Elle tire satisfaction de ses succès, fierté et encouragement de les savoir visibles. Cela ne lui suffit pas. Son caractère extrémiste la porte à jubiler quand elle décroche une note parfaite en algèbre et à «s'en vouloir à mort» quand ses résultats sont faibles[51]. Chez elle, le sens de la responsabilité semble aussi presque excessif pour une adolescente de son âge, et la volonté, plus forte que la confiance en soi. Judith se déprécie et se dévalorise facilement, même quand ses dons sont reconnus. Elle ne s'estime pas à la hauteur quand elle récite *Cyrano*, des extraits de pièces ou des poèmes aux fêtes du lycée. Pourtant le timbre musical de sa voix, son ton expressif et sa passion pour la littérature en font une diseuse très appréciée tant par ses professeurs que par ses camarades[52].

Toute la vie de la lycéenne ne se résume pas au travail scolaire. Judith est une active en tout. Pendant que sa sœur Claude suit des cours de dessin à l'École des beaux-arts de Montréal, elle choisit les cours d'art au Louvre, le solfège et la diction parmi les cours optionnels offerts au lycée. La diction et la professeure titulaire de cette matière ont sa préférence[53]. Il y a aussi les sorties de groupe, les séances de cinéma, les matinées au Théâtre français. Les cours de gymnastique et de couture sont obligatoires. Grande et souple, Judith se classe parmi les premières en culture physique, au grand plaisir de son père qui accorde autant de prix à la discipline corporelle qu'à la discipline intellectuelle et lui rappelle régulièrement de faire chaque jour des exercices respiratoires et physiques. Levée à six heures, elle participe souvent aux exercices matinaux dans la cour de l'internat avant de repasser ses leçons ou de dériver dans ses pensées, en se promenant dans le jardin en gradins entouré d'un boisé jusqu'à ce que sonne à huit heures la cloche annonçant le petit déjeuner. Ces heures de solitude dans la fraîcheur paisible du matin lui apportent légèreté d'âme et harmonie:

> Mais ce sont les heures matinales quand tout dort que j'aime le mieux, travailler, penser, me promener, déclamer en plein air. Le monde m'appartient; personne ne se doute de ma présence. [...] Un matin clair et pur; de tendres bourgeons naissent au bout des branches noires du grand marronnier. Un mince filet de fumée vient des bâtiments. La trille [sic] d'un merle brise seul le silence de cloître qui règne ici.
>
> Mon âme légère et heureuse s'armonise [sic] bien avec ce décor tranquille. En tournant la tête je vois, par dessus [sic] le mur qui borde ma prison, les sommets élancés des peupliers qui échancrent l'azur d'un bleu pâle. Ce vaste horizon m'appelle à la liberté; mais baissant mes yeux sur le petit jardin paisible et serein: «Je resterai ici puisque c'est là que j'ai trouvé le bonheur[54].»

Son intérêt pour la couture est nul: elle n'est pas à Versailles pour faire de l'aiguille. Elle se cabre lorsqu'une professeure déclare que toutes les femmes doivent s'adonner aux travaux manuels: «Il fallait trouver une nécessité morale! J'ai dit que ça rassisait [sic] les jeunes filles, na!» écrit-elle à ses parents[55].

La vie de groupe en internat compense l'éloignement de sa famille. Ce quotidien que partagent les adolescentes à un âge où les amitiés féminines ont la priorité sur les relations avec les garçons, particulièrement à cette époque, présente ses attraits et ses charmes. On peut être soi-même, se confier mutuellement sans pudeur ses rêves, ses joies, ses peines, ses secrets les plus intimes, faire des folies et rire tout son soûl à l'abri du regard évaluateur des garçons ou de celui des parents. Ensemble du matin au soir, on partage études, bavardages et discussions. On monte des pièces de théâtre en improvisant décors et costumes, on organise des fêtes et des jeux, on chante, on danse, on fait du sport, des excursions. Avec son caractère entreprenant, son esprit vif qui perçoit immédiatement le côté ridicule des choses et le plaisir qu'elle prend à faire rire les autres, Judith se trouve au centre des activités. Quarante ans plus tard, Éthéra lui rappellera les années du lycée en ces termes: «Maman t'aimait beaucoup, elle aimait ta gaîté, ta bonne humeur. Auprès de toi, je voyais toujours la vie en rose... car tu avais ce don merveilleux de voir et de montrer ce qu'il y a de plus drôle dans la vie. Tu as été l'amie avec qui j'ai le plus ri[56].»

Même si la discipline stricte du lycée est lourde, l'atmosphère d'une institution laïque française est plus détendue que celle d'un pensionnat catholique québécois. Judith ne rapporte à aucun moment, ni dans ses lettres à sa famille ni dans son journal, qu'elle vit dans une atmosphère où se flaire au moindre geste l'odeur du péché de la chair. Elle n'est pas soumise non plus à des discours épouvantés de la maîtresse de discipline ou des professeures sur les dangereux obstacles au salut de l'âme ou sur la perversité du baiser, le plus court chemin vers l'enfer. Les textes d'étude du français ou des mathématiques ne sont pas non plus farcis d'exemples puisés dans la littérature et la liturgie catholiques. Dans les couvents québécois du temps, les activités parascolaires sont peu nombreuses, et toute intimité ou complicité entre deux élèves — «occasion éventuelle de péché» — réprimée. La danse entre adolescentes est strictement défendue, les promenades à deux, les moments de confidence, découragés et interrompus, les gestes affectueux, ne serait-ce que prendre la main ou entourer les épaules de l'autre, interdits. Derrière les rideaux fermés de sa cellule de dortoir, retenus solidement ensemble aux quatre coins par des pinces à linge, l'intimité avec soi-même est tout aussi redoutée; les élèves doivent faire de l'acrobatie pour se laver à l'éponge sous leur robe de nuit et, à n'importe quel moment, une religieuse peut surgir pour surprendre la nudité coupable. Les pensionnaires de certains séminaires pour garçons ne sont guère mieux partagés: la douche est chronométrée par le maître de discipline et prise avec une culotte de gros coton afin d'éviter toute mauvaise pensée et tout attouchement.

Les amitiés sentimentales entre élèves semblent s'épanouir plus librement à Versailles. Les étudiantes vivent entre elles des engouements passagers mais intenses, qui se manifestent dans les lettres qu'elles échangent comme dans les enlacements et les danses à deux. On se lasse aussi vite qu'on s'éprend[57]. Toutes les émotions y passent: frivolité, excitation, dépit, rage... Ces passions éphémères, ces effusions émotives et ces étreintes innocentes sont pudiques et n'ont aucun caractère sexuel. L'homosexualité n'est même pas une option envisageable dans la culture, l'éducation et le milieu de ces jeunes filles.

Judith vit de toute son ardeur amitiés, emballements, jalousies, chicanes, ruptures qu'elle relate ouvertement à ses parents[58]. À la fête de la mi-carême, habillée en jeune mariée, au bras d'une compagne jouant le rôle de son jeune époux, elle mène le cortège de lycéennes déguisées pour la circonstance et ouvre le bal entre élèves qui suit le dîner. Elle noircit cinq pages sur cette soirée dans son journal, y exprimant les sentiments d'excitation et de jalousie qui se bousculent en elle au sujet de cette camarade dont elle appréciait déjà l'âme admirable et le cœur d'or: «Je suis complètement folle, mais j'adore Rose, comme si vraiment elle était un homme et mon mari.» Cette attirance soudaine et spontanée, elle la vit avec autant de tourment que de pudeur, fuyant la nouvelle élue de son cœur, ne dansant pas avec elle, blessée par ailleurs de la voir danser avec d'autres: «Mais j'étais jalouse là. 6 h! à pleurer. Combien heureuses sont les femmes dénuées de jalousie. Mais y a-t-il cette vertu chez une femme qui aime à la passion? Je ne crois pas.» Elle rapporte, non sans s'inquiéter de son inconstance, en être, à quatorze ans, à sa quatrième «flamme»: «J'ai toujours aimé cachée, en silence, n'ayant rien demandé et n'ayant rien reçu[59].»

Ce ne sera pas la dernière, et Judith vivra ses autres coups de cœur passionnés avec, le plus souvent, la même réserve timide, adressant à l'élue du moment des soupirs ou un poème que seul son journal pourra entendre. En dehors du lycée, elle s'éprend silencieusement d'une jeune beauté géorgienne de son âge qu'elle décrit longuement à ses parents en leur déclarant: «Je suis amoureuse!», et d'une professeure de gymnastique pendant ses vacances estivales en Angleterre[60]. Ses grandes amies, Éliane et Éthéra, et quelques autres, Geneviève, Odette, Denise, ne sont pas des «flammes». Avec Éthéra, les liens se renforcent de jour en jour et l'amitié est à la fois plus profonde, moins houleuse, marquée d'un amour plus sincère malgré une grande retenue affective.

L'indépendance d'esprit

Éthéra et sa mère sont athées, et les Jasmin l'apprennent dans une lettre de Judith. Ils ne s'objectent pas à la poursuite de cette amitié, ils l'encouragent même malgré l'orientation religieuse des Mackarachvili et les doutes de leur fille, car ils savent qu'elle reçoit d'elles toute l'attention et la chaleur dont elle a besoin, loin d'eux. Ils n'ont pas l'habitude de s'effrayer de savoir leur fille exposée à différents courants d'idées politiques et sociaux; sur le plan religieux, ils font la même confiance à son discernement.

Bien qu'anticléricaux, les Jasmin sont croyants dans la mesure où l'essentiel de la religion réside, pour eux, plus dans sa dimension spirituelle que dans les rites du culte. Pendant leurs huit années en France, ils n'allaient pas à la messe. Dans le Québec ultracatholique où ils se réinsèrent, la pratique religieuse est un rite social qui encercle chaque événement de la vie, du baptême à la réunion syndicale. S'y soustraire entraîne un ostracisme social auquel les Jasmin doivent juger inutile de prêter le flanc. Le couple élève ses enfants dans la pratique catholique; il insiste pour que Judith la poursuive à Versailles — messe dominicale, instruction religieuse une fois par mois et retraite annuelle —, lui expliquant que cette discipline peut l'aider à maintenir sa spiritualité[61].

Leur vie reflète leur adhésion aux vertus chrétiennes. L'engagement politique et social d'Amédée Jasmin ne déviera jamais de ses principes de justice et d'égalité; dans ses lettres à Judith, il lui enseigne à être juste et généreuse dans ses jugements à l'endroit d'autrui. Il se donne en exemple, lui avouant avoir eu tort, adolescent, du haut de son caractère trop sentimental, de considérer sévèrement sa famille — fermée à tout ce qui l'intéressait intellectuellement et émotivement —, et l'atmosphère campagnarde où l'on méprisait la culture, le bon langage, le raffinement et la délicatesse de goût: «Je n'avais qu'à comprendre ces gens primitifs et laborieux, m'intéresser à leur vie inférieure, à leurs amusements simples mais aussi salutaires que les plus compliqués de nos grandes villes. Je crois que tu as hérité de cet atavisme néfaste de toujours être en désaccord avec le présent et d'attendre de l'avenir des joies, des bonheurs que les heures quotidiennes font défiler devant nous et que nous ne savons pas apercevoir.» «La simple vue d'un être indifférent, explique-t-il à Judith, devrait nous remplir de curiosité et d'attention, car il est un atome du grand corps social qui, lui-même, est une mince parcelle de ce corps plus grand qu'est l'Univers[62].» Rosaria Jasmin est sensible aux problèmes des plus pauvres qu'elle et collabore à des œuvres charitables de son quartier[63]; elle aidera aussi une petite cousine, «fille-mère», une de ces filles perdues et déshonorées que les familles d'alors rejetaient ou qui vivaient leur grossesse en cachette et dans le dénuement sans oser avouer leur faute à leur entourage. Selon les témoignages de belles-sœurs et de nièces, Rosaria était la bonté même.

Jusqu'à son arrivée à Versailles, Judith ne se pose pas vraiment de questions au sujet de la religion. Dieu, l'être surnaturel qui voit tout, qui sait tout, qui comprend tout, faisait partie de sa vie, simplement, comme les valeurs chrétiennes. Enfant, elle demandait au père Noël d'être généreux envers les pauvres et les orphelines[64]. À douze ans, elle prenait la résolution de faire preuve de charité, de franchise, de patience. Pour la première fois, à quatorze ans, elle est confrontée à l'athéisme d'une amie de son âge, sincère et réfléchie. Les arguments solides et rationnels d'Éthéra l'ébranlent, elle ne peut les balayer du revers de la main. Dotée d'une personnalité forte et sincère, habituée à réfléchir par elle-même, Judith a besoin de comprendre pour croire et d'être en accord avec les gestes qu'elle fait.

Dès ses premiers mois au lycée, elle commence à émettre des doutes sur sa foi; elle avoue à ses parents ne plus croire au pouvoir de la prière, être en mesure de faire son devoir et d'être heureuse sans croire en Dieu, et se dit surprise d'être forcée de continuer la pratique religieuse: «Un esprit qui a un peu réfléchi ne peut croire toute l'histoire de la religion catholique[65].» En retour, son père lui explique, par exemple, que l'être humain a un besoin essentiel de croire en un être surnaturel et il lui énumère plusieurs religions en guise de preuve. Selon lui, sa propre religion «demeure toujours la plus belle si elle consiste à ouvrir l'âme au beau[66]». Malheureusement, il arrive à l'Église de déformer l'enseignement du Christ; ainsi en est-il, à son avis, du clergé québécois, moins ouvert que le clergé français. Ardent nationaliste, Amédée Jasmin croit aussi le catholicisme essentiel à la survivance des Canadiens français en Amérique du Nord[67]. Quelques années plus tard, il invitera Judith à l'accompagner à des réunions socialistes, tout en restant membre de la Société Saint-Jean-Baptiste, un important organisme nationaliste qui défend des valeurs bourgeoises, conservatrices et cléricales[68]. Judith répond à son père ne pas être d'accord avec lui sur l'ouverture d'esprit du clergé français. Lui faisant part de ses propres réserves, à l'adolescence, sur l'utilité des exercices religieux, il lui suggérera d'évaluer ses sentiments à la lumière de son propre jugement plutôt que d'adhérer aveuglément aux dogmes catholiques. Il calmera ses inquiétudes en lui répétant souvent de ne pas se tourmenter, assuré qu'elle trouvera la réponse en elle-même au moment opportun.

Les tourments de l'adolescence

La réputation et le comportement de leur adolescente à l'extérieur du lycée demeurent un sujet d'inquiétude pour les Jasmin. Leur libéralisme exemplaire en matière religieuse et intellectuelle se rétrécit quand il s'agit de conduite morale. Bien peu de parents de l'époque auraient permis à leur fille de quatorze ans de passer deux ans à l'étranger, loin d'eux. Leur seul recours est de multiplier les conseils préventifs. Il faut dire que le trésor virginal féminin était patrimoine familial et affaire d'honneur. Le comportement sexuel alors prescrit aux jeunes filles — et jusqu'à la fin des années cinquante au Québec — les obligeait à vivre avec une épée de Damoclès suspendue au-dessus de leur tête: leur réputation et l'honneur de leur famille qu'un manque de retenue dans leurs rapports avec l'autre sexe risquait à tout moment de ternir à tout jamais. La psychologie judéo-chrétienne du temps attribuait aux hommes une libido forte, naturellement agressive, et des instincts sexuels incontrôlables, mais c'est aux jeunes filles qu'incombait la première responsabilité de résister aux avances masculines, de maîtriser leurs propres impulsions sexuelles et de protéger farouchement leur virginité jusqu'au matin du mariage. Par contre, elles se devaient d'être attirantes, séduisantes... il le fallait bien pour trouver mari; la beauté et le charme étaient des vertus célébrées. Et les parents, les mères surtout, avaient la tâche de protéger leurs filles d'elles-mêmes et de les livrer intactes à leur futur mari. Les jeunes gens étaient eux aussi élevés dans le rigorisme moral: ils étaient tenus de refréner toute expression sensuelle ou sexuelle susceptible d'offenser la respectabilité de la future mère de leurs enfants et de s'en tenir à l'abstinence préconjugale. Mais ils n'encouraient pas le déshonneur à vie s'ils jetaient leur gourme en fréquentant des jeunes femmes aux mœurs plus légères et des prostituées, à leur tour pénalisées puisque jugées indignes du mariage.

En homme de son temps, Amédée Jasmin dépeint à sa fille les femmes comme des êtres vulnérables, sans défense et sans recours — tout en leur accordant autant de capacité intellectuelle qu'aux hommes. Rosaria propose à Judith une image plus positive des femmes, qu'elle croit capables de maîtriser leurs pulsions sexuelles et plus généralement leurs rapports avec l'autre sexe. Le ton, l'attitude diffèrent. Cependant, tous deux, en bons parents soucieux de l'avenir de leur fille, lui rappellent ses devoirs[69]. Son père lui enjoint fortement de ne pas être expansive avec les messieurs, de se méfier des faiseurs de cour et des vieux galants qui cherchent aventure, et il lui interdit, à plusieurs reprises, de sortir seule avec le docteur Desjardins, quand il est de passage en France. S'il est généreux, c'est un coureur qui risque d'exercer son pouvoir de séduction sur elle. Sans lui communiquer crûment ses raisons, il lui explique habilement que cet ami méprise le moindre laisser-aller chez une femme, fondé ou non, et peut en répandre facilement la nouvelle:

> Les plus petits événements sont amplifiés et quelquefois dommageables aux réputations. [...] La vie demande à chacun la possession de tous ses atouts. La bonne réputation, chez une jeune fille, est un des meilleurs atouts — l'atout indispensable même[70].

Judith trouve plus ennuyeux que dangereux cet ami de la famille qui lui raconte ses histoires de cœur au lieu de lui donner des nouvelles des siens, mais il lui offre l'occasion de sortir du lycée; elle se rendra finalement aux raisons de son père.

À l'approche des vacances estivales, l'inquiétude des Jasmin monte d'un cran. Leur fille, qui ne veut pas rester à l'internat pendant les mois d'été ni s'imposer aux parents de ses amies pour une aussi longue période, sera complètement livrée à elle-même. Ils lui proposent des vacances en partie chez madame Gasnet, leur ancienne gouvernante, à Guéret, et en partie à l'institution catholique Notre-Dame-de-Bruneval à Saint-Join-sur-Mer où elle devra consacrer trois heures par jour à l'étude. Judith refuse carrément la pension et réserve l'autre suggestion comme dernier recours. La mère d'Éthéra propose de son côté des vacances dans une pension anglaise qu'elle connaît, à Calais. L'idée ne plaît aucunement aux Jasmin, leur voix se fait impérative:

> Tu es bien jeune pour t'en aller sur une plage, sans une conseillère à tes côtés. Toutes les plages reçoivent un nombre d'individus tarés, vicieux, qui dépensent des quantités de ruses pour satisfaire des instincts vulgaires et qui s'acharnent autour de jeunes filles qu'ils voient seules. Il n'est pas question d'étroitesse d'esprit, de préjugés d'anciens sur la morale; c'est une question vitale, une question de préservation spirituelle et physique, une question de santé individuelle et sociale[71].

> N'accepte d'aller à Calais qu'avec la certitude d'y trouver une surveillance maternelle et un milieu d'une moralité tout à fait sûre[72].

À regret, Judith n'ira pas à Calais. Elle passe le début de ses vacances à Paris chez les Mackarachvili. Ce sont des semaines gaies et insouciantes. Elle passe la première à dévorer des bouquins. Quelle aubaine! S'offrir autre chose à lire que les classiques que l'on connaît par cœur ou la *Semaine de Suzette*. Les deux amies consacrent ensuite leur temps à voir quelques films, à visiter musées, galeries d'art et sites historiques, à flâner dans les rues, dans les parcs ou sur les quais. Curieuses de tout, elles assistent à leur premier procès aux Assises. En août, on retrouve la jeune lycéenne canadienne en Angleterre. Elle passe un mois et demi dans une pension protestante pour jeunes filles, le YWCA *(Young Women's Christian Association)* à Londres et, à proximité de la mer, à Bexhill, dans la région de Newhaven. Bien chaperonnée par des Miss anglaises, elle goûte pendant quinze jours les plaisirs de la plage, des bains de soleil, des excursions dans la campagne verdoyante. À son arrivée dans la capitale britannique, dépaysée par une langue qu'elle ne connaît pas et par la nourriture peu appétissante de la pension, elle forme un trio de réconfort avec deux jeunes Françaises d'Algérie.

Les nouvelles expériences alimentent constamment sa réflexion. Après avoir assisté à une messe protestante, elle confie à ses parents que cette célébration lui a paru plus sincère et plus vraie que les messes catholiques, trop emprisonnées dans les signes extérieurs de dévotion. À d'autres moments, ce sont les rites de toutes les religions qu'elle juge superficiels[73]. Les Jasmin ont consenti aisément à ce qu'elle passe une partie de ses vacances estivales dans cette pension protestante, en lui recommandant toutefois de ne pas le mentionner à ses connaissances catholiques afin d'éviter d'attirer inutilement le discrédit sur elle ou sur eux[74]. Ils se sentent moins rassurés de sa conduite morale. Ils s'en remettent à des auteures bien connues pour la rigueur de leur enseignement moral aux jeunes filles et leurs descriptions convaincantes du sort sordide réservé à celles qui font bon marché de leur vertu: abandon, vie malheureuse, suicide... Mme Jasmin recommande à Judith de relire attentivement un roman de madame Germaine de Staël, *Corinne* ou *Delphine*, et le guide de Mary Wood-Allen, *Ce que toute jeune fille devrait savoir*[75].

Dans ses lettres à sa fille aînée, Mme Jasmin s'inquiète des sensations charnelles et des émotions nouvelles que connaissent les adolescentes. Avant le départ de Judith pour l'Angleterre, elle lui écrit:

> Pendant tes vacances sois sage et gaie. Conduis-toi comme tu l'as toujours fait et sois orgueilleuse de ta bonne conduite. Petit à petit, tu entres dans une vie remplie d'émotions. Sois assez forte et prudente pour faire face à tous ces genres d'émotions qui font souvent tomber bien des cœurs de jeunes filles sans énergie et sans préparation. En un mot relis madame de Staël [...] ses conseils sont plus clairs que les miens[76].

À l'image des mères des années trente, elle surveille les fréquentations aussi bien féminines que masculines de sa fille, craignant qu'en Angleterre, notamment, elle ne se laisse entraîner par des compagnes aux principes moraux différents des siens; elle l'incite à se défendre férocement si un homme l'accoste et lui rappelle que sa réputation est «le plus beau trésor à emporter à son fiancé[77]». Par contre, la menstruation n'est pas un sujet tabou dans la famille. Entre mère et filles, on en parle ouvertement et avec un certain détachement, comme d'un fait naturel de la vie et non d'un handicap ou d'une souillure[78].

Les week-ends chez Éthéra et chez Éliane sont, pour Judith, des fêtes de lectures. Quand elle rapporte à ses parents avoir lu les romans autobiographiques de Musset et de Lamartine, elle a droit à de sévères remontrances paternelles. Lire *Les Méditations poétiques* de Lamartine et le théâtre de Musset oui, mais pas *La Confession d'un enfant du siècle*, «un livre malsain, d'une imagination maladive, d'un ivrogne sans énergie, livré à tous ses instincts». Il lui est recommandé de s'en tenir aux auteurs classiques, riches en «matières nutritives», et «aux biographies d'écrivains comme Hugo ou Maurras qui ont réussi à discipliner leur volonté[79]».

Judith navigue assez bien entre l'attitude ouverte de ses parents quant à son développement intellectuel et religieux et leur rigorisme moral. Elle tâche de les convaincre qu'elle peut faire preuve de discernement en tout. Craignant qu'ils ne deviennent plus stricts et ne limitent le choix de ses sorties, elle cherche à parer les coups et à les amadouer en se montrant par moments sage et raisonnable. Dès ses premiers mois au lycée, elle avait refusé une invitation chez une camarade de classe: «Cette jeune fille a deux grands frères de 19 et 23 ans et cela est très dangereux, n'est-ce pas?» Mais elle avait ajouté: «Ça m'embête d'aller chez eux. J'aime autant que vous ne me le permettiez pas[80].» En fait, cette sortie n'intéressait pas Judith, indépendante de caractère, agissant le plus souvent à sa guise et s'arrangeant pour passer les congés fériés en dehors du lycée, de préférence chez Éthéra ou chez Éliane, sinon chez des relations de ses parents. Être l'objet d'une surveillance stricte de la part de ses parents ne semble pas l'émouvoir outre mesure: elle continue à informer sa famille de ses activités avec la même franchise. Son père lui réitère ses recommandations sur ses choix de livres:

> Sans être bigote, que jamais *(jamais)* la curiosité te fasse ouvrir un livre malsain. Cela est bon pour ceux ou celles qui n'aspirent pas à aller bien haut ni bien loin dans la vie, qui ont limité à l'avance leurs joies terrestres et célestes à la satifaction de faciles plaisirs[81].

Elle lui demande conseil pour la forme, sans pour autant abandonner la lecture d'œuvres, comme *L'Évangéliste* de Léon Daudet, qu'il n'approuve pas[82].

Cette existence menée loin du giron familial lui apprend très jeune à s'assumer, à décider pour elle-même, à voyager seule et fortifie son indépendance, son audace, sa curiosité. Mais Judith demeure sensible à l'influence morale de ses parents. L'étroite surveillance du lycée et le manuel *Ce que toute jeune fille devrait savoir* n'inspiraient pas autre chose. Judith se dit mal à l'aise quand elle se trouve seule dans des endroits peu familiers, en particulier dans une gare, un train ou un hôtel, et décrète que les hommes sont généralement «mal élevés avec les jeunes filles[83]». La lecture de *Katia* et de *La Sonate à Kreutzer* de Tolstoï, qui décrivent «des querelles de ménage entre des couples qui n'ont que des liens sexuels, sans autre chose», lui inspire un certain dégoût du mariage, et elle se demande alors s'il ne vaut pas mieux n'avoir que des relations intellectuelles avec l'autre sexe[84]. La peur des inconnus, le dégoût mêlé de frayeur de la chose sexuelle et du mariage sont des sentiments inévitables chez les jeunes filles d'alors. Simone de Beauvoir rapporte dans *Les Mémoires d'une jeune fille rangée* avoir voyagé seule pour la première fois à dix-sept ans (en 1925), sa mère ayant alors consenti à la mettre dans un train qui la conduisait directement de Paris à Joigny, où ses hôtes venaient la chercher. Jusqu'à l'âge de vingt ans, elle n'avait pas la permission de sortir le soir, seule, avec une amie ou des jeunes gens. Adolescente, elle s'était vu interdire le maquillage, la sexualité lui faisait peur et la grivoiserie la choquait. Quand elle aimerait, écrivait-elle, elle s'engagerait de tout son cœur, tête et corps[85].

Le puritanisme de l'époque porte les jeunes, filles et garçons, au lyrisme et à l'exaltation sentimentale. Toutefois, chez Judith, sa sexualité précoce lui avait inspiré dès l'âge de douze ans des sentiments charnels envers les hommes. Elle continue d'être fréquemment assaillie par des désirs sexuels et des rêves érotiques qui troublent son sommeil et la réveillent en sueur, bouleversée d'émoi et de honte. Le jour, elle chasse du mieux qu'elle peut les pensées malsaines, invoquant Dieu à son aide, mais la nuit «des rêves volupteux se vengent de [sa] volonté». L'attention d'un homme adulte l'excite et la rassure sur ses charmes et son pouvoir de séduction. Dans sa timidité juvénile, elle se sent flattée et conquérante quand elle croit sentir le regard d'un professeur se porter sur elle avec insistance ou quand, durant un tour d'avion en compagnie d'Éthéra et d'Odette pendant les vacances estivales, le pilote lui adresse la parole à elle plutôt qu'aux autres. Parfaitement consciente de son éveil sexuel, elle est partagée entre ses désirs fougueux et la peur de transgresser la morale. Se sachant portée à l'exaltation, elle craint que son tempérament excessif ne lui joue de mauvais tours et ne gâche son avenir. Ballottée par de vives tensions intérieures, elle s'emploie à vaincre sa nature sensible et impétueuse et à soumettre sa sensualité montante[86].

À Versailles, sa priorité va aux études. Dans son quotidien, comme la plupart des étudiantes de son âge, elle se soucie peu de son apparence, porte l'uniforme, ne se maquille pas. Elle rencontre rarement des garçons — occasionnellement à des fêtes géorgiennes; elle évolue dans un monde de femmes où elle choisit ses idoles en la personne de quelques professeures. Si elle convient, dans ses discussions avec Éthéra, du caractère frivole de la coquetterie, cela ne l'empêche nullement, quand l'occasion se présente, d'y céder avec plaisir et délice. Réjouie de se trouver jolie, fardée et parée de sa première robe de bal au lycée, elle flirte, fume une cigarette et connaît avec ravissement ses premiers frissons en dansant pour la première fois, avec le frère d'une camarade.

Un passage d'une lettre de son père reçue pendant ses vacances en Angleterre la rend à ce point songeuse qu'elle le retranscrit dans son journal:

> Tu es une grande privilégiée de faire les études de choix que tu fais, dans les conditions où tu te trouves. Et si tu continues à nous donner satisfaction, si même tu te perfectionnes encore (car pour l'ordre tu as des progrès à faire) tes études seront le meilleur placement que ton père aura fait!

«Et il finit ce cher, cher père, ajoute Judith: "Ton papa qui t'aime bien est fier de toi et espère te conserver toujours sa confiance et son amour."» Sa réaction à cette lettre témoigne de son angoisse à la pensée de faillir à s'acquitter de la dette d'honneur contractée à l'endroit de ses parents:

> Ils me donnent la meilleure instruction — professeurs, livres, voyages. Rien ne me manque. Je suis très, très heureuse maintenant. Mais, je dois toujours avoir présent à l'esprit que tout ce qu'on me donne maintenant — je devrai le rendre plus tard et c'est juste. J'aurais honte de recevoir tout si je ne devais jamais m'acquittez [sic]. Mais je tremble en pensant que tout leur bonheur à ces chers parents sont [sic] en mes faibles mains. Quelle énorme responsabilité! Serais-je [sic] digne de leur confiance. Et si non! quels remords pour l'avenir. Oh Seigneur, soutenez-moi. Donnez-moi de la confiance en moi-même et même du bonheur dans mes entreprises car tout cela c'est pour eux. Eux, que j'aime plus que ma vie et dont le bonheur est entre mes mains[87].

Le courage

À la fin de septembre 1931, c'est la rentrée à Versailles et le retour au cadre rigide et froid de l'internat. Sa famille qu'elle n'a pas vue depuis un an et la chaleur de son foyer lui manquent; après ces mois de liberté, elle tolère plus mal l'horaire strict de la pension. Un gros cafard la saisit, qui lui dure un bon mois[88]. Son refuge: sa chambre. La pièce rectangulaire, très longue, donne l'impression d'un couloir entre la porte d'entrée et la large et haute fenêtre du fond donnant sur la rue; le mobilier est quelconque et suranné, mais l'endroit exposé au soleil, clair et gai. Dans le coin droit, près de la porte, il y a une petite commode blanche à tiroirs, recouverte d'un napperon, où sont déposés un vide-poches et quelques bibelots. Puis, un divan-bibliothèque, recouvert d'une cretonne passée et laide et surmonté de deux étagères latérales contenant les livres de classe et de lecture, les lettres de son amie Éliane placées dans une petite boîte en bois peint, les photos de sa sœur et de son frère, celle du poète géorgien Waja Pjawela, «un type pur et parfait, mon idéal de beauté pour un homme[89]». Face au divan, entre le coin-lavabo et une armoire-penderie munie d'une grande glace, il y a la table de travail, encombrée de piles de cahiers où Judith fait ses devoirs et écrit son journal. Au mur, un calendrier, un emploi du temps, des cartes postales et de nombreuses aiguilles tout enfilées que l'adolescente y pique après usage. Ses amies Éthéra et Geneviève, logées au nord de l'édifice, du côté de la cour, dans des chambres plus sombres, moins à l'abri du bruit de la vie estudiantine, lui envient après coup ce refuge qu'elles avaient dédaigné, lui trouvant trop de défauts: situé tout au bout de la maison, sans paravent pour cacher le coin-lavabo et accessible par la seule chambre de la maîtresse[90].

Judith reprend le collier des études. Elle se stimule en repensant à l'enthousiasme et à l'ardeur qui l'animaient à son arrivée à Versailles:

> Mais ce que je n'oublierai jamais c'est la grande leçon pour ma vie, l'état de sacrifice constant qu'ont fait mes parents. Ah! Comme par cette séparation j'ai bien compris mon devoir! Je suis arrivée à Versailles il y a juste un an avec une énergie désespérée.
>
> [...] Je n'avais plus qu'un Dieu, mon père, une loie [sic], travailler: me meurtrir par la contradiction de tous mes penchants par la soumission de tous mes instincts. Arriver à faire de mon caractère,

de ma volonté une chose souple et flexible soumise à mon énergie. Voilà Quel [sic] a été ma quinzième année. Ah! comme après avoir remplie [sic] tous mes devoirs de la journée je me couchais heureuse en répétant: «C'est pour Papa[91]!»

Il y a les jours de dégoût où tout va mal, où pour s'encourager elle se répète combien, comparativement à Claude, elle est chanceuse d'être en France, et les jours d'«inexprimable bonheur», les jours de succès scolaires. Autant elle peut glisser rapidement au creux de la tristesse, autant le moindre événement heureux la transporte.

> Je n'ai jamais bondi si haut de joie que lorsque j'ai lu la lettre de Mlle Joly. Surprise joyeuse, elle se marie le 29 et [...]; je suis invitée en qualité de demoiselle d'honneur.
>
> Ce sera pour ainsi dire mon entrée dans le monde. Car c'est un grand mariage, j'aurai un cavalier (le cousin Loulou dont j'ai tant entendu parler et dont j'avais le pressentiment de le connaître un jour), une belle robe; on goûtera, on dansera[92].

Au retour à Paris, chez son amie Éthéra, les bonnes discussions en tête à tête animent le reste des vacances de Noël.

Ses interrogations existentielles ne la quittent jamais tout à fait. En février, après un an de questionnement sur sa foi, elle résume ses croyances:

> Une des grandes question [sic] de l'homme, la plus importante sans doute est celle-ci: «Qui suis-je? où vais-je?» Après m'être torturée [sic] l'esprit depuis l'âge de 13 ans, et particulièrement depuis que je suis de nouveau en France, sur cette question: «Faut-il croire à Dieu ou pas.» J'en tire non pas une conclusion car toute ma vie sera un champ de bataille, où des idées contraires lutteront, mais une sorte de résumé sur mes conceptions actuelles, sur ma conduite de vie, et sur mes croyances.
>
> Suivre un culte, je n'y songe pas une minute. Un culte fondé par un être humain. Ça vaut zéro. Pourtant je crois à l'existance [sic] d'un Dieu, mais il me semble impossible de le prier. Je ne prie plus!
>
> J'y pense à ce Dieu, mais vaguement, avec confusion. Je crois que l'âme sortie des couches terrestres se réunira dans Dieu où elle connaîtra tout, n'aura plus aucune passion et sera heureuse s'il se peut.
>
> Je pense que ce Dieu ne doit pas trouver criminel [sic] de leurs idées religieuses ni les athés [sic] ni les dévots, ni les païens ni personnes

> [sic] parce qu'ils sont innocents et que venus sur terre sans rien savoir, ils ne peuvent être coupables des conceptions prises dans leur milieu.
>
> Seulement je crois au bien, à la vertu, j'admire les Stoïciens. Il faut suivre la voie de la morale et du bien parce que c'est la plus aride, la plus austère, la plus difficile et celle qui donne le plus de bonheur intérieur[93].

S'insurgeant une fois de plus contre la pratique des exercices du culte, elle ne se plie pas moins aux exigences de ses parents, jugeant la question secondaire par rapport à sa quête spirituelle. Il y a chez elle un besoin profond de spiritualité, et l'espoir d'y trouver une force pour guider sa vie et le genre de certitude que son amie Éthéra trouve dans la raison[94]. À l'âge de douze ans, Judith avait éprouvé des élans mystiques durant une retraite, puis à sa première communion[95] Certaines grandes cérémonies religieuses déclenchent chez elle, dans l'instant où elle les vit, lyrisme et mysticisme. À sa deuxième retraite pascale, à Versailles, Judith espère être touchée par la grâce de la conversion. Mais l'illumination de la foi ne se produit pas:

> Hélas! Je ne suis pas encore bien sûre de moi et bien résolue dans mes idées. Un an d'incrédulité complète, passée à rafermir [sic] dans cette opinion, entassant arguments sur arguments, n'ont pas été sans laisser une trace bien difficile à effacer, surtout en quelques jours.
>
> [...] Me soumettre aux lois de l'Église? Je ne crois pas y parvenir entièrement, mais je crois en Dieu et j'aime Jésus et je tâche de l'aimer mille fois plus et surtout de pratiquer, d'imiter cette vertu si grande, illimité [sic], sa patience, son indulgence, sa sagesse en tout, son amour sans borne pour tous, tous[96].

Ce n'est pas la raison qui triomphe de la foi. Sa jeune âme est touchée par une autre grâce: l'amour, l'amour illimité, l'amour sans bornes de Jésus dont elle veut faire son modèle de conduite. Toute son existence, indépendamment de sa volonté, l'amour aura rang de valeur absolue, il sera son souffle de vie, son absence sera une asphyxie intérieure.

Judith passe avec un même élan de sincérité d'une envolée mystique à une réflexion prosaïque, tantôt grave et plongée dans une profonde introspection, tantôt gaie, rieuse, de retour à sa réalité quotidienne. Elle raconte d'une traite, dans son journal, ces instants de recherche intérieure et, d'un ton amusé et ironique, une séance de spiritisme à laquelle des compagnes l'avaient invitée. Elle décrit avec humour cette «descente d'un Esprit dans un tabouret» et les longs préparatifs. Avouant avoir froncé le sourcil devant le phénomène en question, elle est partie avant la fin de la séance, lassée et blasée du spectacle, et conclut: «Après mon départ, le tabouret repris [sic] de la vigueur et il paraît que c'était ma présence qui le contraignait.»

Les manifestations de la puberté se font désagréables, mais elle sait en rire:

> Je traverse l'adolescence et j'en ai toutes les marques: nez et lèvres gonflées, grandes mains, grands poignets, allure dégingandée; insensibilité de cœur, exagération de sentiments — j'en ai même le lyrisme et j'ai accouché de mes premiers vers. C'est pourquoi je les transcrit [sic] (car ils sont d'un bêta!)[97].

Au printemps, la morosité s'en mêle. Les derniers mois d'étude lui paraissent longs. Les lettres du Québec ne lui suffisent plus. Judith se languit de sa famille, de sa mère, sa grande sœur et amie, de son cher père adoré, de Claude et de Jean-Jacques dont l'amour lui manque. Elle commence à compter les jours qui la séparent du retour à la maison pour les vacances estivales. En mars, quand les difficultés financières de son père l'obligent à accepter une bourse de secours du lycée, elle abandonne à regret sa petite chambre qui lui assurait confort et indépendance pour, à nouveau, en partager une avec trois autres élèves. Entre les pages de son journal, transparaît une lassitude mentale et physique. Ses efforts en classe ne récoltent pas les résultats espérés. Heureuse diversion, le cours de géographie l'emporte vers des pays fascinants. Elle se promet déjà de visiter la Sibérie, le Tibet, les déserts du Kurdistan et les forêts d'Autriche. Pendant les vacances de Pâques, son premier congé passé à l'internat, elle se fait le boute-en-train des pensionnaires, organise des jeux drôles, mime des charades, donne, avec une compagne drapée comme elle dans des draps de lit, une scène du *Misanthrope*; on joue aux voleurs, et elle met sa robe en pièces dans des expéditions à la cave, en grimpant aux fenêtres et sur le mur du jardin[98].

En mai, la solitude la gagne, une solitude lourde, pesante. Éthéra a quitté le lycée depuis trois mois en raison de ce qui semble avoir été une primo-infection tuberculeuse et, avec sa mère, est allée rejoindre son père dans les montagnes du Montenegro. Parce que Judith a privilégié les relations avec Éthéra, l'amitié avec

Éliane n'est plus qu'un doux souvenir. Reste Geneviève. Judith la connaît bien, l'aime comme une cousine; entre elles, la différence d'idéal — son amie le tourne vers les plaisirs faciles de l'amour et de l'argent — met un frein aux confidences. Il y a Denise, une camarade franche et dégourdie, pas encore une intime. Personne à qui parler ouvertement. Ses parents sont loin, elle aurait besoin de leur présence. Et les lettres deviennent malaisées à écrire, elle a tellement changé depuis deux ans! Ses professeures? Elle ne leur ferait pas suffisamment confiance, n'ayant entretenu avec elles que des rapports intellectuels. Au début de juillet, elle passe avec succès la série d'examens oraux et écrits du diplôme pour étrangères qui mesure ses compétences en langue française, et le certificat d'études qui couronne la troisième. Elle peut rentrer fièrement au Canada, elle a relevé le défi, atteint son objectif. Derrière sa hâte et son excitation de retrouver les siens pour les vacances, une pointe d'inquiétude se profile. Se pourrait-il qu'elle quitte définitivement Versailles?

CHAPITRE 3

ÉTRANGÈRE EN SON PAYS

Comme lorsqu'elle est partie, les parents de Judith font publier l'annonce de son retour de France et de sa réussite scolaire, accompagnée de sa photo dans le quotidien *La Presse* — instant de fierté familiale en ces temps difficiles[1]. La situation économique et sociale des Jasmin va en se détériorant. Judith, à distance, ne saisissait pas toute la gravité de la situation. La sachant volontaire et audacieuse, son père le lui avait caché sciemment, de crainte qu'elle ne refuse de rentrer au Canada. Il n'avait certes pas tort... Elle avait entrepris la traversée du retour à bord du *Duchess of Atholl* avec l'espoir de retourner terminer son bachot à Versailles après les vacances estivales. À son arrivée au Québec, elle retrouve des parents un peu vieillis, une sœur et un frère grandis, un cercle familial, autrefois si chaleureux et dynamique, las et abattu. La Dépression a aigri son père et peut-être encore plus sa mère, cette femme vaillante et optimiste que la «médiocrité du quartier de Ville-Émard énerve, porte à la critique, rend de mauvaise humeur et empêche de vivre heureuse», constate Judith. Jean-Jacques, à neuf ans, a perdu ce qu'on lui a appris en France: il lit très mal et n'aime pas la lecture. Quant à Claude, qui ressemble à une longue asperge et la dépasse maintenant d'une tête, elle lui semble fermée, distante[2]. La morosité du cadre familial, les privations, l'absence de sa sœur aînée, sa solitude d'adolescente ont affecté la cadette. Cette séparation de deux ans aura creusé entre les deux sœurs, qui avaient auparavant évolué au même rythme, un fossé qui ne sera jamais comblé. Son séjour à l'étranger a mûri et transformé Judith. Sa personnalité s'est structurée, son autonomie, son indépendance, sa détermination se sont affirmées. Ses études lui ont donné une culture plus solide et plus vaste que celle de Claude, dont le langage s'est par ailleurs relâché. Son rang d'aînée et son autorité naturelle aidant, elle a tendance à mener un peu trop sa sœur et son frère par le bout du nez. Dès son arrivée, elle forme le projet de payer les siens de retour par sa bonne humeur, de leur insuffler une énergie nouvelle, de les distraire en organisant de modestes soirées familiales.

À l'invitation cette fois d'un ami et camarade de collège d'Amédée Jasmin, le docteur Guillaume Latour de Saint-Jérôme, la famille retourne passer l'été au lac Guindon afin de goûter un peu de bon temps et de se refaire une santé. Le notaire, toujours en quête de clients, rejoint sa femme et ses enfants les fins de semaine. La famille Jasmin et la famille Aubry occupent le modeste chalet de bois et se partagent les frais de nourriture. Judith retrouve Hélène, son amie d'enfance. Un été de plein air entre adolescentes. Baignade, canotage, contemplation des levers de soleil, excursions à pied dans les alentours ou jusqu'à Saint-Jérôme.

En septembre, Judith entre en rhétorique au collège Marguerite-Bourgeoys des sœurs de la congrégation Notre-Dame. Il lui reste trois années d'étude pour obtenir son baccalauréat, comme cela aurait été le cas à Versailles. Profondément déçue de devoir tirer un trait sur la France, elle se résigne courageusement à se contenter d'une éducation canadienne. Parfaire ses études lui paraît si normal qu'elle ne mesure pas sa chance. Il n'existe encore que deux collèges féminins de langue française fréquentés par une poignée de jeunes filles, Marguerite-Bourgeoys à Montréal et Jésus-Marie à Québec. Judith est plus française que québécoise. Ses véritables attaches dans son pays se résument à sa famille. Elle ne peut s'empêcher de tout comparer et de tout juger à la lumière de son expérience européenne. Ses premières impressions du collège, du personnel enseignant, de ses camarades d'étude sont extrêmement négatives, son jugement, sévère:

> J'ai été loin d'être stupéfiée devant la meilleure maison d'instruction de jeunes Canadiennes françaises dans la province de Québec. Ces demoiselles ont tout à fait conscience de leur valeur, de l'instruction extraordinaire qu'elles font; elles sont encore tout étonnées des

> matières savantes qu'elles apprennent: latin, grec, littérature, physique, chimie, etc. Les maîtresses les entretiennent soigneusement dans l'idée qu'elles sont l'élite, la crème du pays et que d'elles seules viendront les grandes choses de l'État. Bref, elles sont grisées des horizons qui viennent d'être ouverts à la femme. Ah! il faudra plusieurs générations encore pour qu'elles acquièrent la simplicité tranquille des jeunes lycéennes de Paris! Et si elles savaient comme elles sont loin de ces lycéennes à l'esprit ouvert, mûri, porté au sérieux malgré leur entrain au jeu, comme elles sont loin de ces êtres personnels et simples, admirables sans le savoir! Enfin, malgré tout, — l'imperfection des professeurs, la presque ignorance des maîtresses et la plupart du temps la nullité vaniteuse des élèves — essayons de faire notre profit de cette nouvelle instruction[3].*

Sans doute est-il injuste et exagéré de conclure, comme elle le fait, à la quasi-ignorance des religieuses enseignantes et à la nullité vaniteuse des élèves, d'autant plus que, même à Versailles, elle avouait que son application à l'étude et ses ambitions professionnelles la plaçaient à bonne distance de la majorité des élèves. Les collèges féminins québécois décernent un baccalauréat équivalent à celui qu'offrent les collèges classiques pour garçons. Poursuivre des études supérieures est un privilège extrêmement rare pour une jeune fille. Il est certainement accordé à des étudiantes qui montrent goût et aptitudes pour l'étude, soit par leurs familles avant-gardistes soit par l'institution qui assume les frais de scolarité. Si, jouant de ruse avec les autorités ecclésiastiques, les collèges féminins prétendent officiellement former de meilleures épouses et de meilleures mères et se défendent de préparer leurs élèves à devenir des femmes de carrière, la réalité est autre. Plusieurs des consœurs de Judith poursuivront des études universitaires dans les facultés qui commencent à s'ouvrir aux filles: médecine, lettres, sciences de l'éducation ou beaux-arts. Mais, à Marguerite-Bourgeoys, tout est bien différent d'un lycée français: le programme, le climat intellectuel, le niveau culturel des élèves, l'approche pédagogique. Judith a deux fois plus d'heures de latin, la langue de la religion, par semaine, et elle doit se mettre à l'étude du grec alors qu'à Versailles elle aurait pu choisir une langue

* À partir de ce chapitre, l'orthographe des citations du journal ou de la correspondance de Judith Jasmin a été corrigée pour faciliter la lecture.

vivante; les deux dernières années du baccalauréat, consacrées principalement à l'étude de la philosophie, offrent moins de cours de mathémathiques et seulement des rudiments de sciences — cela est aussi vrai des collèges de garçons. Les activités parascolaires sont presque inexistantes. Pas de sport, ni de troupe de théâtre, ni de journal étudiant. Sa correspondance assidue avec son amie Éthéra rend plus évidentes à Judith ces différences.

Hélas, Judith a raison sur deux points. Une forte conscience élitiste et une extrême étroitesse de vue imprègnent les collèges classiques canadiens-français. Dans les collèges de garçons, l'Église forme le plus possible de prêtres et prépare les autres à devenir une élite laïque convaincue de sa supériorité et de la responsabilité qui lui incombe de traduire dans ses activités professionnelles futures son respect pour l'autorité ecclésiastique d'abord, civile ensuite. Le programme d'études est axé sur la vérité absolue de la pensée catholique dans toutes les disciplines. On enseigne à croire et à obéir plutôt qu'à développer une curiosité intellectuelle et une pensée personnelle. La littérature recèle autant de dangers d'hérésie que la philosophie. L'index règne et proscrit plus d'auteurs qu'il n'en approuve, de Montaigne aux plus contemporains, Baudelaire, Flaubert, Valéry, Proust, Gide. Pour emprunter un parcours littéraire quelque peu sensé, l'étudiant doit braver la culpabilité de se savoir en état de péché et bénéficier, en dehors du collège, de la largeur de vues de son milieu familial ou de la complicité de certains libraires. Ce climat rigoriste et réducteur s'étend évidemment aux collèges féminins. Judith étouffe dans cet air raréfié. Elle se sent presque une étrangère, sans affinités avec son entourage.

Tout distingue cette nouvelle venue des autres élèves: son ardeur studieuse, son langage impeccable, jusqu'à sa tenue vestimentaire. Elle porte de longs chandails descendant sous les genoux par-dessus ses jupes, un sac à dos et une tuque de laine, alors que ses compagnes plus élégantes gèlent avec leurs bas de soie et leurs petits chapeaux plantés sur le sommet de la tête. Elle fascine et impressionne les élèves de sa classe par sa vaste culture, son sens critique — une aptitude que l'éducation québécoise se garde bien d'encourager chez les étudiants — et son sens de l'humour. Elle a beaucoup lu, tous les classiques et des auteurs à l'index comme Voltaire! Elle ne fait pas parade de ses connaissances, elle s'en cache plutôt, mais quand elle y consent, ses consœurs aiment l'entendre parler de ses lectures ou énoncer ses opinions sur les façons de vivre et de penser qui ont cours au Québec. Quelle surprise de l'entendre expliquer avec tant d'aplomb les conséquences de la mainmise de la religion sur la société ou ses raisons de se rebiffer contre l'enseignement de la philosophie réduit à celui du thomisme, présenté comme un dogme infaillible et incontestable — Saint-Thomas d'Aquin étant, aux yeux de l'Église, l'unique philosophe non hérétique. Peu habituées à entendre des opinions anticléricales, elle s'intéressent d'autant plus à celles de Judith que leur nouvelle camarade n'agit pas de façon provocante avec les religieuses et qu'elle est pratiquante, récitant son chapelet et faisant son chemin de croix à la chapelle comme les autres. Après le repas du midi, seule la cloche met fin aux conversations passionnantes avec cette nouvelle compagne qui leur fait découvrir des horizons inconnus.

Malgré ses relations cordiales avec les professeures et les élèves, Judith demeure à l'écart, renfermée et timide, secrète et tendue[4]. Sa pauvreté accentue sa timidité et l'état de tension que lui fait subir ce milieu bourgeois. Incroyable contraste de comportement entre la collégienne d'aujourd'hui et la lycéenne d'hier! Sa réserve tombe quand il s'agit d'exprimer ses convictions. Elle le fait spontanément sans arrière-pensée, sans faux respect humain. Un samedi, au cinéma, quand les lumières s'allument à la fin de la présentation du film *Marius* de Marcel Pagnol, elle se lève, se met à applaudir et à crier bravo d'une voix forte, faisant rougir de gêne les camarades qui l'accompagnent. Une fin d'après-midi, au collège, dans la salle commune, la radio joue du Bach. Une élève change de station pour écouter des ritournelles à la mode. Judith émet un bref commentaire de désapprobation et sort en claquant la porte. «Elle possédait déjà son propre système de valeurs et l'affirmait avec courage dans un milieu où elle ne se sentait pourtant pas à l'aise, commente Jeanne Lapointe, alors étudiante en belles-lettres à Marguerite-Bourgeoys. Un signe d'absolu qui n'existait pas chez les autres.» Judith dira plus tard avoir subi, à son retour au Canada, un choc culturel qui l'avait ébranlée plusieurs années durant[5].

Pendant ses années de collège, elle ne se lie d'amitié qu'avec deux élèves: une consœur de classe, Jeanine Guérin, ex-religieuse d'une dizaine d'années son aînée, et Jeanne Lapointe, de Québec, avec qui elle se découvre des affinités intellectuelles. Elle ressent un profond malaise. Ses compagnes ne sont pas toutes de familles très fortunées, mais toutes sont plus nanties et plus choyées qu'elle.

Elle ne va à aucune soirée pour jeunes gens organisée par ses compagnes, elle n'a ni robe de soie, ni bas de soie à porter. Se teindre en rousse et se brûler les sourcils pour les empêcher de repousser en s'infligeant une grosse blessure, là s'arrête sa coquetterie car là s'arrêtent ses moyens pécuniaires. Sa honte, son amertume, elle les cache soigneusement. Aucune élève ne soupçonnera sa gêne à leur endroit ni la situation financière de sa famille; une ou deux avec qui s'est établie une plus grande confiance seront invitées quelques fois chez elle. Judith apprend déjà à taire ses émotions et à souffrir en silence.

En marge de l'entourage

La déception de se trouver dans ce nouvel entourage ne lui fait pas pour autant changer ses priorités. En général, les difficultés la rendent plus tenace. Le collège ne lui offre pas toute l'ouverture d'esprit et la stimulation intellectuelle qu'elle avait connues à Versailles? Qu'à cela ne tienne, elle trouvera le moyen de parfaire sa culture par elle-même, à l'extérieur de l'institution. Encouragée par son père, elle suit, souvent avec Claude, des conférences de toutes sortes, fort sérieuses pour des jeunes filles de quinze et seize ans:

> J'ai fait ce soir une découverte — Montréal a des charmes! [...] ce soir en revenant d'une conférence de biologie de l'université, j'étais dans le tramway, un prêtre était en face de moi, deux religieuses à ma gauche. J'avais la vue toute brouillée de soutanes, de rabats et de cornettes car au cours de biologie, ce n'était que prêtres et religieuses. [...] En voyant ces cours uniquement fréquentés de religieux, je pensais au temps où ils étaient en Europe les seuls à s'instruire. Et voilà pourquoi Montréal a surgi tout à coup à mes yeux comme une ville moyenâgeuse. [...] Et puis j'ai pensé qu'il y avait moyen de s'instruire et de s'intéresser dans cette brousse...
>
> Montréal a été gâtée ces dernières semaines. Lucien Romier lui a fait l'honneur d'une visite. En effet cet illustre et savant personnage a donné toute une série de conférences sur l'économie politique à l'école des Hautes Études commerciales. Claude et moi nous n'en manquions pas une. Ce sujet d'actualité, «la crise», auquel nous avons le devoir de nous intéresser par ce temps de crise et de dépression, nous a été expliqué dans ses causes, dans ses ravages et dans ses remèdes possibles[6].

En se faisant un devoir de s'intéresser aux dimensions politiques et économiques de la Dépression, les filles Jasmin suivent les traces de leur père. L'humiliation, les privations raffermissent l'engagement social et politique du notaire Jasmin. La misère économique touche durement sa propre famille. Il voit autour de lui, dans Ville-Émard, dans Côte-Saint-Paul, dans Saint-Henri, les conditions de travail pitoyables des ouvriers et des ouvrières, la situation lamentable des sans-travail, leurs démêlés quotidiens avec leurs propriétaires, les huissiers, les œuvres charitables qui distribuent les secours publics. Il voit leur peur. Manifester ouvertement son mécontentement dans la rue, adhérer à un club de chômeurs, faire la grève, participer à une activité syndicale ou à une assemblée politique de gauche, autant de risques de perdre son emploi, d'être rayé des listes des organismes de charité publique, d'être arrêté, emprisonné. Cela ne rend que plus pressant, aux yeux du notaire Jasmin, le remplacement du capitalisme fondé sur la libre entreprise par un nouveau régime social basé sur une répartition juste et équitable des richesses pour l'ensemble de la population.

Au printemps précédent, il avait travaillé pour le candidat libéral Fernand Rinfret, qui avait défait le maire populiste Camillien Houde aux élections municipales[7]. L'année suivante, en 1933, il fondera un hebdomadaire de quartier, *Le Progrès de Ville-Émard et de Côte-Saint-Luc*, et sollicitera lui-même les annonceurs, mais le journal paraîtra irrégulièrement faute de commanditaires assez nombreux. Sa recette journalistique est peu lucrative et peu propice à promouvoir son ascension sociale. Avec la même détermination patiente que quinze ans plus tôt, il continue de croire à l'importance de la parole publique et des médias comme moyens d'éducation populaire, et ceci malgré tous les risques que comporte une entreprise qui va à contre-courant des idées reçues.

Il publie cette année-là, dans un numéro du *Progrès de Ville-Émard*, le programme de la Cooperative Commonwealth Federation (CCF), parti social-démocrate nouvellement fondé par diverses organisations de fermiers et de travailleurs de l'Ouest canadien, et proposant un ordre nouveau qui s'appuie sur la justice sociale, la planification économique, la nationalisation de certains secteurs de production et une forte intervention de l'État, notamment en matière de sécurité sociale. En milieu canadien-français, Amédée Jasmin est bien isolé sur cette voie, sévèrement condamnée par l'Église catholique et par les élites en place. Les autorités religieuses, le cardinal Villeneuve, archevêque de Québec, et Mgr Georges Gauthier, archevêque-coadjuteur de Montréal en tête, informent leurs ouailles à coup de lettres pastorales lues en chaire dans chaque église de chaque diocèse, du danger que représente la CCF, ce mouvement antichrétien et matérialiste. Évêques et religieux en vue entretiennent la confusion entre le socialisme et le communisme, affirmant que le projet de la CCF ne peut mener qu'à des conditions semblables à celles qui prévalent en Russie. La presse québécoise, tant anglophone que francophone, donne elle aussi dans la dénonciation du socialisme et du communisme, et fait une large place aux déclarations des évêques[8].

Le message social-démocrate de la CCF ne passe pas en terre québécoise. C'est que ce parti canadien-anglais préconise une plus grande centralisation des pouvoirs au Parlement fédéral afin de contrôler le développement économique au Canada, et des réformes unitaires pour l'ensemble du pays. Et le Québec vit à l'heure de la mystique canadienne-française, du rêve de l'abbé Lionel Groulx: un État catholique et français. On se porte en même temps à la défense de la race, de la foi, de la langue, de l'autonomie provinciale, des intérêts économiques de la nation contre les injustices du Canada anglais, contre le contrôle financier étranger et contre les influences extérieures dangereuses. Il n'est pas étonnant de voir les élites de la catholique province se tourner alors vers les pays qui lui ressemblent, comme l'Italie et le Portugal, pour trouver des solutions aux désastres sociaux engendrés par la crise économique et les abus du capitalisme. Les chefs de file de tous les milieux engagés dans la lutte sociale et nationale, y compris les syndicats, les intellectuels et les mouvements politiques nationalistes les plus novateurs comme les Jeune-Canada et le parti de l'Action libérale nationale, en viennent à privilégier le corporatisme national, un instrument de réforme économique et sociale adopté par l'Italie de Mussolini et le Portugal de Salazar, qui respecte les encycliques papales et s'appuie sur les «corps sociaux», dont l'Église au premier chef, au lieu d'utiliser l'État comme levier de développement.

Le corporatisme est un programme de restauration sociale un peu curieux et magique, qui est censé être l'instrument idéal pour combattre les excès du capitalisme sans porter atteinte à la propriété privée et à la libre entreprise. Ses tenants, au Québec, imaginent leur propre version. Certains proposent des mesures progressistes comme l'aide aux chômeurs, le contrôle des monopoles de la finance et la nationalisation des entreprises hydroélectriques; d'autres, des mesures rétrogrades comme la restriction de l'immigration, le retour des femmes au foyer et le repli sur l'agriculture. Le corporatisme est voulu aussi comme la clé de l'harmonie entre les classes sociales, entre patrons et ouvriers, sans que soient promulguées des lois sociales et ouvrières. Antidote parfait contre les doctrines athées et matérialistes importées par des «étrangers» non catholiques imbus d'idées subversives.

Bien que les années trente soient caractérisées par l'agitation des ouvriers et des chômeurs, particulièrement à Montréal, les partis d'obédience socialiste et sociale-démocrate ont peu de succès. La CCF et le Parti communiste regroupent des poignées de francophones. Pendant quelques années, l'Université ouvrière attirait des foules à ses réunions publiques sur les places des marchés et des centaines de personnes à ses séances hebdomadaires du dimanche matin. Mais, en 1932, son âme dirigeante, le socialiste Albert Saint-Martin, est victime d'un attentat perpétré par des étudiants de l'Université de Montréal qui saccagent ses locaux et brûlent ses livres. Ce sera la fin de ce foyer de conscientisation politique et de protection des droits des chômeurs et des ouvriers. Amédée Jasmin n'est pas le seul à avoir ces idées de gauche, mais il est bien marginal. Chercher à comprendre, dans le sillage de leur père, les tenants et les aboutissants de la dépression économique et pencher vers le socialisme distinguent encore plus Judith et Claude de leurs compagnes de classe et des jeunes de leur âge.

Rue De Biencourt, au cours des années 1933 et 1934, la vie n'est pas gaie. Fidèle à ses intentions, l'aînée organise le dimanche des distractions familiales. Avec sa sœur et son frère, elle récite des vers, joue des extraits de pièces appris par cœur, *Poil de carotte*, *Les Femmes savantes*, se distribuant d'autorité le premier rôle... Mme Jasmin joue du piano et la famille chante en chœur. Judith raccroche son bonheur aux plaisirs les plus simples. À son premier Noël de «crise», elle passe le réveillon avec les siens et des amis de ses parents au lac Guindon. Au dîner du Nouvel An en famille, auquel se joint un couple ami des Jasmin, elle apprécie la soirée où la déclamation et le chant sont à l'honneur. Le lendemain, avec Claude, elle va en visite au lac Guindon chez Mlle Laflamme, une riche héritière éprise du docteur Latour. Le voyage en traîneau de la gare au lac l'éblouit:

> Il était absolument délicieux. On se serait cru en Russie. Deux chevaux harnachés de sonnettes attelés au plus bel équipage jamais vu. Une grande voiture rouge capitonnée de velours et tellement recouverte de fourrures qu'on ne voyait plus la voiture. Elles traînaient jusqu'à terre[9].

Le reste des vacances des Fêtes elle le passe à lire. Judith met beaucoup de volonté à se rendre heureuse. Elle se remet au piano, abandonné depuis trois ans, «avec un acharnement et un plaisir jusque-là jamais goûtés», un art pour lequel elle a pourtant peu de dispositions naturelles[10]. Elle se paye une folie qui la comble d'émotion, un concert des Cosaques du Don. Oublier les vicissitudes de la vie pour se concentrer sur «son devoir» est une autre de ses recettes. Six mois après son retour, elle écrit:

> Je viens de retrouver l'état d'esprit heureux que je ressentais si souvent à Versailles lorsque j'avais bien travaillé, que mon devoir était fait et que je n'avais rien à me reprocher. Pour moi, le bonheur le plus profond n'est pas autre part[11].

Quand elle calcule, pour la semaine, la proportion de journées heureuses et malheureuses, «cette proportion entre les deux qui fait la vie», elle en compte une d'heureuse et s'en estime privilégiée.

Être une fille

Le fait d'être une fille rend plus pénibles à Judith la transition de la France au Québec et l'acceptation de la pauvreté. Les jeunes gens n'ont pas à paraître: la pauvreté vestimentaire compte moins, se remarque moins. Ils n'ont qu'à être. La carrière, la culture, la politique, la chose publique sont naturellement leur domaine. La jeunesse qui fréquente les collèges classiques de garçons se sait l'élite dirigeante de demain. Dans ses rangs, les marginaux, les contestataires sont plus nombreux. La formation de Judith, sa culture, sa vision de la religion, ses idées politiques et sociales l'auraient tout autant éloignée de camarades masculins. Au moins aurait-elle pu discuter avec des confrères passionnés par l'actualité, intérêt presque absent dans les nouveaux collèges féminins où les jeunes pionnières transgressent déjà les normes féminines du temps en poursuivant les mêmes études que les garçons. Son père, qui croit en ses talents et cherche à l'aider à les développer, la cantonne tout de même dans un rôle féminin en lui confiant la responsabilité de la page féminine du *Progrès de Ville-Émard* — page non traditionnelle il est vrai, destinée à relever le niveau culturel des lectrices en présentant exclusivement des textes de femmes. La correspondance de Judith montre qu'elle sollicite un poème d'une consœur de collège, des articles d'Éthéra sur Paris, une composition de la gagnante d'un concours en France[12].

À dix-sept ans, les vacances estivales qu'elle passe au lac Guindon, avec sa famille et leur amis, lui pèsent. Son indépendance d'esprit s'accentue. Son désir de secouer l'ordinaire, de se perfectionner, d'embrasser de plus vastes horizons s'avive. Vivre dans le cercle étroit de la famille, sous surveillance constante, avec les mêmes personnes et les mêmes intelligences répétant les mêmes idées, rabâchant les mêmes petits sujets et ressassant les mêmes rancœurs, lui paraît funeste et malsain. «Le moral n'y gagne pas dans cette paresse intellectuelle, soupire-t-elle. Je suis devenue irascible au point d'être insupportable à Claude et à Jean-Jacques. Les idées qui ne sont pas miennes me sont odieuses[13].» Un cousin de son âge vient passer une semaine au lac, et Judith qui ne connaît aucun jeune homme découvre avec étonnement le caractère d'un garçon. Elle le trouve de compagnie agréable, mais de personnalité et d'aptitudes moyennes, d'une innocence enfantine et puérile malgré l'air d'expérience qu'il se donne[14].

Ses amitiés féminines sont aussi clairsemées. Judith tente à cette époque de se lier d'amitié avec sa jeune tante Laurette, «une jeune femme dans le vent» à son avis. Sa tante lui répond par une longue lettre affectueuse mais affirme ne pas croire aux amitiés féminines[15]. Dans les années qui suivront, elle tentera aussi de se rapprocher de quelques jeunes filles de son âge, rencontrées en dehors du collège, en cherchant à attirer leur attention par une lettre, le prêt d'un livre ou des paroles d'encouragement, mais sans succès[16]. Peut-être était-ce dû au caractère plus secret et plus renfermé de Judith à cette période. Ou une question d'âge et de mœurs différentes. (Les jeunes Québécoises cultivent l'amitié féminine; elles jouent au bridge entre elles, vont au cinéma, font du camping ou dansent ensemble malgré l'interdiction qui frappe ce loisir. Mais leurs liens demeurent plus superficiels et surtout moins expansifs que ceux des adolescentes françaises, les gestes affectueux entre filles étant aussi mal vus que la danse. Le flirt et la relation amoureuse avec les garçons semblent aussi faire partie des intérêts des adolescentes plus tôt au Québec qu'en France, si l'on se fie, par exemple, au témoignage de Simone de Beauvoir dans ses écrits. À l'âge de seize ans, les élèves de Marguerite-Bourgeoys organisent fréquemment chez elles des soirées en compagnie de jeunes gens.)

Le poids de la pauvreté

Le retour à la ville, en automne, replonge Judith dans le quotidien des privations et des soucis matériels et dans la honte d'être pauvre. La situation professionnelle de son père n'est pas unique en cette période de misère et de chômage. Les soupes populaires fleurissent à Montréal. Les ouvriers chômeurs ont les leurs, les professionnels aussi[17]. Judith et Claude doivent souvent revenir à pied du centre-ville à Ville-Émard, en s'arrêtant pour se reposer chez les Aubry qui ont déménagé de Terrebonne à Saint-Henri. Le père d'Hélène Aubry est peintre en bâtiment, celui de Judith, notaire. La crise économique, elle, ne fait pas de différence de classe. Les deux familles s'entraident et s'échangent de la nourriture; certains jours, à la table des Jasmin, il n'y a à manger que des Corn Flakes ou cette vieille recette de dessert énergétique qu'apprête Rosaria Jasmin: du sucre brun cuit dans la poêle avec du lait et de la fécule de maïs.

Judith s'en veut de supporter si mal la pauvreté et d'avoir des désirs de luxe et de plaisir parce qu'elle se trouve dans une société qu'elle juge snob, matérialiste et inculte. Entre le quartier ouvrier de Ville-Émard, où elle se bute au mépris de la langue française et de la culture, et le collège qui ne lui offre pas le climat intellectuel du lycée de Versailles, la fenêtre de Judith sur la société canadienne-française est étroite. Sa vision est plus obscurcie par le malaise social qu'elle vit que par son chauvinisme français. L'aisance matérielle aurait pu faciliter son adaptation et son intégration à une société fermée et en retard sur la société française. La richesse intellectuelle d'un milieu d'études ou d'un cercle social, des affinités avec des filles ou des garçons de son âge auraient pu lui rendre la pauvreté plus supportable. Mais Judith n'a accès ni à l'une ni aux autres. Situation déchirante pour une jeune fille de famille jadis aisée que de fréquenter une institution d'enseignement réputée et de ne pas y trouver les compensations intellectuelles qu'elle cherche.

> La vie est très très monotone. Les sorties, les fêtes sont rares chez nous maintenant, quoique la saison mondaine batte son plein... Et puis je n'ai plus cette belle liberté d'esprit, cette indépendance de cœur, cette légèreté qui me faisait voir la vie en rose, qui me faisait trouver dans chaque incident le côté drôle ou intéressant. Précieuse vertu au milieu d'un peuple snob qui ne pèse ses plaisirs qu'au poids de l'argent, tu n'as pas résisté. Je fais comme les autres!! Les plaisirs mondains, coûteux et snobs seuls *comptent* pour eux et pour moi.
>
> La pauvreté *per se* n'est pas réjouissante, mais cependant elle n'est ni un vice ni une plaie sans remède lorsque cette pauvreté sévit dans un pays libéral comme l'était Paris. J'ai pu y vivre pauvre sans honte et ces jours furent même des jours de bonheur parfaits pour la terre.
>
> Mais la pauvreté devient un mal insuportable, une plaie, une tare, un vêtement honteux, une robe d'ignominie dans un pays snob, étroit, qui ne juge de la valeur des gens que d'après leur fortune! Oh! Quelle pitié il est de vous Canadiens sans valeur morale et intellectuelle; Quelle pitié il est de votre mentalité matérielle, de votre jugement faussé. Je ne peux vous maudire, je voudrais vous pardonner, mais je ne peux oublier quel mal vous m'avez fait en me rendant comme vous, hélas[18].

Malgré les efforts de son père, la pauvreté a raison du courage et de la volonté de Judith. Le désespoir la saisit et, pour la première fois de sa vie, elle songe au suicide. Sa foi lui fait aussitôt combattre cette pensée criminelle:

> L'avenir devient pour nous de jour en jour plus problématique. L'argent se fait rare à la maison. Depuis deux ans nous vivons chichement. Maman fait tout, se prive de tout. Papa également. On nous refuse bien des superflus, mais nous sommes moins sacrifiés que nos parents. Je ne m'habitue pas à la pauvreté. Je suis dépensière et capricieuse. J'aimerais beaucoup la toilette. Je deviens très coquette et j'ai envie d'un tas de fanfreluches, de robes, de chapeaux qu'il m'est impossible de posséder. Et dimanche j'ai pleuré pour la première fois à cause de ce futile sujet! Plus que pleuré, j'ai péché. J'ai vu la vie sans espérance, sans avenir meilleur et, désespérée, j'ai regardé comme très possible l'alternative de me tuer. Voilà où j'en suis rendue. Tant que j'ai vécu à Versailles, couverte d'ennuis et d'espoirs, jamais je n'ai eu une seconde une pensée si criminelle.
>
> [...] Je ne veux pas vivre pauvre. Car là était la raison de tout ce désespoir. Toute ma vie je serais pauvre, mal habillée, un air honteux, toujours obligée de réprimer mes désirs de luxe, de gourmandise, de plaisirs, de coquetterie. Ne jamais plaire. Ne jamais con-

naître la joie franche de celui qui n'a pas de soucis matériels et qui ne craint rien des puissants. [...] Dans mon désespoir, je ne voyais aucun secours, aucune lumière — la nuit en moi. À force d'implorer Dieu, j'ai fait effort sur moi-même pour lire une page d'Évangile et j'ai lu le discours sur la montagne que j'aime tant, j'ai lu les paroles qui fouettaient, condamnaient mes désirs de luxe, de richesses, des paroles d'espoir après tout, et je me suis calmée[19].

Ne s'ouvrant de ses tourments ni à son entourage familial déjà accablé ni à ses compagnes de collège, ce qui décuplerait sa honte, Judith parle à son journal, «l'oreille humaine dont elle a tant besoin», témoin impassible de ses luttes intérieures. Vers qui d'autre peut se tourner ce jeune cœur désemparé, idéaliste et si exigeant pour lui-même? La spiritualité lui offrira un rempart pour échapper aux pensées morbides, trouver la force de vivre et de vaincre ses défauts, tâche qu'elle poursuit inlassablement. Au cours d'une retraite et d'une confession arrosée de larmes, son âme renoue dans un élan mystique avec Jésus, le modèle d'amour qui demeure le plus proche de son idéal de vie:

Adieu, adieu mes vieux compagnons de misère, insouciance, impiété, légèreté, sacrilèges et vices horribles, je vous déteste, je quitte votre joug: j'en ai fini d'adorer Satan, votre maître.

Mon ami, celui de mon enfance, la douce figure de ma première communion, Jésus, Jésus, me voilà donc de nouveau votre amie, votre servante[20].

Son devoir s'éclaire: rester avec ses parents aussi longtemps qu'ils auront besoin d'elle et se faire sœur missionnaire ou sœur des pauvres. Pour se maintenir dans la voie de la paix retrouvée, Judith décide de tirer son inspiration de *La Vie des saints* et de se réserver chaque dimanche une heure de solitude et de méditation. Son amie Éthéra estime excessive et quelque peu complaisante la sévérité de Judith envers elle-même: «Ne remplis pas cinq pages de ton désespoir sur ta paresse et ta personne. [...] tu professes pour ta paresse une certaine tendresse attendrie[21].»

En hiver 1934, les soucis et les privations affectent la santé de Judith, qui doit s'absenter longtemps et souvent du collège à cause de la maladie et de la fatigue. Elle réussit tout de même, à la fin de sa deuxième année collégiale, à se classer première en chimie, quatrième en mathématiques et sixième en philosophie sur un total de quatorze étudiantes[22]. Mais elle a besoin de se reposer pendant l'été. Les finances familiales étant de plus en précaires, elle fait appel à l'institut Bruchési pour être embauchée comme monitrice bénévole au camp d'été David-Perron du lac Lachigan qui reçoit les enfants démunis de la région de Montréal. Logée et nourrie, travaillant la moitié de la journée, elle peut profiter des bienfaits du grand air et s'adonner à sa passion, la lecture, dans un environnement d'où sont encore absents les jeunes gens.

Reposée, Judith entreprend avec ardeur sa dernière année d'étude à Marguerite-Bourgeoys. Sa santé fragile incite la fondatrice et directrice du collège, sœur Sainte-Anne-Marie, à lui proposer de devenir pensionnaire après les Fêtes, aux frais de l'institution, régime propice, croit-elle, au travail soutenu des derniers mois d'étude avant les examens du baccalauréat. Judith apprécie son nouveau cadre de vie, la discipline y étant moins stricte qu'à Versailles[23]. La spiritualité continue de la soutenir moralement. Le récit de la vie «touchante, magnifique et tragique de Jésus dans *L'Histoire du Christ* de Giovanni Papini me fortifie», inscrit-elle dans son cahier de notes de lectures[24]. La beauté des célébrations du mois de Marie la touche encore plus, et elle puise en la mère de Jésus une force additionnelle[25].

Après l'obtention de son baccalauréat avec distinction (elle aura bientôt dix-neuf ans), elle devrait avoir le cœur en fête. Deux ans plus tôt, elle se demandait avec angoisse:

> Que serai-je plus tard? L'amour du plaisir dominera-t-il en moi ou l'amour du sacrifice, de la vie austère? Quelle passion dominera ma vie, la gâchera? J'ai si peur de gâcher ma vie[26].

Elle s'était tracé une route droite qui menait à l'université et à la réussite intellectuelle, elle y avait consacré cinq ans d'efforts soutenus. La voici au carrefour. Sans argent. L'avenir vacille devant elle, l'incertitude l'affole. Les peurs se cristallisent. Voir s'écrouler tous ses espoirs de jeunesse, se briser ses rêves de carrière, s'anéantir la possibilité de payer ses parents de leurs sacrifices. Est-ce le pressentiment de devoir abandonner son idéal qui avive son manque de confiance? Ou cherche-t-elle à se convaincre qu'il est inutile de continuer à rêver, car elle n'a même pas le talent nécessaire pour réussir?

> Une page, un livre plutôt vient de se refermer — une vie d'écolière, ma vie d'étude peut-être est finie. Il est question de me faire étudier la chimie au mois d'octobre??? Mais c'est Dieu qui dispose. Que va-t-il advenir de moi, de mes espoirs, des espoirs de toute ma famille?

> Que va-t-il advenir de cet être qu'on a dorloté, choyé, comblé, sur lequel on a bâti châteaux et rêves?
>
> Fera-t-on de moi un médecin, un écrivain? Je n'avais pas huit ans que mes parents se posaient la question et pourtant quel signe les faisait parler ainsi? Leur amour, leur amour seul, leur aveuglement de parents. Et moi coincée dès ma jeunesse, à peine étonnée de la destinée qu'on voulait me faire. Je la croyais inévitable, due. [...]
>
> Et de quel droit m'a-t-on désignée comme portant le talent, comme tributaire du génie, moi qui n'ai rien de cela. Méprise, aveuglement. Je suis victime d'une épouvantable erreur[27].

Pour saisir l'ampleur du désarroi de Judith, il faut se reporter à sa correspondance pendant ses années d'études à Montréal avec Éthéra Mackarachvili. Nous n'avons pas eu accès aux lettres de Judith, mais Éthéra reprend régulièrement dans les siennes les propos de son amie pour émettre un commentaire, exprimer un accord ou un désaccord, prodiguer un encouragement. Ne trouvant pas en milieu québécois les amitiés féminines qu'elle recherche, à l'exception de Jeanne Lapointe, qu'elle fréquente uniquement durant l'année scolaire, Judith apprécie ses échanges d'idées avec ses amies françaises. Sa correspondance très ouverte avec Éthéra est la plus constante, la plus révélatrice aussi de ses ambitions et de ses intérêts, fort différents de ceux de ses compagnes de classe, et de sa démarche politique et sociale, étrangère à la majorité des jeunes Canadiens français et Canadiennes françaises.

En avance sur sa génération

Dans le désert culturel où vit Judith, non seulement Éthéra continue, de Paris, à lui servir de confidente privilégiée, mais elle lui tient lieu aussi d'inspiratrice intellectuelle. La solidité de l'amitié entre les deux jeunes filles, leur confiance mutuelle, la chaleur de leurs rapports leur permettent de se parler en toute franchise, de se critiquer sans se blesser. L'un des sujets favoris de leurs discussions est l'occupation intellectuelle. À leur avis, aucune autre activité, aucun loisir ne peut offrir un bonheur et une satisfaction aussi durables. Elles s'attristent de voir certaines de leurs consœurs se diriger dans la voie du bonheur domestique. Leurs échanges mutuellement attentifs renforcent leurs projets ambitieux, peu orthodoxes pour des filles. Leurs lettres parlent de lectures, de cinéma. Aucun sujet n'est laissé de côté, ni la religion, ni la politique, ni leur perception du rôle des femmes et des rapports hommes-femmes[28]. Judith ne s'en tient pas qu'à la lecture d'ouvrages édifiants et transgresse aisément l'index. Pendant ses années de collège, elle a lu *Les Nourritures terrestres* d'André Gide, dont elle a copié un long passage dans son cahier de notes de lecture, *La Chartreuse de Parme* et *Le Rouge et le Noir* de Stendhal, plusieurs romans de Mauriac, et aime beaucoup Colette et Proust[29].

Le journal de Judith, témoin privilégié de ses interrogations intérieures, ne rend pas compte de l'évolution de ses idées sociales et politiques pendant ses années de collège, mais sa correspondance avec son amie Éthéra les expose. Judith suit de près l'actualité, lit les journaux mais s'intéresse surtout à la scène européenne qu'elle juge avec raison plus stimulante. L'intelligentsia française des années trente qui s'engage face à toutes les questions internationales est alors le point de mire du monde occidental, et le bouillonnement culturel et politique est intense à Paris. Judith sollicite les commentaires de son amie sur la situation sociale et politique européenne comme sur le climat intellectuel des milieux étudiants parisiens, le genre de milieu qui fait défaut à Montréal. À son tour, elle exprime sa déception de la médiocrité culturelle de son pays. Éthéra fraie avec l'élite intellectuelle et artistique russe de Paris et se sent proche du communisme. Par son entremise, Judith est en contact constant avec des opinions et des idées plus diversifiées et plus radicales que ne le sont la majorité des étudiants et jeunes intellectuels québécois. Imperméable aux courants d'idées sociaux et politiques majoritaires qui s'expriment dans la presse locale et influencent si fortement la jeunesse canadienne-française, elle explique à Éthéra son opposition au nazisme allemand et au fascisme italien. Son amie française lui répond: «Hitler, une brute! Tu es un peu dure. Mussolini, un orgueilleux peut-être[30].» Au moment de la guerre civile espagnole, Judith affirme dans ses lettres son rejet du franquisme et son appui au gouvernement républicain légitime[31]. Plus tard, dans une lettre à Jeanne Lapointe, elle se prononcera en faveur des théories égalitaires et du socialisme[32]. Ces mouvements politiques sont couramment l'objet de discussions dans la famille, et les positions antifascistes de Judith et de Claude, bien étayées.

Pourtant, le général Franco, qui lève une armée pour se porter à la défense de l'Espagne monarchique et catholique, provoque l'enthousiasme au Québec. Des médias comme *Le Devoir* l'appuient, l'École sociale populaire des Jésuites distribue des tracts franquistes, et la publication catholique *l'Ordre nouveau* compare les «Rouges», républicains espagnols, aux socialistes et communistes canadiens prêts à s'emparer du pouvoir et à commettre les mêmes atrocités au Québec[33]. L'exemple vient de haut: le pape accorde son soutien au général espagnol. Et la lutte contre le communisme aboutit, pendant l'entre-deux-guerres, à une véritable chasse aux agents de Moscou et à l'adoption, en mars 1937, par le gouvernement de Maurice Duplessis, de la loi «du cadenas» qui permet de fermer tout local susceptible de servir à la propagande communiste. S'intensifieront alors les arrestations, les descentes policières, les interdictions de réunions publiques des mouvements de gauche et de conférences d'invités étrangers tels l'écrivain français André Malraux et le député communiste français Alfred Costes. Dans tout le pays, un mouvement s'élève pour exiger l'abrogation de cette loi. Mais les porte-parole canadiens-français de l'opposition à cette loi antidémocratique comme le directeur du *Jour*, Jean-Charles Harvey, dont le roman *Les Demi-Civilisés* a été condamné par l'archevêque de Québec à sa sortie en librairie, ou la professeure de McGill, la féministe Idola Saint-Jean, décriée par tous les antisuffragistes, ont peu d'audience et peu de poids sur l'opinion publique. Duplesssis demeure fort de l'appui des autorités religieuses face à l'opposition qui dénonce l'arbitraire d'une loi — qui ne s'applique qu'aux mouvements d'extrême gauche et non à ceux d'extrême droite comme le fascisme — ou qui critique l'usage politique que fait le Premier ministre de la lutte anticommuniste[34].

La vision du monde de Judith, ses opinions sociales et politiques tranchent considérablement sur celles de ses contemporains. On peut tracer un parallèle intéressant entre sa formation et celle des plus grands intellectuels québécois de sa génération. André Laurendeau, de quatre ans son aîné, reçoit sa formation classique au collège Sainte-Marie des Jésuites: éduqué dans la serre chaude de la religion catholique, à l'ombre de la doctrine sociale de l'Église et de l'enseignement nationaliste d'un ami intime de son père, l'abbé Lionel Groulx, pour qui le catholicisme est indissociable du nationalisme et l'économie subordonnée à la morale et au service de la foi. Le jeune Laurendeau et son groupe d'amis — dont le poète Saint-Denys Garneau et le biologiste et écologiste de la première heure, Pierre Dansereau — font partie d'une génération éprise elle aussi de liberté et d'idéal, décidée à échapper au climat étouffant et à l'étroitesse d'esprit de leur société traditionnelle. Prenant conscience de l'insuffisance de la culture offerte au collège et de leur sous-alimentation intellectuelle, ils lisent les livres à l'index, se passionnent pour le théâtre, la musique et les discussions intellectuelles. À l'encontre de Judith, ces fils de familles aisées vivent une jeunesse dorée et dilettante et ne s'aperçoivent pas de la pauvreté qui les entoure. Denis Monière rapporte dans sa biographie d'André Laurendeau:

> Au début des années 30, au plus fort de la crise, on ne trouve pas trace de préoccupations sociales ou énonomiques dans la correspondance de Laurendeau[35].

En l'absence d'une gauche catholique au Québec et sans autres points de repère, le groupe de Laurendeau subit fortement l'influence cléricale de droite. Quand, au début de la vingtaine, ces jeunes gens lancent le *Manifeste de la jeune génération* et forment les Jeune-Canada pour défendre un nationalisme plus moderne, leurs propos se ressentent de la peur du socialisme et de la paranoïa anticommuniste ambiantes. Trop peu familiarisés avec la politique internationale, ils ont des excès malheureux de langage à l'endroit des Juifs qu'ils accusent, entre autres, de représenter un danger social: l'internationalisme et le communisme. Comme eux, d'autres jeunes loups de leur génération, l'homme de théâtre Jean-Louis Roux, l'homme de lettres Roger Duhamel, le journaliste Jean-Louis Gagnon, ont célébré dans des médias, du temps de leur jeunesse, les pères du fascisme allemand, italien ou espagnol. Ce ne sera qu'à l'âge de vingt-trois ans, au cours d'un séjour en France, qu'André Laurendeau s'ouvrira à d'autres courants d'idées, découvrant la nouvelle gauche chrétienne et atténuant ses préjugés à l'endroit du communisme. Influencé par les intellectuels français qu'il fréquente et estime, il avoue alors que son «admiration pour l'œuvre de Mussolini, d'Hitler et même de Salazar a baissé[36]...» Au moment de la guerre d'Espagne, il se démarquera du discours de l'Église canadienne-française, des médias québécois et de ses amis montréalais et adoptera la position de la gauche catholique française. Dans un article de *L'Action nationale* de janvier 1937, Laurendeau «prend ouvertement le parti des Républicains espagnols et incite ses compatriotes à ne pas confondre la cause du catholicisme en Espagne et les forces réactionnaires du général Franco», non sans encourir les reproches de son milieu et de ses correspondants[37]. Il éprouve cependant des difficultés d'acclimatation dans ses rapports avec les intellectuels français, même catholiques, en raison de différences de vocabulaire, de diction et de façon de discuter. Il aura emprunté un long chemin, souvent malaisé et marqué de culpabilité, pour se détacher du cléricalisme et dissocier le catholicisme du régime social et politique[38].

Judith Jasmin connaît ses premières interrogations religieuses à l'âge de quatorze ans, André Laurendeau, à l'âge de vingt-cinq, l'une dans un environnement pluraliste de gauche, l'autre dans un milieu catholique janséniste de droite. À seize ans, la première revient de France munie d'une éducation française, à vingt-trois, le second s'ouvre au climat culturel et politique européen. À vingt ans, Judith a déjà une pensée personnelle structurée, une bonne maîtrise de la langue, du vocabulaire, de l'assurance dans sa façon de s'exprimer et de discuter. Son orientation sociale et politique s'est élaborée progressivement depuis l'enfance sans déchirement ni ambiguïté. N'ayant pas été encombrée sur ce plan par le conformisme conventionnel et étroitement catholique du Québec, elle n'a pas eu à s'en débarrasser. Sa conscience sociale s'est aiguisée à la dure école de la pauvreté. Le voyage en Europe commence à peine à faire partie du parcours de perfectionnement des jeunes intellectuels et professionnels canadiens-français. Pour bien des contemporains de Judith Jasmin, qui n'effectuent pas de séjour à l'étranger à la sortie du collège ou de l'université mais qui cherchent à se forger une pensée et à se sortir d'un lourd héritage d'ignorance sociale et politique, la route sera encore plus longue et plus tortueuse.

CHAPITRE 4

LES RÊVES BRISÉS

À vingt ans, les rêves de Judith Jasmin se rétrécissent. Son père ne peut plus lui payer d'études. Inutile d'espérer une bourse, les portes de l'université s'ouvrent à peine aux femmes, et avec réticence. Sans études plus poussées, peu de débouchés professionnels intéressants s'offrent à une bachelière. L'enseignement est une voie pratiquement fermée. L'École normale conduit à l'enseignement primaire, et les religieuses monopolisent le secondaire. Quant au journalisme, métier mal payé, il confine les femmes dans la page féminine. Reste une solution de compromis: des études en chimie, moins longues que celles de médecine, qu'elle croit pouvoir payer avec un emploi temporaire. Les sciences sont un sujet de discussion dans sa famille. Son père suit de près, dans les journaux montréalais, les vives controverses du moment sur l'importance du progrès scientifique défendu notamment par le frère Marie-Victorin, sur le manque de ressources et de projets scientifiques au Québec[1]. En optant pour une carrière scientifique, elle répond au vœu de ses parents mais aussi à ses aspirations et à ses talents. Au lycée de Versailles, elle partageait déjà cet intérêt avec d'autres camarades[2]. À Marguerite-Bourgeoys, sœur Saint-François avait détecté en elle un esprit précis et rigoureux, rare à l'époque, et avait cultivé son goût pour les sciences[3]. Au cours de son premier été de monitrice au camp David-Perron, Judith Jasmin avait aussi enseigné la botanique aux enfants[4].

En été, elle retourne au camp pour enfants du lac Lachigan, cette fois en compagnie de sa sœur Claude. Dans ses temps libres, en guise de préparation à l'université, elle se met à l'étude de la chimie. Mais l'automne balayera tous ses espoirs. L'impossibilité de trouver un emploi l'oblige de nouveau à renoncer à ses ambitions de carrière scientifique:

> J'ai dû mettre bas toutes mes espérances — toutes, peut-être pas, mais assurément plusieurs de celles qui me tenaient à cœur depuis longtemps. Et voici que la vie libre et sans carrière s'ouvre devant moi — et j'avance le cœur plein d'appréhensions vers je ne sais quoi — Qu'est-ce qui m'attend — rien — la médiocrité, la vie banale, ratée, sans œuvres[5].

En septembre, elle tâte un début d'action politique. Elle fait campagne pour son père qui se présente aux élections fédérales dans la circonscription de Saint-Henri pour le Parti de Reconstruction, nouveau parti d'opposition proposant de vastes réformes économiques et sociales et qu'a lancé H. H. Stevens, ministre démissionnaire du cabinet Bennett. S'adressant à un groupe de femmes, elle dit du candidat libéral qu'il est «un brave homme, trop brave pour aller ennuyer le gouvernement avec des récriminations, des plaintes, même des misères de son comté», et de son père:

> Voilà qui est neuf: quelqu'un qui s'occupe de nous, de la jeunesse, du petit commerçant, d'une renaissance commerciale et industrielle nationale, qui ne craint pas les trusts — vous savez ces idoles vénérées et respectées de messieurs Bennett-Viny et Taschereau. Il est assez hardi pour aller mettre des bâtons dans les roues de ces merveilleuses institutions qui engloutissent le capital des Canadiens, l'absorbent et le rejettent loin, bien loin d'ici. Ces institutions de trust, de finance, ces magasins à chaîne sans âme et sans nationalisme sont la cause du chômage du petit commerçant, du petit industriel, de l'ouvrier, de l'agriculteur. Les fameuses enquêtes l'ont révélé depuis longtemps. Seulement les trusts, ça tient tellement à cœur à ces messieurs Bennett-Viny et Taschereau qu'on a préféré solutionner le problème du chômage par le secours direct. Ça ne faisait pas revenir la prospérité dans le peuple, mais ça faisait augmenter la prospérité des gros capitalistes[6].

Son père sera défait. Il n'aura pas perdu ses convictions. Il déclare au lendemain des élections: «Il y a mieux que le pouvoir et l'argent. Les idées saines valent d'être semées pour elles-mêmes. Elles germent tôt ou tard[7].» Par la suite, il se fera un devoir de se présenter comme candidat CCF une dizaine de fois, la dernière à l'âge de soixante-dix-sept ans, à des élections provinciales ou fédérales, sans caisse électorale et se sachant battu d'avance.

Aider sa mère pour la cuisine et la couture, se distraire avec le chant et le piano sont à peine une diversion pour une jeune fille sans emploi ni études à poursuivre. Chaque fois que tout va mal, Judith cherche à puiser dans la spiritualité de quoi ranimer son courage et sa force de caractère. Un instant, le cloître lui semble la solution à ses difficultés et à son angoisse. Elle raye rapidement ce choix, trop peu compatible avec sa nature fougueuse[8].

Les premiers pas au théâtre

Son père, extrêmement peiné de ne pouvoir permettre à sa fille chérie de concrétiser des désirs qu'il a lui-même entretenus, cherche à l'aiguiller sur une voie non coûteuse, le théâtre d'amateurs, dans l'espoir qu'il la conduise à une autre carrière brillante. Il a une telle foi dans les talents de son aînée! Sur son insistance mais à contrecœur — elle préférerait une séance de cinéma à ce genre de spectacle à rabais — Judith assiste à la pièce *Le Rosaire*, donnée par une troupe de Saint-Henri, l'Idée théâtrale, et en rencontre le directeur, ravi d'accueillir une nouvelle recrue. Elle récitera des vers à l'entracte du spectacle suivant de la troupe.

Encouragées par leurs parents, Judith et Claude Jasmin pénètrent dans les coulisses du théâtre d'amateurs d'un quartier ouvrier, un monde étranger qui leur renvoie un reflet miteux de cet art qu'elles ont, jeunes, appris à aimer. Elles s'amusent de leur découverte insolite au milieu de décors barbouillés par des acteurs qui ont des talents de peintres en bâtiment, sont fascinées par leurs visites chez le loueur de costumes. De vieux greniers, des fonds de magasins, des caves froides servent de lieu de répétition. Souvent, en cet hiver 1936, les sœurs reviennent à pied à la maison passé minuit, transies de froid. Au début, elles se lient peu avec leurs camarades «dont aucun ne marquait un caractère original, une personnalité forte ou des qualités d'éducation spéciales». À l'exception du jeune premier, un étudiant, «ce sont d'honnêtes ouvriers sans talent mais pleins de bonne volonté, plus à la recherche du plaisir de jouer que d'un gagne-pain ou d'un idéal à atteindre[9]». La salle où les deux comédiennes en herbe jouent pour la première fois est froide, vieille, sans élégance, et a piètre réputation à cause des spectacles de «burlesque» qu'on y a déjà présentés. En février, Judith Jasmin tient son premier grand rôle, celui de Pauline, dans *Polyeucte* de Corneille, à la salle Saint-Alphonse-d'Youville, devant de maigres assistances de soixante personnes qui ont payé trente-cinq cents. Mémoriser cinq cents vers en trois semaines et, sans technique ni professeur, maintenir son souffle jusqu'à la fin de ces longues tirades de colère et d'indignation, représente un tour de force pour l'apprentie comédienne. Au cours du printemps, elle dit des vers dans un spectacle à la salle du Plateau, tient le rôle d'Elvire dans *Le Cid*, joue dans des pièces contemporaines, entre autres dans *Mozart* de Sacha Guitry avec des débutants, Mia Riddez et François Lavigne.

Elle ne perd pas pour autant de vue ses projets de carrière. Elle s'est remise à la chimie. Étudiant seule à la maison et à la bibliothèque municipale, sans encadrement et sans examens pour la stimuler, elle ne soutient pas l'effort très longtemps. Son amie Éthéra, alors étudiante en droit à la Sorbonne, l'encourage plutôt à écrire, lui croyant plus de dispositions pour le journalisme et l'écriture que pour les sciences. Confortée, Judith envoie un article au journal *Le Canada*. Éthéra ne relâche pas son soutien, propose de lui envoyer le *Journal de Moscou* afin de lui permettre d'écrire une chronique sur l'URSS. De toute évidence, elle n'a aucune connaissance du climat anticommuniste du Québec pour faire pareille suggestion[10]! Est-ce faute d'un intérêt suffisant pour le journalisme ou parce qu'elle doute de son talent? Les essais de Judith en restent là.

Ses activités de comédienne amateure sont un passe-temps amusant, non une passion qui l'emporte vers un nouveau destin. Elle aime surtout dire des vers, mais qui veut entendre des vers? L'avenir continue de lui paraître sombre et misérable. À vingt ans, Judith ne poursuit pas d'études, elle est sans argent, sans profession. Elle veut se sortir du vide et croit pouvoir réussir en faisant preuve de plus de détermination et de combativité. Elle tente d'obtenir une bourse pour aller étudier à Paris, demande à la Commission scolaire de Montréal de passer l'examen d'institutrice bien qu'elle n'ait pas fait l'École normale, cherche un emploi d'apprentie dans un laboratoire de chimie. Toutes ses démarches échouent[11].

Judith se sent perdue, désœuvrée devant toutes ces portes fermées et en proie à un sentiment croissant d'insécurité. Quand le mal d'être la bouleverse, elle replonge à l'intérieur d'elle-même.

Son malaise présent, croit-elle, est dû aux failles de son caractère, à ses penchants pour la nonchalance et la lâcheté, à ses trop grands désirs matériels et sensuels. Elle cherche une fois de plus un recours dans la spiritualité. Une retraite faite pendant le carême ne lui procure cependant cette fois ni réconfort ni élans mystiques. Par contre, la lecture de *La Vie de Jésus* de François Mauriac la captive et l'incite à voir dans la foi la voie qui mène au bonheur et à la paix[12]. Elle fait part de sa conviction à Éthéra, prévenant les objections de son amie qui affirme constamment la suprématie de la raison et nie le besoin de la religion[13]:

> Si tu lisais l'Évangile, si tu voyais vivre et entendre parler cet homme saint, tu pleurerais d'amour pour un tel cœur, un tel genre de bonté et tu sentirais que le monde est vide si tu n'y mets pas Dieu et celui qui sur la terre lui a le plus ressemblé, le Christ. Je sais hélas que toutes ces paroles sont pour toi le signe de la superstition et le contraire de la raison. Mais moi, je crois plus dans mon cœur et dans mon âme que dans ma raison. Ma raison ne s'est jamais élevée au-dessus de la matière tandis que ma foi peut tout [...][14]

La réponse d'Éthéra se fait rationnelle. Religion et communisme sont incompatibles. La première laisse entrevoir la promesse d'un au-delà paradisiaque capable d'effacer les souffrances terrestres, à condition d'avoir été bon car le méchant sera puni; le second procure travail, pain et bonheur dans la vie présente[15]. L'argument n'ébranle pas la conviction de son amie canadienne. D'ailleurs, l'athéisme d'Éthéra évoluera. Trois ans plus tard, après la perte douloureuse de sa mère, décédée de cancer à l'âge de quarante-quatre ans, elle avouera croire en Dieu et à l'immortalité de l'âme[16]. Judith reconnaît aussi, dans *Le Journal de Salavin* de Georges Duhamel, ses «propres inquiétudes, hésitations, lâchetés, dégoûts» et en copie un extrait qui prône la charité, le courage et l'abnégation, vertus qui conduisent à la sainteté[17]. Elle fera part de sa croyance dans la pratique du renoncement à Jeanne Lapointe, qui lui répondra qu'elle ne partage pas son engouement pour le personnage de Salavin ni pour «le besoin de se sacrifier»: «C'est l'idéalisme très noble, peut-être, mais irrémédiablement malheureux.[...] Tu crois trop à la satisfaction que donne l'art, celui de chanter ou d'écrire ou tout autre, ou encore celui de faire de soi-même et de sa vie quelque chose qui vaille[18].» À la différence de Jeanne qui poursuit comme Éthéra des études universitaires, en lettres, Judith cherche un appui pour accepter sa situation. Dans le but de se galvaniser, elle lit des ouvrages comme *Les Grands Initiés* et *L'Éducation de la volonté*. Une des héroïnes des *Mémoires de deux jeunes mariées* de Balzac lui inspire un comportement de docilité envers la vie:

> Quelles belles âmes de jeunes femmes j'ai vues là! Quelle noblesse, quel idéal et quelle funeste passion chez Louise. Quelle docilité à la vie grise, quelle habileté à déjouer la médiocrité, puis à l'embellir, chez Renée. Enfin l'une et l'autre peuvent servir de leçon sur la manière de vivre — car là est la clef du bonheur — tirer parti de la vie que le sort nous donne[19].

Après une année difficile et décevante, Judith retourne refaire ses forces, une troisième fois, au camp d'enfants du lac Lachigan, en compagnie de sa sœur Claude, qui vient de terminer sa première année de normalienne à l'Institut pédagogique et fera la seconde, à l'automne, à la nouvelle École normale de Saint-Jean, munie d'une bourse du gouvernement provincial. Il est fort heureux qu'elle puise courage et force dans l'exemple de la vie de Jésus et la pratique du renoncement, car la rentrée en ville la ramènera à une préoccupation plus terre-à-terre: trouver un gagne-pain. Sœur Sainte-Anne-Marie lui offre un emploi de répétitrice auprès de quelques étudiantes de Marguerite-Bourgeoys qui lui rapportera un salaire de sept dollars par semaine pour une quinzaine d'heures de travail dont elle ne touchera qu'une moitié, l'autre servant à rembourser sa dette d'études[20]. Les emplois sont rares et Judith ne trouve rien pour arrondir ce maigre revenu. Elle retourne avec plaisir à son passe-temps, le théâtre d'amateurs, sans renoncer au désir d'une carrière scientifique quand elle aura amassé l'argent nécessaire, et elle semble accepter son sort avec plus de philosophie:

> De nouveau, je suis l'esclave du travail, m'appartenant à peine, gagnant peu. Chacun ici-bas doit porter sa croix. Qu'il en soit donc ainsi. Si cependant l'amour pouvait m'aider à porter ma croix[21].

Le goût de l'amour

L'amour! Un nouvel intérêt de premier plan dans sa vie! Autant, pendant ses années de collège, la priorité allait à la réussite intellectuelle, autant, aujourd'hui, le goût de l'amour prend le dessus. À vingt ans, son cœur est vierge d'expérience amoureuse.

La séparation des sexes dans les institutions d'enseignement et la rigueur de la morale entretiennent chez les jeunes, filles et garçons, une vision éthérée de l'Autre et la sublimation de leurs désirs amoureux et sexuels. L'absence de frères plus âgés et le manque d'activités sociales dû à la pauvreté et à la honte d'être pauvre dans un milieu bourgeois avaient tenu Judith éloignée des garçons et ne lui avaient pas fourni l'occasion d'apprivoiser les relations avec les jeunes gens. L'hiver précédent, la comédienne débutante avait connu un premier engouement secret et non payé de retour. L'élu: un camarade étudiant de la troupe d'amateurs, Renaud Miville-Deschênes. Son amie Éthéra vivait de son côté de semblables élans amoureux secrets, chargés d'espoir et de romantisme. Un regard furtif, la présence de l'être aimé dans la même pièce suffisaient à les remuer et à les exalter. Elles se racontaient avec emphase et pathétisme leurs secrets d'amour et leurs touchants fantasmes[22]. Ce premier amour de Judith s'était évanoui brutalement au cours d'une soirée où elle avait appris les fiançailles de l'élu de son cœur. À l'espoir avivé pendant des mois avait succédé le combat perdu du désir amoureux: «Mais je l'aime!», et sa première déception sentimentale de jeune femme: «J'ai nourri mon fol amour de rêves et de chimères. Voilà ma vie[23].»

La lecture de romans attise sa soif d'aimer; elle envie le sort des belles héroïnes, heureuses ou malheureuses, telles Emma Bovary: «Leur vie, leurs amours me semblent être plus près du divin que du réel[24].» Fleur bleue, romanesque et en même temps passionnée, elle est troublée par ses élans amoureux et sensuels, partagée entre le goût de connaître l'amour et la peur d'y succomber, d'être blessée, d'enfreindre les préceptes moraux. Pendant ses années de collège, des rêves charnels troublants lui faisaient déjà par moments désirer une relation amoureuse. À seize ans, elle s'inquiétait, au lendemain d'un rêve particulièrement voluptueux:

> Il me semble qu'un gros fruit mûr et à point est en moi et qu'à la moindre secousse il tombera dans la main de celui qui voudra le cueillir. Et je sens que je ne serai pas maître de le retenir de tomber, aussi je prie pour que celui qui viendra ne soit pas indigne de mon amour, puisque le fruit mûr c'est ça.

Elle se rassurait en se disant que son cœur n'irait pas à n'importe qui, mais de préférence à un intellectuel ou un savant, préférant «un grand écrivain ou un grand mathématicien, même vieux et laid, dont le regard brillant et profond porte l'empreinte de sa “divinité” à un jeune gigolo à l’esprit vide, au regard souillé de pensées louches et ternes[25]».

L’Idée théâtrale a changé de nom et de directeur. La Renaissance théâtrale, sous la direction du jeune Renaud Miville-Deschênes, présente, à la fin de septembre, *L’Avare* de Molière, lors d’une soirée de gala qui ouvre la saison de la Palestre nationale, devant un public de choix qui compte au nombre des cinq cents invités le secrétaire de la Province, le consul de France et le censeur théâtral. Les directeurs des Variétés lyriques, Lionel Daunais et Charles Goulet, remarquent Judith Jasmin et lui offrent son premier rôle professionnel, celui de la comtesse dans *Les Valses de Vienne* de Strauss, assorti d’un cachet mirobolant de vingt-cinq dollars pour quatre représentations[26]. À son tour, la critique la découvre et fait son éloge en des termes plus que flatteurs. Le critique du *Canada* écrit:

> Une nouvelle étoile brille dans le domaine de l’opérette. C’est à la représentation de *L’Avare* que messieurs Daunais et Goulet, [...], ont remarqué les brillantes qualités artistiques de Mlle Jasmin [...]. Une artiste qui dit si bien les vers ne saurait que réussir dans la prose.

Celui de *La Patrie:*

> Dans un personnage épisodique, Judith Jasmin, une débutante au Monument national, a triomphé par le charme de sa personnalité et sa facilité d’interprétation. Espérons que nous la reverrons bientôt.

D’autres sont aussi élogieux:

> [...] leur nouvelle vedette, Mlle Judith Jasmin, d’une prestance et d’un physique agréable, douée d’une voix jeune et fraîche, a été pour une débutante à l’opérette, la surprise de la soirée.
>
> Élégante, elle a de multiples dons et une diction remarquable[27].

En moins d’un an, l’apprentie comédienne est passée d’une salle obscure de Saint-Henri à la scène du Monument national. Elle est folle de joie d’avoir décroché son premier engagement professionnel, mais les compliments ne lui tournent pas la tête facilement. Elle se juge «inégale et raide comme une débutante» dans *Les Valses de Vienne*[28]. Guy Mauffette, qui tenait lui aussi un rôle secondaire dans ce spectacle, se souvient au contraire d’une talentueuse jeune femme aux yeux incroyablement beaux et à la magnifique chevelure, fort séduisante dans ses robes à crinoline, dégageant déjà une aura et un charisme bien particuliers.

La dépression économique barre aux jeunes la route de l'université et des carrières professionnelles, et les pousse vers des activités politiques ou artistiques. Judith Jasmin rencontre dans le milieu théâtral d'autres jeunes, animés comme elle de grandes aspirations, en mal d'emploi ou d'études, sans argent et forcés de gagner tôt leur vie... et, par la même occasion, des copains et des prétendants possibles. Et l'événement tant attendu survient enfin. Pour la première fois, elle est aimée par un homme, justement par ce «jeune acteur fringant et plein de talents», Guy Mauffette. Son emballement pour ce garçon beau comme un dieu avec ses cheveux bouclés et ses yeux de jais, au tempérament tendre et enjoué mais tourmenté et excentrique qui, par certains côtés, lui rappelle Charlie Chaplin, se tempère de prudence. Guy lui semble «aimer surtout l'amour et toutes les femmes un peu femmes». Elle craint son inconstance et l'immense chagrin qu'une déception lui causerait. «Lui, homme, en reviendra, moi j'en mourrai», parce que les hommes, croit-elle, sont plus détachés en amour que les femmes[29].

Guy ne l'invite à sortir qu'irrégulièrement. Dans une soirée, en novembre, un éditeur de programmes de spectacles d'âge mur, Paul Maugé, lui fait une cour empressée comme savent le faire aux jeunes filles les hommes d'expérience. Il l'entoure, la complimente, la tient serrée dans ses bras en dansant. Flattée de tant d'attentions, la jeune comédienne accepte quelques sorties avec cet homme séparé mais non divorcé, qui n'est ni intellectuel ni physiquement séduisant. Ce Français de quarante-trois ans, rescapé du Titanic — il avait alors dix-neuf ans — est tout de même impressionnant avec sa stature d'un mètre quatre-vingt-cinq, sa carrure bien rembourrée, sa voix forte au timbre sonore, son assurance et le charme de ses manières européennes. Romantique à souhait, Judith est très éprise de Guy, mais si peu sûre de lui. Son cœur hésite. Éthéra, à qui elle décrit les deux hommes et demande conseil, penche en faveur du jeune comédien, malgré son caractère indiscipliné et son inconstance. L'homme d'affaires lui semble un peu timoré bien que plus mûr que Guy, doté de probité et d'honnêteté, plutôt un ami sur qui on peut compter[30]. Le commentaire d'Éthéra aurait sûrement été plus tranchant si son amie avait été totalement franche. Pour la première fois peut-être, Judith ment à sa correspondante, n'osant lui avouer l'âge véritable de Paul Maugé qui a vingt-trois ans de plus qu'elle — l'âge de sa mère — et non douze comme elle le prétend. Sans doute est-elle gênée de ce grand écart d'âge et redoute-t-elle l'opinion d'Éthéra.

Deux mois plus tard, drame dans sa vie sentimentale. Guy lui demande de devenir sa maîtresse. Comment ose-t-il lui faire cette injure, la croire une femme facile, faire fi de sa réputation? Il ne l'aime donc pas ni ne la respecte? Elle se dit, dans une lettre à Éthéra, révoltée, abattue et désespérée: «Je ne méritais donc pas mieux[31]?». Sa réaction est disproportionnée à la nature de sa relation épisodique avec le jeune comédien. Moins romanesque, plus confiante, plus sûre d'elle, elle aurait opposé un refus et poursuivi la relation ou éconduit l'amoureux jugé irrespectueux, et se serait tournée vers d'autres jeunes gens. Éthéra Mackarachvili ne voit pas les choses aussi tragiquement et, surtout, elle considère comme révolu le principe sacré de la virginité qui fait de toute jeune fille osant avoir des relations sexuelles avant le mariage «une fille» ou une dévergondée. Sans avoir encore elle-même franchi ce pas, elle sert à son amie une leçon de féminisme sur l'indépendance morale et financière des femmes:

> Vois-tu, Judith, pour moi cela m'est tout à fait indifférent — et je ne fais aucune différence au point de vue moral et de ce seul fait qu'une jeune fille est vierge ou non. Crois-moi, souvent ce sont celles qui ont perdu leur virginité qui sont des caractères forts avec une certaine personnalité. Vois-tu pourquoi la virginité des jeunes filles était sacrée? Parce que jusqu'à ces derniers temps, le seul but de la femme c'était le mariage: mariage où le plus souvent, pour ne pas dire toujours, c'était le mari qui commandait, où elle devait obéir, où il était «Seigneur et maître». Il fallait donc tout faire pour que la jeune fille plaise à l'homme, la femelle au mâle, et ce que le mâle apprécie le plus c'est la virginité. Il fallait donc se soumettre au bon plaisir du maître.

Elle ajoute:

> Maintenant ce n'est plus ainsi. Beaucoup de femmes sont indépendantes matériellement, elles le sont moralement. Elles peuvent agir, penser à leur guise[32].

Éthéra peut discourir. Son amie canadienne est trop réaliste pour croire que les mœurs sociales aient à ce point évolué et que l'indépendance financière dont les femmes commencent à peine à jouir puisse aussi rapidement influer sur les mœurs sexuelles. Elle lui répond que rien n'a changé[33]. Un peu honteuse d'afficher des idées démodées, elle veut expliquer à Éthéra les raisons de sa position conformiste «sur une question fondamentale dont la solution doit influer sur notre vie entière». Mais seul subsiste un fragment de quelques lignes d'un brouillon de la réponse de Judith[34]. Ce que nous savons de cet échange permet tout de même de percevoir combien la virginité est un sujet brûlant pour les jeunes femmes de cette époque. Judith a perçu la proposition de Guy comme un aveu de non-sincérité. Blessée de ne pas être aimée comme elle le croyait, elle rompt avec lui. Sur le moment, elle se sent libérée mais rêve toujours d'un grand amour sincère, et elle ne revoit plus Paul Maugé[35].

Pendant la saison 1936-1937, en plus de reprendre son emploi de répétitrice auprès d'élèves de Marguerite-Bourgeoys, elle a continué de tenter de gagner sa vie au théâtre. Elle a joué à la Renaissance théâtrale, participé avec la troupe au Festival national d'amateurs. Du côté professionnel, après son engagement aux Variétés lyriques, Henri Letondal lui a fait faire ses débuts de diseuse à *L'Heure provinciale* à la radio de CKAC, et Mario Duliani lui a offert un petit rôle dans un sketch présenté au Bal des fleurs au Manoir de Saint-Ours. Mais selon elle, sa véritable présentation au public a lieu lors d'un événement littéraire prestigieux, le Grand Gala de poésie organisé par la Société des écrivains canadiens-français que préside Victor Barbeau, à l'occasion de la tenue du Deuxième Congrès de langue française. À l'auditorium du Plateau, devant deux mille personnes, elle se retrouve aux côtés de vedettes, Jacques Auger et Laurette Larocque-Auger (qui prendra le nom de Jean Desprez), et de débutants — Mia Riddez, Olivette Thibault, Estelle Mauffette (la sœur de Guy Mauffette), Albert Cloutier, François Bertrand — pour dire des poèmes de Jovette Bernier, Émile Coderre, Jean Charbonneau, Robert Choquette, Alfred DesRochers, Albert Ferland, Saint-Denys Garneau, Berthe Guertin. En cours d'année, la jeune comédienne s'est adonnée à l'écriture de courtes pièces et d'essais littéraires qu'elle n'a pas cherché à faire publier malgré les incitations d'Éthéra[36]. L'ardeur au travail n'a pas manqué, mais les rentrées d'argent demeurent minces.

La défaite

En ce début d'été 1937, d'autres soucis que la réussite professionnelle la hantent. Un drame plus grave se joue à la maison. La famille Jasmin traverse ses plus pénibles moments de misère depuis son retour au Québec, huit ans plus tôt. À la merci des créanciers, il faut tout vendre, tout liquider pour manger. Le dénuement est tel que Rosaria Jasmin s'engage comme aide domestique dans une famille bourgeoise pour vingt-cinq dollars par mois.

> Notre très chère, très douce, très consolante, mais peut-être trop amollissante vie de famille se disloque, s'éparpille; maman s'en va.
>
> Maman, l'âme du cercle, la pierre de touche, le lien secret entre nous autres, celle dont inconsciemment on ne peut plus se passer: le mur supportant le lierre c'était elle, et voilà qu'elle s'en va. [...] Cette tendresse, c'était le seul luxe qui nous restait de notre splendeur passée, c'était pensions-nous la seule richesse inattaquable, la seule que la pauvreté ne pourrait nous ravir mais il a fallu en rabattre — il a fallu tout vendre, tout liquider et voilà que nos valeurs secrètes, cachées, que nous pensions pouvoir dérober à tout jamais à l'huissier, il a fallu les soutirer, les arracher de notre vie, il a fallu les vendre pour manger.
>
> Peut-être, espérons-nous, cet holocauste va satisfaire l'Hydre aux mille gueules qu'est la misère; peut-être enfin apaisée, ne nous demandera-t-elle plus rien. Car enfin, que nous reste-t-il? Nos corps, notre peau. Dernier refuge de l'âme, te vendre — pour te nourrir — te vendre pour que tu vives.
>
> La tendresse de notre mère est le dernier lest jeté par-dessus bord pour permettre à notre nacelle de naviguer encore; si, après cela, il faut encore l'alléger d'un poids, il ne restera plus qu'à nous jeter nous-mêmes dans la mort[37].

L'aînée doit, à son tour, trouver à tout prix un emploi pour subvenir aux besoins élémentaires de la famille. Le 1er juillet, elle entre comme vendeuse, pour quarante dollars par mois, à la librairie Pony, rue Sainte-Catherine, près du grand magasin Dupuis et Frères, l'une des rares librairies de langue française à offrir autre chose que des livres munis de l'*imprimatur*. Les siens peuvent respirer, le pain au moins est assuré. Judith accepte la situation par nécessité mais, humiliée et amère, elle s'y soumet à contrecœur. Abandonner son espoir d'une carrière la déchire. L'adolescente de seize ans qui revenait de Versailles, en se promettant de «brasser le Québec» se voit aujourd'hui aller de défaite en défaite. Se fondre dans cette foule anonyme de gagne-petit, être confinée à un travail n'offrant aucune gratification intellectuelle lui répugnent. Elle déteste copieusement son travail «abrutissant». Condamnée à faire des journées de dix heures, «étouffantes, écrasantes, meurtrières», des semaines de soixante dans une boutique sombre, éclairée dès midi à l'électricité, à vendre des livres pour un aussi maigre salaire, quelle vie[38]!

> Vendeuse! voilà ce qu'après tant de détours, de fierté et de dédains, je suis parvenue à être. Des millions de jeunes filles, tous les matins, se dirigent vers un magasin où, toute une journée emprisonnées, elles souriront, patientes, serviables, se gardant de montrer fatigue, lassitude, ennui, enfin tout sentiment humain; une mine collée sur la figure, une énergie d'acier appliquée aux jambes et au dos, elles seront derrière un comptoir couvert de choses qu'elles ne posséderont jamais, souvent des reines de carnaval, de fausses puissances[39].

Elle souffre, elle rage, elle pleure. Mais les épreuves qui se mettent en travers de son avenir, loin de l'enfermer dans une amertume stérile, nourrissent sa réflexion, grandissent sa compassion, augmentent sa compréhension de la condition humaine. Cet été de ses vingt et un ans, elle ne l'oubliera jamais. Il laissera une empreinte indélébile sur sa conscience sociale et sa perception de l'humanité.

> Ces jours de misères — je ne dois jamais les oublier — ils sont trop grands, trop profondément humains, ce sont peut-être les seuls jours où j'aurai communié de cœur et d'estomac avec tous les misérables de la terre. Jours que je ne regrette pas, jours dont je suis fière comme d'une bénédiction, jours de compréhension, d'amour fraternel et de haine violente contre le riche égoïste — mes grands jours de mai et de juin où j'ai eu faim, j'ai sangloté de misère, où nous avons ri aux larmes des ruses trouvées pour éloigner les créanciers. Jours superbes de misère, soyez bénis, aimés, chéris, vous avez mis dans ma vie l'ingrédient nécessaire pour mes jours à venir[40].

Le premier geste de la jeune vendeuse munie de son premier chèque de paye: sortir sa famille de Ville-Émard, symbole trop vif de la misère, pour l'amener dans un appartement sur les deux étages supérieurs d'un «triplex», au 3678, rue du Parc-Lafontaine, donnant sur le magnifique et immense parc de verdure qui longe l'avenue Sherbrooke, au cœur de la ville. Son père garde son bureau, boulevard Monk. La vie de famille est dilosquée. L'aînée tient du mieux qu'elle peut les rênes de la maison, ménage, couture, cuisine. Pendant qu'elle est à la librairie et son père, au bureau, Claude et Jean-Jacques n'ont souvent à se partager qu'une boîte de conserve de spaghetti. Contrariée d'avoir à refuser, faute de disponibilité, un bref engagement à la radio que lui propose Guy Mauffette, Judith soupire: elle aurait pu gagner, en une demi-heure, le salaire d'une semaine à la librairie! Si seulement l'amour pouvait l'aider à supporter la trop lourde croix qui la fait ployer, la consoler de tant de déceptions, de sa solitude aussi. Elle confie à Éthéra ne pas avoir de vraies amies à Montréal[41].

L'idylle amoureuse se présente à elle sous les traits d'un client de la librairie, un Français d'une quarantaine d'années, riche et marié, qui se dit séparé. C'est un bel homme, blond, grand, athlétique. Enfin, l'amour avec un grand A! L'oubli des «heures d'enfer» à la librairie, du corps qui ne tient plus le soir quand elle rentre fourbue à la maison à onze heures passées, après avoir monté à pied l'essoufflante côte de la rue Amherst! À travers les serments échangés, il est question de cohabitation:

> Nous allions à la rivière noyer nos fatigues, laver nos sueurs, tremper notre corps et notre âme à la source de la joie de vivre! [...] Ces soirs où baignés, lavés, sauvés de nous-mêmes, nous allions gaiement croquer n'importe quoi, danser, nous racontant mille folies qui nous faisaient rire — Ces nuits où nous revenions le corps las mais l'âme éveillée pour d'autres ardeurs, ou peu à peu pris par le silence, la solitude, nous buvions la volupté gravement parce que c'est une chose sainte[42].

La certitude d'être aimée rend Judith plus hardie dans ses ébats amoureux, et elle se laisse aller à ses premières caresses voluptueuses. C'est déjà à ses yeux se compromettre follement[43]... Si elle croit impressionner par ses nouvelles audaces son amie Éthéra qui, six mois plus tôt, lui tenait des propos moins conformistes que les siens sur la virginité, elle se trompe. De l'autre côté de l'océan, sa perspicace amie s'inquiète et craint que cet homme ne profite d'elle. Croyant comprendre qu'il entretiendrait ou aiderait financièrement Judith, elle lui rappelle l'importance de l'indépendance financière[44]. À la fin de l'été, le beau parleur reprendra la vie commune avec l'épouse revenue... peut-être d'un séjour en Europe. Les promesses qu'a faites cet homme à Judith de se séparer de sa femme n'étaient probablement que mensonges, et la naïve jeune fille n'en n'a rien perçu. Lui restent l'attente insupportable, de rares rencontres et une douleur incommensurable. L'amoureuse trompée, abandonnée, pleure des «larmes de mort qui lui déforment la figure» des nuits entières, pendant de longs mois[45]. «J'ai pu mesurer depuis une dizaine de mois, écrira-t-elle le printemps suivant, combien de larmes et d'eau étaient capables de s'écouler de nos yeux. C'est fantastique[46]!» Maman n'est pas à la maison pour consoler sa grande, et Claude, témoin impuissant de ces nuits, a peine à supporter d'entendre sa sœur étouffer tant de sanglots contre l'oreiller.

La jeune vendeuse s'était abandonnée avec la fougue de ses vingt ans à un amour qu'elle croyait partagé. L'attitude désinvolte et opportuniste de celui qu'elle aime la déroute. Jeune fille loyale et fidèle, elle s'attend à être payée de retour par cet homme qui lui jure qu'il l'aime. Sa droiture et sa sincérité naïve n'y comprennent rien:

> Pourtant je le croyais à moi — je me croyais née pour lui — je le sentais dans ma chair — mien à jamais. [...]
>
> Il m'avait juré d'une voix que je croyais unique; la vraie, la seule; la voix du cœur, la voix sincère, une fois entendue, une fois crue. Se peut-il qu'il ne se souvienne de rien — Se peut-il que rien de ce qu'il avait imaginé de moi, construit de moi ne subsiste? Qu'a fait de moi sa pensée? Où me traîne-t-elle? À quel mépris, à quelle indifférence inouïe m'a-t-elle conduite pour qu'il se soit éloigné de moi? Hélas! C'est un mystère que je ne peux comprendre... et pourtant il faut y croire: il m'a abandonnée, il ne m'aime plus[47].

Fortement secouée par sa douloureuse expérience, elle ne sait plus très bien quelle voie suivre en amour, celle du cœur, de la vertu, de la raison. Elle exprime ses tiraillements dans deux saynètes qu'elle compose sur le thème de «la recherche du grand amour». Ces pièces mettent en scène deux femmes dans des situations diamétralement opposées: l'une est emportée par le désir de vivre un grand amour, l'autre, totalement désabusée à la suite de ses déceptions amoureuses. Elles expriment leurs déchirements entre l'appel de la passion, l'éthique morale et leurs besoins propres de femme. Dans la première saynète, une jeune femme quitte ses parents pour s'enfuir avec un homme marié et père d'un enfant. Dans la chambre d'hôtel où se déroule la scène, elle hésite à se donner à l'homme aimé. Elle l'interroge afin de jauger sa sincérité et d'avoir la certitude qu'il a la possibilité ou la volonté de laisser sa famille derrière lui. Ses propres scrupules l'amènent à convaincre son partenaire que sa place est auprès de son épouse et de son enfant. Morale de l'histoire: l'héroïne réussit à dominer ses passions avant de commettre l'irréparable et sacrifie son grand amour au bonheur familial d'autrui. La deuxième saynète, inachevée, est moins éclairante. La jeune femme a abandonné tout espoir de vivre un grand amour et, désillusionnée par la médiocrité et la pauvreté de sa vie, elle cherche un homme riche qui pourrait lui procurer les deux choses qu'elle désire ardemment: le luxe et la célébrité au music-hall. Elle rencontre alors un homme doux et naïf qui veut la convaincre que le grand amour peut se trouver. Mais le dialogue entre les deux personnages n'aboutit pas, et on ne sait pas si l'héroïne renonce à ses désirs en faveur d'une conduite vertueuse[48].

Son idylle comme ses deux saynètes montrent la place unique et prépondérante que le désir d'un grand amour partagé tient dans la vie de Judith lorsqu'elle a vingt ans. La première saynète est une réflexion sur l'aventure sentimentale qu'elle vient de vivre. La leçon a porté: l'héroïne a la prudence de vérifier la sincérité de l'engagement de son amoureux marié. La deuxième témoigne de son désarroi aux abords de la vie adulte, devant l'amour et la vie à gagner, et de ses premières désillusions sentimentales et matérielles.

Son éducation familiale et sa formation scolaire lui ont inculqué des principes d'autonomie, d'indépendance personnelle et financière et lui ont appris à valoriser la culture et le travail intellectuel, ainsi qu'une réussite sociale acquise par ses propres moyens, et non uniquement à travers le choix d'un mari. En même temps, elle a connu, enfant, la douceur d'une aisance matérielle relative, et, aujourd'hui, elle a le goût normal d'être jolie, d'être bien mise et de plaire aux hommes, à une époque d'ailleurs où la tenue vestimentaire des femmes signe leur appartenance à une classe sociale et est un moyen d'attirer un homme du même milieu. Par exemple, son salaire à la librairie Pony sert d'abord à boucler le budget familial mais passe aussi à l'achat d'un chapeau ou d'un «col de fourrure qui fait son orgueil[49]». Elle s'éprend d'un homme riche, envisage même de se faire entretenir ou aider financièrement par lui, attitude que réprouve son amie Éthéra, moins encline à négocier le principe de l'autonomie financière féminine. Pourtant, tous les témoignages de celles et de ceux qui ont connu Judith Jasmin au collège ou plus tard dans sa vie adulte concordent: elle n'était pas coquette de nature ni portée vers la recherche vestimentaire, ses intérêts étaient plus élevés, sa féminité, plus d'essence que d'apparence. À vingt et un ans, le col de fourrure et l'amoureux riche sont ses seules échappées hors de la dure réalité, ses seules compensations aux rêves brisés et à la médiocrité de son existence.

Cet être de feu, à la sensibilité à fleur de peau, mord dans la vie avec audace et exaltation, contrairement à son amie Éthéra, plus rationnelle, plus mesurée, d'où l'intensité extrême de ses émotions, de ses déchirements, de ses débats intérieurs. La jeunesse des deux amies se déroule bien différemment. Éthéra Mackarachvili ne voyant pas ses aspirations balayées les unes après les autres par des circonstances adverses, ne vit pas autant de tensions et de contradictions personnelles. Même si les revenus de son père, qui pratique toujours la médecine en Serbie, suffisent à peine maintenant à les faire vivre, sa mère et elle, elle peut quand même étudier gratuitement à la Sorbonne, et elle baigne dans le milieu culturel parisien. D'ailleurs, elle écrit à Judith sa tristesse de ne pouvoir l'héberger pour lui permettre d'étudier à Paris[50].

L'adieu aux études

Un autre supplice prend fin. Dans les derniers jours d'octobre 1937, quatre mois après son entrée à la librairie Pony, Judith est renvoyée officiellement pour inaptitude commerciale, en fait pour son insoumission et pour ses fugues trop fréquentes pour écouter la radio. Soulagée, elle reprend son emploi de répétitrice et ses activités de comédienne pendant que sa sœur Claude, désireuse d'apprendre l'anglais, s'engage comme gouvernante dans une famille anglaise. Du côté du travail, les choses se présentent mieux. Radio-Canada, officiellement en ondes depuis un an, offre surtout de la musique mais a commencé à produire des émissions. Grâce à l'amitié de Guy Mauffette, devenu réalisateur, Judith obtient des rôles variés. On la choisit pour interpréter des femmes fatales, méchantes, passionnées, quelquefois des jeunes filles sages et, ce qu'elle préfère, des voix graves, sérieuses de présentatrices de tableaux dans des émissions dramatiques. Elle se sent «comblée d'orgueil» parce qu'elle joue un sketch d'Yvette Mercier-Gouin avec une vedette, le jeune premier Jacques Auger, au cours d'une soirée d'adieu au jeune poète Roger Brien, avant son départ pour l'Europe, à l'auditorium du Plateau, devant trois mille personnes — c'était une époque de ferveur poétique.

À la Renaissance théâtrale, en compagnie de sa sœur Claude, de Juliette Huot, des sœurs Antoinette et Germaine Giroux, elle est de la distribution des *Femmes savantes* dans une mise en scène de Liliane Dorsenn. Elle se joint à la troupe de la section française du Montreal Repertory Theatre, une troupe-école que vient de fonder l'audacieux et entreprenant Mario Duliani. Son professeur d'art dramatique doit faire confiance à ses dons de comédienne puisqu'il lui confie le rôle féminin le plus important du premier spectacle public de la troupe. Il monte, au His Majesty's, trois pièces en un acte dont deux créations de jeunes auteurs canadiens-français: *Le Gouvernement renversé* de Guy Saint-Pierre et *Don Juan* d'Ernest Pallascio-Morin dont Judith crée le premier rôle féminin aux côtés de François Bertrand, qui deviendra l'annonceur à la voix de velours de Radio-Canada. On ne remplit pas la salle, mais le critique de l'hebdomadaire *Le Jour* loue le sens dramatique, l'intelligence du texte et la qualité des dialogues de l'auteur de *Don Juan*, ainsi que la prestation de Judith Jasmin dans son premier rôle dramatique professionnel:

> Dans le rôle de Maryse, Mlle Judith Jasmin fait preuve d'un remarquable talent. Nous n'avons jamais vu une jeune artiste jouer avec une sobriété et une aisance si reposantes, une telle sincérité qui s'exprime sans artifice[51].

Quand la pièce sera reprise au Festival d'art dramatique canadien, un autre critique du journal se fera aussi élogieux à l'endroit de l'auteur et de la jeune comédienne:

> Judith Jasmin a composé une Maryse sincère et émouvante; s'il n'en tenait qu'à nous, elle eût bien été classée en tête des artistes féminines. [...]
>
> Avec des auteurs comme MM. Pallascio-Morin et Prévost, avec des interprètes de la force de Mlle Judith Jasmin et de M. François Lavigne, nous voyons s'ébaucher un théâtre canadien dont nous puissions être fiers[52].

Il en faudrait beaucoup plus à Judith pour se croire arrivée. Elle note dans son journal «ne rien savoir en fait de théâtre et que ce métier s'apprend en jouant comme celui du forgeron[53]».

En cet automne 1937, Paul Maugé s'occupe aussi de cinéma. Il seconde J.-A. DeSève, le propriétaire de France Film, qui importe une nouveauté, les «vues françaises», qui remplissent le Saint-Denis à Montréal et plusieurs salles en province. Il poursuit à nouveau Judith de ses assiduités. À distance, Éthéra Mackarachvili perçoit la vraie raison du refus de son amie: «Paul t'aime, mais tu ne l'aimes pas, même s'il est riche[54].»

En décembre, Judith fait autant d'argent qu'à la librairie et en janvier, plus que le double, grâce à un engagement aux Variétés lyriques dans l'opérette *No no Nanette*. Elle peut enfin retourner aux études et s'inscrire en chimie à la faculté des sciences de l'Université de Montréal. Fière d'avoir maintenu son objectif, elle écrit: «Bizarre cet ancien rêve qui se réalise tout à coup sans crier gare[55]!» Il lui faut cependant continuer à accepter des engagements à la radio et à la scène pour aider sa famille. Au Gala d'auteurs dramatiques canadiens présenté à l'auditorium du Plateau, elle crée l'un des rôles principaux d'une pièce du journaliste Louis Francœur, *Trio à quatre*. Elle reçoit la meilleure critique:

> Mlle Judith Jasmin joua avec cette émotion délicate qui caractérise toutes ses créations à la scène. Son jeu sobre était encore mis en valeur par la charge que faisait de son rôle l'autre actrice du *Trio*[56].

À l'occasion du Congrès eucharistique tenu à Québec, elle joue le rôle de Marie tandis que sa copine Mia Riddez tient celui de Marie-Madeleine dans *Le Mystère de la Passion*, un drame biblique en quinze tableaux mis en scène par Mme Laurette Larocque-Auger et présenté à l'aréna de la ville. À d'autres moments, elle joue avec la troupe Barry-Duquesne dans des salles de la basse-ville où on présente du vaudeville et où se produit la Poune. Son amie Jeanne Lapointe va l'y chercher pour l'emmener dîner chez elle, dans la demeure bourgeoise de trois étages de ses parents, située près du Parlement. Elle présente son amie comme une relation de collège, se gardant bien de dévoiler la raison de son passage à Québec: ses parents appartiennent à la haute société catholique du temps aux yeux de qui le métier de comédienne est déshonorant pour une jeune fille et peu recommandable la fréquentation de ce milieu de perversion des bonnes mœurs qu'est le théâtre.

Et pour cause. Le théâtre «sérieux» se porte mal à Montréal. L'attrait du cinéma et la dépression économique ont réduit sensiblement son essor, et seules fleurissent certaines formes de théâtre populaire, le mélodrame, le vaudeville, la comédie bouffe, le music-hall et le burlesque. Outre le His Majesty's, rue Guy, dans l'ouest de la ville, voué principalement au théâtre de langue anglaise, et le Monument national, rue Saint-Laurent, construits tous deux à la fin du siècle précédent, il y a peu de scènes disponibles. On se rabat sur les salles paroissiales et les auditoriums de collège à l'équipement rudimentaire comme l'Ermitage et le Gésu où jouent les Compagnons, troupe que vient de fonder un père de Sainte-Croix, le père Émile Legault. De retour d'un voyage d'études en France où il a vu à l'œuvre les grands hommes de théâtre Henri Ghéon, Jacques Copeau, Gaston Basty, Louis Jouvet, Charles Dullin et Georges Pitoëff, le père Legault a l'ambition de proposer un répertoire de grands auteurs français classiques et contemporains selon une esthétique nouvelle axée sur la foi, la poésie, l'élégance du jeu et de la diction. La troupe Barry-Duquesne, qui présentait des pièces du répertoire français au Stella, doit faire place, après deux saisons, aux revues plus rentables de Henri Letondal, et la salle est finalement rendue au cinéma. L'Arcade loue son espace à différentes troupes quand ses propriétaires, pour des raisons de rentabilité financière, ne la transforment pas en salle de cinéma[57].

Les engagements à la radio et à la scène se sont faits rares pour Judith, les ennuis d'argent ont ressurgi, et, en mai, à la fin de sa première session, elle rate ses examens de chimie. C'était couru. Trop de soucis, trop d'occupations diverses l'ont distraite de ses études. L'étudiante à temps très partiel a quatre mois pour préparer la reprise des examens mais elle ne le fera pas. Le courage lui manque, et l'amour l'emportera sur les formules chimiques. Judith a un esprit rigoureux et des dispositions pour les sciences, mais la chimie n'est peut-être pas la voie la plus indiquée pour elle. On l'imagine mal enfermée à longueur de journée dans un laboratoire. De plus, elle n'est pas assez habile pour manipuler les éprouvettes. Sa blouse de travail est toute trouée.

L'été 1938 la voit se raccrocher à sa passion de l'été précédent, le client riche de la librairie qui semble libre de nouveau. Chaque dimanche, à la campagne, au bord d'un lac, la voiture remplie de victuailles, les amoureux font la dînette sur l'herbe, courent comme des chevreuils sur la plage et grimpent aux arbres. Des échappées de bonheur dans un été autrement morne, sans travail, que Judith Jasmin passe au lac Guindon avec ses parents et leurs amis, en tentant au moins de se refaire une santé.

Inquiète et déçue, elle se voit forcée de réduire encore une fois ses ambitions professionnelles, et explore la possibilité de se diriger vers la diététique si elle peut obtenir une bourse d'études ou d'entreprendre un *business course*[58].

CHAPITRE 5

LA FAVEUR POPULAIRE

En septembre 1938, une offre imprévue se présente. Sur la suggestion de Liliane Dorsenn, le jeune écrivain-réalisateur Robert Choquette choisit, après audition, Judith Jasmin pour tenir le rôle d'Élise Velder, la jeune fille modèle de son nouveau roman radiophonique quotidien, *La Pension Velder*, diffusé sur les ondes de Radio-Canada. La cote d'écoute de ce feuilleton dont l'action est située en milieu urbain allait frôler pendant des années celle de *Un Homme et son péché*, de Claude-Henri Grignon, situé en milieu rural celui-là et créé l'année suivante. *La Pension Velder* fera de Judith Jasmin une vedette. Aux côtés de Jeanne Maubourg dans le rôle de sa mère, une veuve belge qui tient pension, et d'André Treich dans celui de son jeune frère, elle personnifie la belle jeune fille issue d'un milieu très modeste, mystérieuse et secrète, à la taille de mannequin, sensible et dotée de grandes qualités intellectuelles. Les Velder et leurs pensionnaires — une couturière, un voyageur de commerce, un professeur de piano, un camionneur, une jeune manucure et un étudiant en droit — en viendront à former une grande famille unie par une forte loyauté en dépit de conflits inévitables, nombreux et fréquents. Le personnage de la bonne de la pension, interprété par Juliette Béliveau, et celui de son neveu, un garçon pas très futé qui viendra l'aider pour les gros travaux, ajouteront au comique des situations. L'avenir d'Élise sera transformé par ses amours et son mariage avec un prétendant de rêve, aux plus belles qualités, issu d'une famille d'Outremont, le jeune avocat Marcel Latour. Les intrigues ne manqueront pas: en faisant fortune, le père de Latour n'a rien perdu de sa générosité et de sa bonhomie, mais sa mère est hautaine et parvenue... et la mère d'Élise, une forte femme.

Les premiers radioromans font fureur et passionnent le public autant, sinon plus, que ne le fera le téléroman *La Famille Plouffe*, au début de la télévision. Les personnages des ces feuilletons radiophoniques qui entrent quotidiennement, en début de soirée, dans les foyers québécois, font partie intime de la vie familiale. Ils n'ont qu'une voix, on les imagine, et le talent de leurs auteurs contribue à leur donner une existence si réelle que quantité de lettres seront adressées à Donalda, à Séraphin, à Élise Velder, à Marcel Latour. Accroché à son poste de radio, on écoute *Un homme et son péché*, en soupirant de compassion pour la pauvre Donalda soumise aux rigueurs d'un mari avare, on écoute *La Pension Velder*, en tressaillant d'aise et d'envie devant le destin fabuleux de la belle Élise.

Robert Choquette décrit ainsi la jeune comédienne de vingt-deux ans qu'il rencontre alors: «une jeune femme extrêmement timide et farouche, portant une petite robe noire un peu passée», la tenue d'une jeune personne sans le sou. Il garde un souvenir tendre de celle qui l'inspira pendant plus de dix ans pour développer d'un jour à l'autre le personnage d'Élise Velder: «Malgré sa timidité, nous sommes vite devenus amis; elle avait tellement de charme. Sans avoir jamais rêvé de devenir comédienne, c'était une excellente interprète, d'une grande souplesse.» Judith, elle, dira d'Élise: «C'était un personnage extrêmement intéressant à jouer, avec tous ses retraits, sa pudeur, ses longs silences, toute cette vie intérieure qu'il fallait deviner. Il devenait fascinant, je crois, pour le public, parce qu'il s'opposait à des personnages hauts en couleur, très extériorisés et très loquaces, comme ceux de sa mère et de son jeune frère Alexis. Élise était effarouchée par les éclats de voix de sa mère et un peu frustrée de l'affection exclusive qu'elle portait à son frère. La relation entre cette fille et cette mère était assez étrange, faite d'oppositions très fortes et de reproches[1].»

C'est avec un mélange d'enthousiasme, de soulagement et de résignation qu'elle accepte son premier grand rôle professionnel à la radio qui lui assure un revenu régulier. Son salaire lui permet de payer les études de son frère Jean-Jacques au collège du Mont-Saint-Louis et de verser une mensualité à sa mère, mais il lui est pénible d'abandonner l'espoir d'une carrière scientifique ou littéraire.

L'automne apporte à nouveau sa déception sentimentale: l'annonce, pour la seconde fois, du retour de l'épouse chez son amoureux marié. Encore attendre, encore pleurer, non! La jeune fille délaissée met définivement fin à la relation.

> Alors j'ai appelé un autre qui dormait dans mon souvenir, qui m'avait parlé de bonheur qui m'avait fait rêver à mon insu.
>
> Je me suis abandonnée à cet amour parce que je me sentais aimée, enfin! et que j'étais lasse de lutter contre des cœurs fermés. Le sien était ouvert — ouverts ses bras grands, larges, barrant la route aux fatigues, aux soucis, aux douleurs. [...] il efface tous mes chagrins; avec lui, il n'y en a plus. [...]
>
> Tous ces efforts pour vivre selon une règle sévère, toutes ces luttes pour maintenir l'aiguille vers le but. Tout semble inutile puisque mon destin s'est accompli à l'encontre de tous mes vœux, de mes principes, de mes désirs mêmes — de ceux du moins que j'ai eus. Tout a cédé devant la peur de souffrir — puis devant le goût de l'amour.
>
> [...] Mes tourments, mes passions ont pris un cours régulier. Plus de pleurs, plus de veilles, plus de grands bonheurs qui secouent le cœur et finissent dans les larmes — un amour doux calme comme un grand lac puissant et fort comme un grand arbre — je m'y appuie instinctivement comme après l'orage on cherche l'abri[2].

Le cœur en chamade

Judith Jasmin est taillée d'une seule pièce. Ses désillusions sont à la mesure de ses aspirations. Le destin l'a trahie, l'amour même lui fait défaut. À ce tournant, elle capitule. Son courage n'a pas suffi. Ses rêves se sont brisés contre la réalité. Les déceptions et les soucis l'ont épuisée physiquement et moralement. À l'image de l'héroïne désabusée de la deuxième saynète qu'elle avait écrite sur la recherche du grand amour, elle se tourne comme une naufragée vers Paul Maugé, figure paternelle. Elle accepte son amour en septembre et la cohabitation avec lui au mois de janvier suivant, croyant pouvoir apprendre à l'aimer. Geste audacieux à cette époque que de s'engager dans une union libre avec un homme beaucoup plus âgé, séparé (sa femme et son fils adolescent vivent en France), mais non divorcé, et de choisir un «vie scandaleuse». Son caractère frondeur et ses discussions féministes avec Éthéra aidant, la jeune comédienne se fiche du qu'en-dira-t-on. C'est surtout son besoin d'être aimée, choyée et la déception de constater que sa personnalité effraie les jeunes gens de son âge qui la conduisent à chercher un réconfort auprès de cet agent d'affaires si différent d'elle et qui ne correspond pas au genre d'homme qu'elle admire. Pendant ces mois de cour pressante et assidue, Paul Maugé n'avait rien ménagé pour la conquérir. Il l'invitait à dîner dans les restaurants les plus chic, la couvrait de cadeaux somptueux, lui offrait les parfums les plus chers.

À dix-huit ans, Judith était fleur bleue, mais trop instruite, trop brillante pour plaire aux jeunes Québécois de sa génération qui n'auraient pu supporter sa forte personnalité, se rappellent ses compagnes de classe de Marguerite-Bourgeoys. «Elle était en avance sur son temps et attendait beaucoup trop de l'amour, disent-elles. Elle désirait une relation égalitaire et un amour partagé, alors qu'à l'époque une jeune femme devait faire abstraction de sa personnalité et d'une grande partie d'elle-même pour plaire aux jeunes gens, ce que son tempérament entier n'aurait pu accepter.» Jeanne Lapointe a ce commentaire sur Judith adolescente: «Elle n'était pas assez adroite pour jouer des jeux; elle n'était pas adroite, elle était droite.»

La comédienne et par la suite auteure de télévision, Mia Riddez, rencontre Judith Jasmin au théâtre d'amateurs à Saint-Henri. Les comédiennes débutantes nouent amitié en raison de leurs nombreuses affinités. D'une famille de neuf enfants avec un père professeur de diction au conservatoire Lasalle, Mia Riddez a, elle aussi, reçu une éducation française et vit les difficultés de la crise économique. Les deux jeunes filles philosophent, parlent de livres, d'art, d'histoire, de mythologie grecque et romaine... et d'amour. Elles font ensemble leurs premières frasques, bien innocentes. Un soir d'été, après une représentation théâtrale à la Palestre nationale, installées à l'arrière-scène, elles vident à deux une bouteille de Sauternes. Éméchées, elles pleurent dans les bras l'une de l'autre, assises à l'arrière du tramway qui les ramène à la maison. Une autre fois, après une répétition, Mme Laurette Auger les emmène prendre un verre à l'hôtel Lasalle où elle habite et leur fait goûter des cocktails Alexander. Mme Auger les quitte; les deux jeunes filles terminent leur consommation et, au moment de se lever, la tête leur tourne, leurs jambes flageolent. Judith, qui descend la première, installe Mia dans le tramway, demandant au conducteur de bien s'assurer que son amie descende au bon arrêt pour sa correspondance et arrive à se rendre chez elle, au Sault-au-Récollet.

«Judith était une fille remarquable, d'une intelligence au-dessus de la moyenne, pleine de fraîcheur, aux traits anguleux mais avec de très beaux yeux d'une grande vivacité, raconte Mia Riddez. Elle se rendait compte qu'elle faisait fuir les hommes par sa taille — élancée, avec une taille de guêpe, elle paraissait faire plus de un mètre soixante et onze — son allure de jeune intellectuelle française et son instruction. Il y avait alors peu de femmes instruites et les hommes de notre entourage ne l'étaient pas beaucoup eux-mêmes. Le peu de jeunes gens instruits appartenaient à une élite, et ni elle ni moi n'avions les moyens d'en faire partie. Elle en souffrait beaucoup, car, comme moi, elle cherchait l'amour, la première valeur dans sa vie. Son éducation stricte ne la prédisposait pas à faire des mines pour attirer les hommes. À vingt ans, elle se rebiffait contre l'éducation européenne rigide que lui avait imposée son père. Par exemple, il lui faisait prendre des douches vaginales froides pour chasser les mauvaises pensées. Elle se sentait brimée dans sa féminité. "Il est en train de me rendre infirme pour la vie", me disait-elle.»

«Moi, j'ai trouvé l'amour jeune. Judith, elle, en avait marre d'attendre, elle a fait des compromis pour vivre une vie de femme et elle a accepté l'amour de Paul Maugé, un homme imposant physiquement, peu intéressant intellectuellement, porté à l'esbroufe mais aux abords charmants à l'européenne. Elle m'en parlait. Elle me disait: "C'est le seul homme qui m'aime, qui s'intéresse à moi, qui m'entoure d'attentions, c'est agréable. Je pense que je peux l'aimer." Toute sa vie a été une quête d'amour. "On a chacun un mort dans sa vie, m'a-t-elle dit un jour. Vois-tu, mon instruction joue contre moi, je ne suis pas une femme comme les autres, les hommes le sentent." Jeune, elle haïssait son bagage intellectuel qui allait contre ses rêves d'amour. Plus tard seulement, sa formation lui apportera les satisfactions et les consolations dont elle avait bien besoin.»

D'éducation bourgeoise, aimant le bien-être, la qualité de la vie, la fine cuisine, Paul Maugé incarne néanmoins des valeurs françaises qui ne déplaisent pas à Judith. Il exerce son métier dans le cercle le plus brillant du monde du spectacle, entouré d'artistes étrangers de renom de passage à Montréal, souvent des célébrités adulées du public, puisque en plus de produire les programmes des spectacles, il est responsable de l'accueil des artistes. La vie sociale du couple se confondra avec la vie professionnelle de l'homme d'affaires, ponctuée de spectacles et de réceptions en l'honneur des visiteurs rue McTavish. Avant la guerre, en provenance d'Europe, ce sera Tino Rossi, Réda Caire; pendant la guerre, un groupe de comédiens français réfugiés en Amérique du Sud dont la vedette de l'écran Victor Francen, Vera Korène, Jaque Catelain et François Rozet qui choisira de rester au Canada; après la guerre, de grands noms de la chanson: Édith Piaf et les Compagnons de la chanson, Charles Trenet, Maurice Chevalier, Luis Mariano, Andrex, Lucienne Boyer, Jacques Hélian et son orchestre. Ils accueillaient aussi des interprètes classiques comme la danseuse étoile Alicia Markova, le danseur José Torres, les violonistes Jasha Heifetz et Zino Francescatti, le ténor Jan Peerce. Ces spectacles qu'elle n'aurait pu s'offrir aussi régulièrement et l'occasion de fréquenter des gens d'ailleurs durent attirer Judith, elle qui vivait encore à l'heure de Paris. Quand elle le rencontre, Paul Maugé est établi professionnellement mais son métier d'éditeur de programmes de spectacles est aléatoire, risqué: les pertes sèches succèdent aux coups d'argent et, bien sûr, les dépenses rattachées aux nombreuses réceptions font partie des frais de représentation de son entreprise. Pendant leur vie commune, Judith paiera ses effets personnels, contribuera aux frais du ménage, son salaire renflouant au besoin les finances de l'homme d'affaires durant les premières années.

Amédée et Rosaria Jasmin font contre mauvaise fortune bon cœur. Par amour pour leur fille aînée, ils ne font pas ouvertement obstacle à son union avec ce brasseur d'affaires, brave mais peu sensible et peu raffiné. Toute la famille Jasmin rejette cet intrus, pourtant amoureux fou de Judith. Elle est peut-être la femme de sa vie, lui n'est pas l'homme qu'il lui faut. S'il ne montre pas sa désapprobation et accepte de passer des soirées à jouer à la canasta avec l'amant de sa fille, Amédée Jasmin, qui chérit Judith comme un autre lui-même, est intérieurement révolté, démoli. Sa femme se tait. Cinquante ans plus tard, les yeux de Claude Jasmin s'enflamment encore de dégoût et de colère à la seule mention du nom de cet homme qui, selon elle, a séduit sa sœur, profité de sa jeunesse, de son découragement. À seize ans, Jean-Jacques n'a pas la maturité émotive, l'équilibre affectif nécessaires pour subir une situation que ses parents eux-mêmes n'acceptent pas. Cette mésalliance l'humilie d'autant plus qu'il doit faire face aux sarcasmes de ses camarades de collège; l'union libre de sa sœur, qui entache la réputation de la famille, aura une incidence directe sur sa vie parce que des parents lui refuseront le droit de sortir avec leur fille. Il ne supporte pas Paul, et le dimanche, quand le couple vient dîner à la maison et qu'on s'attable autour d'un rosbif, il claque la porte. Judith se moque de l'opinion publique, peut-être un peu moins de celle de ses amies de longue date. Elle ne donne pas signe de vie pendant quelque temps aux sœurs Aubry, croyant qu'elles n'accepteraient pas sa nouvelle situation. Vingt ans plus tard, elle regrettera que ses parents n'aient pas protesté plus vigoureusement contre sa décision de faire vie commune avec Paul Maugé. Mais quand Judith prenait une décision, il était bien difficile de lui en faire changer...

En janvier 1939, elle emménage chez lui dans son confortable appartement de trois pièces et demie qui lui sert aussi de bureau d'affaires, au 3520 de la rue la McTavish, en face du campus de l'Université McGill, au centre-ville. Dès les premiers mois de cohabitation, elle souffre de l'insensibilité de son amant «qui ne peut la comprendre», mais elle en rejette toute la faute sur elle-même et se culpabilise d'avoir compromis son idéal. Il lui arrive de penser payer trop cher sa sécurité affective et matérielle ou de se sentir amère d'avoir sacrifié au bien-être d'un homme «jeunesse, fraîcheur, ambitions, études, estime, réputation, avenir, affection familiale[3]». Elle écrira dans son journal:

> Si je me suis trompée, si je ne suis pas heureuse, il faut partir sans lui en vouloir. C'est de moi seule que vient tout mon malheur. J'aurais dû deviner, prévoir que l'amour se contente mal du présent, du présent si court, si tassé sur le passé.
>
> Car c'est à cause de ce *passé* que je ne peux être heureuse, que je ne peux l'aimer parfaitement — Je le hais trop souvent (une haine qui fait si mal!) Oui, parfois, mon amour, semblable à la mer qui, en se retirant, laisse à nu un rocher noir et dur, se retire aussi de moi et je reste avec un cœur sec et vide, vide d'amour et de bonté.
>
> [...]
>
> Où trouverais-je le courage nécessaire pour recommencer ma vie seule, fuir une honteuse paix, un bonheur fait de leurres et de capitulations? Le bonheur doit chanter l'amour; il doit être franc et libre — le mien qui ferme les yeux sans cesse pour ne pas voir le mur de la prison qui te ment, qui te trompe, qui doit imaginer un espace libre qui n'existe pas[4]!

Par moments, le caractère non officiel de son union et la désapprobation de son entourage la gênent. Il ne manque que le titre légal, se dit-elle alors; le reste, sa stabilité, ses responsabilités et ses engagements équivalent à ceux du mariage. Elle a aussi besoin de se répéter qu'elle n'y a pas consenti seulement pour des raisons pécuniaires: «Je gagne ma propre vie, en faisant un métier honorable[5].»

Les six premiers mois de cohabitation passés, écrira-t-elle plus tard, «je me suis habituée à vivre conjugalement avec un homme qui n'a ni mon caractère, ni mon âge, ni mes goûts mais qui m'aime bien et qui fait son possible pour me le prouver. De mon côté, j'ai fait taire mes susceptibilités, je me suis mise au pas et j'essaye de tirer tout le bonheur possible de cet étrange mariage[6].»

Le choix de son conjoint illustre son extrême insécurité affective, son sentiment d'infériorité face à l'amour, la piètre opinion qu'elle a d'elle-même comme femme, de son physique. L'ébauche d'un roman, entrepris vers 1955, et dont la nature autobiographique paraît évidente, est révélatrice de sa conception de l'amour. Dans les deux premières pages sur la vingtaine qui furent rédigées en tout, Judith résume le contenu des cinq chapitres prévus. Le récit s'ouvre sur l'héroïne, Dominique, âgée de quatorze ans. Dominique ressent lourdement sur son être, son cœur, son subconscient, l'hérédité des femmes aimantes, éternellement en quête et inassouvies. Du plus loin qu'elle plonge dans ses souvenirs, elle a été amoureuse: de son père, de Jésus, de ses professeurs, de ses camarades, de ses cousins, des étoiles de cinéma. Elle demeure l'élément inachevé qui cherche l'autre auquel se souder, sent que sa vie n'a qu'un sens, qu'une orientation, l'amour. Elle revoit tous ces fantômes qu'elle a aimés déjà, qui l'ont fait souffrir, et l'avenir lui fait peur. Elle rêve d'un cloître où rien ne parviendrait de ces passions. Puis elle se souvient de la lecture d'une vie des saints et des sentiments fougueux qu'elle a éprouvés successivement pour chacun d'eux. Elle se promet une vie d'action, qui seule peut la durcir, et se jure de ne jamais se marier pour être toujours disponible au grand amour. Elle se veut prêtresse de ce dieu. Au deuxième chapitre, l'héroïne a dix-huit ans. Un homme distrait passe tout près d'elle et ce premier amour la trouve affaiblie, perdue au bord de la vie adulte dont elle ne connaît rien et qui la laisse désemparée. Dominique va vers cet homme comme vers celui qui rétablira l'équilibre. Après quelque temps (le temps pour elle de s'attacher et de découvrir les caresses), il s'en va, et Dominique goûte à ses premières déceptions sur tous les plans — sentimental et matériel. Troisième chapitre. Apparition de l'homme planche de salut, mûr, ami et stable. Il offre à Dominique ce qu'elle croit ne jamais pouvoir obtenir seule: l'amour et une situation. Dominique trahit son pacte de jeunesse, finit par accepter le mariage comme le cloître et dit adieu pour toujours à l'amour. La cérémonie, brève, devient le symbole de sa force conquise contre les fantômes. Son mari sera le rempart[7].

Ayant consenti à une union de raison, Judith a pu croire aussi que son individualité serait moins brimée par un compagnon plus âgé qui ne désire pas d'enfant avec elle. Ce qui intéresse Paul Maugé en elle, c'est la femme, non l'intellectuelle ou l'être engagé. Très vieille France, mâle typique de sa génération, il voit la relation de couple comme une relation d'autorité du mari sur l'épouse, surtout si celle-ci est plus jeune. Imbu de sa supériorité masculine, bon, égocentrique et macho, certain de tout apprendre à sa compagne et d'être pour elle le parfait Pygmalion, il n'a aucune conscience de sa valeur à elle.

La maternité ne semble pas faire partie des projets de Judith à vingt ans. En tout cas, le sujet n'est jamais abordé ni dans son journal intime ni dans sa correspondance, pas même dans ses lettres à Éthéra Mackarachvili avec qui elle discute de tout, compare tout. Les deux amies se racontent que telle amie ou connaissance est fascinée par la maternité, telle autre, exaltée par sa grossesse ou rayonnante d'avoir un enfant. Elles échangent de longues pages sur la condition féminine mais restent muettes sur leur désir d'être mère, tandis que Claude Jasmin, elle, en a émis le souhait. Dans ses lettres, à l'instar de certaines féministes françaises de son époque, Éthéra défend des idées radicales et très avancées pour une jeune femme des années trente-quarante. Elle décrit à Judith la misogynie des professeurs et des étudiants de la faculté de droit à la Sorbonne, lui explique la situation d'esclavage domestique et sexuel des femmes, la détérioration intellectuelle et émotive de celles qui sont cantonnées à la maison, et préconise l'indépendance économique des femmes mariées et le travail à l'extérieur comme solution d'épanouissement pour elles[8].

Féministe à vingt ans

Judith a acquis elle aussi une certaine conscience féministe. La discrimination sexiste, elle l'a mesurée à l'expérience, se butant à l'inégalité des chances et du système boursier, aux débouchés professionnels plus restreints pour les femmes, au double standard sexuel et moral. L'œil ouvert sur tout ce qui se passe autour d'elle, elle n'a pu manquer d'entendre les grands ténors religieux, politiques et médiatiques — du cardinal Villeneuve à Henri Bourassa — qui utilisent les tribunes publiques pour qualifier les bachelières de «monstres», de «bas-bleu» et dénoncer violemment le travail à l'extérieur du foyer comme contraire à la nature féminine, cause du chômage des hommes et des pires maux d'ordre moral et social. Très jeune, elle récite des poèmes au cours de réunions féministes dirigées par Idola Saint-Jean et Thérèse Casgrain, championnes de la lutte en faveur du droit de vote. Mme Casgrain, qui a obtenu l'émission *Fémina* dès l'ouverture de la radio de Radio-Canada au milieu des années trente, se souviendra d'être allée chercher cette grande jeune fille à la longue tresse sur le dos pour interpréter, aux côtés de Juliette Béliveau, de Juliette Huot, de Guy Mauffette, des sketches abordant par le biais de l'humour la place des femmes dans la société, leur promotion, leur accès au droit de vote, au barreau[9]...

À vingt et un ans, Judith lance un cri de cœur féministe en publiant dans *La Voix des Bois-Francs*, un hebdomadaire de Nicolet, un article intitulé «Guérilla féminine», adressé «À la jeune génération qui apprend à penser que la femme doit rester éloignée de toute scène d'action», qui commence par ces mots: «Homme, mon cher ennemi». Et elle y écrit:

> Alors que l'humanité vibre tout entière sous le poids de la pensée de ses génies, alors qu'une inquiétude tenace soulève les nations autour de la lutte ouverte entre dictatures et démocraties, alors qu'on attend avec plus d'angoisse que jamais de quoi sera fait l'avenir, alors que l'humanité traverse une crise décisive d'où doit sortir un ordre nouveau, [...] tu nous refuses toute voix au chapitre, tu nous condamnes à regarder, écouter et admirer sans comprendre[10].

Son réquisitoire en faveur de l'accès des femmes aux sphères politique, intellectuelle, artistique et culturelle que se réservent les hommes impressionne Mme Casgrain qui lui confie, à *Fémina*, une chronique à l'intention des femmes au foyer. «Ma mère, qui me trouvait désordonnée et nulle en cuisine, rappellera plus tard

Judith, était scandalisée de me voir promue au titre de conseillère auprès des ménagères[11].» Cette responsabilité qu'elle assumera pendant trois ans tiendra la jeune chroniqueuse au tempérament perfectionniste sur le qui-vive. Il lui semble toujours pouvoir faire mieux: sa documentation n'est pas complète, le sujet n'intéressera pas les auditrices, Mme Casgrain ne sera pas satisfaite[12].

Pourtant, elle prendra publiquement position sur la condition féminine et s'aventurera d'autorité, à vingt-trois ans, à définir le rôle de la mère de famille. Ses propos sont beaucoup moins radicaux que ceux de son amie française et ne comportent pas de revendications précises. Sa conception du rôle de la mère est on ne peut plus traditionnelle, et l'indépendance économique lui semble possible uniquement aux femmes mariées sans enfants. Dans «Le cercle de famille réconfortant ou déprimant», une causerie prononcée à l'émission *Fémina* et reproduite dans la page féminine du quotidien *Le Devoir* du 7 décembre 1939, elle décrit le rôle maternel comme central et essentiel au bien-être des enfants. Les responsabilités d'une mère, sa présence auprès d'eux, sa tendresse, son écoute attentive pour assurer leur éducation et leur épanouissement personnel, affectif et culturel, lui paraissent des tâches si importantes et si exigeantes que le travail en dehors du foyer est impensable. Tout en cédant à une vision stéréotypée, elle valorise le rôle des mères de famille, le plus souvent tenu pour acquis, naturel et exigeant peu de qualités intellectuelles. Son opinion sur le sujet changera peu. Quatorze ans plus tard, elle affirmera approuver les femmes mariées sans enfants de caresser l'ambition d'une carrière, «mais celles qui sont mères n'ont rien à envier aux autres et le but de leur vie est atteint[13]».

L'importance qu'elle accorde au rôle maternel et l'impossibilité pour elle de concilier maternité et ambitions professionnelles s'expliquent. Son désir d'indépendance et d'accomplissement intellectuel est foncier. Mais elle a aussi des besoins typiquement féminins de tendresse, de sollicitude et de don de soi qui s'épanouiraient dans la maternité, l'éducation des enfants et la vie familiale; elle manifeste d'ailleurs un attachement profond à sa propre famille et ne dévalorisera jamais le rôle de la mère. Par contre, elle vit à une époque qui sacralise l'épouse-mère, résiste à l'éducation supérieure des filles et n'autorise l'accès aux professions qu'aux femmes libres de responsabilités familiales. Elle dira, au cours d'une entrevue, au début des années cinquante:

> Le Canada est un pays jeune où l'avenir est largement ouvert à toutes les ambitions. Une seule restriction, la vie y est dure pour les femmes. Je suis féministe dans l'âme et je n'ai pas peur de ce mot. La femme au Canada doit faire face à une masse énorme de préjugés. On accepte mal qu'elle accède à certaines carrières, entreprenne certaines études[14].

Dans ces circonstances, son tempérament entier ne peut entrevoir la possibilité de réaliser harmonieusement et surtout pleinement maternité et carrière. Il lui faut choisir l'une ou l'autre, et son choix de la réussite intellectuelle, elle l'a fait tôt. Se pourrait-il que cette incapacité à imaginer que les deux rôles puissent être conjugués soit imputable au fait qu'elle n'ait jamais rencontré un homme de son âge, prêt à fonder une famille tout en respectant ses ambitions de carrière? Éventuellement, elle désirera un enfant de Paul Maugé, même si elle ne peut l'épouser; il refusera, plus par scrupules, dira-t-il, que par peur du scandale[15]. Judith n'échappe pas à la dichotomie entre la parole et l'action qui marque le féminisme des années quarante au Québec. On lutte pour obtenir des droits sociaux fondamentaux: le droit de vote, le droit au travail, le statut juridique, tout en demeurant une «vraie femme», respectueuse de sa vocation maternelle et familiale. À preuve, la jeune Judith Jasmin jouit du respect de ses aînées, d'une féministe comme Thérèse Casgrain et d'une non-féministe comme la directrice de la page féminine du *Devoir*, Germaine Bernier, qui défend le droit des femmes au travail à l'extérieur du foyer mais s'intéresse davantage à l'éducation et aux questions familiales, et pour qui «la libération de la femme est un mot vide de sens[16]». À l'exception d'Idola Saint-Jean qui, fait déterminant, avait étudié à Paris, on ne remet pas encore en cause la structure patriarcale de la société qui force les femmes à ce choix difficile et déchirant entre maternité et carrière, et au sacrifice d'une partie d'elles-mêmes.

Quand les doutes au sujet de son union avec Paul Maugé la tourmentent, Judith se jette avec plus d'enthousiasme et d'acharnement dans le travail. Sa carrière radiophonique est lancée. Du lundi au vendredi, à dix-neuf heures, elle se glisse dans la peau d'Élise Velder. La voix de Judith Jasmin, cette voix grave, reconnaissable entre toutes, qui traduit intelligence et sensibilité, s'entend un peu plus chaque jour sur les ondes de Radio-Canada. La jeune comédienne passe aisément du personnage amusant de mademoiselle Casse-Cou dans un jeu radiophonique à des rôles dramatiques aux côtés des grandes vedettes de l'heure, Jeanne Maubourg, Fred Barry, Jeanne Demons, Jacques Auger dans les radiothéâtres réalisées par Guy Mauffette. À CKAC, elle prête sa voix aux jeunes femmes des pièces de Henri Letondal et de Paul Gury. Jouer la comédie ne lui suffit pas. Elle se lance dans l'écriture et dans la réalisation de grands spectacles radiophoniques, comme cette émission sur la vie du héros légendaire de l'aviation française, Guynemer.

À la scène, les rôles dramatiques se succèdent. Au Montreal Repertory Theatre, Mario Duliani monte *La Vie profonde de Saint-François* d'Henri Ghéon, une production à grand déploiement de style néo-médiéval exigeant une figuration imposante, des décors et des costumes coûteux. La difficulté du texte, les jeux de scène compliqués et les mouvements de foule obligent la troupe à répéter plusieurs mois. L'œuvre de Ghéon sera présentée en grande première à Montréal et en tournée, et Judith Jasmin en sera l'une des principales interprètes avec Paul Leduc dans le rôle de Saint-François, Réjane Des Rameaux, Marie Lambert, Paul Guèvremont et Georges Toupin. Au MRT, elle est aussi de la distribution du *Misanthrope* et reprend le rôle de Maryse dans *Don Juan* d'Ernest Pallascio-Morin. Elle joue à l'Arcade avec le groupe de comédiens français réfugiés en Amérique du Sud à cause de la guerre et que France Film a fait venir; l'acteur de cinéma Victor Francen est la vedette des spectacles de la troupe fondée pour l'occasion, Les Comédiens associés, dont Henri Letondal est le directeur artistique et Paul Maugé, l'administrateur de tournée. Judith sera la vedette des *Amours d'Élise*, une adaptation pour la scène de *La Pension Velder* présentée à Montréal et en tournée, et participera à des récitals de la jeune poésie canadienne-française.

À n'en pas douter, Judith Jasmin projette l'image d'une jeune femme forte, de grande distinction, impressionnante par son sérieux et ses qualités intellectuelles. À la suite d'une entrevue, un journaliste la décrit: «femme d'ordre, tempérament apparemment doux, volonté de fer, intelligence large, esprit cultivé». Il ajoute qu'elle a une réputation d'abnégation et de souci de perfection dans tout ce qu'elle touche, qu'elle s'adonne à la fois à l'art dramatique, à la botanique et à la chimie[17]. Après une représentation des *Amours d'Élise*, il souligne son port de princesse sur la scène et conclut: «Ce qui ressort d'une interprétation de Mlle Jasmin, c'est la sincérité et ce qui ressort d'une entrevue avec elle, c'est la distinction[18].»

La Deuxième Guerre mondiale, déclarée en septembre 1939, coupe Judith de ses correspondantes françaises qui la tenaient très au fait des événements de la scène culturelle parisienne et de l'évolution du climat politique européen. Son amie juive, Éliane Goldenthal, lui confie son angoisse quant à l'avenir de l'Europe et quant à son propre sort. Judith réussira, en 1941, à la faire admettre au Canada avec sa petite fille pour la durée de la guerre[19]. Ses échanges avec Éthéra Mackarachvili, qui habite maintenant Belgrade, en Yougoslavie, sont également interrompus. Elle tentera de retrouver la trace de son amie dès 1947, mais elle semble n'y réussir qu'en 1956, à l'occasion d'un séjour prolongé à Paris. Elle ira la voir au moins une fois, au cours d'un voyage ultérieur en Europe. Une correspondance moins fréquente entre les amies d'adolescence, toujours remplie de propos chaleureux et d'encouragements, se poursuivra jusqu'à la fin de la vie de Judith[20]. Ne lui reste plus pour l'instant que son amie Jeanne Lapointe avec qui poursuivre des échanges intellectuels soutenus[21].

La saison 1942-1943 est faste. Robert Choquette, invité comme professeur par un collège américain, abandonne *La Pension Velder* pour un an et laisse son quart d'heure quotidien sur les ondes de CBF à une jeune auteure qu'il a formée, Françoise Loranger, et à un nouveau radioroman, *La Vie commence demain*. Judith Jasmin y tient le rôle principal féminin de Laurence de Montigny tandis que Pierre Dagenais y tient le premier rôle masculin dans le personnage de son frère Pascal; elle remporte un autre succès personnel. Peu étonnant: c'est une comédienne d'une immense présence et très émouvante. Sa voix richement timbrée lui permet de jouer les grands personnages avec naturel. Sa sobriété d'expression laisse d'autant mieux passer les nuances d'un texte et les émotions d'un personnage. Elle joue aussi les jeunes premières dans *C'est la vie* de Jean Desprez, et *Les Secrets du Docteur Morhanges* de Henri Deyglun, à CKAC, et des personnages secondaires dans *Rue principale* et *Grande Sœur*, à CBF.

À l'âge d'or des radioromans, leurs interprètes ont la cote d'amour du public, et leurs photos font la une des pages artistiques. Au concours de popularité organisé par l'hebdomadaire *Radiomonde*, Yvette Brind'Amour, vedette de *Jeunesse dorée* et de *La Fille du commando*, est sacrée cette saison-là Reine de la radio au Bal des artistes, un des grands événements mondains de l'année qui réunit mille personnes dans les vastes salons de l'hôtel Windsor. Judith Jasmin prend place comme dame d'honneur, dans le cortège royal au bras de Guy Mauffette qui est garçon d'honneur, et remporte le trophée de la meilleure jeune première, celui du meilleur jeune premier allant à Pierre Dagenais. Depuis ses débuts dans le rôle d'Élise Velder, elle figure au haut du palmarès de la popularité publique, en lice, selon les années, avec les comédiennes Estelle Mauffette (Donalda), Mimi d'Estée, Gisèle Schmidt, la diseuse Lucille Dumont et la chanteuse Claire Gagnier. Remarquée pour ses lectures d'œuvres romantiques à Radio-Collège, elle crée aussi des personnages d'auteurs québécois, dans *Laurier intime* d'Yvette Mercier-Gouin, dans la fresque historique de Jean Desprez, *Mon pays*, et campe des héroïnes comme Marie Curie dans des radiothéâtres du réalisateur Guy Mauffette.

Premier engagement social

L'attachement du public la touche mais le fait d'être une vedette ne trouve chez elle aucune résonance. Mettre à profit ses connaissances, exploiter ses talents, faire œuvre d'éducation et contribuer au progrès social lui importent bien plus. L'espoir d'une carrière scientifique a dû être largué, le théâtre sera sa profession. Elle s'y donnera à plein, en explorera le plus d'avenues possible. Elle y sera l'égale des hommes. Elle aura tout de même à lutter à la maison pour consacrer plus de temps à ses activités professionnelles. Paul Maugé est fier du statut de vedette de sa jeune compagne. Son dynamisme a aidé Judith à prendre de l'assurance et à mieux se faire valoir, son insistance pour qu'elle se fasse plus élégante l'a amenée à mieux soigner son apparence. Mais il prend quelque ombrage à la voir affirmer sa personnalité et développer des intérêts propres en dehors de lui; il préférerait une jeune moitié élégante et charmante à son bras, plus dévouée à sa personne et à sa propre carrière et parfaite femme d'intérieur. Lui consentir plus de liberté professionnelle est le prix qu'il a, à son tour, à payer pour sauvegarder leur union. Sur le plan des idées, Judith Jasmin tire sa confiance d'elle-même et son audace de sa force et de la ferveur de sa conviction sociale. La femme d'action commence à poindre.

L'été précédent, elle avait remplacé les réalisateurs Guy Mauffette et Paul Leduc pendant leurs vacances d'été, devenant ainsi — à l'exception de l'auteure Jean Desprez qui réalise ses propres émissions — la première femme à Radio-Canada à exercer ce métier. À vingt-six ans, entre les exigences de sa vie personnelle, les répétitions et les émissions à la radio (dans l'édifice du King's Hall, rue Sainte-Catherine Ouest), elle écrit des adaptations radiophoniques de films, de romans et de pièces de théâtre contemporain, un théâtre qu'elle affectionne. Elle signe l'adaptation du chef-d'œuvre de Dostoïevski, *Les Frères Karamazov*, et y dirige les comédiens Muriel Guilbault, Janine Sutto, Albert Cloutier, Pierre Dagenais, François Lavigne et Félix Leclerc avec lesquels elle a joué à d'autres moments.

Membre du jury d'un Concours littéraire lancé par Radio-Canada, en compagnie du directeur du réseau français, du recteur de l'Université de Montréal et de Robert Choquette, elle se fait aussi critique de théâtre pour les revues *Regards* et *La Nouvelle Revue canadienne* et pour le quotidien libéral *Le Canada*. Au sommet de sa popularité de comédienne, elle dit pour la première fois, dans une entrevue, rêver de faire du journalisme[22]. À l'instar de son père qui, vingt ans plus tôt, revendiquait des théâtres subventionnés, elle réclame un théâtre municipal dans une lettre au maire de Montréal. Ses premières conférences publiques sur le théâtre aux Sociétés d'études et de conférences de Montréal et d'Ottawa et à la Ligue de l'Amérique française lui attirent des commentaires respectueux des journaux. Leurs thèmes, «La Religion du théâtre», «La Grande Misère de notre théâtre», «La Censure au théâtre» témoignent déjà de la maturité et de l'ampleur de sa réflexion, de sa volonté de contribuer à l'essor culturel de son pays dont la mentalité étroite et provinciale l'éprouve. Ses premiers engagements dévoilent un trait marquant et positif de son caractère. Ne pas rester dédaigneusement au-dessus de la mêlée, mais s'inscrire dans la vie telle qu'elle se présente, faire corps avec la réalité sociale, aussi décevante qu'elle puisse paraître, et agir pour la transformer.

«Judith Jasmin était une personne très instruite, très cultivée; quand on a une personnalité pareille et autant de talent, on peut tout faire», observera Guy Mauffette qui a professé de tout temps une admiration et un respect considérables pour elle. Dès leurs premières rencontres, quand ils avaient vingt ans, son esprit sensible et éveillé avait saisi tout le potentiel de Judith et reconnu la richesse de sa personnalité et de sa formation. Jeune réalisateur, il lui avait offert ses premiers rôles à la radio dans les années de disette économique; il lui ouvre la voie de la réalisation en la faisant accepter comme sa remplaçante pendant ses vacances estivales; il lui confiera jusque dans les années cinquante l'interprétation de grands personnages du théâtre contemporain québécois et étranger et des adaptations de pièces.

Claude Jasmin a du mal à trouver sa personnalité entre un père autoritaire et engagé, une mère plus que dynamique et une sœur aînée très affirmée et expansive, qui prend énormément de place; en outre, elle vit une déception amoureuse. N'écoutant que son enthousiasme pour le général de Gaulle et son amour pour la France, elle quitte, en août 1943 — elle a vingt-cinq ans — son poste de professeure au collège Marie-de-France, rue Sainte-Famille, où elle faisait partie de la première équipe d'enseignants, pour s'engager dans les forces françaises libres. Ses parents et sa sœur aînée ont tracé la voie; à son tour, elle s'élance vers l'aventure et l'inconnu. Laissant derrière elle attaches familiales et sécurité d'emploi, elle entreprend un long voyage qui la conduira, avec deux autres jeunes Québécoises, à Brazzaville, au Congo français, comme speakerine et technicienne du son au service d'information de la première station de radio sur ondes courtes construite par les Français pour faire entendre la voix de la libération à la France occupée. L'expédition est hardie. Il faut d'abord attendre un cargo dont le capitaine veut bien prendre à bord, à New York, trois jeunes femmes; une fois rendu près de la côte africaine, on change de bateau. Avant de monter à bord du cargo rapide, le capitaine enjoint aux passagères et à l'équipage de revêtir leur gilet de sauvetage, car, pour arriver à destination, il faut éviter les mines des sous-marins allemands mouillant près de la côte. «Ne vous en faites pas, ajoute-t-il. S'il arrive quelque chose, vous n'aurez pas le temps de vous en apercevoir. Nous sommes chargés d'explosifs.»

Le départ de Claude à l'autre bout du monde fait mieux mesurer à Judith sa tendre affection pour sa sœur, moins évidente ces dernières années.

> Ton départ si courageux, si stoïque l'autre soir nous a laissés bien seuls — même si nous ne pouvions nous empêcher d'admirer ta fermeté et ta volonté; ces magnifiques qualités que la vie peut-être ne t'avait pas encore permis d'exercer, t'aideront à vaincre les diffi-

> cultés d'un long voyage mais, surtout, à faire de ta vie une réussite. [...] Ce départ me fait mieux mesurer l'affection qui, en dépit de tout, nous unit l'une à l'autre depuis toujours. Il est peut-être des séparations nécessaires, elles permettent de mieux lire en nous-mêmes. [...] Je te serre affectueusement sur mon cœur et t'assure de ma vraie amitié, de celle que nous sentions mieux autrefois mais qui n'est pas morte en nous[23].

En octobre, le réseau français de Radio-Canada embauche Judith Jasmin comme réalisatrice affectée principalement aux émissions théâtrales, pour cinquante dollars par semaine, plus un pourcentage sur les messages publicitaires. Une deuxième carrière s'ouvre à la jeune comédienne. Mais trop de tensions personnelles l'assaillent: après quatre ans de vie commune avec Paul Maugé, rien ne va plus, elle veut le quitter. Chose difficile avec cet homme possessif, si sûr de leur amour et qui tient tant à elle. Le moyen le plus facile: fuir, s'éloigner et, du coup, tout remettre en question. Le départ de sa sœur l'a-t-elle fait réfléchir? Elle lui écrit en novembre:

> Ce soir-là où, si courageusement, tu nous quittais sur le quai de la gare centrale, un fier sourire aux lèvres, tu avais deviné que ce voyage serait pour toi une sorte de résurrection, qu'il faut quelquefois, pour se réaliser pleinement, prendre de graves décisions. La joie des graves décisions! La joie de prendre de lourdes décisions qui changeront complètement la face de notre vie[24].

Une nervosité impossible à dissimuler trahit son état d'âme. Éthéra Mackarachvili n'est plus à portée de lettre, et Judith confie ses peines à sa mère. Cet automne-là, un flirt chaste avec le comédien, auteur et déjà directeur d'une troupe de théâtre, Pierre Dagenais, n'aura duré que deux semaines. Son désir de vastes horizons et de nouveaux défis ne s'est pas estompé. Elle fait une demande d'emploi à la section française du United States Office of War Information que dirige, dans un immeuble situé en plein cœur de New York, 57ᵉ rue, près du Carnegie Hall, l'éminent journaliste français et réfugié juif, Pierre Lazareff, et où travaillent aussi deux autres réfugiés, les écrivains André Breton et Julien Green. Elle délaisse temporairement son personnage d'Élise Velder et la réalisation, et quitte Montréal au début de décembre pour un essai de huit semaines, pour un salaire hebdomadaire de trente-huit dollars. «Ce changement, qui ne sera peut-être que temporaire, va lui faire du bien, écrit Amédée Jasmin à sa fille Claude, à Brazzaville. Ses nerfs, je crois, ont été très tendus, depuis une couple de mois[25].»

Famille Jasmin

Le grand-père paternel de Judith, Vincent-Ferrier Jasmin, sa deuxième femme, Marguerite Boyer, l'une de ses filles et une petite-fille.

Famille Jasmin

Quatre générations du côté maternel: Judith, derrière elle, sa mère Rosaria, sa grand-mère Mélina et son arrière-grand-mère Angélique Joyal.

Famille Jasmin

Le notaire Amédée Jasmin, sa femme Rosaria
et leurs filles Judith et Claude.

Famille Jasmin

Rosaria Jasmin, Claude et Judith en janvier 1922, six mois après l'arrivée de la famille à Paris.

Famille Jasmin

Claude, cinq ans, et Judith, six ans et demi, à Noisy-le-Grand, avril 1923.

Famille Jasmin

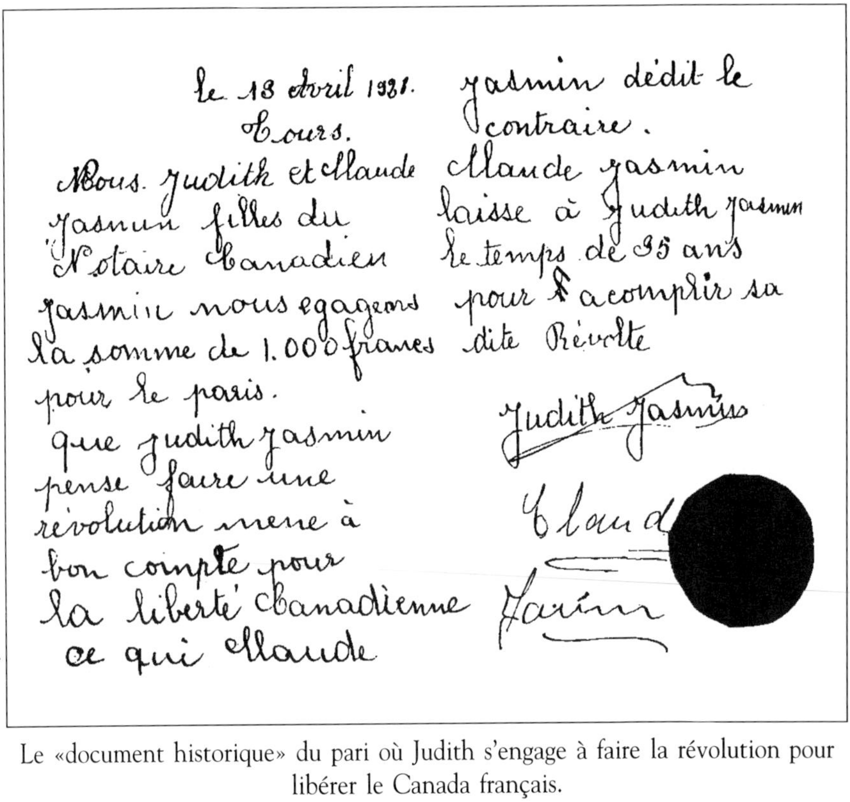

le 13 Avril 1931.
Tours.
Nous. Judith et Claude
Jasmin filles du
Notaire Canadien
Jasmin nous egageons
la somme de 1.000 francs
pour le paris.
que Judith Jasmin
pense faire une
révolution mene à
bon compte pour
la liberté Canadienne
ce qui Claude
Jasmin dédit le
contraire.
Claude Jasmin
laisse à Judith Jasmin
le temps de 35 ans
pour acomplir sa
dite Révolte

Judith Jasmin

Claud
Jasmin

Le «document historique» du pari où Judith s'engage à faire la révolution pour libérer le Canada français.

Famille Jasmin

Retour de la famille au Canada, 1929. Sur la galerie,
rue Saint-Denis, Rosaria et Amédée Jasmin avec leur fils Jean-Jacques.
Au premier plan, à gauche, Judith.

Famille Jasmin

Judith avec une camarade au lycée de Versailles, en 1932.

Famille Jasmin

Claude et Judith, onze et douze ans.

Famille Jasmin

Au Jardin Botanique de Montréal.

Archives nationales du Québec

Un des premiers rôles de Judith Jasmin à la scène: Pauline dans *Polyeucte*, de Corneille, monté par l'Idée théâtrale, troupe d'amateurs de Saint-Henri, février 1936.

Radiothéâtre classique réalisé par Guy Mauffette en 1941.
En avant, de g. à dr.: François Rozet, Marcelle Lefort, Judith Jasmin, Guy Mauffette. Au deuxième plan, entre autres: Pierre Dagenais, Albert Cloutier. Au troisième plan: Alphée Loiselle, Pierre Durand, Jean-Pierre Masson, François Bertrand, Raymond Lemieux. Derrière: Alfred Brunet.

Archives de Radio-Canada — Studio Jac-Guy

Famille Jasmin

Avec Guy Mauffette au micro de CBF.

Archives nationales du Québec

Une répétition d'un radiothéâtre présenté à CBF; Judith Jasmin dirige les comédiens Jacques Auger, Jeanne Demons, Georges Landreau, François Rozet et Madeleine Ozeray.

Archives de Radio-Canada

Avec Albert Cloutier: Élise Velder et Marcel Latour,
le couple idéal du radioroman de Robert Choquette, 1940.

Archives de Radio-Canada

Jeune première dans le radioroman
C'est la vie de Jean Desprez, 1941.

Marcelle Barthe, Judith Jasmin et Berthe Lavoie,
les trois réalisatrices de CBF, en 1945.

Archives de Radio-Canada

Une partie de l'équipe du Service international de Radio-Canada. De g. à d., le futur écrivain André Langevin, Jean-Marie Marcotte, Gérard Arthur, Judith Jasmin et Florent G. Lefebvre.

Archives nationales du Québec

Entrevue avec Maurice Chevalier pour le Service international de Radio-Canada.

Archives nationales du Québec

Réception chez Paul Maugé et Judith Jasmin. De gauche à droite, Charles Trenet, Paul Maugé, Judith Jasmin et un invité.

Archives nationales du Québec

Réception en l'honneur du violonniste Zino Francescatti. Il est entouré, à gauche, de Paul Maugé, et à partir de l'extrême droite, du musicien Jean Vallerand, de Judith Jasmin et de l'impresario Nicolas Koudriavtzeff.

Famille Jasmin

Avec Jean-Louis Barrault, au travail, lors de la première tournée à Montréal de la troupe Renaud-Barrault, en 1952.

Archives de Radio-Canada

Débuts journalistiques... Judith Jasmin «sèche» devant l'illustre Louis Jouvet.

Archives de Radio-Canada

L'inauguration de la télévision de langue
française de Radio-Canada, le 6 septembre 1952.

Archives nationales du Québec

Première à Montréal du film *Tit-Coq* de Gratien Gélinas, mars 1953.
De gauche à droite, Paul Dupuis, Judith Jasmin, René Delacroix, Roger Garand,
Monique Miller, Gratien Gélinas, Amanda Alarie, Juliette Béliveau et Fred Barry.

Famille Jasmin

À sa maison *L'Ensoleillée*, au lac des Seigneurs, au début des années cinquante.

Berthio croquait sur le vif, en septembre 1953, les deux téméraires qui se lançaient dans le reportage radiophonique à l'émission *Carrefour*.
(Archives de Radio-Canada)

Archives de Radio-Canada

En salle de montage, avec René Lévesque et le technicien Jacques Lalonde, mai 1954.

À peine arrivée dans la métropole américaine, Judith est déçue de son poste de script-assistante à la radio La Voix de l'Amérique, «un travail moins intéressant qu'à Montréal, pour une administration tâtillonne», explique-t-elle à Claude. La grande ville moderne aux gratte-ciel rutilants, l'hôtel Saint-Moritz qu'elle habite face à Central Park à la hauteur de la 61e rue, le quartier lui plaisent pourtant. L'isolement ajoute-t-il à la déception professionnelle? Elle revient à de meilleurs sentiments à l'endroit de son compagnon de vie. «Paul doit venir quelques jours pendant les Fêtes. J'en suis heureuse car je connais maintenant le prix d'un amour comme le sien», écrit-elle à sa sœur[26]. Ses sentiments à elle semblent plus confus. Dans ses lettres suivantes à Claude, à qui elle résume après coup sa crise sentimentale, elle parle tantôt d'un amour qui lui est indispensable, tantôt de stabilité et de calme retrouvés ou d'amitié resserrée avec Paul:

> Je croyais n'éprouver pour lui qu'une certaine amitié affectueuse et je découvre qu'il m'est indispensable[27].

> Pendant les 3 ou 4 mois qui ont suivi ton départ j'ai traversé une sorte de crise dont tu connais à peu près la nature, qui me paralysait, me rendait incapable de m'extérioriser. Depuis mon retour de N-Y, (il y a 15 jours) ce calme est revenu complètement, stable, heureux[28].

> [...] j'étais à la veille d'accomplir un grand voyage qui, me semblait-il me conduirait au bonheur. Je suis déjà revenue au port. [...] Je n'ai pas été blessée, mais d'autres ont souffert. Mais la souffrance est un véritable bienfait. Depuis, tant de choses vont mieux! Paul a mieux compris me semble-t-il le prix de certaines choses. Notre *amitié* s'en trouve resserrée[29].

À son retour à Montréal, fin janvier, Judith reprend son rôle d'Élise dans *La Pension Velder* qui, depuis le retour de son auteur, se poursuit sous le titre de *Métropole*. Radio-Canada lui offre un contrat annuel de réalisation et un traitement de trois mille dollars, salaire élevé pour une femme. Paul Maugé fait des frais pour la reconquérir. Il lui offre une fourrure de vison, cadeau qu'il ne finira plus de rappeler mais qui donne à Judith un regain d'assurance féminine: «Mon manteau m'a donné un petit air sûr de moi, un peu agaçant pour les autres», souligne-t-elle à Claude[30]. La vie reprend rue McTavish, au rythme des grandes réceptions comme celle du 22 février, en l'honneur, cette année encore, des Ballets russes de Monte-Carlo. L'impresario Nicolas Koudriavtzeff, propriétaire de l'agence Canadian Concerts and Artists, relais canadien de l'agence new-yorkaise Saul Hurok, est le premier à faire venir à Montréal les Ballets russes et le Chœur de l'Armée rouge. Présenter les vedettes de la chanson française, c'est commercialement du gâteau. Faire venir des pianistes de concert de réputation internationale mais inconnus à Montréal ou une grande troupe de danse classique au Forum, le seul lieu possible mais non idéal, relève par contre du goût de l'animation culturelle et du défi presque insensé plus que de l'objectif commercial. Les frais sont énormes et les rentrées, peu sûres. On risque sa chemise, on la perd plus d'une fois et on recommence. Le propriétaire de France Film, J.-A. DeSève, vient à la rescousse, mais en homme d'affaires avisé, il investit de préférence dans les entreprises les moins hasardeuses de Koudriavtzeff. Quant à Paul Maugé, partie prenante enthousiaste à l'aventure comme éditeur des programmes des spectacles, il fournit talent professionnel et amitié à l'impresario, ses propres recettes suivant le cours de la faveur publique.

À Pâques, il emmène Judith en voyage d'affaires et d'agrément à New York. Avec les DeSève, le couple applaudit une production de *Hamlet*, et au Metropolitan Opera, *Tristan et Yseult* et *Faust* que dirige de la fosse d'orchestre Wilfrid Pelletier. En juin, la nouvelle compagnie de production Renaissance Films, dont Paul Maugé est le publicitaire, tourne à l'aréna du collège Saint-Laurent transformé en studio de cinéma, son premier film, *Le Père Chopin*, qui fera un malheur dans les salles. Le scénario est de Jean Desprez et la distribution mi-française mi-québécoise comprend Madeleine Ozeray, Marcel Chabrier, François Rozet, Guy Mauffette et Ginette Letondal. Découvrir l'envers du décor, la vie sur un plateau de tournage, participer à la fabrication du premier long métrage parlant tourné professionnellement au Québec, c'est une occasion unique. Curieuse du comment des choses, Judith ne rate pas sa chance: elle sera la script-girl de la production.

Bonne nageuse mais peu sportive au demeurant, elle se détend en s'adonnant à son loisir favori et lit Proust toute une semaine pendant les vacances du couple au chalet de Paul Maugé, à Lachute, au bord de la rivière du Nord. De son côté, son conjoint joue aux cartes avec des amis et des voisins. Les fins de semaine, papa et maman Jasmin et toutes sortes d'amis dont la famille au complet du musicien Jean Vallerand viennent goûter les joies de l'été. La fête du 14 juillet, une tradition chère à l'homme d'affaires français, réunit parents et amis au son de l'accordéon, sous la guinguette et les lanternes multicolores. En août, le couple termine l'été par un voyage mi-affaires mi-loisirs en Gaspésie et au Nouveau-Brunswick en compagnie des Koudriavtzeff.

Depuis le début des années quarante, les affaires du notaire Jasmin avaient commencé à se rétablir. Pas assez tôt. Situation accablante pour sa femme qui, à quarante-six ans, avait dû chercher un travail plus rémunérateur que l'emploi de bonne qu'elle avait occupé pendant quelques mois. Elle avait déniché un emploi d'opératrice de machine à coudre à la manufacture de robes Decklebaum Brothers, au Phillips Square, dans un quartier où s'engouffraient le matin des centaines de midinettes échangeant, contre un maigre salaire, un travail dur et instable parce que saisonnier, dans des conditions d'emploi intenables. Ses débuts furent pénibles; quand ses compagnes de travail apprirent son statut de femme de notaire, la croyant financièrement à l'aise, elles lui rendirent la vie difficile et la contremaîtresse se mit à lui donner les plus mauvaises pièces à coudre. La mère de Judith tenait aussi trois maisons de chambres à Saint-Henri. Trop marquée par l'incapacité de son mari à faire vivre sa famille pendant une dizaine d'années et femme libérée avant l'heure, elle tiendra à conserver son indépendance économique. Malgré la situation florissante de son époux au début des années cinquante, elle ne quittera son modeste emploi de contremaîtresse dans l'industrie du vêtement qu'à l'âge de soixante-cinq ans.

Judith maintient des liens très étroits avec ses parents, aussi fière de sa mère ouvrière que de son père socialiste avant l'heure. Ayant souffert de leur désapprobation à l'endroit de Paul Maugé, elle aurait pu garder ses distances. La promesse qu'elle s'était faite à seize ans de leur prouver sa reconnaissance pour leurs sacrifices au moment de ses études à Versailles, elle l'a tenue. Du mieux qu'elle a pu, elle les a aidés à traverser la crise économique et a payé les études de Jean-Jacques pendant sept ans. Aujourd'hui, elle continue de verser une petite mensualité à sa mère et de soutenir moralement ses parents. Par des appels téléphoniques quotidiens et des visites fréquentes, elle tente de soulager la peine qu'involontairement elle leur a causée en s'unissant à Paul Maugé et de leur manifester tendresse et affection, sachant maintenant que leur relation n'est pas sans nuages comme elle le croyait enfant.

Elle mène presque une double vie, le jour, dans son monde à elle et, le soir, dans celui de son conjoint, un milieu qui lui pèse parfois mais qui la sort d'un Montréal clos sur lui-même. Et Judith aime les plaisirs de la vie, les soirées, les dîners dans les meilleurs restaurants, les vacances au bord de la mer et la maison de campagne. Paul Maugé n'accepterait pas de la voir sortir sans lui après le travail, sauf pour raison professionnelle, ou s'attarder avec des camarades. Sa droiture empêcherait Judith de contrevenir au désir de son compagnon, tout comme elle ne saurait le tromper, même si elle aimait ailleurs. Elle se demande comment font les femmes qui trompent leur mari. «Cela me semble au-dessus de mes forces morales», avoue-t-elle[31]. Sa marge d'autonomie et de liberté, elle l'exerce dans son milieu professionnel, dans ses échan ges intellectuels avec ses pairs dans les studios ou à l'heure du déjeuner.

Grâce des déesses, de nouvelles amitiés féminines avec Françoise Loranger et Gabrielle Roy sont venues combler son immense besoin d'échanges existentiels et intellectuels. La première fois qu'elles se sont parlé dans le studio de *La Pension Velder*, l'auteure Françoise Loranger et Judith ont communiqué spontanément sur la même longueur d'ondes. Depuis, au moins une fois la semaine, les deux jeunes femmes, de tempéraments pourtant presque opposés — l'une plus mystique, l'autre plus engagée dans la réalité sociale — et menant des vies de couple fort différentes, déjeunent ensemble. Échangeant peu de confidences d'ordre intime ou professionnel, elles font la somme de leurs lectures. Françoise Loranger se rappelle leurs longues et passionnantes discussions sur André Gide, écrivain des plus controversés à cause de sa recherche de liberté et de son apologie de l'homosexualité masculine, et sur les articles d'*Esprit*, la revue catholique de gauche d'Emmanuel Mounier, qui exerce une grande influence sur l'évolution du mouvement intellectuel, spirituel et politique français et, de loin, sur la génération montante canadienne-française. Mais le plus clair de leurs tête-à-tête se passe à parler de recherche de soi et de quête d'identité, à se définir, à prospecter leur avenir et les voies les plus propices à leur expression personnelle. «C'était la seule personne avec qui je pouvais échanger totalement», dira Françoise Loranger.

Rien n'a réussi à détourner Judith de son espoir le plus cher, quitter «l'infantile et jeune Amérique» pour retourner vivre en France, «la Terre Promise». Elle supplie sa sœur de ne pas rentrer au Canada à la fin de la guerre et de ne pas commettre la même erreur qu'elle. Qui sait, l'établissement permanent de Claude outremer pourrait lui servir de sauf-conduit pour concrétiser son propre rêve.

> La guerre va bientôt finir et tu n'auras qu'une hâte: comme un bon petit caneton rentrer vivement au bercail. Je t'en prie, ne fais pas la faute que j'ai commise à 16 ans (parce que trop jeune) de quitter la France. Une fois ici, on n'en sort plus. Et l'on passe sa vie à regretter ce qui aurait pu être. Trouve la force de ne pas revenir. Je suis sûre que l'on t'offrira quelque chose en France ou peut-être en Algérie. Accepte! Je t'en supplie. Reste en France. Nous irons te voir; je te l'assure. Si quelqu'un de nous est là-bas nous émigrerons peut-être finalement vers la Terre Promise. Ne crains pas d'être seule à l'étranger. Nous désirons tous aller là-bas, même maman qui économise ses sous[32].

> Ce que tu nous dis des Français petit-bourgeois de Brazzaville n'est pas propre à me faire changer d'idée. La vie européenne et spécialement celle qu'on mène en France est autrement plus «fruitée» que celle qu'on mène dans notre jeune et infantile Amérique. Mais tout cela est affaire de goût et les tiens peuvent être à l'opposé des miens. Je n'y vois pas d'inconvénient, ni même sujet à querelle. Qu'y pouvons-nous[33]?

Si les parents de Judith aspirent au retour en France, ce n'est pas le cas de son frère Jean-Jacques, qui ne partage pas l'engouement du reste de la famille pour la vie européenne et la culture française. Étant le seul garçon, est-ce une réaction à l'endroit de son père, si proche de sa fille aînée? Il a ses idées bien à lui, et au contraire d'Amédée Jasmin, socialiste et nationaliste, il est libéral et Canadien. Attiré par la nature, il entreprend des études d'agronomie en accord avec son tempérament, à l'École d'agriculture de l'Université McGill, sur le campus du Macdonald College, à Sainte-Anne-de-Bellevue. Il ne sait pas un mot d'anglais; pourtant, à la fin de sa première année d'études, il se classera parmi les quatre premiers de sa classe, évitant ainsi d'être envoyé à la guerre. Il fera, par la suite, une maîtrise en agronomie, ce qui était rare à l'époque. Le 25 août 1944 est une journée de grande émotion au Québec. La radio annonce la libération de Paris, la liesse du peuple français qui célèbre sa joie dans la rue et fait jouer La Marseillaise. Jean-Jacques, pourtant moins attaché à la France que le reste de la famille, est lui aussi remué aux larmes.

Repousser les limites toujours plus loin

Les trois années suivantes semblent se dérouler sans histoire. Judith poursuit ses activités de comédienne et de réalisatrice à la radio. Elle continue de tenir le rôle d'Élise dans *Métropole* et de jouer dans des pièces de théâtre classique et contemporain. Une vie amoureuse plus riche remplirait sans doute les interstices restants. L'enseignement de la formation radiophonique au conservatoire Lasalle et des projets à la mesure de son audace, hors des sentiers battus, colmatent la faille. Elle lance les émissions expérimentales: *Entrée des artistes*, offrant ainsi un lieu de perfectionnement aux futurs comédiens, et *Studio* G-7, un banc d'essai aux jeunes auteurs qu'elle se charge de recruter, dont elle vainc les craintes et les réticences, qu'elle encourage et guide de ses conseils. Le futur grand romancier Yves Thériault, d'une extrême timidité et dépourvu de toute confiance en lui-même, est du nombre de ses protégés. Elle réalise *Les Voix du pays*, une autre émission consacrée aux auteurs québécois, proposant plusieurs œuvres poétiques de Cécile Chabot et des radiothéâtres d'Yvette Naubert, Yves Thériault, Guy Dufresne, et signe des réalisations d'œuvres du répertoire contemporain étranger qui reçoivent de bonnes notes de la critique; Roger Duhamel dit de sa réalisation de *Sigfried* de Jean Giraudoux: «Réalisation intelligente de Judith Jasmin dont on connaît la vaste culture et le goût très sûr[34]». Toute la presse, quotidienne, artistique ou mensuelle, loue unanimement «son remarquable talent d'interprète, la qualité exceptionnelle de ses productions radiophoniques, ses initiatives et son apport au théâtre[35]».

Le théâtre agonise à Montréal et manque toujours de salles. Le MRT de Mario Duliani n'est plus. L'Équipe de Pierre Dagenais, qui a exploré diverses avenues du répertoire, de Shakespeare à Pagnol et à Jean-Paul Sartre, offert au public de grandes soirées mais d'autres creuses, devra cesser ses activités. Une autre jeune troupe, Le Théâtre du Rideau-Vert de Yvette Brind'Amour, annonce une relâche provisoire. Seuls résistent Les Compagnons du Père Legault. Quant à monter des créations québécoises, on ne s'y risque pas depuis l'échec retentissant de *La Cathédrale* de Jean Desprez. La radio demeure le lieu privilégié de la production théâtrale et de l'éducation du public. La jeune réalisatrice Judith Jasmin fait déjà autorité tant par son travail que par ses critiques et ses conférences.

La jeune radio d'État est un lieu de ferveur créatrice et culturelle. En cette ère de pionniers, l'enthousiasme supplée à l'expérience, le talent veut se dépasser. La liberté d'expression reste timorée, se faufile difficilement à travers les mailles serrées du conservatisme ambiant et de la rigidité de la toute-puissance ecclésiastique. L'assemblée des évêques veille avec un soin jaloux à la préservation des valeurs morales et aux écarts de l'index, la main lourde d'interventions publiques et officieuses. «Notre radio publique des années trente et de la guerre s'imposait une autocensure qui faisait d'elle un palais de glace et un soutien passif de tous les conservatismes», écrit Gérard Pelletier, un contemporain de Judith Jasmin, alors collaborateur aux émissions éducatives de Radio-Collège, dans ses souvenirs, *Les Années d'impatience.* «Au lendemain du conflit mondial, rappelle-t-il, Radio-Canada connut un long dégel progressif. Bien avant notre grande presse, elle commença d'accueillir à ses micros des voix diverses, des opinions divergentes[36].» Le dégel fut lent. Dans les années cinquante encore, on expurgera les extraits du roman *Le Rouge et le Noir* de Stendhal à *Lecture de chevet*, sous la haute surveillance du vicaire général de Montréal lui-même, et on interrompra la saison du Téléthéâtre, le Lorca et le Pirandello prévus étant trop noirs, trop durs de l'avis clérical. Animateurs et réalisateurs sont convoqués plus souvent qu'à leur tour par une direction sympathique à leur cause pour s'expliquer et se justifier, direction qui tente de faire contrepoids à la censure, sans oser tenir tête à l'archevêché. La censure ecclésiastique, qui ne s'en prend pas uniquement à la radio, provoque des incidents dont les échos embarrassants se rendent outre-mer. Par exemple, le Comité diocésain d'action catholique interdira à la Société des écrivains de commémorer le centenaire de la mort de Balzac par la tenue d'une exposition de ses ouvrages et de ses manuscrits, organisée en collaboration avec le service culturel de l'ambassade française. On se soumettra de mauvais gré, en protestant publiquement. Le sous-secrétaire de la Province et président de la Société des écrivains, Jean Bruchési, déclarera dans une lettre adressée à François Mauriac et publiée dans *Le Figaro littéraire:* «La stupéfaction et l'indignation sont grandes, non seulement parmi les laïcs mais dans les rangs du clergé et du public.» La revue française rapportera la stupéfaction, entre autres, de Mauriac[37]... Au moins, son statut d'institution fédérale protège Radio-Canada de l'emprise de Maurice Duplessis, un premier ministre au bras long, qui se vante de faire manger dans sa main les évêques et les recteurs d'université au moment de la distribution des subventions gouvernementales, et qui taxe d'intellectuel et de communiste tout ce qui ose s'écarter de son credo personnel. Il déteste évidemment ce repaire «de joueurs de piano», pourtant encore bien sages, qui échappe à son contrôle, refusant d'y prendre la parole, sauf pour offrir ses vœux annuels à la population. Dans un geste contre le gouvernement fédéral, il fait adopter la loi de Radio-Québec, mais ne l'appliquera jamais.

La fragilité de l'assurance personnelle de la jeune réalisatrice et comédienne et sa réserve timide disparaissent dans la passion du théâtre et du travail. Ses critiques théâtrales au style incisif et ses chroniques engagées ou éducatrices sur le théâtre dans *Le Canada* continuent d'étonner par leur maîtrise et leur aplomb. À l'occasion, y paraissent, sous sa signature, des recensions de livres: *Les Contes choisis* de Mark Twain, *L'Almanach des lettres* de Georges Duhamel, *Les Fiancés du Havre* d'Armand Salacrou. Certaines personnes lui prédisent une carrière d'écrivain. Son amie Françoise Loranger l'encourage dans cette voie. Son tempérament actif a trop besoin d'épouser la vie et de vibrer au contact des autres pour s'astreindre facilement à l'isolement de l'écriture.

Éblouie par *Bonheur d'occasion*, roman de mœurs urbaines mettant en scène le milieu ouvrier de Saint-Henri, elle avait interviewé l'auteure, son amie Gabrielle Roy, journaliste au *Bulletin des agriculteurs*, qui, deux ans plus tard, allait remporter pour ce roman un des grands prix français de littérature, le prix Fémina, décerné pour la première fois à un écrivain canadien-français. Loin d'imaginer une troisième carrière, même si elle tâte un peu du journalisme écrit, elle avait réalisé cette entrevue pour faire partager sa découverte au public. Pour présenter son invitée, elle dit: «Quelle est donc cette femme pour avoir écrit un livre aussi âpre, aussi rude, aussi humain, aussi courageux dans la franchise? J'ai devant moi ce soir mademoiselle Roy, et c'est avec étonnement que je découvre une femme jeune. [...] Son visage très mobile reflète tantôt le sérieux, la gravité et tantôt une gaieté folle, le regard surtout, gris clair, est étonnant de vie, d'intelligence, de lumière.» Radio-Canada possède deux documents d'archives uniques sur Gabrielle Roy, les deux entrevues accordées à Judith Jasmin, celle de septembre 1945, et la seule entrevue consentie à la télévision, diffusée en 1961 à l'émission *Premier Plan*. Seule son amie Judith aura réussi à faire sortir de sa retraite dans Charlevoix la grande écrivaine qui, loin des médias, y construira pendant plus de trente ans une œuvre unique. Dans une conférence prononcée un an avant sa mort, Judith évoquera ses souvenirs personnels de Gabrielle Roy, notamment une soirée particulière des premières années de leur amitié:

> L'une des scènes charmantes dont je me souviens se situe à l'époque où Gabrielle et son mari, le Dr Carbotte, vivaient à Ville LaSalle (avant d'aller s'installer à Québec). Gabrielle prenait place dans sa berceuse et se mettait à conter interminablement; elle est une conteuse née. Phrases toujours correctes, complètes, parfaitement équilibrées. Elle parle comme elle écrit, et ne fait pas de conversations anodines, décousues que l'on appelle «small talks». Quand Gabrielle prend la parole, c'est toujours intéressant; il s'agit d'un petit récit complet, truffé d'un humour léger que l'on n'ose interrompre. Alors qu'elle se berçait, donc, en parlant, le courant électrique fut coupé par une panne. Nous étions en hiver, et le vent soufflait dur du Saint-Laurent tout proche. On alluma une lampe à huile, la petite chatte se blottit sur les genoux de Gabrielle et l'on acheva la soirée dans cette demi-pénombre, alors que Gabrielle Roy évoquait son enfance au Manitoba[38].

Sa sensibilité lui fait aussi reconnaître d'instinct l'authenticité d'un poète inconnu, vêtu d'une chemise à carreaux de bûcheron et chaussant des bottes d'habitant, Félix Leclerc, qu'elle a connu comme comédien. Elle réalise un enregistrement de ses chansons. Autre diversion, elle passe un mois à New York, en congé sans solde, à écrire avec Yves Thériault le scénario d'un documentaire sur le Château Frontenac pour la compagnie Québec Productions qui préférera tourner comme premier film un long métrage, *La Forteresse*, avec Nicole Germain, Paul Dupuis et Jacques Auger pour la version française. Son retour à Montréal est l'occasion d'une grande fête familiale. À la fin de la guerre, Claude Jasmin s'était rendue à Paris pour suivre, non pas les conseils de sa sœur aînée mais son amoureux, Elbio Finozzi, un jeune soldat uruguayen en convalescence, rencontré à Brazzaville. Son retour au Canada sera bref, le temps de revoir sa famille, de lui présenter son fiancé et de se marier avant de suivre son mari en Uruguay.

La veille de Noël 1946, Judith fait un reportage de circonstance pour la radio, décrivant l'activité dans la salle de rédaction du quotidien *Le Canada* ce jour-là et sa visite chez les Gélinas entourés de leurs six jeunes enfants — Gratien Gélinas était alors un personnage public populaire. Ses revues, *Les Fridolinades*, faisaient sensation au Monument national et surtout son personnage de Fridolin, qu'il interprétait lui-même, ce petit gars pauvre et gouailleur qui, sous un air naïf, servait une acerbe critique sociale. Cette «tranche de vie quotidienne», soulignée par une photographie dans *Le Canada*, donne un premier indice de l'intérêt pour l'être humain qui caractérisera plus tard le style journalistique de Judith Jasmin. Pendant les dix premières années de sa carrière de comédienne et de réalisatrice, que ce soit à travers ses émissions expérimentales pour les jeunes auteurs et les jeunes comédiens, ses critiques et ses conférences sur le théâtre ou ses premières entrevues, se manifestent chez elle le besoin de s'exprimer et d'agir socialement mais, déjà aussi, la passion d'éduquer et d'informer le public.

CHAPITRE 6

LE TOURNANT

Partout où elle passe, Judith Jasmin laisse sa marque. Elle saisit rapidement les choses, les aborde avec énergie et créativité, toujours prête à en repousser les limites. L'occupation figée dans la routine lui serait pesante et monotone. Pour maintenir son équilibre, il lui faut suivre ses impulsions, aller vers de nouveaux intérêts. La réalisation de radiothéâtres ne lui offre plus de grands défis, son salaire est demeuré le même bien qu'elle ait acquis sa permanence. À l'époque, obtenir un emploi maison à Radio-Canada signifiait pour ainsi dire entrer en religion. La haute direction voit d'un mauvais œil le fait qu'elle continue à jouer dans un radioroman commandité, une activité «purement commerciale», et fait des pressions pour qu'elle abandonne son rôle d'Élise Velder.

Sollicitée par le directeur de la programmation de la section française, Gérard Arthur, Judith entre, le 1er avril 1947, à trente ans, en qualité de speakerine et de réalisatrice, au Service international de Radio-Canada, alors appelé La Voix du Canada, qui diffuse ses émissions vers l'étranger sur ondes courtes. Elle y rencontre de nouveaux camarades de travail, entre autres le futur écrivain André Langevin et un jeune journaliste de vingt-quatre ans que personne ne connaît, René Lévesque.

Début juillet, c'est le départ avec son conjoint et les Koudriavtzeff pour un voyage de deux mois en Europe, qui conduira les deux couples en France, en Angleterre, en Italie, en Belgique, en Suisse et en Hollande. Pour elle, ce sera le retour ardemment attendu depuis quinze ans au pays tant aimé. Dans son journal, auquel elle n'a pas touché depuis huit ans, elle écrit: «J'attends de ce pèlerinage sur les lieux de mon enfance une source de joie infinie. C'est pour moi le premier grand bonheur absolu depuis Versailles». Et elle fait le bilan de ses dix dernières années:

> J'admire malgré moi l'harmonie de cette boucle qui se referme après tant d'années — effaçant d'un coup les déceptions du collège M. Bourgeoys, les misères domestiques à Ville-Émard, mes ambitions déçues au sortir du collège, mes humiliations de la librairie Pony, nos années de misère, de pauvreté, ses grisailles, mes heures de jalousie maladive.
>
> Oui, tout cela est bien loin à présent — et maintenant quoi qu'il arrive, quels que soient les revers de la vie qui peuvent m'attendre, je ne serai jamais plus une pauvre chose sans espoir. J'ai appris que tout s'arrange dans la vie, que les situations les plus désespérées ne sont pas sans issue[1].

Elle préférerait le charme des petites auberges aux grands palaces où les deux couples descendent. Son pèlerinage dans les cafés existentialistes parisiens l'emballera plus que la réception à La Lousque, la propriété de Maurice Chevalier dans le midi de la France. Inconvénients mineurs. Son voyage en Europe sera un baume culturel, sa visite de pays dévastés par la guerre qui se relèvent lentement d'une économie en ruine, l'occasion d'une réflexion sur les relations entre l'ancien et le nouveau monde, la différence de leur civilisation, de leur rythme de vie, de leurs valeurs. Au retour, elle fera part de ses découvertes à un public captivé lors de conférences à Montréal et en province, et à l'antenne de Radio-Canada. Ses propos ne tiennent pas de la carte postale. Pour la première fois, elle fera référence, en public, à la question de la discrimination raciale aux États-Unis qui la mobilisera plus tard: «Il faut lire *La Respectueuse* de Sartre pour saisir combien le problème des Noirs aux États-Unis scandalise et n'a pas fini d'étonner les Européens», et elle conclura sa communication sur une dernière note politique en évoquant le rôle pacificateur que pourrait jouer le Canada sur la scène internationale[2].

À la fin des années quarante, un vent inconnu commence à grignoter le monolithisme conservateur qui avait gouverné le Québec jusque-là. La guerre a ouvert les esprits aux réalités d'ailleurs; on est forcé de se questionner, de comparer sa société à celle d'autres pays. L'expansion industrielle a bouleversé le mode de vie et invite à se moderniser et à rattraper le temps perdu. Une poignée de syndicalistes, de journalistes, d'artistes, de professeurs et d'étudiants commencent à contester l'ordre ancien et désuet. Cet afflux d'air nouveau encourage Judith, qui le souhaitait depuis si longtemps. Avant son départ pour l'Europe, elle constatait avec soulagement l'amorce d'un changement dans son pays:

> Dans le monde, la guerre a changé bien des choses. On devine qu'en Europe un monde vient de finir que nous ne retrouverons jamais. C'est la fin d'une époque et déjà nous le sentons. Pour le moment Montréal s'agrandit, les esprits s'élargissent. La vie internationale a remué pas mal d'air et cela a rafraîchi l'atmosphère (...)* et provinciale de la province de Québec qui m'a tant fait souffrir autrefois. Maintenant, je sens qu'un important mouvement vers l'affranchissement des idées est en marche. De plus en plus, on rencontre des Canadiens [français] qui se débattent pour garder une personnalité à eux. Mon amie Gabrielle Roy vient de le prouver avec son livre *Bonheur d'occasion* et c'est ainsi un peu dans tous les domaines. Le Canada [français] avance vers un certain progrès intellectuel, c'est encourageant[3].

Dès l'été suivant, la publication du *Refus global*, manifeste de révolte et d'utopie d'un groupe de jeunes poètes et d'artistes réunis autour du peintre Émile Borduas, sera le premier geste significatif de rupture. Poussé sous le tapis du silence général, le manifeste aura peu de retentissement. Au printemps 1949, la très dure grève de l'amiante à Asbestos sectionnera, à la manière d'une décharge électrique, les amarres au temps d'avant, suscitant un vaste mouvement de solidarité et de contestation à travers le Québec. Intellectuels et étudiants font les piquets de grève, confortant les ouvriers et le jeune et bouillant chef syndical Jean Marchand. Au *Devoir*, le rédacteur en chef adjoint André Laurendeau signe des éditoriaux d'appui aux grévistes, et Gérard Pelletier, le reporter attitré du conflit, fait les manchettes du quotidien. Pour la première fois, des éléments réformistes du clergé et de l'épiscopat prennent ouvertement parti pour la cause ouvrière. À l'Université Laval, le père Georges-Henri Lévesque, fondateur de la faculté des sciences sociales, défend publiquement les mineurs. Des professeurs et des étudiants du département organisent un fonds de secours pour eux. L'archevêque de Montréal, Mgr Joseph Charbonneau, dénonce en chaire «la conspiration pour écraser la classe ouvrière» — prise de

* Mot illisible dans le texte original.

position qui accentuera ses conflits avec les autres évêques, le conduisant à la démission forcée et à l'exil; des quêtes sont faites dans les églises en faveur des grévistes. Rien ne sera plus pareil au Québec.

Judith s'intéresse de près aux deux événements. Elle avait interviewé Borduas quatre ans plus tôt sur l'importance de la psychanalyse dans son art et connaissait bien la comédienne Muriel Guilbault, signataire du *Refus global*. Elle applaudit sans réserve le courage de Mgr Charbonneau. Elle se lie d'amitié avec Pierre Elliott Trudeau, ce fils de millionnaire dissident qui rentre d'un long séjour à l'étranger: études à Harvard, à l'École libre des sciences politiques de Paris, à la London School of Economics, et voyage au Moyen-Orient et en Asie. Il lui ressemble par sa culture, son langage châtié, son esprit rigoureux, il partage son idéal de liberté et ses sympathies pour les mineurs d'Asbestos et pour la CCF. Il brûle de s'engager dans l'action mais souffre comme elle d'être perçu comme un personnage distant. Dans les années cinquante, on retrouve, à la maison de campagne de Judith et Paul Maugé, aussi bien cet intellectuel que des gens de la colonie artistique comme la comédienne Françoise Faucher et son mari, le réalisateur Jean Faucher, récemment arrivés de France.

Au Service international, en plus de la lecture des bulletins d'information vers les pays de langue française, Judith Jasmin réalise *Burins d'histoire*, des pages dramatiques de Guy Dufresne et André Audet, et s'attaque à des œuvres plus considérables, les deux récents romans de Germaine Guèvremont, *Le Survenant* et *Marie-Didace*, où elle dirige des comédiens comme Albert Duquesne, Ovila Légaré, Fred Barry, Estelle Mauffette, Juliette Huot, Jean-Pierre Masson. Autre nouvelle expérience, elle enregistre des spectacles comme l'*Antigone* de Jean Anouilh par les Compagnons de Saint-Laurent et *L'École des femmes* jouée par Louis Jouvet et Dominique Blanchard au His Majesty's qu'elle complète d'entrevues avec les artistes et le public. Tâche complexe que de réduire ces chefs-d'œuvres sans les dénaturer. Judith Jasmin et Gérard Arthur y mettent trois semaines de montage chaque fois. Exceptionnellement, à cause de leur intérêt et de leur qualité, les deux émissions d'une heure sont retransmises sur les ondes de Radio-Canada. La critique les qualifie de «réussite remarquable[4]», exploit que Judith répétera à l'occasion d'une autre visite de la compagnie Louis Jouvet et de la première tournée au Canada de la troupe

Renaud-Barrault. Judith enregistre aussi des spectacles de grands noms de la chanson comme Maurice Chevalier à la salle du Plateau où s'entassent mille cinq cents fans du chanteur. De retour en France, Jean-Louis Barrault lui fera parvenir un télégramme de félicitations, car les émissions du Service international sont appréciées outre-mer. Après la guerre, la Radiodiffusion française, pauvre et démunie de moyens techniques, incapable de payer des cachets aux interprètes, ne peut offrir à son public les spectacles de ses propres grandes compagnies de théâtre ou de ses vedettes populaires.

Tous ces artistes que fait venir à Montréal l'agence Canadian Concerts & Artists, Judith ne se contente pas de les rencontrer en coup de vent dans les coulisses d'une salle de spectacles. Elle continue de les recevoir chez elle, de les accompagner avec Paul Maugé et les Koudriavtzeff pour leur faire découvrir les Laurentides. Elle aime avoir des contacts privilégiés avec de grands metteurs en scène, des artistes de concert étrangers, une Édith Piaf ou un Charles Trenet, mais apprécie moins de perdre un temps précieux avec d'autres vedettes vaniteuses qu'elle supporte à cause de Paul Maugé. Elle déteste les cocktails, ne prise pas les grandes réunions et leur préfère les soirées à six ou huit. Recevoir aussi souvent jusqu'à quatre-vingts personnes dans un appartement de trois pièces et demie, même avec l'aide d'un traiteur, quelle corvée, quel poids! «Paul Maugé et Judith, c'étaient Willy et Colette, raconte Solange Chaput-Rolland*, alors journaliste et critique littéraire à l'hebdomadaire *L'Écho du Nord* de Saint-Jérôme. Il l'aimait follement mais, en mâle autoritaire, il ne se rendait pas compte des obligations qu'il lui imposait. Il avait l'habitude de dire, se référant à elle: "Quand mon gouvernement parle..." et Judith répondait invariablement: "Le gouvernement suit." Elle avait pris en aversion son rôle d'hôtesse pour tout ce monde. Elle s'y prêtait quand même gracieusement, par loyauté.»

Solange Chaput-Rolland garde de sa première rencontre avec Judith Jasmin, vers 1948-1949, le souvenir d'une jeune femme timide, réservée, jalouse de son intimité. C'était à Ivry-sur-le-lac, à l'auberge La Barbe rousse, un rendez-vous d'artistes et d'écrivains que tenaient sa cousine Françoise Loranger et son mari. «Elle

---

* Solange Chaput-Rolland créera, en 1975, avec le concours du Cercle des femmes journalistes, le prix Judith-Jasmin.

m'impressionnait, raconte-t-elle. J'ai voulu la revoir et je l'ai invitée à déjeuner un mois et demi plus tard. À partir de ce moment-là, elle est devenue mon maître à penser. Quand vous lui demandiez son avis, franche et directe, elle vous le donnait sans ménagement, en vous regardant droit dans les yeux. "Vous avez beaucoup d'idées mais vous ne savez pas vous exprimer, m'avait-elle dit. Voulez-vous sincèrement être journaliste? Alors, achetez-vous un manuel de stylistique, faites chaque semaine un devoir et je vous le corrigerai." Pendant un an, je me suis appliquée à mes devoirs comme une écolière. Au début de la télévision, en 1952, aucun de nous n'était préparé à affronter les caméras, sauf Judith qui possédait déjà le ton, le français, l'allure. Les réalisateurs, aussi néophytes que nous et forcés de remplir rapidement la grille-horaire, ramassaient les animateurs dans les couloirs: "J'ai une émission pour toi." Je fus remerciée parce que, m'a-t-on dit, je parlais mal. La larme à l'œil, je raconte l'incident à Judith qui me répond gentiment mais sans détour: "C'est juste. Prenez des cours de pose de voix et de diction avec François Rozet, je lui téléphonerai pour vous." Et je m'y suis astreinte pendant plusieurs mois. Plus tard, elle m'avait donné cet autre conseil que je n'ai jamais oublié: «Sache qu'il y a toujours dans l'auditoire quelqu'un qui en sait plus long que toi.» Sa compréhension et son encouragement furent parmi les plus beaux cadeaux que la vie m'ait offerts.».

Françoise Loranger n'a rien en vue pour la saison suivante, ayant présenté ses projets en retard au réseau français de Radio-Canada. La générosité et l'amitié de Judith viendront à sa rescousse. La réalisatrice suggérera, défendra et réalisera le feuilleton *Les Mercier*, qui décrit l'adaptation d'une famille française à la vie canadienne et dont le texte sera confié à son amie... le seul radioroman à être jamais diffusé sur les ondes du Service international.

Le secret de la destinée

À son entrée à La Voix du Canada, Judith refuse de faire du reportage. Elle a toujours fait de la radio texte en main, elle redoute l'improvisation au micro. Gérard Arthur insiste. Au premier essai, prise d'un trac «indescriptible, qui dépasse en serrement de gorge, mains moites et douleurs abdominales» sa nervosité de comédienne débutante, elle sèche devant le directeur d'une exposition de tapisseries françaises à l'hôtel de ville de Montréal, un invité, heureusement pour elle, volubile et enflammé par son sujet[5]. Au deuxième, elle fait une mauvaise entrevue avec Louis Jouvet. Professant une grande vénération pour l'illustre comédien, elle avait relu ses livres, ses articles, préparé soigneusement une liste de questions «profondes» et était arrivée bien en avance à la conférence de presse où l'artiste allait répondre pendant une heure aux questions des journalistes. Quand elle réussit à l'amener au micro, le célèbre acteur jette déjà des regards anxieux à sa montre; ses feuillets à la main, elle conduira l'entrevue plus morte que vive, la voix ramollie par l'admiration et le trac; quand ce fut fini, Jouvet lui sourit, avec un rien de malice: «Alors, ça va mieux? Je n'ai pas été trop mauvais?» On ne l'y reprendra plus: ce fut la dernière fois qu'elle se laissa impressionner par un grand personnage[6].

La voix de Judith Jasmin ne disparaît pas complètement des ondes du réseau français. On l'entend toujours dans le personnage d'Élise Velder, dans *Le Ciel par-dessus les toits*, une série de dramatisations sur de grands personnages ecclésiastiques canadiens-français réalisée par Guy Mauffette, et à *La Revue des arts et des lettres*, où elle partage la chronique de théâtre avec Fernand Seguin pendant que René Lévesque tient la chronique de cinéma. Elle dit des poèmes de Claudel à des soirées poétiques et signe épisodiquement des critiques de théâtre dans *Le Canada* et dans la revue de *L'Amérique française*. Malgré son passage aux ondes courtes, elle demeure une personnalité féminine en vue; les médias l'interviewent, s'intéressent à ses déclarations de conférencière, à ses déplacements. Il semble qu'elle soit retournée en Europe avec Paul Maugé, en 1950, et qu'à cette occasion, elle ait donné, chez ses amis, le directeur de la Banque canadienne à Paris Charles Lamontagne et sa femme, une réception pour une trentaine de personnes dont plusieurs artistes lyriques et écrivains québécois: Raoul Jobin et sa femme, Gratien Gélinas, Charles Goulet, le couple Pierrette Alarie et Léopold Simoneau, Eugène Cloutier et sa femme, Cécile Chabot, Jean-Paul Jeannotte, Yoland Guérard, Roger Maillet et Rudel Tessier. Une photo d'elle, vêtue d'un costume d'époque et en train de visiter les archives de l'Hôtel-Dieu, paraît dans plusieurs journaux peu avant qu'elle n'incarce Jeanne Mance dans *Le Ciel par-dessus les toits*.

La direction de Radio-Canada lui interdira, après 1950, de renouveler son contrat pour *Métropole*. Abandonner le rôle d'Élise Velder lui coûte peu sur le moment, peut-être parce qu'elle s'en sentait proche. Métier de fortune pris pour se sortir de la crise économique, le travail d'interprète ne l'a jamais complètement satisfaite: le journalisme radiophonique lui semble plus dans ses cordes et, une fois les premiers tests passés, lui donne moins le trac que la scène. «Je n'ai pas compris, commentera Gérard Arthur, qu'elle abandonne sa carrière de comédienne. Elle aurait été une tragédienne de la trempe de Marie Bell. Peut-être son extrême pudeur l'aurait-elle empêchée d'exprimer sur scène toute la gamme des émotions.» Ou peut-être son esprit critique aiguisé. Sa timidité et son complexe de «femme pas jolie», lui faisant trouver toutes les autres comédiennes plus belles qu'elle, sapaient à coup sûr sa confiance en sa capacité d'égaler l'art d'une de ses amies d'alors, qui s'éloignait pourtant aussi des canons de la beauté courante, l'inoubliable Denise Pelletier. Ce manque d'assurance, elle ne le devait pas qu'à elle-même. Un jeune réalisateur, Jean Boisvert, l'avait pressentie pour tenir au cinéma le rôle-titre de *La Fille laide* d'Yves Thériault et au moins un média montréalais annonça la nouvelle[7]. Elle en fut traumatisée.

L'équipe de la section française du Service international est peu nombreuse, et Judith y est la seule femme. On y joue tous les rôles, rédacteur de nouvelles, annonceur, reporter, réalisateur. On fait ce qu'on peut avec les moyens du bord. On produit quotidiennement deux émissions d'information de trente minutes, comprenant nouvelles, revue de presse, chroniques des mines, de l'agriculture, des sciences, des livres, de la poésie et, peu à peu, de plus en plus de reportages. La nouvelle journaliste décrit ainsi ses débuts: «J'ai rencontré quelqu'un qui m'a fait aimer le journalisme, René Lévesque, un mordu de l'information, qui travaillait comme dix[8].» «On recevait des lettres de partout dans le monde. Pour mieux expliquer le Canada, avec mes camarades René Lévesque et André Langevin, on s'est mis à descendre dans la rue[9].» «Quand j'ai commencé, le réalisme faisait peur. On ne devait pas laisser parler les gens de crainte qu'ils ne fassent des gaffes. Cependant, comme il fallait envoyer à l'étranger une image assez réelle du Canada, on nous a finalement permis *de descendre dans la rue*. On s'est rendu compte que la réalité avait du bon, que la vérité pouvait nous apporter quelque chose[10].» René Lévesque a une longueur d'avance sur elle. Entré un an plus tôt au Service international, au retour de son expérience de correspondant de guerre en Europe pour les services de l'armée américaine, il ne peut, avec sa voix voilée, souvenir d'une laryngite d'outre-mer, prétendre comme les voix d'or du temps, les Roger Baulu et Jacques Desbaillets, au poste plus payant d'annonceur commercial. On l'affecte heureusement à ce qui l'intéresse le plus, l'information. Pendant que Judith Jasmin enquêtait sur les difficultés du théâtre au Canada français, Lévesque faisait déjà du reportage politique.

Au tournant des années cinquante, la vie familiale se resserre chez les Jasmin. En mars 1949, toute la famille accueille fébrilement à l'aéroport de Dorval, à sa descente d'avion, Claude, qui tient dans ses bras son fils d'un an et demi prénommé Christian Charles, en l'honneur du Général bien sûr, le petit-fils, le neveu qu'on ne connaît pas, le seul garçon de la famille puisque Jean-Jacques et sa femme ont une fille, Monique. Claude revient définitivement au Canada sans mari, elle n'a pu s'adapter à la mentalité sud-américaine et à la vie communautaire avec sa belle-famille: elle ne pouvait aller en ville sans être chaperonnée. La joie des retrouvailles ne peut être ternie par cet aspect des choses. Claude et Christian habiteront douze ans chez M. et Mme Jasmin où Judith a toujours sa chambre, rue du Parc-Lafontaine, et à compter de 1951, dans une autre vaste maison, rue Grey à Notre-Dame-de-Grâce. La famille s'installe aussi à la campagne. Paul Maugé vend son chalet de Lachute et construit au lac des Seigneurs une belle maison de bois blanc hiver-été. Judith la nomme *L'Ensoleillée* et son amie Hélène Aubry en dessine les plans. Amédée Jasmin achète une propriété d'été au bord du lac voisin, le lac Marois. Paul Maugé aime jouir de la vie: les vacances au bord de la mer, les dîners au restaurant auxquels il invite toute la famille de Judith, les nouveautés: une cinécaméra huit millimètres, passe-temps encore peu populaire. De son côté, sa compagne s'intéresse à la photographie.

La filmographie de la famille rappelle les parties de cartes de cette époque rue McTavish et rue du Parc-Lafontaine, et au lac, les Noël, les débuts en ski de la mère de Judith, les parties de sucre, les parties de ballon les fins de semaine d'été, la traditionnelle fête d'amis du 14 juillet. On voit Judith en bateau avec Madeleine Renaud, Jean-Louis Barrault, Simone Valère, Jean Dessailly, en compagnie de Maurice Chevalier à l'Auberge des deux lanternes de Sainte-Adèle ou, au détour d'autres scènes, avec Clairette, Fernandel ou Jacques Normand. Sur ces images ou celles de vacances en Gaspésie, prolongées jusqu'aux plages de Bar Harbor, de

Kennebunk ou de Old Orchard, un grand et gros homme de cinquante-cinq ans, l'air heureux, entoure sans cesse une grande et très mince jeune femme brune au sourire gai, beaucoup plus élégante, peut-être à cause de sa taille, dans une tenue sport que dans une robe. Judith et Claude se prêtent rarement aux parties de cartes en famille, et l'aînée, soupe au lait, est mauvaise perdante. Les rares fois où elle joue, elle se fâche, se lève de table, lance les cartes quand le jeu ne lui est pas favorable ou pleure quand elle perd... elle se donne tellement intensément à tout ce qu'elle fait. Les deux sœurs rattrapent leurs six années d'éloignement et Claude a bien besoin de soutien à ce moment de sa vie. Elles achètent ensemble leur première auto, une grosse voiture américaine, une Desoto, et travaillent pendant un an à l'écriture d'un roman resté inachevé. Rue Grey, le dimanche, quand l'aînée vient dîner avec son compagnon, les bras chargés de fleurs, un rayon de soleil entre dans la maison. Huguette Paré, alors étudiante en musique et future réalisatrice à Radio-Canada, loue avec sa sœur, à très bas prix, une chambre chez les Jasmin qu'elle a rencontrés au lac des Seigneurs et qui lui ont offert de les héberger. Elle évoque le repas du dimanche auquel les Jasmin l'invitent avec sa sœur: «Judith donnait l'impression de vivre une union parfaite. Toujours gaie, animée, elle était passionnée en conversation. Nous emmagasinions de la bonne humeur pour toute la semaine.»

Une rencontre

Judith Jasmin et René Lévesque travaillent de plus en plus souvent ensemble. Ils sont faits pour se comprendre. Elle s'est ouverte au monde depuis l'adolescence, bien en avance sur sa génération, attentive d'instinct à tout signe de progrès social. Élevé dans sa Gaspésie natale par un père qui nourrit sa curiosité naturelle et son indépendance d'esprit mais qui meurt quand lui-même a quatorze ans, René Lévesque est instruit à Québec dans le cercle étroit des collèges canadiens-français. À vingt ans, il ne peut être comparé à Judith Jasmin sur le plan de la culture, de la structure intellectuelle et de la pensée politique. «Judith l'a certainement mis au monde culturellement», dira Gérard Pelletier, l'un de leurs futurs collègues de travail. Mais à vingt-deux ans, comme correspondant de guerre en Europe, le jeune Lévesque s'est trouvé d'un seul coup au cœur de la réalité mondiale et de la misère humaine; il s'est ouvert à d'autres horizons et à la complexité de la politique internationale. Il en est revenu homme. «Quand je l'ai rencontré, c'était un homme fait», dira Judith Jasmin[11]. Et un journaliste qui la séduit par son intelligence, ses idées neuves, son sens de la nouvelle et sa spontanéité en ondes, où il donne l'impression de n'avoir aucun effort à fournir ni de souffrir de la crainte de commettre une faute de langage. Tous deux sont atteints depuis l'enfance d'une passion dévorante pour la lecture. Ce fils d'avocat et cette fille de notaire eurent des pères qui leur faisaient la lecture à haute voix — un des souvenirs d'enfance les plus chers de Judith. Ils partagent une même curiosité insatiable, inversement proportionnelle à l'intérêt qu'ils accordent à leur apparence, lui, la cravate de travers quand il en porte une, le pantalon boudiné, les poches du veston déformées par trop de papiers et de journaux, elle, souvent en sombre noir passe-partout et les cheveux tirés en un chignon sévère, et indifférente à son apparence, sauf les soirs de sortie ou de réception. Le goût de l'action, l'appel au dépassement de soi et l'horreur de la bêtise les rapprochent. Une indépendance d'esprit et une force de conviction peu communes, aussi. Ils ont la même pureté devant l'argent, la même difficulté à supporter l'*establishment* et les arrivistes, et une humilité face à la notoriété qu'ils conserveront toute leur vie. Au travail, ils sont sérieux sans se prendre au sérieux, et ont le sens de l'humour. Chez l'un comme chez l'autre, même rapidité de compréhension d'un dossier et d'exécution d'une tâche, même esprit de synthèse, même capacité de travail hors du commun, même sensibilité à la réalité humaine derrière l'événement et, par-dessus tout, même authenticité à toute épreuve. Si différents de tempérament et de formation, si proches d'idéal et de valeurs!

Chacun à sa façon, sans préparation universitaire mais avec un sens inné de la communication, ils apprennent à maîtriser le métier. Judith Jasmin n'a pu fréquenter l'université, et René Lévesque disait à la blague avoir passé plus de temps à jouer au poker avec l'étudiant en sciences sociales Jean Marchand qu'à assister aux cours pendant ses deux années et demie de droit à l'Université Laval. À l'étroit dans leur société grise qui ne donne encore que de faibles signes de changement, ils ont les yeux tournés vers les questions qui font bouger la planète, peu captivés par les petits problèmes d'ici. Comme Pierre Elliott Trudeau, Jean-Marie Nadeau et d'autres intellectuels de leur génération, ils ne peuvent adhérer aux valeurs nationales canadiennes-françaises dans la mesure où elles sont véhiculées par le régime duplessiste qu'ils réprouvent. Ils reprochent à leurs compatriotes d'être grégaires, écrasés, sans ambition et de se laisser gouverner par un régime pourri. Ils considèrent comme ultraconservateurs et maurassiens ceux qui ne partagent pas leurs vues. Peut-être à cause de leur tempérament passionné, d'un besoin de liberté et d'indépendance si profond en eux et de leur expérience européenne, Jasmin et Lévesque sont farouchement internationalistes.

En 1951, pour la première fois, un chef d'État français vient au Canada. Pendant sa visite de quatre jours, le président de la République française, Vincent Auriol, est acclamé à Montréal par une foule de trois cent mille personnes. Judith Jasmin et René Lévesque couvrent l'événement pour les ondes courtes et font ensemble le montage de plus de quatre heures d'émission. La Radiodiffusion française en retransmettra intégralement trois. À la fin de l'été, le Canada français découvre René Lévesque, envoyé par Radio-Canada couvrir la guerre de Corée. À son retour, le journaliste Gérard Pelletier le qualifie, dans *Le Devoir*, de «révélation de l'année radiophonique» et de «meilleur commentateur jamais présenté à la radio canadienne[12]».

Rentré de Corée, René Lévesque repart avec Judith Jasmin couvrir d'un océan à l'autre le voyage au Canada de la princesse Élisabeth et du duc d'Édimbourg, à la fois pour les ondes courtes et pour le réseau français. Suivre dans ses déplacements un couple princier coincé entre le protocole et les saluts aux foules, se couler dans un horaire extrêmement rigide, voilà une tâche plus difficile à réaliser qu'il n'y paraît: improvisation au micro, relais rapide et sans bavure d'un commentateur à l'autre et temps morts à meubler. C'est une première à Radio-Canada, et, pour accueillir la royauté à son arrivée à Québec, Gérard Arthur a mobilisé une équipe de dix personnes qui comprend des annonceurs et des journalistes-rédacteurs du réseau dont Lucien Côté, Guy Dumais, Raymond Laplante, Roland Lelièvre, Jean-Paul Nolet. Ce mois et demi sur les pas de Leurs Altesses permettra en compensation aux deux reporters du Service international de découvrir le pays.

Ce genre de voyage était rude à l'époque. Dans nombre de petites villes, il n'y avait pas de porteurs, et la journaliste devait transporter elle-même ses bagages, sa machine à écrire et quelquefois, pour soulager le technicien, un peu d'équipement. On passait de longues heures en train, en autobus, en avion ou en bateau. Il valait mieux ne pas être trop sensible à la fatigue et au mal de mer, savoir se passer de coiffeur et accepter de porter des vêtement froissés. Sa garde-robe pour la tournée royale comprenait un tailleur noir, un gris, une robe d'après-midi noire et une du soir de la même couleur, celle-là infroissable et signée Pierre Balmain. Pendant que René Lévesque parcourt le Grand Nord avec le duc d'Édimbourg et doit subir les invasions d'insectes de l'été boréal, Judith est à Terre-Neuve. Il lui faut attendre la correspondance du train quelques heures en plein brouillard, sauter, bagages en mains, dans un wagon rempli de bûcherons et, comme il ne reste plus de place libre, passer la nuit assise sur sa valise. L'incursion d'une femme dans un milieu masculin réserve des surprises. Ses collègues taciturnes et méfiants au départ devinrent très aimables quand ils découvrirent qu'elle savait recoudre les boutons. Elle en recoudra une bonne demi-douzaine avec un sourire stoïque, sans oser avouer son horreur de tout ce qui ressemble à une aiguille[13]!

Comme le réseau français n'a pas de reporters, l'équipe du Service international, composée de Gérard Arthur, Judith Jasmin et René Lévesque, sera désignée pour se rendre à Londres décrire le couronnement d'Élisabeth II, le 2 juin 1953. Pendant que Gérard Arthur, le représentant des pays de langue française, et un commentateur de la BBC sont coincés à plat ventre dans le triforium de l'abbaye de Westminster, les deux reporters de Radio-Canada sont postés sur le parcours du cortège royal, transis de froid, imperméables et chaussures transpercés par la pluie. Terrés derrière des barricades à Trafalgar Square, au pied de la colonne Nelson, côte à côte avec des collègues français et belges, ils ont à fournir l'une des grandes performances de l'histoire de la radio, comme le racontera René Lévesque. Pendant *cinq heures*, jusqu'au passage du cortège revenant de Westminster à Buckingham, ils doivent faire du remplissage, en parlant des cloches lointaines, des pigeons trop proches et de la foule compacte, de tout et de rien pendant une éternité. «Nous étions crevés, n'ayant jamais tant travaillé pour si peu[14].» Pour se remettre, les deux journalistes décident de faire un saut à Paris. L'anniversaire, le 6 juin, du débarquement en Normandie leur servira de prétexte. Grâce aux bons soins de Léon Zitrone, qui deviendra plus tard un grand nom de la presse électronique en France, Courseulles-sur-mer, premier port libéré par les Alliés en 1944, leur organise une fête mémorable. Ils en rapporteront, au dire de René Lévesque, une émission du tonnerre qui leur valut au retour de chaleureuses félicitations et trois jours dans la capitale française[15].

Leur performance durant ces événements ainsi que le climat d'ouverture qui commence à se manifester au Canada français décident la direction du réseau français à créer un Service de reportages. Tout naturellement, René Lévesque en sera le directeur et Judith Jasmin, le seul reporter. Une assistante administrative, Huguette Pilon, et un technicien du son, Jacques Lalonde, compléteront l'équipe.

Sa vie durant, Judith Jasmin répétera publiquement devoir son apprentissage de toutes les facettes du métier à René Lévesque. Gérard Arthur, leur patron immédiat au Service international pendant six ans, émet des réserves: «Je l'ai entendue souvent au cours de sa carrière rendre hommage à René Lévesque de lui avoir tout appris. Je doute de l'entière sincérité de son propos. Elle a dû le faire par gentillesse; elle était si généreuse, si humble. À son arrivée au Service international, elle avait déjà toutes les qualités de la grande journaliste qu'elle fut. Je n'ai jamais pu lui faire de suggestions pour améliorer quoi que ce soit. C'était un produit rare de notre civilisation canadienne-française. Elle avait fait la synthèse de sa formation française et de l'héritage de ses parents et elle manifestait une rare ouverture d'esprit et une grande sensibilité. Sans faire étalage de ses connaissances, elle avait le don de refléter tout ça au micro dès qu'elle ouvrait la bouche. Exceptionnellement intelligente, elle combinait celle de l'esprit et celle du cœur et elle avait un talent particulier pour faire parler les gens, sans jamais se montrer agressive. Déjà, elle avait une vision claire de l'importance de la mission journalistique et s'oubliait totalement devant son sujet ou son invité. Elle avait évidemment quelques défauts. Butée sur certaines choses, un peu retorse, elle tenait son bout dans une discussion. Elle avait le sens de l'humour, mais j'ai toujours senti chez elle la femme d'intériorité qui avait une préoccupation mystique ou sociale peut-être.» Judith Jasmin dira, au cours d'une entrevue, au début des années soixante, que ce qu'elle aime le plus chez les autres, «ce sont les gens ouverts à la réalité, ceux qui sont lucides, ceux qui réussissent à s'oublier au point de se pencher sur les autres», et que ce qui lui déplaît le plus c'est «toute intolérance qui ne respecte pas les autres[16]».

«René Lévesque, un remarquable improvisateur, avait une forme de génie, explique Gérard Arthur. Judith Jasmin en avait une autre. Les échanges entre nous étaient très libres et les discussions étaient fermes entre eux. Malgré leur admiration réciproque, ils avaient de fréquents accrochages. Le désordre intellectuel de René offensait Judith qui était rigoureuse et précise, ses manières brouillonnes, sa manie d'arriver trente secondes avant d'entrer en ondes, son manque de tact, à l'occasion, à vouloir pousser les invités dans leurs derniers retranchements pour les faire parler, méthode qu'elle n'approuvait pas.» Lévesque était attiré par la culture et le mode de vie américains. Sa pensée politique et sociale s'appuyait sur celle du président F. D. Roosevelt et de la gauche démocrate des États-Unis, et il dédaignait les intellectuels français; ils s'inspirait du célèbre journaliste Walter Lipmann et dévorait le *New York Times*. Proche de la pensée des intellectuels français de gauche, Jasmin était au contraire francophile et adepte du style de vie européen. Elle était critique à l'endroit des États-Unis; son journal préféré était *Le Monde*. En 1966, elle sera l'invitée du jour à l'émission télévisée *À votre choix* et les deux invités de son choix seront Pauline Julien et René Lévesque; celui-ci, alors en politique, rappelant leurs débuts et s'adressant à son ex-collègue en souriant et en semblant la taquiner, lui dira: «Ce doit être un mauvais souvenir pour vous, on n'était jamais d'accord, on s'est disputés tout le temps»; Judith Jasmin acquiesce[17]. Dès leurs premières années de journalisme ensemble, elle se sentait certainement l'égale de son camarade et capable, moqueuse comme elle l'était, de se payer gentiment sa tête en ondes. Ils décrivaient ensemble le défilé de la Saint-Jean-Baptiste. René Lévesque y allait de son commentaire: «C'est extraordinaire... Il y a un petit instrument qui a l'air d'un piano et on frappe dessus avec un petit marteau.» Quand sa collègue prit la parole, elle enchaîna: «L'instrument qui passionne tellement mon camarade est un xylophone.»

Jasmin et Lévesque, une révolution en information

Au Service des reportages, René Lévesque lance avec Judith Jasmin, à l'automne 1953, *Carrefour*, un magazine radiophonique diffusé cinq soirs par semaine de 18 heures 15 à 18 heures 30. Les deux journalistes se relaient à l'antenne d'un soir à l'autre, avec une parfaite aisance, pendant deux saisons pour présenter le reportage du jour. En plus, ils assurent *Reportages*, une demi-heure hebdomadaire d'informations plus fouillées, *Hors série*, des émissions spéciales d'une heure, et participent à l'émission quotidienne du Service des nouvelles *La Revue de l'actualité*. Ils feront aussi les premiers reportages diffusés aux bulletins de nouvelles télévisés, les rédacteurs-journalistes en ces premières années fournissant seulement les textes lus par un annonceur. Ils partent continuellement en reportage et font tout eux-mêmes: script, découpage, édition, réalisation. Pendant les quatre premiers mois, à deux, ils auront à leur crédit cent trente-quatre émissions portant chacune sur un thème d'actualité dont soixante-quatorze pour *Carrefour*. Ils n'y arrivent plus physiquement et sont forcés d'interrompre pendant quelque temps l'émission *Reportages*.

Ils inaugurent un nouveau style de journalisme électronique et de journalisme tout court, utilisant toutes les formules: l'entrevue, le document, l'enquête. Ils s'intéressent aux sujets les plus chauds de l'heure, chômage, bas salaires, conditions de travail, traitent de culture et de science comme d'éducation, examinent les politiques provinciales, fédérales intérieures et extérieures, descendent dans la rue interroger monsieur et madame Tout-le-monde. Sans rapport hiérarchique entre eux, les deux internationalistes d'hier, gardant l'œil ouvert sur le monde extérieur, empoignent l'actualité pour fouiller la réalité québécoise avec la fièvre et l'audace du découvreur, forçant les Québécois à s'informer, à se regarder, à se connaître. Impatients de voir évoluer leur société figée dans le nationalisme traditionnel qu'incarne l'immobilisme et l'obscurantisme du régime duplessiste, ils la font bouger avec plus de ferveur et de dynamisme que de moyens. Leur nouveau pouvoir d'influence, ils l'utilisent pour réveiller un Québec isolé culturellement, socialement et politiquement. Judith Jasmin crée un énorme scandale en abordant la question de l'avortement. Occasionnellement, ils se mettent à deux pour couvrir des sujets ou des événements significatifs: la reconnaissance de la Chine par le gouvernement canadien ou l'élection de Jean Drapeau à la mairie de Montréal, en octobre 1954. Leur couverture de la campagne électorale municipale illustre leur souci d'éduquer le public à la démocratie, transparent dans un texte de présentation de René Lévesque et dans une entrevue de sa collègue avec le greffier de la ville sur le régime électoral. Toutes les portes ne s'ouvrent pas du premier coup. Judith Jasmin se rend à Québec pour couvrir l'ouverture de la session parlementaire, mais se voit refuser l'autorisation d'enregistrer un document sonore. Si les journalistes de la presse écrite rapportaient certains propos impopulaires prononcés par un homme public, la «victime» pourrait toujours dire que le reporter s'est trompé, mais l'enregistrement fidèle de sa déclaration, de sa voix avec ses inflexions et ses hésitations, serait un témoin accablant.

Les deux reporters de *Carrefour* ne sentent pas le besoin de discuter entre eux des sujets à traiter tant leur conception de l'information est proche. Judith Jasmin n'affiche pas le comportement féminin traditionnel. Pourtant, se souvient Jacques Lalonde, le technicien du son qui accompagnait les deux journalistes dans leurs déplacements, elle traite déjà tout sujet d'un point de vue de femme, ajoutant une dimension humaniste et sociale à tous ses reportages, politiques ou autres. Très ardente au travail, elle n'aime pas que les choses traînent et se fait du mauvais sang quand son collègue, déjà réputé pour son manque de ponctualité, tarde à arriver ou à téléphoner, d'autant plus qu'il passe encore moins de temps qu'elle au bureau; quand il n'est pas en reportage, au montage ou en ondes, il travaille à la bibliothèque ou joue aux cartes avec les techniciens.

Comme d'autres de leur génération, René Lévesque et Judith Jasmin insufflent à leur société un nouvel esprit et de nouvelles valeurs. Épris de liberté et de justice sociale, convaincus par exemple de la nécessité d'une réforme de l'enseignement et de l'instauration d'un régime d'assurance-hospitalisation, sympathiques au parti CCF et aux syndicats, ils abordent la réalité avec une pensée de gauche, démocrate et laïque. La pensée laïcisante se fait jour au Parti libéral du Québec sous l'influence de dirigeants comme Jean-Marie Nadeau et Georges-Émile Lapalme, à la revue critique *Cité libre* fondée par Pierre Elliott Trudeau et Gérard Pelletier, au *Devoir* sous la plume du rédacteur en chef adjoint André Laurendeau, dans les milieux syndicaux et universitaires, mais elle n'entraîne ni anticléricalisme ni antireligion dans aucun groupe; on prône un catholicisme progressiste, ouvert au dialogue.

Chez Judith Jasmin, non pratiquante sans être agnostique, sa vieille option anticléricale explose régulièrement hors des ondes en propos tranchants contre les représentants autoritaires de ce Québec clérical qu'elle souhaiterait plus spiritualiste. Mais elle professe à l'endroit de la foi la même curiosité intellectuelle que pour toutes les grandes questions que se pose l'humanité. L'intelligence et l'envergure des êtres trouvent toujours un écho en elle. Le père Georges-Henri Lévesque, maître à penser de toute une génération d'universitaires qui allaient imprimer par leur action des changements profonds dans divers domaines, avec lequel elle a un long entretien à l'occasion d'une entrevue, l'impressionne fortement par sa pensée et son action sociales. On retrouve un dimanche midi, à *L'Ensoleillée*, au lac des Seigneurs, un autre dominicain, le père Louis-Marie Régis, en train de bénir la table qui réunit Gabrielle Roy et son mari, l'universitaire Vianney Décarie et sa femme la psychologue Thérèse Gouin, André et Ghislaine Laurendeau, Solange Chaput-Rolland et son mari. Le père Louis Régis était un philosophe remarquable, disait-on, et l'un des rares religieux que beaucoup d'intellectuels catholiques respectaient pour son intelligence et son esprit de liberté. Au cours des années cinquante, Radio-Canada deviendra peu à peu le plus puissant relais de diffusion de la pensée critique et non conformiste de la nouvelle classe d'intellectuels qui l'utiliseront pour combattre le régime duplessiste.

En prévision de la télévision, Radio-Canada avait emménagé dans l'ancien hôtel Ford, rue Dorchester Ouest (aujourd'hui boulevard René-Lévesque). Lors de l'inauguration officielle de la télévision de langue française, le 6 septembre 1952, Judith Jasmin associa l'événement dans sa présentation à ce qu'elle appela «les premières rides de la radio» et prédit: «La télévision transformera nos goûts, nos coutumes, notre façon de penser et de vivre.» Elle interviewa les représentants de la Société après les discours officiels présentés par le jeune annonceur Henri Bergeron. Mais le passage d'un médium à l'autre n'allait pas de soi. «Passera-t-il? Passera-t-elle?» Tel était le nouveau jeu pratiqué dans les bureaux de la direction et les couloirs de la maison; on soupesait si telle ou telle voix radiophonique, tel ou tel physique passeraient le test de la caméra et du direct. On embauchait de nouveaux annonceurs pour la télévision. Nombre de comédiens habitués à jouer texte en main, dans l'anonymat d'un studio de radio, arrivaient mal à mémoriser un texte et à évoluer dans un décor. Dans une note de service à la direction, Judith Jasmin arguë de ses états de service et exige de passer à la télévision, même si, à cause de ses doutes sur son physique, elle craignait la caméra.

Dès l'automne 1953, elle mène de main de maître *Conférence de presse*, le premier débat public télévisé, où elle invite chaque semaine trois journalistes (deux contre, un pour) à interroger sur des questions d'actualité des personnalités de divers domaines, à commencer par la politique québécoise et canadienne. Défileront aussi à l'émission des écrivains, des philosophes et des scientifiques français de passage à Montréal. On y traitera de la situation à Chypre, au Moyen-Orient, en URSS au retour du voyage de René Lévesque, en Indochine au retour de celui de Judith Jasmin, du traité de la Communauté européenne du charbon et de l'acier, du pipeline transcanadien. L'animatrice y recevra Maurice Richard, l'ex-maire de Montréal Camillien Houde, le maire Jean Drapeau, Félix Leclerc, le chanoine Lionel Groulx, le cardinal Paul-Émile Léger, le docteur Karl Stern, le biologiste Gustave Prévost, les historiens Michel Brunet et Guy Frégault, l'Abbé Pierre, le philosophe et dramaturge français Gabriel Marcel, le poète Pierre Emmanuel. Au début de *Conférence de presse*, les hommes publics n'avaient pas l'habitude de rendre compte de leur mandat à la population et d'être soumis en direct, devant toute la province, aux questions des journalistes. Ainsi, Antonio Barette, ministre du Travail dans le gouvernement de l'Union nationale, avait refusé comme interlocuteur le journaliste Pierre Laporte du *Devoir*, honni par le *Chef*, Maurice Duplessis. Radio-Canada n'avait pas cédé, et le ministre n'avait pas été invité à l'émission.

Ouvrir la discussion sur la place publique, donner la parole aux sociologues, aux biologistes et aux économistes comme aux élites traditionnelles, renseigner, éduquer, faire œuvre démocratique, tout cela passionne Judith Jasmin. Jusque-là on ne pouvait aborder les questions de travail ou d'économie qu'à condition de ne pas transgresser les principes de la doctrine sociale de l'Église, c'est-à-dire qu'on pouvait traiter de psychologie mais en oubliant Freud qui avait bafoué la morale chrétienne et parler de philosophie mais en se référant strictement à Saint-Thomas d'Aquin. Pour faire rebondir une discussion qui s'étiole ou sauver l'émission de la catastrophe, on peut compter sur la parfaite maîtrise des situations de l'animatrice et sur son aisance de langage et d'expression. Un soir, on discute d'hydro-électricité. Les journalistes sont à cours de questions au bout de dix minutes. La modératrice fait déborder la discussion sur les aspects sociaux du sujet et, au lieu de stagner, l'émission prend une tournure inattendue et passionnante. Les mêmes commentaires se retrouvent sur les lèvres des réalisateurs et des superviseurs qui ont fait équipe avec elle: présence forte et exigeante, conscience professionnelle, très grand souci de rigueur journalistique, volonté de dépasser sa perception personnelle des choses, qualité d'écoute — elle écoutait au-delà des mots, humaniste, universelle, chaleureuse. La femme d'action, emprisonnée en elle jusqu'à son entrée dans le journalisme, peut enfin s'exprimer.

Personnalité féminine en demande, Judith Jasmin paraît sur diverses tribunes, associée à plusieurs événements culturels dont les échos parviennent aux médias. Les femmes envahissent le Château Frontenac, à Québec, pour l'entendre parler de «La femme et son univers», conférence reprise avec le même succès à Saint-Jérôme, à Ottawa et à Rimouski.

En retraçant l'histoire des femmes depuis la Grèce et la Rome antiques, la conférencière montre l'apport féminin aux civilisations, à la vie privée et publique, et l'évolution de ce mouvement d'émancipation, «cet effort très lent, dont les quelques succès furent suivis d'immenses rebuffades, qu'on appelle communément le féminisme. Un mot honni, un mot aussi mal famé que "prolétariat" avec quelque chose de ridicule en plus.» L'univers des femmes, explique-t-elle, est différent de celui des hommes:

> C'est depuis cette fonction essentielle [la maternité], — transformée, déguisée, méconnaissable — que l'on trouvera l'explication de toutes les destinées féminines, grandes ou petites.

Déjà, Judith exprime des idées qui seront reprises par les féministes des années soixante-dix: c'est avec leurs qualités propres, croit-elle, que les femmes doivent exercer une influence égale à celle des hommes sur la destinée du monde. En terminant, elle incite les femmes à revaloriser l'idéal féminin avili par les images de *pin up* et de corps féminins morcelés que véhicule la publicité. Elle les incite aussi à lutter contre «ce démon familier aux femmes — héritage de siècles d'irresponsabilité: la douceur de se laisser vivre et de laisser faire les autres, de s'en remettre aux autres»; enfin, à revendiquer leur place dans tous les domaines, du foyer jusqu'en politique[18].

D'autres associations invitent la journaliste à parler de son métier, de la place des femmes à la radio et à la télévision. Elle est la présentatrice de la soirée de gala qui réunit le Tout-Montréal pour la première du film *Tit-Coq* de Gratien Gélinas, mettant en vedette l'auteur, Monique Miller et Jean Duceppe. Elle agit comme présidente du jury du prix Laure-Conan, quand on crée ce Fémina canadien, événement littéraire en cette période creuse de l'édition québécoise, où surgissent pourtant des romans psychologiques d'interrogation contemporaine et, dans la foulée de *Bonheur d'occasion*, des romans de critique sociale. En outre, de petites maisons publient à tirage limité, souvent à compte d'auteur, une poésie florissante.

La population se «voit» parler

Carrefour passe la rampe de la télévision. Instantanément c'est le succès et le début d'une révolution dans la population, étouffée et contrainte, entraînée au silence, qui se voit aujourd'hui parler. Cette année-là, près de quarante pour cent des foyers québécois possèdent un téléviseur. Fascinés par ce cinéma gratuit qui leur parvient dans leur salon, les téléspectateurs regardent tout, de l'ouverture à la fermeture du poste, et tout le Québec regarde les mêmes émissions à la seule station de Radio-Canada. Ceux qui ne possèdent pas d'appareil s'agglutinent devant les vitrines des magasins. En moins de deux semaines, même les deux jeunes reporters de l'émission, Jean Ducharme et Jacques Languirand, venus se joindre à Judith Jasmin et à René Lévesque après les avoir remplacés au Service international, deviennent des vedettes que l'on reconnaît dans la rue, à qui l'on offre à boire dans les tavernes. Quand une équipe de *Carrefour* arrive dans un endroit, elle sait tout de suite si la télévision s'y rend ou pas. Dans le premier cas, les gens abordent les reporters: «Posez-vous des questions? À quel sujet? J'ai quelque chose à dire. Je suis prêt à répondre.» Dans l'autre, tout le monde fuit les caméras: «Je connais rien. Je n'ai rien à dire. J'aime mieux pas parler.» «Vous ne pouvez imaginer aujourd'hui l'émotion des gens lorsqu'ils s'entendirent parler à la radio, rappellera dix ans plus tard Judith Jasmin. Ce fut un choc incroyable pour eux. Plus tard vint la démystification, lorsque, le premier émerveillement passé, ils découvrirent la télévision. Je me souviens qu'à *Carrefour*, nous avions osé montré deux Témoins de Jéhovah qui avaient donné calmement leur point de vue sur l'affaire qui les opposait à Duplessis. Du coup, le gouvernement au pouvoir a vu surgir une opposition parce que, à l'écran, ces gens apparaissaient en chair et en os et n'avaient pas l'air si méchants après tout[19].» Peut-on montrer tous les aspects dérangeants de la réalité à la télévision? Il faut obtenir l'autorisation de la direction pour tourner à Côteau rouge à Longueuil, un quartier défavorisé d'immigrants polonais. Après la diffusion du reportage, Maurice Le Noblet Duplessis en personne téléphone: cela lui a déplu, évidemment. Pour Judith Jasmin, la pauvreté est plus qu'une situation à exposer. Sans en parler, elle va régulièrement porter de la nourriture et de l'argent à des familles pauvres, une habitude qu'elle gardera toute sa vie. Elle a connu la misère et elle ne l'a pas oubliée. Un jour, après avoir fait un reportage dans une famille démunie et donné de l'argent à la femme, sentant l'insuffisance de son geste, elle s'était assise par terre avec elle, et, la tenant dans ses bras, elles avaient pleuré.

Judith Jasmin soutient chaque fois René Lévesque dans ses démarches auprès de la direction. Elle accepte facilement les ordres, à une seule condition, qu'ils soient intelligents. C'est beaucoup exiger. Elle digère mal les tracasseries administratives et que l'équipe ait, par exemple, à mener une bataille interminable et à menacer de ne pas faire l'émission afin de lui obtenir une allocation de vingt-cinq dollars par semaine pour ses frais de vêtements et de coiffure. Au début, les administrateurs «hommes» ne comprennent pas et la dépense, non prévue au budget, devient un casse-tête pour des fonctionnaires peu imaginatifs qui, au lieu de créer un poste budgétaire, se demandent pendant de longues semaines s'il faut affecter la dépense au budget des crayons ou à un autre. Forte de caractère et très sûre d'elle, Judith Jasmin en impose. Tous les directeurs actuels, elle les a connus à leurs débuts à la radio, certains dans des emplois modestes. L'actuel directeur de la division du Québec et des réseaux français, Gérard Lamarche, était bruiteur, à l'époque où elle était réalisatrice. Quand elle frappe à la porte de l'un d'eux, trop occupé pour la recevoir, et qu'elle lui dit: «Il faut que je te parle», c'est le patron qui sort de son bureau pour l'écouter. D'autres batailles épiques ont lieu entre le jeune réalisateur inexpérimenté* qui veut garder la mainmise sur l'information et René Lévesque qui, un jour, excédé, fera voler en l'air toute sa pile de documents. La tolérance de Judith Jasmin pour l'incompétence et pour le manque d'envergure est nulle. Elle refuse d'assister aux réunions de production, ferme la porte de son bureau et règle les questions de travail directement avec René Lévesque: «C'est toi le directeur du service, alors tu te débrouilles avec cet imbécile, cet idiot de village.»

---

* L'entrevue des Témoins de Jéhovah avait été diffusée malgré l'opposition du jeune réalisateur Gilles Marcotte, futur universitaire, critique et spécialiste de la littérature québécoise, qui avouera ne pas avoir été dans son élément dans cet emploi de jeunesse et donnera rétroactivement entièrement raison à René Lévesque sur le choix des sujets.

«La légende entourait déjà le couple René Lévesque et Judith Jasmin, raconte Jacques Languirand. C'était un privilège exceptionnel de travailler avec eux et ils ont eu une influence de gauche considérable sur nous. L'anticléricalisme de Judith a beaucoup nourri ma réflexion. Elle était un véritable modèle par la qualité de sa démarche, sa façon de traiter un sujet, l'articulation de sa pensée, son sens très poussé de l'éthique, son respect de l'interviewé.» «Il suffisait de les regarder travailler pour apprendre», commente Jean Ducharme. Chacun avait son style, mais tous deux travaillaient étroitement ensemble, avec homogénéité. Judith Jasmin apportait la dimension «femme» au métier. À cette époque, on disait «les femmes ne peuvent pas faire ceci ou cela», sauf dans son cas. Elle pouvait d'emblée traiter tout sujet, et personne n'aurait contesté ce fait. Malgré une réserve de grande dame qui pouvait la faire paraître froide au premier abord, c'était une femme très chaleureuse.» Jacques Languirand garde de la Judith Jasmin de cette époque le souvenir, non pas d'une jolie femme mais d'une belle femme, de port et d'allure classiques, au corps bien fait et attirant, un peu trop parfaite peut-être et qui l'intimidait. Elle manifestait beaucoup d'estime à ses jeunes collègues et entretenait avec eux des rapports d'amitié et de copinage sans familiarité — contrairement à René Lévesque, elle n'avait pas le tutoiement facile. «Par sa culture, son raffinement, la force de sa pensée, ajoute Jacques Languirand, elle devait faire peur en général aux hommes québécois qu'elle estimait généralement peu. Chaque fois qu'elle rencontrait ou interviewait un homme intelligent et intéressant qui se détachait de la masse, elle ne ménageait pas les commentaires positifs et favorables à son endroit.» Les femmes qui n'ont pas peur des hommes font peur aux hommes, c'est bien connu... et, dans les années cinquante au Québec, cela était une vérité de La Palice.

Jasmin et Lévesque partagent une conception journalistique fondée sur la présentation des faits et non de leurs opinions personnelles. Dans la passion du moment, la pétulance naturelle de René Lévesque et sa volonté d'étaler la réalité au grand jour le portent parfois à bousculer les choses. Sa collègue n'accepte aucun compromis sur la rigueur journalistique et l'éthique reposant sur le respect de l'invité et du public. D'une indulgence extrême pour les faiblesses humaines, elle en a peu pour les faux pas professionnels et encore moins dans le cas de René Lévesque, qu'elle tient en très grande estime et qu'elle qualifie «d'as des reporters vulgarisateurs[20]». Dans ces moments-là, elle lui reproche de céder à son impulsivité et de manquer d'objectivité, d'être un peu trop habile et un peu tricheur au montage. Avec une pointe de sarcasme, elle lui adresse, devant l'équipe, des remarques détournées du genre «Monsieur Un tel a fait des déclarations intempestives si je comprends bien», «Le monteur était très habile hier», «On arrive à éclairer la pensée de nos invités», «Il m'a paru plus précis après le montage». René Lévesque ne se défend pas, trop respectueux du jugement solide de sa collègue, et il a un doigté bien à lui pour contourner certains différends avec sa consœur à qui il reproche amicalement d'être trop française ou qu'il appelle «la mystique du Service des reportages[21]».

À l'époque, Radio-Canada avait déjà la réputation d'être un sanctuaire d'athées, de gens de gauche, de déviants sexuels, de divorcés; on récolte aussi pour un rien la réputation d'être communiste. Un midi, au petit restaurant hongrois de la rue Bishop où se retrouvent régulièrement à déjeuner l'équipe et les camarades du Service des nouvelles, l'un d'eux raconte avoir rencontré la veille un ami qui est communiste. René Lévesque, pragmatique et à qui on avait collé cette étiquette au retour de son reportage en URSS, lui répond du tac au tac: «Crois-tu à ça? Non? Alors pourquoi fréquentes-tu ces gens-là si tu n'y crois pas? T'es fou, tu compromets ta carrière.» Judith Jasmin n'aurait pas eu cette réaction; sa rigueur la rendait prudente comme journaliste, mais son intensité et sa franchise lui interdisaient les attitudes de repli. L'engagement social et politique, le sien comme celui des autres, était pour elle chose sacrée. Elle n'a jamais retenu son opinion devant qui que ce soit, même pour protéger sa carrière. Elle n'avait pas appris à ruser comme le faisait son père à Terrebonne avec son entourage.

La pratique du journalisme a fait fondre la timidité chez Judith Jasmin. Le passage à la télévision est l'occasion d'une transformation qu'elle racontera sans pudeur à une journaliste en lui montrant une enveloppe de photos étiquetée «Judith laide sous tous les angles.» Elle aura bien changé. «Ce qui m'a le plus marquée depuis dix ans, c'est ma transformation physique. Ça s'est passé au moment où la télévision commençait et c'est un peu cela qui m'a poussée à me faire refaire le nez, les caméramen essayaient toujours de le camoufler. J'étais tout simplement prête pour un changement qui a bien sûr correspondu à une transformation intérieure. Avant cela, j'avais décidé que j'étais moche et je crois que je m'arrangeais un peu pour l'être mais, tant que je faisais de la radio, j'étais cachée et ça m'était égal. Puis avec la télévision, j'ai décidé qu'en arrangeant un peu les choses, je pourrais plaire. Je ne suis pas devenue belle pour cela mais j'ai cessé de penser à mon physique comme à un handicap, j'ai repris confiance en moi[22].»

Scruter sous tous les angles ses photos depuis l'enfance et regarder celles des comédiennes et femmes connues de cette époque n'apportent aucune explication sur l'origine de son complexe de laideur. À moins d'imaginer le drame d'une jeune fille hypersensible, pour qui l'amour signifiait tout, de découvrir que sa personnalité était hors normes féminines, suscitait l'admiration des hommes mais leur indifférence sentimentale. Le sexisme est si cruel et dévastateur pour les femmes. À peu près toutes, encore maintenant, à un moment ou à un autre, sur un plan ou sur un autre, ressentent une forme de rejet masculin pour ce qu'elles sont; ce rejet blesse l'être et émousse parfois gravement la confiance en soi. Devant les doutes que Judith Jasmin entretenait sur son physique, comment départager ce qui est lié à des difficultés psychologiques et ce qui l'est à la condition de femme dans une société qui enferme celle-ci dans des stéréotypes? Comment situer et évaluer le coût émotif du parcours de celle qui n'a jamais cherché à être un homme, mais a voulu vivre, dès son plus jeune âge, aussi entièrement que l'autre sexe tout en étant totalement elle-même?

L'impossible passion

Le journalisme fait vibrer Judith Jasmin comme aucune autre de ses occupations précédentes, une autre passion plane sur sa vie. À son arrivée au Service international au printemps 1947, elle a vécu un coup de foudre pour un camarade de travail, le premier homme à l'avoir séduite totalement depuis son père. La volonté n'y est pour rien, n'y peut rien, l'être est embrasé, l'âme ressent l'âme sœur, le corps frémit de désir. Le grand amour pour lequel elle voulait rester libre, dont elle voulait être la «prêtresse», la surprend à trente ans comme un grand coup de vent qui bouscule tout sur son passage. L'adhésion est instantanée, dès sa première conversation, avec ce collègue de petite taille, de six ans son cadet, vibrant comme une boule d'énergie, rebelle, professant des idées originales, bousculant les façons de faire et... nouvellement marié. Il se nomme René Lévesque. Malgré son absence de prestance physique, il possédait — au dire d'autres femmes — un charme fou et du sex-appeal; inoubliables, l'étincelle de son regard d'un bleu clair et son sourire timide et attendrissant. Pendant quatre ans, Judith n'osera aucun geste, aucune parole qui pourraient trahir ses sentiments réels. Lui, croit-elle, pris par son propre destin et son ambition professionnelle, ne voit que la camarade avec qui discuter travail ou affaires internationales et résoudre un problème dans la communion de pensée, la vis-à-vis parfaite avec qui refaire cent fois le tour de leurs idées, de leurs révoltes, de leurs dégoûts communs. C'est là Judith tout entière, sa retenue pudique, son manque de confiance en elle-même sur le plan sentimental, attendant un signe de l'autre, jouant les camarades au lieu d'avouer son amour, rêvant à un homme qui lui semble hors d'atteinte.

La passion amoureuse l'a changée. Elle veut se défaire de son rêve impossible, mais elle ne peut plus se contenter d'un faux bonheur avec son compagnon, Paul Maugé. Discrètement, loin du milieu, elle cherche à s'intéresser à deux autres hommes, dont un célébre pianiste de concert de passage à Montréal. En vain. La présence de l'Autre, comme une doublure à ses pensées, remplit chaque espace d'elle-même. En juin 1951, elle est hospitalisée pour une petite intervention chirurgicale. Le jour de son retour au travail, son collègue préféré lui répète à plusieurs reprises: «On s'est ennuyé de vous ici.» Sa présence familière, tenue pour acquise, lui a manqué, leurs échanges aussi, jusqu'à leurs différends. Lui qui peut se montrer méfiant à l'endroit de son entourage et incapable d'oublier une offense, il accepte les critiques et les remises en question de Judith sans se rebiffer ni lui en vouloir. Des mois passent. Les deux journalistes se retrouvent instinctivement aux mêmes heures, aux mêmes endroits: à la cantine, à la cafétéria. Un après-midi où tout est calme dans la boîte, il lui propose vaguement d'aller au cinéma. Elle doit refuser, un travail urgent à finir. Quelques jours plus tard, elle propose de l'accompagner. Le destin s'en mêlera. Leur chef de service les désignera pour mener tous les deux, pendant quinze jours, une enquête dans une région minière du nord du pays, une occasion rare de partir ensemble en reportage. La rencontre intime aura lieu dès le premier jour. En faisant l'inspection de la ville, à pied, ils se perdent sur une route qui semble ne mener nulle part. Un passage de l'ébauche de roman rédigée par Judith Jasmin, deux ou trois ans plus tard, calquée au détail près sur le parcours de sa propre vie amoureuse depuis l'adolescence et qui tient du journal plus que de la fiction, décrit probablement avec justesse ce moment:

> Nous nous sommes assis sur son imperméable pour reprendre haleine. Quand il m'a embrassée brusquement, je n'ai pas été surprise: il n'y eut même pas le sentiment d'une découverte: pour moi, ce geste prolongeait tant de pensées, tant de rêve, qu'il s'est placé dans cette cohorte, tout naturellement: je retrouvais ce souffle, cette chaleur, comme si je l'avais connu et aimé dans une autre vie[23].

Plus tard, elle reviendra sur cet épisode de sa vie dans son journal: «Un jour, nous nous sommes vus face à face, c'est depuis que je me suis réveillée, que toute ma vie a changé et que je ne peux plus me satisfaire de l'espèce de sommeil où je rêvais à lui[24].» Leur escapade à Paris, après le couronnement d'Élisabeth II à Londres, fut un de leurs plus heureux moments ensemble. Leur liaison était sans doute inévitable — tant de choses les poussaient l'un vers l'autre. Elle dura près de trois ans. Toute de passion charnelle et intellectuelle mais de pudeur des sentiments: lui n'avouant rien, elle n'osant pas. Ils pouvaient se taquiner, mais ils ne se sont jamais dit ce qu'ils ressentaient l'un envers l'autre, ce qu'ils représentaient l'un pour l'autre. Judith Jasmin vivait encore avec Paul Maugé, mais pour elle la voie était libre. René Lévesque était marié et père de deux jeunes enfants. C'était sa première liaison extra-conjugale importante et son attachement pour Judith dut troubler cet homme tourmenté et solitaire sous ses apparences extraverties. En dépit de la séduction qu'elle exerçait sur lui par son intelligence supérieure et sa sensibilité, elle le paralysait. Elle était son égale. Sa présence pouvait être envahissante et son tempérament entier, exigeant. Il se méfiait de la moindre atteinte à sa liberté et avait une bonne dose de misogynie et d'orgueil mâle. Il était plus sûr d'exercer de l'ascendant sur de très jeunes femmes. Il lui jurait fidélité mais... c'était l'homme des coups de foudre fréquents et sans lendemain. La relation prit fin abruptement, sans explication, sans tendresse; croyait-il ainsi se protéger d'une passion dont il sentait la force même si elle ne se traduisait guère en mots? La rupture creusa un vide immense dans le cœur de Judith, convaincue de ne pas avoir été aimée — tout au plus «un à-côté sans importance de la vie conjugale d'un homme qui se sent assez détaché pour vivre allègrement entre son foyer heureux et ce double-fond secret qu'on appelle une liaison et en ressentir une sorte de confort physique et moral», comportement qu'elle comprend et envie[25].

Elle veut guérir de son grand amour. Comment y arriver, quand elle se retrouve face à lui, dans l'intimité du travail à deux, comme hier et avant-hier? Elle peut crâner, camoufler ses sentiments et ses émotions pour que ni lui ni l'entourage ne devinent ses états d'âme. D'ailleurs, plusieurs de leurs plus proches collaborateurs n'avaient même pas soupçonné le tournant que leur relation avait prise. Mais quand on se retrouve seule avec soi-même? Chaque nuit, le visage enfoui dans son oreiller, au milieu des larmes qui montent comme une marée nocturne, elle se jure d'en finir avec la vie dès le lendemain. Et chaque matin, elle se reprend à espérer qu'un geste, une parole de René lui redonnera assez d'espoir pour vivre encore une journée.

Au début du mois d'août 1954, a lieu l'inauguration, par le premier ministre Maurice Duplessis, de la ligne de chemin de fer de l'Ungava construite par l'Iron Ore, et on demande à Judith de couvrir la cérémonie. Elle pourrait trouver un prétexte pour refuser, mais elle accepte. Le voyage, l'avion, le train, se dit-elle, la secoueront assez pour qu'elle se reprenne en main et lui fourniront l'occasion de mettre de la distance entre l'amour et elle. Elle est la seule femme de l'expédition. Dans le wagon observatoire, elle retrouve des confrères. Ces hommes qu'elle rencontre vingt fois par mois pour le travail, qui d'habitude ne lui accordent qu'un salut rapide et pressé, l'alcool et la fuite loin du quotidien aidant, lui adressent des regards et des paroles de moins en moins ambigus et se mettent en frais pour elle. Sans illusions, elle rit, elle s'amuse. Elle se sent légère et indulgente envers ses camarades à qui, en d'autres circonstances, elle reprocherait sévèrement de trop boire et de malmener leur santé. Mais cela ne suffit pas à sa guérison. Elle entreprend de séduire C., un jeune cameraman-journaliste du Service des nouvelles de Radio-Canada, marié mais en voie de se séparer, un peu intimidé mais séduit et flatté qu'une femme connue et si brillante s'intéresse à lui. Dès le lendemain, elle lui téléphone. Cette relation n'a pas d'avenir, elle le sait. Elle s'accroche pourtant à cette nouvelle et éphémère passion avec une générosité excessive, y enfouissant sa peine de cœur et son besoin avide d'aimer.

Depuis plusieurs années, Judith voulait mettre fin à son union de raison avec Paul Maugé. Il refuse la séparation, menace de se suicider. Situation pénible à laquelle elle se sent enchaînée. Finalement, en automne 1954, elle le quitte pour emménager dans un appartement non loin de Radio-Canada où son jeune amant vivra avec elle quelques mois. Elle mettra de longs mois à rompre définitivement cette relation de quinze ans avec un homme au début de la soixantaine et désemparé, et gardera longtemps à son endroit un sentiment de culpabilité mêlé de reconnaissance. Paul Maugé nourrit l'espoir de la voir revenir à lui. Ses lettres montrent le fossé qui les séparait. Il lui rappelle qu'il a agi en mari en voulant la protéger contre les embûches de la vie et la promiscuité d'amis qui, à son avis, ne lui convenaient pas. Il prétend lui avoir appris son métier et lui reproche d'avoir nui à leur union et de s'être écartée du droit chemin en volant de ses propres ailes et en devenant journaliste[26]. Il la supplie au téléphone, provoque des tête-à tête épuisants qu'elle ne peut toujours éviter, car il reste dans son sillage, continuant de fréquenter Amédée et Rosaria Jasmin, bien mal placés pour fermer leur porte à cet ami de la famille qui a toujours été généreux avec eux et qui s'invite pour jouer aux cartes. Judith aurait voulu lui éviter de souffrir et se sent soulagée de le savoir entouré.

À cette période, les lettres de Gabrielle Roy à Judith sont pleines de tendre affection. Devinant les tourments de son amie, elle s'en dit très peinée, l'assure de son amitié et de son soutien: «Sachez que vous avez ici des amis qui tiennent beaucoup à vous. [...] S'il arrive un jour que je puisse faire quelque chose pour vous, ce sera un beau jour pour moi[27].» Gabrielle suit de près la carrière de Judith et lui fait plusieurs commentaires sur ses reportages à *Carrefour* où s'expriment estime et complicité; elle la remercie de l'avoir invitée à l'accompagner lors d'un reportage au siège social des Caisses populaires à Lévis et de lui avoir fait connaître les coulisses du journalisme radiophonique. Elle lui dit aimer l'entendre «raconter de belles histoires piquantes» et garder un souvenir précieux de leurs randonnées dans les environs[28].

Judith se consacre à sa nouvelle relation amoureuse. Elle ne présente pas le jeune homme à ses couples d'amis, sauf à Françoise Loranger et à son mari chez qui ils passeront quelques week-ends. L'échec qu'elle a connu avec l'homme de ses rêves l'a laissée écorchée, vulnérable. Elle voudrait que, cette fois, l'amour lui obéisse. Malgré la grande différence d'âge qui les sépare — il a la vingtaine —, C. s'attache à cette femme passionnée, passionnante, généreuse, qui croit à son talent d'écrivain, l'encourage, le soutient et le convainc de publier son premier recueil de poèmes. Pour une femme qui affiche tant de maturité dans les autres domaines de la vie, elle se montre d'une insécurité sentimentale totale, se comporte gauchement, en fait trop. Elle laisse cent dollars sur la table de chevet, le matin, ou paie les frais de séjour dans un hôtel cher à l'occasion d'un voyage à New York, au lieu de s'accommoder d'un hôtel plus conforme à ses moyens à lui. Des gestes qui lui sont naturels. Mais trop de sollicitude étouffe. Quand, au bout de quelques mois de vie commune, C. décidera de vivre seul, elle ira jusqu'à lui proposer de lui payer un appartement pour qu'il puisse se consacrer à l'écriture. Tout en établissant une relation égalitaire, elle se met facilement au service des hommes dans sa recherche de l'amour. Quelque temps après, une amie s'étonnera de ne pas la voir réclamer les appareils photo de grande valeur qu'elle avait prêtés à C. et qu'il ne lui a pas remis. Judith ne les récupérera pas.

Elle a essayé de guérir de l'amour par l'amour. Elle a échoué. Comment surmonter la souffrance qu'avive la présence quotidienne au travail de celui qu'on continue d'aimer malgré soi? Sans compter qu'elle le voit régulièrement en compagnie d'une comédienne de dix-neuf ans. En apparence, rien n'est changé. Les deux premiers reporters de la presse électronique québécoise continuent de partager complicité, amitié affectueuse et passion du métier. Mais intérieurement, Judith est dévastée.

Quête de soi au bout du monde

À la recherche d'un sens à donner à sa vie, d'une réponse à son désarroi, poussée par la découverte de Gandhi et des grands mystiques hindous, Ramakrishna et Shri Aurobindo, que lui a fait connaître Françoise Loranger, elle demande un congé sans solde et part trois mois à ses frais en Inde et en Indochine. Au début de mars 1955, seule passagère à bord, elle s'embarque à Saint-Jean au Nouveau-Brunswick sur un cargo britannique. Pendant la traversée, elle souligne dans ses carnets de voyages des réflexions comme celles-ci:

> Ce voyage est nécessaire pour dissoudre les dernières illusions. [...] Lavée peu à peu par le silence, l'éloignement, [...] je suis comme sous l'effet d'une drogue qui me rendrait absente à moi-même. Prête pour la solitude[29].

Un mois en mer, avec des étrangers, c'est le temps de prendre ses distances avec le pays, les gens, les habitudes qu'on laisse derrière soi et de se préparer à accueillir l'inconnu... la façon de vivre d'autres personnes, ailleurs dans le monde, de se relier à l'existence et à l'univers.

Voyage de ressourcement personnel et de quête intérieure, soit. Luxe d'intellectuelle fortunée? Fuite en avant d'une âme en peine? Vacances de touriste désœuvrée? Non pas. La journaliste est aussi du voyage. Décidément, cette femme ne fait rien comme les autres. Partir de son propre chef et non en service commandé à l'autre bout du monde, à la recherche d'images d'une autre civilisation, d'une autre façon de vivre à rapporter au public canadien, quelle audace, quelle étrangeté aussi. Peu de Canadiens français voyageaient en Asie à l'époque. Judith Jasmin s'aventure dans les villages indiens, uniquement accompagnée d'un guide du pays. Elle se loge comme elle peut dans des hôtels inconfortables, se déplace de peine et de misère par tous les moyens de locomotion possibles. Un jour, sous une chaleur de 37 °C, dans un compartiment de troisième classe, une serviette imbibée d'eau sur le front, la caméra 16mm entre les jambes, le magnétophone sous les pieds, une gourde à la main. Un autre, dans un autobus qui part en morceaux et gravit une montagne de deux mille quatre cents mètres sur une route tracée en épingle à cheveux. Un troisième, dans un pavillon de chasse en pleine jungle, sans eau courante ni électricité, ni draps, ni serviettes de toilette, souffrant toute la nuit de cette fréquente dysenterie qui frappe les étrangers. Pour elle, faire connaissance avec un village ou une civilisation, c'est d'abord se laisser imprégner par ses visages, ses odeurs, ses couleurs, ses images, ses sons. Faire le silence en soi pour laisser l'intuition guider ses pas à travers les rues, pour mieux regarder, écouter, sentir une vieille paysanne ou un paysage, sans que le regard, l'opinion ou le commentaire d'autrui vienne brouiller ses perceptions. Ensuite seulement, elle est en mesure de revenir aux lectures préalables, à la documentation, aux avis des uns et des autres, pour en saisir le sens et la justesse, et de là passer au reportage, aux entrevues.

Elle se rend au Viêt-nam. Puisque Radio-Canada avait refusé de l'y déléguer et lui avait seulement consenti une avance de six cents dollars, elle s'était fait inviter par le ministère des Affaires extérieures canadiennes. (Le Canada fait alors partie avec l'Inde et la Pologne de la Commission d'armistice chargée d'appliquer les accords de Genève qui ont consacré la fin des hostilités et de l'hégémonie de la France en Indochine, après la défaite des forces françaises contre le Front de libération du Viêt-nam à Diên Biên Phû, au printemps de 1954.) Elle séjourne quinze jours à Saïgon et à Hanoï, disposant cette fois d'une voiture officielle pour ses déplacements. Seule femme journaliste sur les lieux, elle interroge les diplomates et les militaires canadiens dans cette période de paix qui ressemble encore à la guerre. Puis, avec l'aide d'un interprète, elle interviewe des Vietnamiens de tous les milieux et recueille des témoignages sur le chef nationaliste Hô Chi Minh, qui sera au centre du conflit entre les États-Unis et le Viêt-nam dans les années soixante. Gravement malade, atteinte de dysenterie et de malaria, ses jambes enflées et ravagées par les piqûres d'insectes, ce qui l'empêche de marcher, elle doit revenir en ambulance de Vientiane, au Laos, à Saïgon; là elle est hospitalisée une semaine, et on diagnostique un éléphantiasis; puis, on la transfère dans un hôpital indien dont les conditions sanitaires sont des plus rudimentaires. La secrétaire de *Carrefour*, Huguette Pilon, reçoit un appel téléphonique de l'Inde l'avisant que Judith est très malade; elle s'empresse d'en avertir la direction qui lui répond qu'on fera le nécessaire pour récupérer son corps! Elle en demeure bouche bée. Radio-Canada refusera aussi de payer le voyage de retour de sa journaliste. La famille de Judith s'inquiète, et Claude Jasmin s'offre pour aller chercher sa sœur. La direction de l'hôpital où séjourne Judith prévient l'ambassadeur du Canada en Inde qui envoie un commis canadien-français voir sur place ce qu'il advient de cette ressortissante canadienne. Heureusement, le jeune homme connaît la journaliste de réputation, il s'occupera d'elle, la sortira de l'hôpital, lui fera consulter un médecin et fera le nécessaire pour son retour en avion à Montréal, où elle sera encore hospitalisée pendant toute une semaine.

Malgré ses faibles ressources financières et les difficultés du voyage, Judith Jasmin rapporte à Radio-Canada plusieurs émissions pour la télévision et la radio sur les divers aspects de la vie politique, économique, artistique et spirituelle de l'Inde, ainsi que sur la situation passée, actuelle et future du Viêt-nam. Son exploit accroît son prestige de grand reporter, et on la sollicite pour donner plusieurs causeries illustrées. Il se monnaye moins bien à la Société. Contre l'avance de six cents dollars pour le reportage en Indochine, Judith a déjà produit trois émissions d'une demi-heure chacune sur le sujet pour *Carrefour*, à la radio, rétribution fort mince si l'on tient compte du travail et des frais de voyage. Elle doit être l'invitée de *Conférence de presse* que René Lévesque a animée pendant son absence, mais on lui refuse un cachet. La veille de l'émission, Lévesque, toujours chef du Service des reportages, avise la direction qu'elle n'aura qu'à trouver elle-même l'invité du lendemain si sa collègue n'obtient pas de cachet. Dans son long message, il souligne en plus que la journaliste n'a pas eu d'augmentation de salaire depuis plusieurs années et en attend une depuis plusieurs mois, que Radio-Canada doit lui acheter les films tournés en Asie qui seront utilisés à plusieurs émissions de télévision[30]. Judith sera l'invitée de *Conférence de presse*, et on lui paiera ses films... mais au métrage de la pellicule!

Seule station de télévision, Radio-Canada ne manquait pas d'argent, mais la machine administrative était lourde et le budget des affaires publiques mince comparé à ceux d'autres secteurs. Deux lignes d'autorité s'affrontaient, celle des affaires publiques, culturelles et éducatives (l'ancienne équipe de Radio-Collège), représentée par Gérard Lamarche, le directeur des réseaux français, et celle de la production, représentée par André Ouimet, le directeur de la télévision, et Jean-Paul Ladouceur, le chef de la production, qui disposait des budgets. La section jeunesse, par exemple, dirigée par Fernand Doré, un ami de Ladouceur, roulait sur l'or, et les affaires publiques sur le fer.

En Inde, Judith a subi un choc culturel. Sa recherche spirituelle était sincère. Dix ans plus tard, au moment de sa nomination en poste à l'étranger, l'une de ses amies sous-louera son appartement et aura la surprise de découvrir, dans la bibliothèque, des livres saints hindous, dont la Bhagavad-gîtâ, annotés page par page. La mystique orientale n'apportera pas de réponse à sa quête intérieure. La toucheront davantage cette civilisation si différente de la sienne et l'influence de la spiritualité sur le peuple indien. Sa conscience de l'humanité, sa vision du monde en seront élargies. En conférence, elle soutiendra: «L'Indien est une leçon vivante pour l'Occident et la civilisation matérialiste; il n'y a pas ce masque de respect humain qui fausse le sens des relations entre les êtres. Ils ont une fraîcheur, une certaine naïveté en même temps qu'une grande force de caractère alliée à un idéal de vie, ce qui leur confère une remarquable maîtrise d'eux-mêmes.» Interrogée sur la barrière existant entre l'Orient et l'Occident, elle répondra: «Elle a été en partie dressée par les Occidentaux. Ainsi, la barrière de couleur a été entièrement dressée par nous[31].» Elle dira encore: «La non-violence n'est pas le fait d'une idéologie ou d'une philosophie, c'est une manière de vivre[32].»

Les années noires

Cet été-là, elle passe les week-ends loin des regards indiscrets, étendue sur sa chaise longue au chalet d'été construit en bordure du lac Marois dans la propriété de ses parents, qu'elle occupe désormais. Elle se remet des séquelles physiques de son voyage. La blessure au cœur n'est pas cicatrisée. Quelques visites chez une psychiatre ne semblent pas résoudre son mal d'être. Elle pleure la solitude de ses trente-neuf ans, ses désirs inassouvis d'amour, de tendresse, de folie. Elle avale des cachets pour les vomir aussitôt. Le printemps suivant, elle sera tentée par le gaz.

> Jusqu'à présent, le suicide a pris en moi des formes subtiles. Quinze ans de vie commune auprès d'un être que je n'aimais ni n'admirais mais acceptais comme un défi à l'absurdité du monde. Six ans à aimer en silence un homme hors d'atteinte mais me cramponnant à cet amour comme à la seule chose valable, la seule digne de moi. Enfin, plus près, depuis un an ou deux, le goût du suicide se faisant plus précis dans ma chair comme le seul allié, la seule arme contre un monde abhorré. [...]
>
> Je suis venue si près d'accepter la mort il y a huit jours avec tant de calme que je me sens plus prête aujourd'hui pour accepter la vie. «La mort là au bout du canon de mon revolver» dit un personnage de *La Voie royale* et pourtant il a accepté la torture, la déchéance, l'esclavage, sans faire le geste définitif. Pour moi aussi, la mort était là, facile grâce au gaz, et j'accepte l'abandon, la douleur, la déchéance. J'accepte de vivre sans amour[33].

Tout au fond d'elle-même, l'espoir de connaître le bonheur la retient à la vie. Sur une tablette de sténo, intitulée «Livre des heures bêtes, des jours noirs et de la mauvaise vie», elle écrit:

> Quand on n'a pas le courage de mourir, avoir le courage de vivre ou plutôt ce qui retient c'est cet espoir de découvrir au fond du sac un dernier petit bonheur. Cette soif de bonheur, ce mot pudique et vague pour exprimer la possession de ce que l'on désire, c'est bien là le cordon vital, l'ombilic qui retient l'homme à la terre. Si jamais, malgré un air fripé, des poches aux yeux, un air centenaire, une

chance de bonheur s'offrait? Et voilà que l'on accepte de vivre en damnée[34].

Sa soif de bonheur la fait éclater en sanglots au restaurant Le 400, en plein déjeuner, quand ses amis lui parlent d'une amie commune à qui l'amour réussit. À la porte d'un hôtel, devant une mère qui bêtifie avec son bébé, elle s'engouffre dans un taxi pour cacher une crise de larmes incontrôlable. Un jour, au Café des artistes, à deux pas de Radio-Canada, un employé de la maison la voit manger seule à une table, les larmes ruisselant sur son visage tout au long du repas. Il la reconnaît et, bouleversé par cette scène, il l'aborde. Il deviendra un ami personnel. La détresse sentimentale, c'est l'envers secret de la brillante journaliste qui affiche une parfaite assurance, de la femme d'action qui a un sens peu commun du risque, de la personnalité forte et impressionnante, de l'amie rieuse et moqueuse, de la collègue franche, directe, généreuse. La préséance de l'amour dans sa vie, sa vulnérabilité émotive, ces aspects de sa personnalité restent insoupçonnables au grand public, qui voit cette femme, la première tant au réseau français qu'au réseau anglais, faire à la télévision de l'information politique et économique, traiter de questions internationales avec aplomb et autorité. On ne peut l'associer à un mari et à des enfants; on retient d'elle l'image d'une femme de carrière qui a tout sacrifié à sa profession, d'une Française à cause de sa langue châtiée et de son élocution impeccable, d'une femme de tête plus que de cœur. Même si elle sourit à la caméra, elle échappe au stéréotype féminin, et les téléspectateurs sont habitués à voir des hommes faire l'information. Cette image de femme froide et sévère qui ne lui correspond pas la désolera toujours. Dans nombre d'entrevues à la presse, elle répétera jusqu'à la fin de ses jours que l'amour est pour elle la chose la plus importante de la vie. Plusieurs hommes journalistes écriront leur surprise d'avoir rencontré une femme simple, charmante et chaleureuse.

En l'absence d'un grand amour, Judith Jasmin tente de satisfaire son terrible besoin d'avoir quelqu'un dans sa vie et cueille, au cours de l'année suivante, de plus petits bonheurs, fussent-ils de courte durée, avec de jeunes hommes, F. B., G., M. et L. L'envie d'aimer, de se sentir femme, d'insérer dans sa vie autre chose que le travail, «de guérir de sa sentimentalité[35]». Mais une aventure facile où l'on ne donne rien de soi est pour elle une proposition sans charme; la relation à établir, l'échange, oui. Phénomène rare chez les femmes de sa génération, elle fait très bien la distinction entre une relation passagère satisfaisante et un engagement à vie, débordant en toutes circonstances d'une générosité et d'une attention à l'autre qui la rendent par moments possessive et susceptible d'être exploitée. Pas étonnant qu'elle se lie à des hommes plus jeunes: elle possède une telle jeunesse de caractère et d'idéal. L'un d'eux décrira pendant de longues heures, à une amie, sa relation avec Judith Jasmin comme une rencontre avec le soleil, dira comment elle l'avait impressionné, tout ce qu'elle lui avait apporté, sa chaleur, son humanité. L'incroyable esprit de jeunesse et d'enthousiasme de Judith Jasmin caractérisera — on le verra — toute sa vie: sa carrière, ses intérêts et ses engagements comme ses relations amoureuses — ses deux grands amours seront plus jeunes qu'elle. Elle se mettra d'emblée, d'une décennie à l'autre, au diapason de la génération prête à prendre des risques et à tenir tête au statu quo pour créer, innover et relever les défis du présent, qui infléchissent l'avenir. À cinquante ans, elle dira: «C'est tellement enivrant d'être jeune. J'aimerais avoir cet âge et tout recommencer. J'ai un neveu de 19 ans qui me rattache au commencement de la vie[36].»

En janvier 1956, la solitude lui semble trop noire conseillère. Elle quitte son second appartement pour retrouver la sécurité affective de sa famille, rue Grey. Au même moment, le chef du Service des reportages mène une dure bataille contre la direction de Radio-Canada pour obtenir des augmentations de salaire et un budget annuel de dépenses pour l'équipe de *Carrefour*. L'affaire transpire dans les journaux. L'augmentation que René Lévesque réclame lui est refusée. Il démissionne pour prendre le statut d'agent libre, qui le paiera beaucoup plus, et animer, la saison suivante, la célèbre émission *Point de mire* sur des questions d'actualité internationale. Judith Jasmin ne peut le suivre. Comme femme, la place qu'elle occupe en information est un exploit en soi, mais on ne lui confierait pas, comme à René Lévesque, sa propre émission d'information télévisée.

La direction du Service des reportages lui revient de droit et de compétence. On ne la lui offre pas. On choisit Lucien Côté, le responsable de l'émission *La Revue de l'actualité*, qui a appris son métier dans la foulée de René Lévesque et de Judith Jasmin, la première fois en 1951, à l'arrivée à l'Anse-au-foulon, à Québec, de la princesse Élisabeth et du duc d'Édimbourg. Elle est indignée, frustrée, ulcérée par cet affront et cette injustice. Aucun membre de la direction n'aurait eu à l'époque l'idée saugrenue de confier à une femme, quels que fussent sa compétence et ses états de service, la responsabilité d'un service autre que la bibliothèque et la discothèque — la bibliothéconomie étant une profession féminine. Si le mot n'existait pas encore, la réalité du *sexisme*, elle, faisait partie des mœurs. On pouvait laisser une femme assumer de plus grandes responsabilités si elle n'exigeait pas la classification qu'elles commandaient. Autrement dit, il fallait quitter la boîte et prendre un poste ailleurs si on voulait améliorer son sort. L'année précédente, à l'approche des négociations de sa convention collective, le Syndicat des journalistes du Service des nouvelles et du Service des reportages avait découvert une clause du contrat stipulant que toute employée de sexe féminin perdait sa permanence pour devenir temporaire, c'est-à-dire soumise à la bonne grâce de l'employeur, si elle convolait en justes noces, que son mari travaille ou non à l'extérieur de Radio-Canada... et serait sans doute remerciée si elle devenait enceinte. Cette politique d'embauche, au surplus non communiquée aux intéressées, scandalise Judith Jasmin et Christine Sirois, la seule femme à l'emploi du Service des nouvelles. Le syndicat accepte d'inclure l'abolition de cette condition de travail dans ses demandes, plus comme point facile à concéder que comme clause prioritaire à défendre, quitte à le reprendre lors d'une future négociation. Radio-Canada/CBC rejettera la demande, et prestement.

«Il n'y a pas d'avenir à Radio-Canada pour les femmes», s'exclame Judith au cours d'une conversation avec Huguette Pilon, la secrétaire de *Carrefour*. Elle conseille à celle-ci de quitter la boîte et lui ménage une entrevue pour un poste de relationniste dans une compagnie de cinéma. Une note de service qu'elle adresse entre 1954 et 1956 au directeur des programmes au sujet de la suppression de l'émission *Conférence de presse* illustre le ton raide et sarcastique qu'elle peut emprunter devant des décisions qu'elle juge arbitraires et sans envergure:

> Monsieur le directeur des programmes,
>
> Je regrette que vous ne conserviez pas à l'affiche de CBFT mon programme *Conférence de presse*. En effet, je me proposais d'y inviter les personnalités proposées par mes propres téléspecteurs et, à leur suggestion, j'avais même les sujets respectifs très définis. Je vous en

donne la liste en vous rappelant qu'elle n'est pas de moi mais bien conforme aux désirs du public.
Robert Choquette, ou Le petit fou très sage.
Monseigneur Léger, ou Un phénomène d'ubiquité publicitaire.
Fernand Guérard, ou Le Porte-parole du goût public.
Gérard Filion, ou Manger l'arbre et l'écorce.
L'Union des Artistes, ou Les mœurs de l'escargot.
Jean Drapeau, ou La vertu commercialisée.
Roger Rolland, ou Le prix du silence.
Lucette Robert, ou Une assiette portative.
Maurice Duplessis, ou L'Autonomie d'un quarante-neuvième État.
Le TNM, ou Le nombril contemplatif.
Jean Desprez, ou On se salit les ongles à se gratter.
André Giroux, ou D'Oreste à Don Quichotte.
Judith Jasmin, ou «Ne chauffez pas le fer, ça donne envie de le battre.»

Assurée que vous saurez donner suite à vos propres idées et que vous maintiendrez votre décision de supprimer ma *Conférence de presse*, je n'insiste pas et suis non moins assurée que le public, qui suivait régulièrement ce programme, ne protestera pas lorsqu'il le verra remplacer par un «toi et moi» ou «Croyez-le ou non», vous donnant ainsi la preuve de son inéluctable paresse, de sa stupidité béate et des raisons que vous avez à ne pas vous fatiguer pour lui donner quelque chose de substantiel.

Votre toute dévouée, Judith Jasmin[37]

L'émission ne fut pas suspendue... sinon brièvement. Le ton des griefs de Judith Jasmin ne diffère pas des tonitruantes récriminations de René Lévesque. Radio-Canada les a faits journalistes, en retour ils ont fait l'information à Radio-Canada et y ont établi des critères d'excellence professionnelle. Cette institution qu'ils jugent indispensable au progrès social et où ils peuvent évoluer dans un climat de plus grande liberté qu'ailleurs leur inspire autant de respect et de fidélité que d'impatience rageuse quand ils ne la trouvent pas fidèle à sa mission. Il n'y a pas plus ardents défenseurs ni critiques plus intransigeants de la radio-télévision publique canadienne.

Que reste-t-il à Judith Jasmin? Le confort et la sécurité d'un emploi de reporter, sans possibilité de faire évoluer l'information et de mettre à profit sa compétence et son talent. Dépendre d'un chef de service fort honnête mais qui en sait moins long. Montréal n'est pas prêt pour elle. Devant l'épreuve professionnelle et une vie amoureuse qui vacille, une seule réponse: changer de trajectoire et se composer un nouvel avenir. Son voyage de trois mois en Orient aura été un tournant décisif dans sa carrière. On n'acquiert pas impunément le goût des grands voyages et des reportages à l'étranger. Ni l'habitude de prendre des risques, de vaincre n'importe quelle situation, de contrer les pires difficultés de travail seule en pays inconnu. Judith préfère tout quitter, devenir agent libre, s'installer à Paris, le lieu chéri de son enfance et de son adolescence, et vivre des cachets des entrevues et des reportages qu'elle réussira à réaliser. Ce sera l'occasion de se reprendre en main et de se fixer un double défi: apprendre à vivre seule et suivre sa propre voie journalistique. Elle prépare son projet avec soin.

Entre-temps, elle termine la saison à *Carrefour* avec docilité et continue d'animer *Conférence de presse*. Elle ne fait jamais subir à ses camarades les retombées de ses frustrations professionnelles. Elle donnera au nouveau directeur du Service, Lucien Côté, comme seul motif de son départ en Europe son besoin de relever un nouveau défi, d'élargir ses horizons, de faire d'autres expériences journalistiques. Il la regrettera: «J'ai beaucoup appris d'elle: sa loyauté à la profession, son respect du métier, de l'auditoire, de l'être humain, son souci de rapporter les faits comme elle les voyait et les sentait sans éditorialiser. Il était extraordinaire de compter dans une équipe une journaliste de sa trempe, d'une telle polyvalence, d'une qualité constante et continue, qui ne commettait jamais d'impairs.»

Elle intervient auprès des nouveaux journalistes de l'équipe avec franchise et sollicitude, les faisant bénéficier de son expérience, de sa présence calme, amusée, rassurante. Elle sent chez la benjamine de l'équipe, la toute jeune et inexpérimentée Francine Montpetit, son trac, sa timidité, son manque de confiance et prend le temps, ce que ne font pas les réalisateurs, de visionner avec elle ses entrevues et de la conseiller. Comme elle l'avait fait avec Andréanne Lafond quand elle l'avait connue au Service international: «Tu n'écoutes pas les réponses de ton invité. En entrevue, oublie les questions que tu as préparées. Si tu te fais oublier pour écouter les réponses de ton invité et pour enchaîner tes questions sur ses réactions plutôt que sur les tiennes, tu mériteras l'estime du public. En travaillant, tu y arriveras.»

C'est l'art de Judith Jasmin intervieweuse. Travailler beaucoup à connaître toutes les données d'un dossier au point de rester au besoin à son bureau pendant que les autres vont déjeuner. Arriver à une entrevue en sachant exactement ce qu'elle va chercher. Avant l'entrevue même, une préparation très courte; au moment de l'entrevue, une disponibilité d'écoute totale, une attention à se laisser surprendre par l'invité et à le suivre dans une avenue inattendue, la capacité de réveiller chez lui une corde sensible et d'aller chercher ce qu'il a d'essentiel, de plus percutant à livrer avec un minimum de questions courtes, les bonnes bien sûr. Elle qui contient tellement l'expression de ses émotions personnelles dans la vie courante n'a pas peur au cours d'une entrevue et d'un reportage, d'aller chercher au fond d'elle-même sa sensibilité et de l'utiliser. Elle ne craint absolument pas d'être émue, même en pleine entrevue. Son approche sensible lui permet d'aller aussi loin dans une entrevue télévisée, en un temps très court, qu'un journaliste de la presse écrite en tête-à-tête prolongé avec un interviewé et ce, malgré les membres de l'équipe qui vont et viennent, les caméras et les projecteurs. Elle termine la saison en beauté par un grand reportage en Gaspésie qui se traduira à *Carrefour* par six émissions de télévision et deux de radio. Ayant demandé un congé sabbatique d'un an sans traitement qui lui est refusé, elle remet sa démission à Radio-Canada pour créer, à son corps défendant, son propre poste de correspondante à l'étranger, avec la promesse verbale qu'on lui prendra, pour *Carrefour*, deux reportages par semaine.

CHAPITRE 7

PARIS, LA LIBÉRATION

À quarante ans, Judith Jasmin s'installe à Paris à la manière d'une étudiante et se plie à un train de vie modeste. Il lui faut administrer prudemment ses quelques économies. En vingt ans de carrière, elle n'a pas amassé de fortune. Peu encline à compter et portée à la dépense, elle a vécu à l'aise, sans extravagances. Ses plus grandes folies: deux ou trois robes de haute couture, d'élégants meubles scandinaves, quelques tableaux, des livres, des appareils photo et une cinécaméra de première qualité, ce voyage en Asie l'année précédente et sa générosité. Elle aurait pu garder de son adolescence pauvre et de ses rêves d'avenir brisés, un désir de revanche sur le destin, la soif de faire beaucoup d'argent ou le besoin compulsif d'épargner. Elle en retire au contraire une conscience sociale plus aiguë et un sens poussé de la compassion et du partage. Par prévoyance en vue des mauvais jours, elle a, comme sa mère, fait un placement immobilier sûr, en achetant un «triplex» rue du Parc-Lafontaine, mais elle est aussi généreuse de son argent que de sa personne et de son temps. Donner à des familles pauvres, à une connaissance dans le besoin, à un jeune amant moins fortuné qu'elle, aider de ses conseils et de ses encouragements de jeunes camarades de travail ou assister à la distribution des prix, en fin d'année scolaire, à l'école de Saint-Jérôme où enseigne une amie d'enfance, Fortunate Aubry: un même coup de cœur. Capable de patience extrême, elle gardera dans son cercle d'amitiés deux ou trois personnes ternes et ennuyeuses, rencontrées au hasard de sa carrière, sensible qu'elle est à leur admiration éperdue ou conservant pour elles une affection sentimentale. Ces amitiés demeurent incompréhensibles à ses amis proches. Si l'on s'en étonne, elle répond simplement: «Elle est seule, il est seul. Ce sont de si bonnes personnes.» Durant son séjour chez sa fille, à Paris, sa mère fera ce commentaire dans une lettre à la famille: «Judith est très chic pour moi. Quel beau caractère, généreuse intérieurement et physiquement. Je comprends qu'elle se fasse des amis[1].»

Pour vivre à Paris dans le climat d'ouverture et de liberté qui lui sied, là où elle peut suivre les mouvements intellectuels et sociaux internationaux, là où les écrivains et les artistes s'engagent pour des causes mondiales, Judith Jasmin peut facilement s'astreindre à un régime de vie frugal, presque austère. Elle loge d'abord à l'hôtel du Quai Voltaire puis au City-Hôtel, place Dauphine, dans une chambre froide, sale, sans eau chaude, et prend ses repas dans un petit restaurant du quartier, *Le Rendez-vous des camionneurs*. Elle s'achète une deux-chevaux Citroën, la voiture française la plus économique et la moins confortable qui soit, s'inscrit, à la Sorbonne, à des cours de sociologie et de philosophie orientale qui la passionneront, suit des cours de journalisme à l'École pratique des hautes études, et se met au travail. Elle se dit pleine d'énergie, décidée à vivre seule et à s'affranchir de l'amour.

Pendant son séjour, elle collaborera principalement à *Carrefour*, télévision et radio, aux émissions radiophoniques *La Revue de l'actualité*, *Fémina*, *Bon dimanche* et *La Revue des arts et des lettres*, au *Télé-Journal* — plus régulièrement la troisième année —, et par la suite à des émissions télévisées d'actualité politique internationale. Elle enverra un reportage mensuel à *La Revue populaire* et des articles à *Points de vue*, que dirigent Solange Chaput-Rolland et Andréanne Lafond. Elle interviewe, dès son arrivée, l'Abbé Pierre, la peintre italienne Léonor Fini, le peintre canadien Jean-Paul Riopelle et la première femme pilote d'essai en vol, Jacqueline Auriol. Le mois suivant, elle couvre, à Rambouillet, un congrès de la gauche française organisé par la revue *Esprit*, une manifestation contre le gouvernement de Guy Mollet, et prépare une série de demi-heures sur les Français et la République. Paris est une ville où les journalistes étrangers, même ceux qui sont en mission officielle, peuvent mettre des années à établir des contacts professionnels. Judith croyait pouvoir bénéficier de l'aide du bureau que Radio-Canada doit ouvrir dans la capitale française; son premier responsable, Jean-Marie Beaudet, chef d'orchestre et ex-directeur du réseau français, qu'elle connaît bien, a déjà été nommé mais il n'arrivera qu'en juin suivant. Elle réussit à rencontrer des personnalités égyptiennes pour préparer un reportage sur la crise du canal de Suez, mais elle devra abandonner son projet — il est impossible de se rendre au Caire à ce moment-là. Au début de décembre, les restrictions imposées sur l'essence et le mazout l'obligent à laisser sa voiture devant l'hôtel et à se déplacer en métro, transportant son magnétophone, qui pèse trente-trois kilos, parfois à trente kilomètres de Paris, pour aller, par exemple, interviewer Marcelle Auclair, la rédactrice en chef du magazine féminin à grand tirage *Marie-Claire*. Elle réalise ensuite dix entrevues en quatre jours pour *Carrefour* dont une avec Jean-Louis Barrault.

Mais les débuts sont plus difficiles que prévu et les revenus, minces. Radio-Canada ne tient pas ses promesses verbales à son endroit. Après coup, on ne dispose plus du budget nécessaire pour lui acheter, comme promis, deux entrevues ou reportages par semaine pour l'émission télévisée *Carrefour*, on réduit son cachet à trente-cinq dollars l'unité et on ne lui accorde pas de note de frais, alors qu'à Montréal tout pigiste, même débutant, reçoit cinquante dollars par entrevue en studio, soixante-quinze par reportage à l'extérieur, bénéficie de l'infrastructure du service et est remboursé pour ses frais de déplacement. De plus, l'équipe de tournage que lui assigne la Société — une compagnie privée mise sur pied rapidement par un directeur de production de Radio-Canada — ne déborde pas de compétence. Deux films sur quatre sont ratés et ne lui sont pas payés. Difficile aussi de négocier un contrat convenable et d'obtenir de changer d'équipe technique. Le réalisateur de *Carrefour*, Jean-Maurice Laporte, la soutiendra dans ses démarches auprès de la direction. Après quatre mois d'attente, elle pourra enfin utiliser les services techniques d'une autre compagnie (Télé-France-Film appartenant à J.-A. DeSève), au bout de deux autres mois, elle aura l'assurance de recevoir le cachet minimal de soixante-quinze dollars et une somme compensatoire de huit cents dollars. Sa collègue Andréanne Lafond, indignée de la savoir aussi mal rémunérée et forcée de se débrouiller avec si peu, était elle aussi intervenue auprès de l'administration, au retour d'un voyage à Paris.

À la fin d'octobre, à la grande surprise de Judith, L., un jeune cinéaste fauché, son amant des six derniers mois passés au Canada, débarque à Paris pour s'inscrire à l'Institut des hautes études cinématographiques. Au bout d'un mois, refusé par l'IDEC, il décide de rentrer à Montréal. Alors qu'elle-même subsiste avec très peu et qu'il lui avoue avoir vécu à ses dépens sans l'aimer, elle lui paie le voyage de retour. Elle peut vraiment tout donner.

Elle fait la connaissance de Paul Graar, un ex-militaire à l'emploi des Affaires étrangères, veuf ou séparé et beaucoup plus âgé qu'elle, «mon chevalier servant qui m'emmène boire du champagne sur les Champs-Élysées et me présente le grand monde». Ainsi il l'invite à déjeuner au Trianon de Versailles, en compagnie d'Edgar Faure alors député radical-socialiste, ex-ministre et dirigeant du Rassemblement des gauches démocratiques, et de son épouse[2]. Elle a renoué avec le comédien Jaque Catelain, avec qui elle avait joué à Montréal en 1940, et rencontre, lors d'une soirée chez lui, nul autre que Ramon Novarro, l'acteur de cinéma dont elle s'était entichée jeune adolescente. Elle s'est liée d'amitié avec Normand Champoux, un jeune Québécois étudiant à l'Institut des hautes études cinématographiques, qui l'introduit dans les cercles culturels. Avec son amie Jeanne Lapointe, professeure de littérature française et québécoise à l'Université Laval, qui séjourne à Paris, elle fréquente le théâtre d'avant-garde, les restaurants chinois et grecs, les terrasses de cafés existentialistes. Grâce à l'amabilité de l'impresario Nicolas Koudriavtzeff, elle peut aller applaudir gratuitement, au théâtre, Edwige Feuillère et Madeleine Robinson.

Par l'entremise de Jeanne, elle fait plus ample connaissance avec l'écrivaine Anne Hébert qu'elle avait croisée brièvement une première fois au milieu des années quarante. Anne accompagnait à Montréal son père, qui faisait partie d'un jury littéraire radiophonique dont Judith s'occupait à titre de réalisatrice; elle fut très impressionnée par sa rencontre avec «Élise Velder» qu'elle écoutait fidèlement à la radio. Tout en demeurant quelque peu mythique à ses yeux comme interprète d'un personnage de fiction, Judith Jasmin lui parut être une vraie femme dans la plénitude de ses dons. À Paris, Anne, réfractaire jusque-là à toute interview à cause de sa timidité, se laisse convaincre par Judith et lui accorde sa première entrevue... combien ardue pour l'une et l'autre! À trois avec Jeanne Lapointe, elles vont applaudir dans une petite boîte de la Rive gauche, *Chez Moineau*, rue Guénégaud, une jeune chanteuse québécoise qui tente sa chance à Paris, Pauline Julien. Au fil des années, soit à Montréal soit à Paris — Anne Hébert vivant alternativement dans les deux villes — Judith deviendra «une amie très chère dont [elle ne cessera] jamais d'admirer le courage politique et le grand talent de journaliste». «Sa générosité d'esprit et de cœur, dira l'écrivaine, son humour, sa façon unique d'être avec l'autre, attentive et fraternelle, la rendaient précieuse comme la vie elle-même qui passe et ne revient pas.» Ainsi Judith Jasmin aura été l'amie proche des trois grandes écrivaines québécoises de sa génération: Gabrielle Roy, Anne Hébert et Françoise Loranger.

Que faire pendant les vacances des Fêtes quand on est seule et sans argent? Elle profitera d'un forfait pour étudiants — dix jours de ski dans le Tyrol, en Autriche. Elle s'arrêtera d'abord à Vienne. Ce sera un Noël entre femmes, en compagnie d'une Canadienne, Henriette Rouleau, employée du ministère fédéral de l'Agriculture qui séjourne à Paris pour quelques mois, et de trois Viennoises. Au retour du Tyrol, Judith embauche dans la capitale autrichienne un caméraman réputé pour faire un reportage dans un camp de réfugiés hongrois, situé à une soixantaine de kilomètres de Vienne. Le film, développé au Canada, sera raté une fois de plus...

Judith avait quitté Montréal, en septembre 1956, plus sereine face à sa rupture amoureuse avec le seul homme qui comptait vraiment:

> René m'a apporté ces derniers jours une sorte d'accomplissement (non pas de triomphe) mais au moins la certitude que je n'ai pas aimé, vécu seule pendant si longtemps, c'est bien à deux que nous avons tissé cette forte corde. Je ne souhaite pas que tu changes, m'a-t-il dit. Peut-être m'attendra-t-il[3].

L'éloignement n'opérera pas la magie du détachement. Judith est la femme d'un amour unique, d'une passion totale. Pendant ses premiers mois à Paris, elle a connu des heures de déchirante solitude. Sans aucune nouvelle de lui cinq mois après son arrivée à Paris, dans son journal, elle adresse à l'être aimé une lettre qu'elle ne lui enverra évidemment pas:

> Mon chéri,
>
> Il y a dix ans cette année que je t'aime, que je n'aime que toi. Est-ce que ça ne mérite pas un tout petit peu de considération? Au poids, tu es obligé d'admettre que je t'ai donné une bonne part de moi-même.
>
> Ici, à Paris, je fais l'expérience de la plus amère solitude. Je voulais t'oublier, je suis plus liée à toi que jamais. Ce beau décor, il ne me

change pas. Changer maintenant. J'essaie d'imaginer Judith n'aimant pas René, c'est impossible, ce n'est pas vrai. Quand, comme ce soir, le vin me fait sortir l'âme par les yeux, ce qui s'exprime de moi, mon jus naturel, c'est un cri vers toi. Quand je suis seule et froide la nuit dans ma chambre, c'est encore toi.

Ce soir, au bord de la Seine — un ciel si doux rempli d'étoiles — je t'appelais de toute mon âme, espérant que là-bas à 3000 milles quelque chose bougerait, que tu te déciderais peut-être à tendre vers moi un petit bout de lettre qui me rendrait folle de joie. Mais ce paradis-là n'est pas pour moi. Un homme marchait près de moi qui a voulu me suivre. Il a vu mes larmes. «Vous tombez mal.» «Je vois, je peux peut-être vous aider. À deux, c'est plus facile. La nuit est si douce.» Il avait vraiment pitié de moi cet étranger qui a ajouté: «Après tout, on n'est pas des sauvages. Venez prendre un verre, il y a presque du printemps dans l'air.» Et toi, tu n'aurais pas pitié? Es-tu plus dur qu'un sauvage? Dis, laisse-moi être folle, rêver, demander l'impossible comme ces femmes belles et égoïstes qui peuvent rêver tout haut. Prends l'avion, viens, viens me voir — un jour — viens m'aider à remonter la vie[4].

Le temps cicatrisera la blessure. L'amour, lui, restera brûlant sous les cendres, obligeant Judith à se tenir sur ses gardes pour ne plus le laisser transparaître et pour afficher au premier plan l'amitié. Elle reverra toujours avec prudence cet homme qui a tellement compté dans sa vie et, des années plus tard, une lueur d'excitation illuminera encore son regard quand elle parlera de lui. «Elle l'a aimé jusqu'à sa mort», dira une de ses amies. Un coin de son cœur, en tout cas, en a toujours gardé l'empreinte.

Les accès de détresse amoureuse la brisent sur le coup. Mais elle réagit rapidement aux contrariétés et aux moments de découragement. Sa santé morale lui évite de dramatiser une situation et l'incite à faire le point. Sa réserve de courage lui sert à harnacher une à une les difficultés du travail et à faire face à la solitude de ses quarante ans. Son journal témoigne des larmes que creusent par moments le vide amoureux dans son existence et l'inquiétude de le voir s'installer à demeure. Il raconte aussi sa joie d'avoir renoué avec Paris et sa satisfaction des plaisirs les plus simples: un livre, un spectacle passionnant, une conversation avec un camarade allemand de la Sorbonne, une promenade au soleil couchant ou sous la pluie sur les quais de la Seine, comme elle aimait en faire adolescente.

Le travail remplit ses journées: entrevues de personnalités féminines pour *Fémina*, du monde culturel et littéraire pour *Carrefour*, reportages d'événements politiques et de questions sociales pour *La Revue de l'actualité*. Un producteur privé lui propose de participer à une série sur les chasseurs de requins, qui pourrait lui assurer un cachet régulier. Elle décide qu'avec un peu d'effort elle peut posséder le charme d'une Parisienne et se présente à l'essai, teinte en châtain clair. Le projet ne trouve pas preneur, mais l'expérience lui profite: elle s'offre une plus jolie tête encore, blonde, ce qui adoucit ses traits et l'embellit plus que sa rhinoplastie.

À la fin de février, elle n'a plus que vingt-cinq dollars en poche. Incurie administrative ou manque d'habitude de traiter avec une correspondante à l'étranger, ses vingt premiers reportages pour la télévision, diffusés depuis octobre, ne lui ont pas encore été payés. Impression de s'user pour rien, de travailler beaucoup pour peu d'argent. Les possibilités de jouer pleinement son rôle de journaliste lui paraissent aussi peu reluisantes à Montréal qu'à Paris.

> Le travail — avec son émiettement, ses embûches techniques, ses difficultés d'aller plus loin que le «tour de force» — et la pirouette plus ou moins réussie, ne m'offre pas grands débouchés autres que le retour à pire — dans une boîte où les êtres sont mobiles et les valeurs toujours en jeu. Ma conversation avec Ladouceur aujourd'hui m'a appris par exemple que les «intellectuels» de Radio-Canada sont en baisse. René les a fait taire avec son programme qui a un tel succès, mais c'est un cas unique et cela ne me console pas. Bref, les commerçants, Paul L'Anglais, DeSève, ont de nouveau le dessus — Lamarche, trop faible, a capitulé. Donc c'est le retour dans ce monde-là. Paris? non, pas à perpétuité. La guerre d'Algérie a pourri l'atmosphère. Je ne peux pas avoir une vraie conversation, être de cœur avec 90 % des gens que je rencontre — C'est trop peu. L'exigence manque[5].*

À cette intersection où les deux routes mènent pour elle à la médiocrité, elle cherche une issue, une solution de rechange qui puisse satisfaire ses aspirations. Dans un article sur le boycott des autobus en Afrique du Sud publié dans l'hebdomadaire *L'Express*,

* Gérard Lamarche, directeur de la division du Québec et des réseaux français. Jean-Paul Ladouceur, chef de production de la télévision. Paul L'Anglais et J.-A. DeSève, producteurs indépendants.

certains chiffres sur la phénoménale production d'or mensuelle de ce pays et la situation d'exploitation et de misère extrême de ses douze millions de Noirs retiennent son attention, et elle se demande:

> Pourquoi pas finalement rompre le cercle infernal? Cesser de tourner en rond — de vivre insatisfaite — d'aimer en vain et de sentir en soi ces bons sentiments inutiles — quand il y a tant à faire là-bas — ne serait-ce qu'être là, en témoin, comme un appui moral — essayer d'ameuter par quelques petits signaux ceux qui ne demandent qu'un signe?
>
> Cesser de vivre comme un grelot — parce que le seul homme que je puisse aimer ne m'aimera jamais[6].

Elle se sent encore très seule. Elle ne fréquente plus Paul Graar, n'a reçu aucune nouvelle d'amis et de connaissances du Québec, voit, outre Jeanne Lapointe, quelques amies françaises de longue date et quelques amis canadiens. Elle quitte enfin, au bout de six mois, sa chambre d'hôtel minable pour louer, du côté du Champ-de-Mars, dans le quartier des Invalides, une chambre à laquelle elle accède par l'appartement de la propriétaire, qui ne l'autorise pas à recevoir et ne lui offre qu'un réchaud pour cuisiner. Ce cadre de jeune fille en pension est tout ce qu'elle peut se permettre, mais, quel luxe, elle aura de l'eau chaude! Avec ses moyens de fortune, les congés se combinent forcément avec le travail. À Pâques, elle part en vacances en Bretagne avec le couple Catelain, rejoint ensuite pour quelques jours, à Carnac, Jeanne Lapointe et Anne Hébert, et se rend à Saint-Malo faire un reportage sur les Fêtes de Jacques Cartier. Retour à Paris, le temps de s'acheter quelques robes — métier oblige — et départ pour le Festival de Cannes, où elle enregistrera quatre entrevues par jour.

En été 1957, elle revient, au terme d'une première année à Paris particulièrement rude, passer deux mois à Montréal. Elle a gagné son pari sur elle-même. Une Judith Jasmin plus proche de sa féminité et plus élégante commence à vivre pour elle-même. Elle a troqué le tailleur noir passe-partout pour le chic parisien et des couleurs chaudes et gaies. Avant de repartir en France, elle écrit dans son journal:

> Je me sens depuis 2 mois (au Canada) tellement délivrée, tellement forte, sereine — que je ne remporterai pas ce carnet à Paris — dans

> mon prochain voyage. J'ai l'impression d'avoir tiré un trait, mis un point quelque part.
>
> Et je repars à l'alinéa suivant, avec plus d'air dans les poumons pour vivre mieux — dans tous les sens. J'ai vaincu la fille faible et amochée — L'autre qui renaît — je ne la connais pas tellement, mais je me prépare à l'entourer de précautions, à lui crier souvent casse-cou — à la prendre justement par la peau du cou chaque fois qu'il sera nécessaire pour la diriger où je veux aller[7].

Elle expliquera quelques années plus tard à une journaliste:

> En 1956, j'ai donné ma démission à Radio-Canada et je suis repartie de rien. C'est en cela que ce fut une libération. [...] Je crois que même si mon voyage en Inde a été enrichissant, on apprend plus de choses dans une chambre, seule à Paris, sans argent[8].

La vie parisienne

En octobre, la vie parisienne reprend son cours. Maintenant qu'elle tient les choses mieux en main, qu'elle a une entente avec Radio-Canada mieux établie et une équipe de tournage compétente, la vie est plus douce. Judith Jasmin possède une énergie incroyable et un sens prodigieux de l'organisation. On ne la voit jamais débordée, quand elle travaille, elle travaille dur et, comme pigiste étrangère à Paris, cela signifie énormément. En plus de proposer des sujets, de trouver la documentation, de faire la recherche et de rejoindre les invités, comme elle le faisait à Montréal, elle doit fixer les dates de tournage et faire ses montages pour la radio. Là n'est pas le plus compliqué. Obtenir une entrevue est un tour de force. La société française est fortement hiérarchisée, les personnages politiques hors d'atteinte, les personnalités connues assaillies par une faune journalistique nombreuse, et le message pneumatique plus sûr que le téléphone qui fait des siennes chaque fois qu'on soulève le combiné: la communication ne passe pas ou la friture s'en mêle. Les réponses se font attendre et les démarches n'aboutissent pas toujours. Albert Camus, rencontré après une représentation de *Caligula*, François Mauriac et Simone de Beauvoir, qu'elle réussit à joindre au bout du fil, lui opposent un refus. Il lui faut souvent sortir de Paris pour aller en reportage ou interviewer des personnalités chez elles. Pendant cette deuxième année de son séjour, elle conduira des entrevues entre autres avec la directrice de théâtre avant-gardiste Ludmilla Pitoëff, les chefs de file du nouveau roman, Michel Butor, Alain Robbe-Grillet et Nathalie Sarraute, avec Léo Ferré, Arletty, le chorégraphe Roland Petit et la danseuse Zizi Jeanmaire, avec le secrétaire général de l'OTAN Paul Henri Spaak. Elle réalise, avec la jeune poétesse de neuf ans, Minou Drouet, sensation du jour, une émission d'une heure qui sera reprise trois ou quatre années de suite à l'antenne de Radio-Canada; elle couvre le Salon de l'enfance et signe un reportage sur la jeunesse française.

Quand elle s'amuse, elle s'amuse ferme. Par tempérament, elle n'est ni une dilettante ni une fantaisiste, mais chez les autres ces traits la ravissent. Son séjour lui ménage, par moments, d'heureuses surprises. La veille de Noël, à Séville, le jeune infirme d'une quinzaine d'années qui lui a servi de guide l'après-midi l'entraîne par la main jusque chez lui, la fait asseoir à la table familiale et rejoint ses frères et sœurs pour danser le flamenco toute la nuit, au son de la guitare et des claquements de doigts. Puis ce seront des vacances à Majorque.

Enfin, en janvier, elle peut s'installer à bon compte dans un appartement confortable et coquet: une pièce avec cuisinette et salle de bain dans un immeuble de quatre étages avec ascenseur, 7 rue de Mézières, entre la rue Cassette et la rue Madame, entre Saint-Sulpice et Saint-Germain-des-Prés. L'automne précédent, au cours d'une réception chez Jean-Marie Beaudet, le représentant de Radio-Canada, ou chez Charles Lussier, le directeur de la Maison canadienne des étudiants, elle s'était immédiatement liée d'amitié avec Suzanne Rivard, professeure à l'École des beaux-arts de Montréal venue poursuivre son travail de peintre à Paris; Suzanne, s'étant trouvé un atelier rue de Passy, peut lui céder son appartement. Les deux amies vont au cinéma, au théâtre, assistent à des conférences ensemble. Judith, qui adore le théâtre et le connaît admirablement, ne manque aucun spectacle du Théâtre national populaire de Jean Vilar dont le plus grand interprète, Gérard Philipe, disparaîtra brutalement l'année suivante à l'âge de trente-sept ans. L'orientation sociale et la qualité des productions du TNP soulèvent son intérêt tout autant que le théâtre plus marginal: théâtre de poche, d'avant-garde, de Ionesco, de Beckett, de Pitoëff et toutes les formes d'art dit populaire pour son accessibilité et parce qu'il est un reflet de la société. Dans la chanson, ses préférences vont à Léo Ferré, à Édith Piaf et à Félix Leclerc, qui habite alors un pavillon un peu en dehors de Paris et chez qui elle amène dîner un soir son amie Suzanne. La musique classique, le ballet et les arts visuels la retiennent moins, mais elle est sensible à l'archéologie et à l'architecture. Judith estime Jean-Paul Sartre macabre bien que bon auteur dramatique. Par contre, une conférence de Simone de Beauvoir, dont elle connaît bien les œuvres, l'emballe et, le lendemain d'une conférence d'Aragon, elle est photographiée avec Suzanne Rivard au premier rang de l'assistance, à la une de *L'Humanité*. Chaque semaine, les deux amies se payent un dîner de cuisine exotique, se brûlant la langue sur des mets indiens ou africains. Un soir d'été très chaud, après le dîner, elles se promènent dans les petites rues du Quartier latin. Toutes les portes des gargotes et des boîtes sont ouvertes. La première, Suzanne entend une voix dire une phrase d'un poème d'Anne Hébert: «Je suis une fille maigre et j'ai de beaux os...» Elles entrent précipitamment. Bien sûr, c'est Pauline Julien. Judith, qui avait sympathisé avec la jeune artiste, l'interviewera pour la télévision canadienne.

Activité hebdomadaire sacrée pour le maintien de la forme physique, malgré les moyens financiers restreints: la séance chez la masseuse, qui s'ajoute à une habitude conservée depuis l'adolescence, sa gymnastique quotidienne. Au retour à Montréal, s'ajouteront les visites régulières chez l'esthéticienne. Le vieillissement lui déplaît, l'obsède par moments, la crainte de ne plus séduire, de ne plus être désirée, de ne plus être aimée. Au quarantième anniversaire de sa sœur, elle lui écrit:

> Tu accèdes à l'âge ingrat de la femme. J'espère que tu découvriras que tous les âges ont leurs joies. C'est ce qu'on me répète depuis longtemps. Entre nous, je n'ai rien découvert du tout et j'estime que rien ne remplace la vraie jeunesse.
>
> [...] Il faut se dire que la vie est une sale blague que l'on nous fait et qu'il faut être perdant en ayant l'air de trouver que c'est un magnifique cadeau[9].

Se garder jeune, avoir une peau fraîche, un corps ferme et lisse sans bourrelets n'est pas pure vanité. Prendre soin de sa santé par une discipline presque spartiate est une morale de vie dans la famille Jasmin. À soixante-dix et quatre-vingts ans, ses parents se baignent encore dans l'eau glacée du lac Marois dès le début de la saison estivale. Judith ne fume pas, boit peu, se couche tôt, observe des règles d'hygiène corporelle dont certaines, étranges ou superstitieuses: ne pas porter de lunettes de soleil, mauvaises pour la vue, ni de soutien-gorge, mauvais pour les seins.

Elle voit beaucoup de monde, pour ses entrevues et ses reportages, des Québécois en poste à Paris comme André Payette du bureau de Radio-Canada et sa femme Lise, René Garneau, ex-directeur du Service international de la Société et aujourd'hui conseiller en affaires culturelles à l'ambassade du Canada. Des Québécois de passage — des amis comme Gabrielle Roy, Henriette Duliani, Solange Chaput-Rolland, René Lévesque accompagné du réalisateur de *Point de mire*, Claude Sylvestre, d'autres gens de Radio-Canada bien sûr et des connaissances qui lui font signe, car une personnalité connue ayant pignon sur rue dans la capitale française devient une référence pour ses compatriotes de passage. Ces quelques amis français et canadiens habitant Paris et cet ambassadeur conformiste, style seizième arrondissement, devenu son amant et qu'elle voit une fois par semaine, comme d'autres vont au gymnase. Une relation de santé plus que d'amour fou avec cet homme empressé qui l'invite au restaurant et au théâtre. Elle parle de lui à ses meilleures amies avec une sorte d'ironie amusée sans jamais le leur présenter, disant qu'il ne leur serait probablement pas très sympathique. Soirées amicales à l'atelier de son amie Suzanne Rivard, fêtes culturelles à *L'Humanité*, réceptions du milieu journalistique parisien — elle fréquente des endroits où elle peut vivre l'amitié, rencontrer des gens intéressants, établir des contacts professionnels.

Un événement plus qu'inattendu survient. Sans l'avoir voulu ni planifié, elle est enceinte. Aucune hésitation de sa part à accepter cette maternité tardive. Elle aime les enfants, en désirait un quand elle vivait avec Paul Maugé, s'intéresse de près à ceux de ses amis, comble d'attentions et de présents son neveu et sa nièce qu'elle n'oublie jamais de mentionner dans ses fréquentes lettres à sa famille. Célibataire exerçant un métier masculin exigeant, elle n'avait pas envisagé jusque-là d'élever seule un enfant. «J'ai toujours voulu travailler, je ne me suis jamais vue femme au foyer, sans pour autant chasser de mes rêves la vision d'une famille de plusieurs enfants, avouera-t-elle à une journaliste[10].» La vie lui offre un cadeau qu'elle ne peut refuser. Ravie de cet accident, elle échafaude déjà des plans pour faire place à ce nouvel amour. La maternité lui apportera l'équilibre personnel qu'elle cherche depuis si longtemps auprès d'un homme. Pour qui connaît sa passion pour la vie et sa capacité d'aimer, sa décision n'a rien d'étonnant. Quelle joie aussi d'élever un enfant quand on considère sa profession comme un service d'éducation continue. «Quel merveilleux éducateur!» disait-elle de René Lévesque. De Paris, elle commentait en ces termes à son père la nomination de nouveaux directeurs à Radio-Canada: «[X] a de la culture, c'est un bon choix. Mais [Y] et [Z] sont des individus plus près de la politique que des questions de culture et d'éducation[11].» Ce bonheur qu'elle commence à imaginer lui sera refusé. Elle fait une fausse couche et en éprouve une très grande peine. Elle voulait cet enfant que la vie lui offrait. Elle en parle peu ou pas, fidèle à sa maxime de ne pas importuner les autres avec ses ennuis et ses chagrins.

Après les vacances pascales aux îles Baléares en deux-chevaux, en compagnie de Suzanne Rivard, voyage modeste qui les laisse toutes deux fauchées, son travail la conduira au festival de Cannes où elle interviewera entre autres vedettes de cinéma Jean Marais, Michèle Morgan, Madeleine Robinson et Martine Carol, le cinéaste Jacques Tati et le dramaturge Marcel Achard. Elle prend le temps de se prélasser au soleil du midi. De Cannes, au lendemain de l'insurrection d'Alger, attendant pour rentrer à Paris de savoir où en est la situation politique, elle donne, dans une lettre à sa famille, son évaluation de la grave crise qui ramènera le général de Gaulle au pouvoir:

> Les journées qui vont suivre vont être sans doute décisives. Mais il est temps que les Français ouvrent les yeux sur les réalités de l'histoire et du monde. Ils poursuivent une politique idéologique ou sentimentale sans tenir compte ni des problèmes économiques (banqueroute totale du pays qu'ils ignorent et veulent ignorer) ni des goûts ou des caractères des autres peuples. Fin de l'impérialisme politique des nations occidentales en Afrique et en Asie. Les problèmes même de la force nucléaire, d'une guerre atomique ne les intéressent ou ne les inquiètent pas. Bien manger, bien boire, s'acheter une petite voiture et courir les «pépés», voilà les buts ultimes des Français moyens. Ce serait parfait s'ils étaient seuls dans une île et qu'ils n'aient besoin de personne pour réaliser ce modeste idéal. Mais comme tout cela se fait à crédit depuis douze ans [...][12]

Elle revient à Paris couvrir la première du *Malade imaginaire* présenté par le Théâtre du Nouveau Monde, avec dans le rôle-titre Guy Hoffmann, solidement entouré de Denise Pelletier, Huguette

Oligny, Jean Gascon, Jean-Louis Roux et Georges Groulx, à l'occasion de la première grande tournée à l'étranger de la troupe québécoise qui donne également, à New York, à Paris et à Bruxelles, *Les Trois Farces* de Molière et une création canadienne, *Le Temps des lilas* de Marcel Dubé. Dans la première semaine de juin, elle se rend, en compagnie de Suzanne Rivard, à l'Exposition de Bruxelles où elle réalise une vingtaine de reportages; toutes deux habitent chez un ami de Judith à l'emploi de l'ambassade du Canada. Le TNM joue au théâtre du Parc. Jean Gascon et Jean-Louis Roux expriment le souhait de rencontrer le célèbre dramaturge Michel de Ghelderode, un homme très difficile à approcher, devant le directeur du pavillon du Canada, qui se révèle être un ami de l'écrivain et s'offre à leur organiser un rendez-vous avec lui. Ils le disent à Judith ou elle apprend la chose autrement. Ce sera l'occasion pour la journaliste d'un long entretien filmé avec de Ghelderode, qui n'accorde jamais d'entrevue, et les deux hommes de théâtre canadiens, «une rencontre inoubliable», selon Jean-Louis Roux.

Un jeune annonceur de Radio-Canada, Pierre Nadeau, a démissionné de son poste quelques mois après son embauche pour poursuivre des études à Paris avec celle qu'il vient d'épouser, la comédienne France Johnson. Petit garçon, il a croisé Judith Jasmin à quelques reprises à la maison. Son père, Jean-Marie Nadeau, avocat, journaliste et conseiller juridique de plusieurs personnes de l'intelligentsia québécoise, du monde artistique et journalistique du début des années cinquante, recevait chez lui, le soir, un certain nombre de clients avec qui il aimait sans doute discuter des transformations sociales à apporter au Québec. Pouvaient s'y croiser un soir René Lévesque et Anne Hébert, un autre, Jean-Louis Gagnon et Gabrielle Roy. Quand Judith Jasmin jouait dans la série *Mon pays*, Nadeau père en préparait la documentation; quand elle travaillait au Service international, il y signait des chroniques économiques. Judith croit en la jeunesse et elle donnera sa chance au journaliste débutant, le recommandant à Radio-Canada pour la remplacer lors d'un reportage à Lourdes et pour couvrir la Journée du Canada à l'Exposition de Bruxelles, et à des maisons de production françaises comme narrateur.

De retour au Québec à la fin de l'été, le plaisir de revoir Montréal, sa famille et ses amis est assombri. Elle doit y subir au début d'octobre une ablation du col utérin. La tumeur se révèle cancéreuse. La sale maladie du mal d'amour, des peines tues, des rêves brisés, des sentiments refoulés a fait ses ravages. Judith, qui cache habituellement si soigneusement ses émotions et réserve ses larmes pour son oreiller dans la solitude de sa chambre, est cette fois trop bouleversée et affolée. Elle éclate en sanglots au bout du fil en apprenant la nouvelle à Suzanne Rivard.

Sa convalescence à Paris est adoucie par la présence de sa mère à ses côtés en octobre et novembre. Depuis peu à la retraite et trop heureuse de retrouver cette ville où elle se verrait bien finir ses jours, Rosaria Jasmin accompagne son petit-fils Christian, âgé de dix ans, à sa première traversée vers l'Europe à bord de *L'Homéric*, et sa présence rue de Mézières restitue une atmosphère plus familiale pour lui pendant les premières semaines de son année d'études en France. Soutenue dans son projet par son père, Judith veut offrir à son neveu l'éducation française qu'elle a elle-même reçue. Le garçon sera pensionnaire au collège du Montcel à Jouy-en-Josas, près de Versailles, et passera les week-ends et les congés chez sa tante, qui l'adore comme un fils et veille avec une vigilance touchante à tous les aspects de son éducation. Tante Judith n'est pas comme grand-maman, câline, enveloppante, débordante de gestes affectueux, mais plutôt une femme impressionnante, grande, qui s'impose partout, se démarque des autres, parle fort. Elle exprime son affection à son neveu en lui proposant une foule d'activités agréables. Les fins de semaine sont bien remplies: spectacles, cirque, cinéma, restaurants, excursions à l'extérieur de Paris, en France et en Suisse. Judith est une femme liante avec les étrangers, et les propriétaires des auberges où elle loge avec son neveu ont plein de délicatesses pour ce couple particulier de voyageurs. Sa jeune cousine, Mireille Desjarlais, étudiante à la Sorbonne, se joint à eux à l'occasion d'un voyage en Normandie et d'une visite à Tours, chez une amie française de Judith. Pour l'enfant qui ne voulait pas quitter sa mère, cette année en France sera un déchirant épisode; les week-ends, la vie est un tourbillon de plaisirs, les semaines au collège, elles, sont longues et souvent, la nuit, il pleure d'ennui dans son lit étroit de pensionnaire.

La convalescence de Judith freine les balades dans Paris avec sa mère; mais pas le travail. Déjà, à Montréal, à peine sortie de l'hôpital, elle avait fait des entrevues avec Thérèse Casgrain, Françoise Loranger et Charlotte Boisjoli pour l'émission *Fémina*. De retour en France, elle se met immédiatement à la tâche. Des entrevues avec Jean Vilar du Théâtre national populaire, Raymond Jérôme du théâtre Le Vieux Colombier, les écrivains Michel de Saint-Pierre, Pierre L'Hermite, Maurice Druon et le récipiendaire du prix Goncourt Francis Walder, avec le comédien Robert Lamoureux, avec des spécialistes de la pensée contemporaine; des reportages au Cabinet des estampes et à Saint-Germain-des-Prés. Les choses vont plus rondement en cette troisième année. Elle participe une fois de plus à l'émission d'actualité politique *Affrontement*, avec l'écrivain Thierry Maulnier et un journaliste du *Figaro*, sur l'affaire Boris Pasternak — le gouvernement russe a obligé l'auteur du *Docteur Jivago* à refuser le prix Nobel qui semblait honorer une œuvre écrite contre le régime. Elle couvre la réunion du Conseil atlantique nord où sont attendus les chefs de gouvernement de quinze pays membres de l'OTAN dont le Canada et douze mille journalistes dont René Lévesque.

N'importe quelle entrevue peut tourner à l'inattendu. En se rendant chez Pierre L'Hermite, prêtre âgé de près de quatre-vingt-quinze ans, qui portait le titre de Monseigneur et habitait une sorte de presbytère dans la banlieue parisienne, Judith ne s'attendait pas à être violentée par son invité. L'écrivain, dont les verdicts et les veto avaient contribué longtemps à rétrécir la culture littéraire des collégiens canadiens-français, se révéla plus obsédé que jamais par sa haine des femmes. Devant la caméra, il se mit à développer l'un de ses thèmes favoris: les jeunes garçons étaient des êtres fragiles qu'il fallait protéger par tous les moyens non seulement des mauvaises lectures, mais surtout des femmes, ces créatures diaboliques; seule la vie cléricale lui semblait un abri sûr contre les entreprises féminines. À un moment de l'entrevue, emporté par sa rage, il saisit le bras de l'intervieweuse, la secoua vigoureusement, en hurlant: «C'est vous qui conduisez les jeunes gens en enfer!» Le tout fut montré à l'écran de *Carrefour*. À des lieues de distance, Judith regrette de ne pouvoir juger de l'ampleur du succès de Pierre L'Hermite[13]...

Aux Fêtes, ce sont avec Suzanne Rivard des vacances de neige et de ski pour Christian, à Ortesei, dans les Alpes italiennes. Elle veut recréer pour son neveu une atmosphère aussi familiale que possible, un Noël chargé de présents. Lors d'une visite au château de Dampierre, quelques semaines plus tard, le garçonnet deviendra rouge de plaisir quand le guide montrera aux touristes une table signée Jasmin. Sa tante lui fera alors remarquer: «La noblesse n'est pas dans le nom. Ce Jasmin ébéniste chez les seigneurs valait bien les maîtres[14].»

Par solidarité

À Montréal, Radio-Canada vit de graves soubresauts, et le 29 décembre 1958, les réalisateurs du réseau français, qui réclament le droit d'association professionnelle avec affiliation syndicale à la CSN, déclenchent la grève. Montréal est alors le centre de télévision le plus important après New York et Hollywood. Station francophone, Radio-Canada produit plus de soixante pour cent de ses émissions télévisées et compte soixante-quinze réalisateurs contractuels, près du double par rapport à Toronto. Depuis sept ans, la télévision a connu une expansion très rapide, et l'appareil bureaucratique a pris de plus en plus d'autorité sur les réalisateurs dont la tâche est mal définie. Bien que son statut de pigiste soit précaire, Judith, sans l'ombre d'une hésitation, arrête immédiatement toute collaboration avec Radio-Canada. Sa réaction diffère de celle de son collègue René Lévesque, lui aussi pigiste, peu enclin au début à participer au mouvement d'appui aux grévistes, par souci de respecter son contrat et en sa qualité de journaliste. Une fois provoqué et convaincu par Jean Marchand, l'animateur de *Point de mire* se lance à fond de train dans la bagarre; il deviendra, aux côtés du syndicaliste, avec les comédiens Jean Duceppe et Jean-Louis Roux, respectivement président de l'Union des artistes et de la Société des auteurs, l'une des figures de proue de ce conflit dur, long de deux mois, qui paralysera la plus importante institution culturelle du Canada français. Au même titre que la grève d'Asbestos en 1949 et celle de Murdochville en 1957, la grève des réalisateurs de Radio-Canada revêtira un caractère symbolique de lutte sociale, sera le point de ralliement des intellectuels de l'époque et passera à l'histoire comme l'un des conflits les plus marquants au Québec.

Le 9 janvier, dans une lettre à sa famille, Judith adresse ce passage à sa sœur Claude, réalisatrice à la télévision:

> Par solidarité pour vous, j'ai refusé hier de faire un papier pour le Téléjournal sur la passation des pouvoirs à de Gaulle. Si votre grève dure, je refuserai aussi un *Affrontement* que je dois faire mardi. Je suis furieuse que mes films servent à mon insu à boucher les trous des horaires.

> Ci-joint une petite lettre que Christian m'a envoyée cette semaine. Il serait urgent, Claude, que tu lui écrives et cela aussi régulièrement que possible. Ne néglige pas le premier de tes devoirs, bien avant les grévistes[15].

Cette dernière remarque à Claude est blessante. Judith ne semble pas se rendre compte que, sous sa franchise et ses bonnes intentions, son autoritarisme et sa brusquerie puissent causer heurts et frictions et que, par son indélicatesse, elle s'immisce dans les affaires de sa sœur. Ces traits de son caractère ne rendent pas toujours faciles les relations avec sa sœur, son frère et son neveu.

Comme au temps de ses études au lycée de Versailles, son séjour à Paris est l'occasion d'un abondant échange épistolaire avec sa famille. Elle correspond aussi avec ses amies, mais ces échanges sont moins fréquents et nous n'avons pu en retrouver la trace. Plusieurs lettres à ses proches, au cours des semaines suivantes, montrent son adhésion totale à la grève, sa lucidité par rapport à l'importance de l'enjeu et des conséquences que pouvait avoir pour elle-même sa prise de position, et surtout comment elle situe son analyse de ce conflit dans une perspective sociopolitique plus vaste. Elle écrit à Claude:

> J'espère que votre marche sur Ottawa aura eu un résultat — réveiller les apathiques, secouer la masse inerte, faire bouger ces messieurs du Parlement. Vous avez tous un courage formidable. J'espère que les forces physiques tiendront. Ne tombe pas malade, ma pauvre Claude. Et je comprends que la veulerie, la lâcheté, les compromis de tant de gens te fassent mal. Les «absolus» sont rares, surtout chez nous où nous sommes restés «peureux» depuis la capitulation. Merci des coupures de journaux que je lis avec fièvre et amertume. Je les passe à mes compagnons du bureau de Paris (Benoît Lafleur et André Payette). Ils ont très bien compris que je respecte le cordon de piquetage. Seulement, d'autres acceptent à ma place. Je n'ai pas tourné un seul *Carrefour* depuis six semaines (avant les vacances de Noël). Donc de Paris, vous avez aussi un petit support[16].

À son père:

> Merci d'abord cent fois à papa de m'alimenter si bien et si régulièrement à même l'avion des nouvelles fraîches sur la grève. C'est évidemment ce qui m'intéresse le plus actuellement. Claude est en effet magnifique de courage et votre description de son énergie à Ottawa m'a rendue toute fière [...] Je suis très fière et très heureuse de voir René [Lévesque] mener le combat de cette façon. Il est

> d'ailleurs dans son élément et sans doute assez heureux d'avoir à agir et à s'exprimer. J'ai reçu une lettre de Françoise Loranger-Michaud — très enthousiaste gréviste qui regrette de ne pas me voir à Montréal en ce moment — moi aussi d'ailleurs[17].

Et quelques jours plus tard:

> Il semble que nous soyons près du dénouement. Tu verras que malgré tout ce n'est pas l'autorité d'un petit groupe qui aura gagné. Le temps est révolu, même chez nous, où les petits perdaient toujours. Il semble que *La Presse* commence enfin à devenir un journal consistant et vertébré. Les articles d'Amédée Gaudreau sont particulièrement vifs, actuels, un ton dont on avait peur autrefois, dans la boîte. Si Radio-Canada ne me redonne pas de travail (le sens de la punition peut jouer dans de nobles cervelles) je proposerai à Jean-Louis Gagnon [rédacteur en chef de *La Presse*] une correspondance de Paris[18].

En toutes circonstances, Judith Jasmin est guidée par un même idéal: contribuer par son action à faire avancer la société et la condition humaine vers un système d'équité et de justice. Elle comprend trop les forces de pouvoir en jeu pour s'illusionner sur les conséquences de l'engagement individuel. Elle en connaît le prix et l'accepte à l'avance, sans se prendre ni pour une héroïne ni pour une victime. L'objectif est clair, la conduite à suivre, limpide. Si elle écope de représailles, elle s'en accommodera sans acrimonie. Elle changera de parcours et trouvera une autre voie pour exercer son métier. Au réalisateur de *Carrefour*, Jean-Maurice Laporte, elle envoie ce mot d'encouragement qui illustre on ne peut mieux la fougue de ses convictions:

> J'aimerais être à vos côtés, des donneurs d'exemple. C'est vous qui forgez le caractère du grand public même s'il vous semble bien anodin. Les martyrs sont les seuls qui ont fait avancer idées et civilisations. Sans martyr, rien de grand ne se bâtit[19].

La grève perdure, et Télé-France-Film perd de l'argent parce que Judith refuse de travailler. Le propriétaire de la compagnie, J.-A. DeSève, fournit en outre, à prix fort, à Radio-Canada, les longs métrages qui remplissent la grille-horaire durant la grève; il ordonne à son représentant parisien de remplacer la journaliste au plus vite. Heureusement, à Montréal, le directeur du Service des émissions éducatives et d'affaires publiques, Marc Thibault, s'y oppose:

> Claude, ne me parle pas de mon courage. Pour moi, tout se passe bien finalement, surtout grâce à Marc Thibault. C'est un type formidable et je suis heureuse de ce que tu me dis concernant son attitude courageuse. Dieu que ça fait du bien de voir des gens courageux[20].

Judith applaudit toujours la vaillance, de quelque côté qu'elle se trouve.

Contrepoint heureux de ce long arrêt de travail: avoir du temps, et à Paris en plus, où il y a tant à lire et à voir. Outre la lecture quotidienne du *Monde* dont elle apprécie les éditoriaux, de *L'Humanité*, de *L'Express*, d'autres journaux et magazines, Judith lit de tout sauf de la poésie: Georges Simenon qu'elle adore, les romans, les biographies, les nouveautés, et au premier plan les ouvrages liés aux questions politiques et sociales. Du temps aussi pour assouvir sa curiosité des arts divinatoires qui l'ont toujours attirée sans qu'elle y attache une foi absolue ou en fasse la boussole de sa vie, et pour s'adonner à la pratique du yoga. À son arrivée à Paris, elle avait fait analyser son écriture, aujourd'hui elle consulte un astrologue. À l'occasion de l'anniversaire de son père, elle lui écrit:

> Permets-moi cher papa de t'envoyer (non pas en guise de cadeau, c'est trop mince, en guise de souvenir) un petit livre d'astrologie sur ton signe de naissance. Tu y liras la genèse de ton caractère et, tel Melchior jadis, apprendras que les astres nous gouvernent.
>
> La nouvelle astrologue, yoga, gréviste qui vous embrasse[21].

Sa femme de ménage lui lit le tarot. Amusée, elle s'inquiète de la réaction de la famille:

> Après le yoga, l'astrologie, voilà les tarots en branle. Vous devez avoir la frousse de me voir revenir dingo. Sans blague, j'aimerais mieux être avec vous sur la barricade de la grève qu'à me tourner les pouces, ce serait plus sain. Me tourner les pouces n'est d'ailleurs pas très exact puisqu'en fait il y a toujours à voir, à lire à Paris et que je ne m'ennuie pas le moins du monde[22].

Quand la grève des réalisateurs se règle, Judith adresse à sa sœur Claude ce dernier commentaire sur la victoire des grévistes, qui ne leur vaudra toutefois qu'une reconnaissance partielle de leur droit à se constituer en unité de négociation:

> J'ai reçu cette semaine ta lettre «cafard». J'espère que ça va mieux maintenant? Il ne faut pas t'envoyer des coups d'angoisse comme ça.

C'est mauvais pour la santé et ça fait perdre le sens des proportions. Que les grévistes de la radio n'aient emporté que des miettes de victoires dans le contexte politique de notre pays, c'est prévu. Nous sommes un des trois ou quatre pays archicapitalisés où les revendications sociales font figure de découvertes. Dans les pays européens, cette situation a évolué il y a vingt ou trente ans par des luttes très dures, menées toujours par les communistes. Ça, ne nous le cachons pas: seule, la peur du communisme a fait céder du terrain de la part des grandes entreprises capitalistes[23].

Fin février, Judith part deux semaines en reportage à Nice, Vence, Monaco, Saint-Honorat, Aix et Lyon, laissant pour le week-end la garde de son neveu Christian à Suzanne Rivard. Elle ne réussit à rencontrer ni Jean Cocteau, ni Pablo Picasso. Par contre, elle rapporte une entrevue non prévue avec le commandant Jacques-Yves Cousteau et rencontre à Lyon le ministre de l'Information du gouvernement de Gaulle et partisan de l'Algérie française, Jacques Soustelle, qui lui promet une entrevue et son aide pour son dossier sur l'exploitation du pétrole dans le Sahara. Suivent à l'écran de *Carrefour* nombre d'entrevues avec des personnalités de tous horizons. Parmi les plus connus, le président de Tunisie Habib Bourguiba, l'ambassadeur du Canada en France Pierre Dupuy, l'animateur de théâtre révolutionnaire Roger Planchon, l'écrivain Eugène Ionesco, l'aviateur et écrivain Pierre Closterman, le céramiste Bossi, le sculpteur Lutenbacher, le jazzman américain Sydney Bechet. Judith Jasmin continue de couvrir des événements de politique internationale et européenne qui intéressent les Canadiens: la réaction de la France à la démission du secrétaire d'État américain John Foster Dulles, une conférence de presse du président du Conseil Guy Mollet sur son prochain voyage au Canada.

Retrouver son pays à distance

Au bout de trois ans d'efforts, Judith Jasmin a réussi. Elle s'est créé une niche professionnelle enviable à Paris. Suffisamment intégrée dans les milieux français pour avoir les contacts nécessaires, elle peut en outre bénéficier maintenant de l'aide du bureau de Radio-Canada. Elle a consolidé sa réputation de première femme journaliste du réseau français et elle est reconnue comme l'une de ses meilleures animatrices, faisant preuve d'une polyvalence exceptionnelle, affichant le même talent de communicatrice pour couvrir ou analyser un dossier de politique internationale, s'entretenir avec un sculpteur ou réaliser une émission d'une heure sur une enfant poète. Sa performance n'est pas justement rémunérée. Si elle décidait de rester à Paris, elle pourrait négocier son contrat à la hausse. Ou mieux, elle pourrait, en usant de combativité, décrocher le poste de correspondante officielle du Service des nouvelles à Paris (qui sera créé l'automne suivant), mais ce qui l'intéresse, c'est l'arrière-plan de la nouvelle, le sujet à creuser en profondeur. À la fin de mars, elle commence à se demander si elle ne ferait pas mieux de rentrer à Montréal:

> À Montréal, je ferais plus d'argent. Il serait peut-être temps de rentrer et de me ranger. [...] À Paris, je me sens sinon parfaitement heureuse, du moins calme, sans angoisse. J'ai maintenant quelques amis gentils et je ne me sens plus trop seule[24].

Amédée Jasmin arrive à Paris pour une huitaine de jours, seconde visite depuis le début de l'année. C'est une grande joie pour sa fille aînée dont l'adoration pour ce père vieillissant est restée sans faille, un bonheur immense pour le petit Christian. Cet homme de soixante-dix-huit ans, toujours vert, n'a pas encore fermé son étude de notariat. Trois ans plus tôt, candidat CCF défait dans la circonscription de Saint-Henri-Westmount aux élections provinciales, il déclarait: «La maturité d'un peuple est lente à parvenir, même maintenant, avec tous les instruments merveilleux de renseignement tels que journaux, radios, télévision, car toutes ces puissances éducationnelles sont entre les mains des financiers ou de partis politiques liés et dépendant de la finance[25].» L'année précédente, il terminait sa «carrière politique» en se présentant une dernière fois comme candidat CCF aux élections fédérales. Mais il est davantage replié sur lui-même, plus intérieur. Ses amours sont du passé. Il passe son temps à lire et à faire de longues promenades. D'un naturel peu caressant avec ses enfants, il entoure de tendresse son petit-fils, cède à tous ses caprices et se consacre entièrement à lui. Il n'a plus rien de l'homme autoritaire de quarante ans qui, dans une situation de crise, à la maison, ne souffrait aucune discussion. Ce sont les longues marches dans Paris du grand-père et de son petit-fils, main dans la main, et les excursions avec Judith à Versailles, à Fontainebleau, au Mont-Saint-Michel, à Saint-Malo, en Bretagne.

Radio-Canada commande à Judith un important reportage en Algérie, en pleine guerre entre le Front de libération nationale

(FLN) et les forces militaires françaises, mais le cachet est ridicule. Suzanne Rivard la convainc d'envoyer un télex à Montréal pour obtenir une rémunération décente. Judith, il est vrai, défend mieux des idées que sa personne. Manque de confiance et d'estime de soi, pudeur élégante acquise par l'éducation à se battre pour des questions financières, certes, mais l'argent ne l'intéresse pas et en gagner le plus possible ne la préoccupe pas. Il y a plus. Se voir offrir des cachets minables ne peut s'interpréter comme une marque de respect et d'appréciation de la part de son employeur. Dans un milieu masculin qui vous considère comme une intruse, vous vous sentez moins à l'aise pour poser des exigences. «Comme elle ne se sentait pas désirée, il lui était difficile d'exiger. Radio-Canada l'a maltraitée jusqu'à la fin», dira la secrétaire de *Carrefour*. Sa collègue Andréanne Lafond expliquera: «Elle ne savait pas se battre. Elle était de la race des grands reporters, mais elle n'a jamais pris la mesure réelle de son talent. On ne le lui disait pas. Si on l'avait fait, elle se serait sentie plus forte pour négocier.» Judith Jasmin est néanmoins consciente de sa compétence professionnelle. Elle l'est moins de sa valeur marchande et, surtout, elle dissocie complètement le métier de sa rémunération. D'abord, l'information: dès l'avènement de la télévision, elle avait revendiqué de passer de la radio au nouveau média, prévoyant son impact en information. Elle perçoit lucidement sa condition de femme dans son milieu professionnel et accepte le coût de son statut de pigiste pionnière à l'étranger. La question financière ne la laisse pas pour autant totalement indifférente. Elle s'est battue en vue d'obtenir un compte de frais pour sa coiffure et ses vêtements à *Carrefour*. Elle a annoncé à sa famille, à la fin de la saison précédente: «J'ai reçu une excellente lettre aujourd'hui d'Hubert Aquin (le chef de mon service) qui me donne satisfaction et augmente le taux de mes cachets à venir ($90.00 par émission)[26].»

D'Alger, Judith Jasmin se rendra au Sahara: un voyage blanc, un désastre financier. Très malade pendant plusieurs jours, elle ne pourra terminer son reportage sur l'exploitation du pétrole; elle en sera quitte pour les frais. Au retour, elle couvrira le festival de Cannes pour la troisième fois. À la tâche douze heures par jour, elle rencontre entre autres célébrités Jean Cocteau, Jacques Prévert et Simone Signoret. On a du mal à comprendre que le public ait pu retenir d'elle l'image d'une femme froide et austère à la voir se comporter avec douceur et rire beaucoup avec Cocteau et Prévert.

En juin, Radio-Canada lui demande de revenir au Canada suivre avec d'autres reporters, dont Henri Bergeron, Louis Chassé, Jacques Fauteux et Pierre Nadeau (qui vient de rentrer de son séjour en France et qui travaillera pour la première fois avec Judith Jasmin), la visite au Canada de la reine Élisabeth II et du duc d'Édimbourg qui conduira le couple royal, à compter de la mi-juin et pendant un mois et demi, de Saint-John's à Québec, Montréal, Ottawa, Toronto, Winnipeg, Calgary, Edmonton, Vancouver, Nanaïmo. Judith Jasmin s'impose automatiquement comme le leader de l'équipe du réseau français pour des raisons évidentes: le respect professionnel que lui portent ses jeunes camarades et son entrain. À ce jeu où les commentateurs se renvoient l'antenne d'un endroit du parcours à un autre, elle est un modèle de perfection et d'aisance: elle domine l'inattendu sans sourciller, improvise avec l'aplomb de celle qui possède parfaitement son sujet, a le sens de la formule, le mot juste. À l'extérieur du Québec, le travail n'est pas de tout repos, car les journalistes du réseau anglais de Radio-Canada se réservent les meilleurs points d'observation le long du parcours. À Toronto, Pierre Nadeau, commentateur pour la radio, ne voit rien d'où il est posté. Pas très loin de lui, Judith Jasmin, qui fait le reportage pour la télévision, peste bruyamment pour la même raison. Les jeunes machos de l'équipe française sont ravis de faire partie du «Miss Jasmine group» comme les appellent leurs collègues de langue anglaise. Par ses interventions musclées aux réunions de coordination, leur aînée finit par obtenir pour l'équipe de meilleurs emplacements sur le parcours. De plus, voyager avec Judith Jasmin, bien qu'elle soit leur doyenne d'âge, est une fête. Avec elle, on s'amuse tout le temps, à l'heure du dîner, aux heures d'attente à l'aéroport. Au Stampede de Calgary, elle fait rire ses compagnons de route pendant toute la soirée par ses reparties, les anecdotes amusantes qu'elle raconte avec le plus grand sérieux, ses imitations des messieurs de la CBC. Attablée avec ses jeunes collègues, elle est en train de manger son bifteck quand un invité, se croyant drôle, lui tire un coup de revolver à blanc dans le dos. Elle sursaute, s'étouffe, se retourne vivement, l'œil courroucé, la tablée retient son souffle, puis Judith éclate de rire.

Elle avait gardé l'appartement parisien au cas où elle déciderait de prolonger son séjour l'année suivante. Claude Jasmin est venue, accompagnée d'une amie, retrouver son fils après cette longue séparation et, profitant de l'appartement de sa sœur, respirer à son tour l'air de Paris avant de descendre sur la Côte d'Azur et la Riviera italienne et de rentrer avec Christian au Québec.

Pendant son séjour en France, terre qui lui semblait plus sienne que le Canada, Judith Jasmin a découvert son attachement véritable à son pays. Elle a enfin trouvé son identité, son appartenance. La France lui rappelait les souvenirs d'une merveilleuse enfance. À seize ans, elle avait dû s'arracher à Paris pour s'insérer dans une société rétrograde, où elle allait voir se briser ses rêves d'avenir. Ensuite, elle avait vécu partagée entre l'enthousiasme de contribuer à faire évoluer son pays et la nostalgie de celui de ses amours. Aujourd'hui, elle réévalue la France sous son jour actuel, lui conservant la fidélité que l'on ressent pour un vieil ami. Mais ce pays n'est pas le sien. Une fois de plus, sans regarder en arrière, elle changera de cap. Elle reviendra définitivement chez elle, à Montréal, dans cette jeune société imparfaite mais en devenir qui est la sienne. Elle a besoin de s'inscrire dans une action plus concrète, de militer dans une société en marche, où tout n'est pas fait, où il y a encore tant de choses à inventer et à faire bouger. Elle dira de ses années en France: «Même si j'ai beaucoup travaillé, ce fut une vie heureuse et vagabonde, de grandes vacances[27].» Au moment où elle risquerait de s'incruster dans une habitude, elle se découvre un nouveau désir, elle se lance un nouveau défi. Elle fera référence, dix ans plus tard, à une espèce d'instinct qui, toute sa vie, l'a empêchée de faire longtemps des choses qui lui déplaisaient ou ne lui plaisaient qu'à moitié[28]. Elle rapporte à Montréal un bagage d'expériences que peu de ses confrères montréalais possèdent et qui se greffe à un cheminement d'ouverture au monde entrepris à l'adolescence et sans cesse poursuivi depuis.

Pendant son séjour parisien, Judith Jasmin a rencontré tant de personnalités aux profils différents, abordé tant de sujets divers que l'art de l'entrevue n'a plus aucun secret pour elle. Ses entrevues ne sont ni banales ni ordinaires. Qu'il s'agisse d'une vedette de cinéma mille fois interviewée et attrapée au vol en plein festival, d'un écrivain peu loquace ou d'un scientifique au langage abstrait, elle cherche chez chacun l'individualité profonde de l'être. Un collègue de Radio-Canada avait eu cette réflexion: «Judith ferait parler la Tour Eiffel[29]...» Quant à ses reportages sur l'actualité économique et politique, tant française qu'internationale, soit pour *La Revue de l'actualité* soit pour le *Télé-Journal*, ils durent être plus nombreux que les quelques-uns dont il est fait mention ici, particulièrement pendant les deux dernières années de son séjour où le conflit algérien occupait les manchettes des médias internationaux. Dès son arrivée en France, en automne 1956, elle en fit plusieurs, dont on trouve la trace à travers sa correspondance avec sa famille. Mais, dans les deux années qui suivent, elle donne moins de détails sur son travail dans ses lettres aux siens, en parle le plus souvent au détour d'une phrase, en relation avec autre chose, et les archives de Radio-Canada relatives à cette période sont incomplètes. Elle n'a tenu son journal intime que la première année de son séjour, la plus éprouvante sur le plan sentimental, et n'y a noté aucune réflexion sur ses activités professionnelles.

En ces premières années de la télévision, Judith Jasmin fait rencontrer au public québécois, qui commence à s'ouvrir au monde avec curiosité et avidité, les directeurs et metteurs en scène de théâtre français les plus novateurs, des vedettes de la scène et de l'écran, des célébrités du monde de la politique, de l'art, de la littérature, des spécialistes de la pensée et de la philosophie contemporaines comme de la science. Elle fait visiter aux téléspectateurs une abbaye cistercienne, le Cabinet des estampes et le marché aux puces de Paris, le quartier de Saint-Germain-des-Prés, le festival de Cannes, l'Exposition internationale de Bruxelles, autant de découvertes pour le public québécois d'alors.

De toutes ses rencontres, se détache le souvenir de deux écrivains avec qui elle aurait pu nouer des liens d'amitié, Eugène Ionesco et Jacques Prévert. Ils ont souhaité la revoir. Elle n'a pas donné suite. Son rythme de travail ne lui en a pas laissé le loisir, et elle a quitté Paris trop tôt. Elle racontera plus tard, dans une conférence, sa rencontre avec Ionesco: «Ionesco était un cas insolite... Il est devenu depuis un quasi-classique. *La Cantatrice chauve* et *La Leçon* se jouaient depuis un an au théâtre de La Huchette. Ionesco était timide et semblait avoir de la difficulté à parler de son œuvre, mais à mon grand étonnement, une fois en piste, je veux dire devant la caméra, il fut non seulement loquace mais sut expliquer très clairement les côtés obscurs de son théâtre.» Après avoir fourni l'explication du dramaturge sur la genèse des deux pièces, elle poursuit: «S'il faut ajouter un trait à l'image de Ionesco... j'ai dit tantôt qu'il était timide: il le savait et, pour se livrer, il avait bu auparavant un ou deux verres de scotch... ce qui lui avait permis de perdre ses inhibitions. Il devenait alors charmant. Et l'entrevue terminée, il se demandait comment prolonger une conversation qui avait subitement des charmes; cet homme fermé, légèrement bougon, était transformé en un ami bavard qui découvrait qu'il avait tout son temps et qu'il était prêt à passer la journée avec vous[30].»

CHAPITRE 8

LE QUÉBEC, L'ENGAGEMENT

Judith Jasmin rentre à Radio-Canada, à Montréal, par la grande porte. En plus de poursuivre sa carrière à *Carrefour*, elle fait partie, à titre d'animatrice-intervieweuse, avec René Lévesque et Gérard Pelletier, de la nouvelle émission prestigieuse d'affaires publiques, *Premier Plan*. Trois autres intervieweurs de *Carrefour*, Wilfrid Lemoine, Guy Viau pour les arts plastiques et Jean Vallerand pour la musique, y collaborent. La nouvelle série télévisée hebdomadaire, diffusée la première saison, le dimanche soir de 22 heures 30 à 23 heures, veut présenter des personnalités de réputation internationale de la politique, de la littérature, du théâtre, de la musique, des arts et du cinéma, proposer des enquêtes sur des problèmes sociaux, des analyses de l'actualité et des panoramas sur certains pays dont l'évolution économique et politique prend de l'importance dans l'équilibre du monde moderne. *Premier Plan* s'inscrit dans une saison de télévision faste qui ajoute plusieurs nouvelles émissions aux succès des années précédentes. D'un soir à l'autre, le public est rivé au petit écran pour regarder les téléromans *Les Belles Histoires des pays d'en haut*, *Le Survenant*, *La Pension Velder*, *En haut de la pente douce*, *Joie de vivre*, cinq jeux-questionaires dont la très populaire *Poule aux œufs d'or* animée par Roger Baulu, *Rendez-vous avec Michèle* (Tisseyre), *Toi et moi* avec Janette Bertrand et Jean Lajeunesse, *Pays et merveilles* avec André Laurendeau, *L'Heure du concert*, *Le Téléthéâtre* et *La Soirée du hockey* avec René Lecavalier qui vide, le samedi soir, les restaurants, les bars, les cinémas et les rues, au regret d'un certain nombre d'épouses-mères de famille et de jeunes filles qui ne prisent pas le sport et voient s'envoler toute possibilité d'une sortie ou d'une soirée tranquille à la maison.

L'objectif de *Premier Plan* est emballant, mais la tâche lourde, et les émoluments équitables à condition que l'on sache s'organiser et que l'on détienne un autre emploi. Ses animateurs-intervieweurs ne bénéficient pas plus que les autres intervieweurs de la maison des services de recherchistes. Chacun est appelé à présenter ses projets, à en faire la recherche, à proposer la structure de l'émission et les invités, à rédiger et à enregistrer les textes de présentation et d'enchaînement, en plus de conduire les entrevues. On reçoit le même cachet de base pour une entrevue d'une demi-heure en studio à Montréal, pour un reportage à l'étranger ou pour un sujet exigeant plusieurs semaines de travail. On combine entrevues et enquêtes; Judith est à *Carrefour* (pour le même cachet qu'avant), René Lévesque, commentateur à CKAC, Gérard Pelletier, permanent à la CSN. *Premier Plan* commence à la mi-août, et Judith a obtenu une entrevue avec la célèbre romancière, philosophe et spécialiste de la question chinoise, Han Suyin. Mais René Lévesque, subjugué par cette femme, veut à tout prix la rencontrer. Sa collègue, généreuse et élégante comme toujours, lui cédera ce privilège et interviewera le scientifique Hans Selye.

Judith se réinsère aussitôt dans la société québécoise, assistant au colloque annuel de l'Institut canadien des affaires publiques, qui réunit, dans les Laurentides, quelque deux cent cinquante personnes appartenant à l'intelligentsia québécoise et dont les sessions de travail sont diffusées sur les ondes de Radio-Canada. Le soir de clôture du colloque, elle donne une grande réception chez elle au lac Marois. Tout est élégance et simplicité chez cette femme qui adore recevoir des gens avec qui échanger et s'amuser; son chalet d'été est joliment aménagé, sans luxe excessif, et elle prépare tout elle-même, aidée de sa mère. Elle prend place à la table de Thérèse Casgrain, qui l'invite en compagnie de Suzanne Rivard à ses dîners hebdomadaires. On peut y rencontrer Pierre Elliott Trudeau, André Laurendeau, Michel Chartrand, Simonne Monet-Chartrand, Gérard et Alec Pelletier, Solange Chaput-Rolland, de jeunes militants du NPD, de jeunes femmes de carrière que l'hôtesse a prises sous son aile protectrice, ou des personnages moins familiers comme ce Chinois, professeur à l'Université

McGill. Suzanne n'y assiste que deux fois, trouvant ces rencontres plus mondaines qu'intellectuelles. On ne va pas dîner chez madame Casgrain pour se régaler, mais Judith s'amuse à ces soirées. À Montréal, elle emménage au centre-ville dans un appartement avec vue directe sur la montagne, dans un édifice moderne au 1230 de l'avenue McGregor.

Cet automne-là, elle anime une émission d'une heure avec Wilfrid Lemoine sur la Conquête, et deux autres sur les maladies mentales. Au début de novembre, *Premier Plan* fait des vagues. Le bruit selon lequel une entrevue de Simone de Beauvoir par Wilfrid Lemoine y sera présentée se répand dans les officines religieuses. Le journaliste est convoqué devant un véritable tribunal d'inquisition formé d'une «douzaine de soutanes». Sans avoir vu l'entrevue, cet aréopage menace le directeur du réseau français, Gérard Lamarche: «Si vous diffusez l'entrevue avec cette athée, nous vous promettons un scandale.» Le 11, l'archevêque de Montréal, le cardinal Paul-Émile Léger, intervient publiquement, rappelant que *Le Deuxième Sexe* est un ouvrage à l'index... alors qu'en ces années beaucoup de Québécoises le lisent. Le 16, monsieur Lamarche explique, dans une lettre au personnel, les raisons de la non-diffusion de l'entrevue avec Simone de Beauvoir, préalablement visionnée par trente laïques et religieux: l'invitée nie l'existence de Dieu, s'élève contre l'institution du mariage, et ce document heurte les convictions profondes du public, ses habitudes intellectuelles et ses dispositions affectives. Le 28, *Time Magazine* parle de l'affaire. L'entrevue d'Ali Khan par René Lévesque sera diffusée à la place de celle de Simone de Beauvoir, que le public pourra voir enfin, vingt-sept ans plus tard, en 1986, au moment du décès de l'écrivaine.

L'amour au tournant

Pendant ce temps, Judith Jasmin est en Haïti en train de réaliser le premier des grands reportages qu'elle ramènera de différents pays et qui la rendront célèbre. Pendant les quatre saisons de *Premier Plan*, elle sera la seule à en faire, à l'exception de Gérard Pelletier, qui se rendra en Algérie au moment de l'accès à l'indépendance de ce pays. L'expédition dans l'île antillaise n'est pas de tout repos. Il fait très chaud. La tension monte un peu plus chaque jour entre la journaliste, qui a préparé toute la recherche et connaît bien son sujet, et le réalisateur de l'équipe, qui se saoule le soir dans sa chambre et, le lendemain, propose un plan de travail compliqué, exige l'impossible. Le président dictateur François Duvalier accepte de répondre à un questionnaire dont il a lui-même fixé les grandes lignes, et l'entrevue se déroule sous l'œil de ses gardes du corps qui surveillent, mitraillette en main, les moindres gestes de l'intervieweuse. Judith n'en peut plus, et la dernière image tournée, pour signaler sa joie d'en avoir fini, elle se jette en rentrant à l'hôtel tout habillée dans la piscine. Il y a eu les moments de plaisir où, avec la scripte Rachel April, elle s'est mêlée aux Haïtiens, a dansé avec eux. Surtout, l'amour est au rendez-vous. Elle connaît le deuxième coup de foudre de sa vie pour l'un des invités de l'émission, Joseph Châtelain, économiste et directeur de la section des statistiques de la Banque nationale d'Haïti, son cadet de douze ans (il a trente et un ans), grand, mince, très noir et très beau. Boursier à Paris et l'un des chefs de file des intellectuels de son pays, il est issu de cette classe haïtienne qui est sans complexes face aux Blancs et se sent l'égale de la classe bourgeoise européenne; son ex-femme, d'origine belge, vit dans son pays avec leur fils de sept ou huit ans, Alix. Son opposition au régime Duvalier l'obligera à se cacher. Dans l'année qui suivra, Judith l'aidera à s'évader d'Haïti vers le Chili, déguisé en prêtre et muni du passeport international dont il disposait comme haut fonctionnaire. Elle le rejoindra au Chili et se rendra en lune de miel avec lui au Mexique et en Jamaïque. Après l'amour et l'amitié, voyager est sa troisième passion. Elle sera heureuse comme une collégienne en vacances avec cet amoureux aussi discret, calme et posé qu'elle est expansive et exubérante. Elle connaît pour la première fois de sa vie une passion comblée sur tous les plans avec un homme qui ne se sent pas menacé par son intelligence, dans un rapport où aucun des deux partenaires ne domine l'autre, qui se fonde sur une entente profonde faite d'ouverture au monde, d'idéal social, d'intérêts intellectuels et de respect mutuel pour leurs cultures. Seule ombre au tableau, bien qu'amputé d'un poumon et demi, il fume comme une locomotive, comme René Lévesque.

Au retour d'Haïti, au moment d'entrer en studio pour enregistrer le texte en voix hors-champ sur les images de l'émission, la scripte trouve Judith en larmes dans la salle des toilettes; le réalisateur a encore fait des siennes, à propos du texte cette fois. C'en est trop. La scripte en avise le grand patron des affaires publiques, Marc Thibault, qui lui répond: «On ne peut pas laisser faire des choses comme celle-là à Judith Jasmin, on ne peut pas se permettre de la perdre.» Le réalisateur fut réprimandé. La magie d'être amoureuse a-t-elle eu raison des contrariétés vécues durant la préparation du reportage? Quand l'émission est présentée à la mi-décembre, apparaît à l'écran une grande femme blonde, lumineuse, vive, précise et chaleureuse, qui nous entraîne à travers les rues des quartiers miséreux, au marché, aux fêtes populaires, à une cérémonie vaudou et jusque dans la grande salle du palais présidentiel, où nous ressentons avec elle l'extrême tension du moment.

À la fin de janvier, Judith Jasmin part en Europe pour quatre mois dont trois en reportage, avec une autre équipe, composée du réalisateur Gérard Chapdelaine, de la scripte Suzanne Mercure, du caméraman-ingénieur du son. Premier arrêt de deux mois à Paris pour enregistrer une série d'entrevues pour *Premier Plan* et *Carrefour*. La commande est énorme. Pour *Premier Plan*, ce seront des entretiens en profondeur avec des sommités: André Breton, Abel Gance, Le Corbusier, Marcel Pagnol, Henry de Montherlant, Jean Giono et Fernandel, la plupart rencontrés chez eux. Le pape du surréalisme, André Breton, fait admirer à la journaliste son extraordinaire collection d'art nègre dans son appartement parisien, sorte de musée hétéroclite, lui conte les grandes batailles du surréalisme et sa rupture avec le poète Louis Aragon dans les années trente, lui parle de ses premiers contacts avec Freud. Quant à Montherlant, qui avait refusé de laisser l'équipe pénétrer chez lui, Quai Voltaire, il est fidèle à sa réputation de misanthrope. Dans le studio de Boulogne où l'on filme l'entrevue avec une seule caméra, l'écrivain se met à lire le journal au moment où l'intervieweuse reprend les questions en s'adressant à lui.

Pour *Carrefour*, ce seront des entrevues avec, entre autres, les écrivains Henri Troyat, Pierre MacOrlan, Pierre Devaux, le poète antillais Aimé Césaire, le peintre Alfred Menussier, le sculpteur Giacometti, le maître verrier Max Ingrand, le fondeur André Suze, le géologue et volcanologue français Haroun Tazieff, la célèbre Joséphine Baker et la vedette de cinéma Michel Simon. Regarder sur le petit écran noir et blanc une entrevue de Judith Jasmin ressemble au moment où l'on ouvre un cadeau, quand le plaisir de la surprise le dispute à la joie de découvrir l'objet offert. On se surprend à écouter avec fascination les explications de Tazieff sur des images d'un de ses films, d'une grande beauté plastique, et à suivre ses propos avec la même attention et la même curiosité qu'on a à mieux connaître l'artiste noire Joséphine Baker, qui avait ébloui le Paris des années trente. Ces rencontres, trop souvent brèves, laissent pourtant peu de temps pour établir un climat de confiance et d'intimité. L'œil de la caméra, les éclats des projecteurs, le va-et-vient de l'équipe, aussi discrète qu'elle se fasse, refroidissent l'atmosphère. Judith Jasmin déjoue ces impondérables qui nuisent à l'intensité de l'échange et gênent pour susciter le dialogue avec un étranger. Sa présence à l'autre, sa façon de l'écouter forcent le téléspectateur à écouter lui aussi. Elle expliquera: «Il faut arriver malgré tout à ce que les invités soient eux-mêmes. Pour cela, il est nécessaire de laisser du temps, de respecter leurs silences, de dialoguer avec eux de façon à fournir un support à leurs confidences. C'est ainsi que nous obtenons des témoignages authentiques[1].»

À la fin de mars, l'équipe rencontre le célèbre peintre japonais Léonard Tsuguharu Foujita dans son atelier situé au cœur de Montparnasse et l'explorateur Paul-Émile Victor. Début avril, reportage sur les réfugiés à Trieste, en Italie, et sur l'Espagne, les trois semaines suivantes. Peut-être est-ce parce que la journaliste, le réalisateur et la scripte sont tous trois célibataires, cette équipe partira à plusieurs reprises en Europe pour trois mois de suite; le plus souvent, on travaillera le premier, on prendra ses vacances le suivant pendant qu'une autre équipe de *Premier plan* viendra tourner sur place, et on retravaillera le troisième. Judith se louera alors un appartement à Paris pour la durée du séjour. Au retour, l'équipe devra préparer toutes ses émissions pour la diffusion au début de la saison suivante. La formule est plus économique pour Radio-Canada et le compromis agréable pour l'équipe, exténuée — la Société ne l'aurait pas défrayée pour l'aller-retour entre les deux mois de reportage. Des entrevues de Paris aux reportages en Italie et en Espagne, l'équipe se déplace avec le matériel dans deux petites voitures Renault et loge en un seul mois dans vingt-six hôtels différents. À Trieste, on ne trouve qu'un hôtel minable. Après avoir visité le camp de réfugiés, où les hommes vivent séparés des femmes et des enfants, Judith s'exclame: «Comme nous menons une vie de privilégiés!» Le midi, l'équipe sort du camp une ou deux personnes pour les emmener déjeuner, Judith et Suzanne Mercure achètent des fruits et des cigarettes aux réfugiés à même leur allocation quotidienne. Trente ans après sa diffusion, le visionnement du reportage en noir et blanc sur les réfugiés, qui portait en sous-titre «Liberté sans passeport», fait monter les larmes aux yeux et chavirer la conscience. Judith Jasmin excelle à faire sentir un pays, une réalité politique ou sociale en touchant la conscience du public par l'émotion de la vie elle-même, loin de toute sensiblerie, surenchère ou exploitation facile de la misère humaine. Dans le reportage sur les réfugiés, elle interroge les parents d'une famille de huit enfants et parle du miracle des mères qui réussissent presque à recréer un foyer dans les conditions de misère, de dénuement et d'enfermement des camps.

Allumer les feux de la critique

L'Espagne de Franco vit sous un régime de censure. Les hôtels sont confortables, mais les conditions de tournage acrobatiques. On peut en toute quiétude filmer les processions de la Semaine sainte, mais pas d'autres aspects de la réalité espagnole. L'Escurial, la résidence de Franco, est filmé à la sauvette, plusieurs personnes interviewées en silhouette. Seuls en voiture, Suzanne Mercure et le caméraman joueront le jeune couple de touristes amoureux pour déjouer les douaniers et ramener les documents filmés et des journaux clandestins. Au visionnement, le reportage sur l'Espagne donne l'impression que la journaliste a toujours vécu dans ce pays tant elle en saisit bien tous les aspects. Connaissant son engagement personnel en faveur des institutions démocratiques, on s'étonne même de la voir aussi impartiale, interrogeant sur le même ton et avec le même respect des partisans du régime dictatorial et leurs opposants, sans montrer la moindre réaction négative ou agressive à des propos qui doivent la faire bondir intérieurement. «La TV, qui est très exigeante, dira-t-elle, nous force à la mesure, à un certain détachement vis-à-vis du sujet ou de la personne interviewée; il ne faut pas que nos goûts ou nos affinités personnelles se devinent à travers nos questions et nos réactions[2].»

À sa diffusion, au début du mois d'octobre suivant, l'émission sur l'Espagne suscitera une vive controverse dans les médias à la suite de la déclaration du conseiller et chargé d'affaires de l'ambassade d'Espagne à Ottawa, qui juge le reportage «préconçu, regrettable et ignorant délibérément les aspects constructifs du régime de Franco». Judith Jasmin déclarera alors au *Devoir* «s'être employée avec ses camarades à montrer le plus honnêtement possible ce qu'ils avaient vu»; précisant qu'il ne lui appartenait pas de répondre au nom de Radio-Canada à l'ambassadeur d'Espagne, elle ajoutera qu'elle ne sous-estime pas les réalisations techniques du régime de Franco et que, si le chargé d'affaires n'est pas entièrement satisfait, des centaines d'Espagnols établis à Montréal ont par contre communiqué avec elle depuis l'émission et ont tous exprimé leur admiration et leurs remerciements, quelques-uns avec émotion[3]. Sa collègue Andréanne Lafond, qui a visité l'Espagne en touriste deux ans plus tôt, défend l'émission contre les attaques des représentants du corps diplomatique dans un long article de la livraison de novembre de *Points de vue*:

> L'émission *Premier Plan* n'étant pas commanditée par des agences de voyage, on possède donc toute liberté de ne pas imposer aux téléspectateurs des visites dans les musées ou cathédrales. Nous importons suffisamment de films pour nous documenter amplement sur toutes les curiosités artistiques des pays étrangers. Le but de *Premier plan* est, soit de nous dévoiler le vrai visage d'un personnage, soit le cœur d'une nation. L'émission sur l'Espagne atteignait parfaitement ce but.

Elle poursuit en faisant état de la misère qu'elle a elle-même constatée dans les régions paysannes comme dans les grandes villes espagnoles, de la peur, du regard inquiet, du silence troublant des ouvriers et des étudiants quand elle cherchait à connaître leur opinion sur le général Franco; elle défend le choix de l'équipe de *Premier Plan* de ne pas avoir présenté des chantiers navals, des usines d'énergie électrique, des fabriques de camions, d'avions, pour conclure:

> D'avoir présenté l'Espagne sous un jour réel ne signifie pas un mépris envers ce pays. [...]
>
> Nous possédons au Canada la liberté de nous exprimer, liberté dont on n'use pas assez, liberté créant des inimitiés et des amitiés. Ce fut le cas pour le *Premier Plan* sur l'Espagne[4].

Judith, à peine rentrée d'Espagne, apprend de René Lévesque qu'il fait le saut en politique avec l'équipe libérale de Jean Lesage, qui remportera les élections provinciales le 22 juin suivant, défaisant l'Union nationale, parti en place depuis plus de vingt ans. La nouvelle étonne — le mot est faible — les gens de Radio-Canada. Les discussions de couloir vont bon train. On voit dans le geste une erreur, un manque de lucidité politique. D'autres attendent prudemment que le Parti libéral se démocratise: il n'a pas renouvelé son programme, sa caisse électorale est occulte et les progressistes ont une emprise fragile sur les éléments conservateurs. Judith Jasmin, elle, défend inconditionnellement son ami: «Laissez-le donc faire.» Elle partage avec lui la méfiance des partis politiques, mais elle connaît trop bien son caractère pragmatique, son goût et son besoin viscéral d'action. Comme Gérard Pelletier, convaincu que Lévesque fera de grandes choses en politique et qui fera campagne pour lui. Judith sait aussi que Lévesque n'est pas très heureux à *Premier Plan*. L'année précédente, pendant la grève des réalisateurs de Radio-Canada, la direction de la Société avait exigé de lui qu'il délaisse le poste de radio privé CKAC où il agissait comme commentateur s'il voulait retrouver *Point de mire*, une fois la grève terminée; il n'avait pas obtempéré. On ne lui avait pas permis de reprendre sa propre émission et on le surveillait à distance. Judith n'assistera pas à la fête d'adieu organisée pour René Lévesque, fâchée qu'on ait invité madame Lévesque...

La double aventure de Cuba

Une révolution dans une île au large de la Floride a surpris le monde entier et perturbé l'équilibre politique du continent américain. Le 26 juillet 1960 marque le premier anniversaire de la prise du pouvoir à Cuba par Fidel Castro. La même équipe de *Premier Plan*, composée de Judith Jasmin, du réalisateur Gérard Chapdelaine et de la scripte Suzanne Mercure, se rend à Cuba faire un reportage sur les nouvelles relations entre ce pays, le Mexique et les États-Unis. À l'aéroport de New York, seuls partants à destination de cette île des Antilles, auparavant amie servile des États-Unis comme la plupart des pays d'Amérique latine, ils sont regardés comme des pestiférés. Cuba était jusque-là le grand sucrier des États-Unis, les compagnies américaines y possédaient un million d'hectares de terre et des raffineries de pétrole, et La Havane était le paradis des plaisirs défendus, avec ses salles de jeu, ses spectacles de strip-tease, ses cabarets. L'arrivée de Castro au pouvoir et son projet de réforme agraire et de saisie des terres appartenant aux étrangers ont déclenché l'ire de la presse américaine et de Washington, qui refuse de continuer à fournir du pétrole au nouveau régime cubain, lequel, pour survivre, se tourne vers Moscou.

L'aventure fascine Judith Jasmin depuis son enfance, et, le 25 juillet, accompagnée seulement du caméraman et de l'ingénieur du son, elle quitte en avion La Havane pour Santiago, sans savoir comment ils gagneront Las Mercedes, dans la Sierra Maestra, au sud-est de l'île où, le lendemain, le peuple cubain a rendez-vous avec son chef pour célébrer le premier anniversaire de la révolution. Les consulats du Canada et du Royaume-Uni se sont avoués incapables de leur procurer une voiture, et aucun moyen de transport n'est disponible dans la région depuis deux jours. Un journaliste américain et un autre de Toronto, rencontrés à bord de l'avion, sont tout aussi démunis.

La journaliste racontera l'expédition dans un texte qu'elle donne probablement en conférence à son retour. Après avoir avalé en hâte un sandwich, à bord d'une jeep cahotante fournie par le ministère de l'Information, les trois représentants de Radio-Canada entreprennent une longue route de nuit à travers la montagne, en claquant des dents dans leurs vêtements de coton; le véhicule frôle le fossé à tout moment car le chauffeur, mobilisé par les services officiels, n'a pas fermé l'œil depuis trois nuits et est à moitié endormi. Judith réussit à somnoler, assise droite sur sa banquette, secouée comme un prunier. Quand le soleil se lève, ils sont dans la sierra et la jeep doit se frayer un chemin entre des flots de marcheurs qui se déversent dans la même direction. Des camions pleins de jeunes gars ensommeillés et des autocars transportant des familles les dépassent, soulevant la poussière. Sur les véhicules, une banderole, à la tête d'un peloton de marcheurs, un écriteau au bout d'un bâton indiquent le nom d'un village ou d'une province. Des collégiens, filles et garçons, habillés de toile bleu marine ou blanche, un béret de scout sur la tête, ont eux aussi malgré leur âge, marché toute la nuit, certains portant drapeaux et flambeaux. Les rangs de véhicules sont de plus en plus serrés et avancent au même pas que la foule, très dense, qui se répand peu à peu dans les champs, sur les pentes alentour. Le lieu de rencontre est encore sept ou huit kilomètres plus loin dans la montagne. La jeep est bloquée. Il faut l'abandonner et continuer à pied. Les marcheurs, coiffés du traditionnel chapeau de paille au bord effiloché, ont à la ceinture une gourde d'eau et à l'épaule un sac de provisions. Judith et ses camarades, habitués à compter sur des services organisés, n'ont ni à boire ni à manger, et leur guide n'a rien prévu. Dans ces premières heures du matin, le soleil qui tape dur les accable, les dessèche, et la poussière de la route a déposé sur eux une mince couche de sable rouge. Tant pis pour les microbes, ils acceptent de boire l'eau que des voisins de route viennent d'aller chercher à une rivière boueuse. À midi, un hélicoptère dépose à proximité de la tribune les membres du gouvernement. La foule impatiente scande FI-DEL et l'acclame dans un tonnerre de cris et de chants. Et le héros national se lance dans un discours qui durera quatre heures, peut-être cinq. Avant que la journée ne soit trop avancée, l'équipe de Radio-Canada décide de repartir pour éviter la vague du retour. Sage décision. Des milliers de gens (dont Françoise Sagan, reporter d'occasion) resteront coincés pendant deux jours dans la sierra, incapables de trouver une issue dans ce chaos de camions et de piétons reprenant en même temps le chemin du retour. Depuis la veille, aucun des trois voyageurs n'a avalé autre chose qu'un peu d'eau sale. La soif leur brûle le gosier. Il leur faut lutter seconde par seconde pour ne pas «craquer», tenir jusqu'au soir et tenter de prendre l'avion de nuit pour La Havane, dans la jeep de plus en plus grinçante, enveloppée d'une épaisse poussière rouge.

Judith Jasmin commente ainsi ces vingt-quatre heures mémorables:

> Pour mieux comprendre ce qui se passe dans ce pays, pensions-nous, il fallait vivre cette journée-là avec le peuple cubain. C'est un peu, pour nous, la révélation du patriotisme «à chaud», quand il sort des notions abstraites et se concrétise dans un homme. Mais notre satisfaction, soyons francs, n'est pas entièrement inspirée par ce genre de préoccupation. Plus que du spectacle à filmer, plus que de la fresque populaire vécue au cœur des Antilles, c'est de nous que nous sommes contents. Ces vingt-quatre heures de service hors cadre représentent pour nous trois un petit exploit, une nouveauté dans notre existence dont nous ne sommes pas peu fiers. [...]
>
> C'est devant la mine épuisée et ravie de mes camarades techniciens [...] que j'ai compris ce que Paul-Émile Victor, au cours d'une interview, essayait d'expliquer: la raison profonde qui pousse des hommes à s'en aller passer une saison ou deux sur des glaciers, par exemple, dans les pires conditions d'isolement et de rigueur.
>
> Même si nos grandes manifestations sportives, pour la masse, opèrent le «transfert» et ont édulcoré cet instinct, il reste bien chevillé à l'habitant de notre petite planète; il suffit d'une courte mission en pays sous-développé pour le sentir prêt à revivre[5].

Au retour de Cuba, l'équipe dispose d'à peine trois jours pour visionner le matériel et monter l'émission d'une heure; on travaille jour et nuit contre la montre, sans que la direction ait la possibilité de voir le produit fini avant sa diffusion. Judith Jasmin a compris avant bien d'autres journalistes d'ici et d'ailleurs les réserves de Castro sur les fruits de son alliance avec l'Union soviétique, son désir de renouer avec les Américains, l'impasse dans laquelle il se trouve et ses conséquences pour le peuple cubain. Sur place, elle a saisi l'ampleur du fossé qui sépare les Américains, jouissant du meilleur niveau de vie au monde, et les Cubains, ne connaissant que pauvreté et insécurité (quatre-vingt-cinq pour cent de la population est illettrée); les uns sont enfermés dans une arrogante incompréhension, les autres mobilisés dans une révolution de l'espoir. Sur les dernières images de l'émission, elle dit:

> Moscou et Washington, au-dessus de leurs têtes, continuent leur dialogue de sourds et échangent des menaces effroyables... qui, si elles s'exécutaient, nous anéantiraient tous.
>
> S'ils les laissaient vivre, tout simplement[6]?

Malheureuse phrase qui lui vaut d'être taxée de sympathisante communiste et d'être sévèrement blâmée par la direction de Radio-Canada pour avoir émis un commentaire jugé personnel. C'est que Washington, mécontent non seulement de la conclusion mais du contenu d'une émission décrivant la réalité cubaine, proposant le point de vue cubain et citant des faits qui lui déplaisent, a fait connaître immédiatement sa désapprobation à Ottawa, et Ottawa, la sienne à la direction du réseau français de Radio-Canada. À partir de cet incident, Judith Jasmin sera surveillée de plus près par la direction des Affaires publiques, qui souhaiterait que sa trop remuante journaliste soumette sa liste de questions avant de partir en reportage. La remontrance patronale la peine mais ne la fait pas broncher et ne la rendra pas plus timide par la suite quand elle aura à rapporter ce qu'elle voit, ce qu'elle comprend d'une situation, que la réalité décrite plaise ou déplaise à des gouvernements. Sa première loyauté va au public, qu'elle a mission d'informer.

Entre animateurs non plus, on ne partage pas le même point de vue sur l'objectivité journalistique. Attablés le soir au restaurant *La Régence*, en face de Radio-Canada, Judith, René Lévesque et Gérard Pelletier discutent longuement de tout, et métier bien sûr. Entre Judith et Gérard Pelletier, on s'affronte toujours sur la même question, au point que cela deviendra une blague entre eux. Pelletier affirme qu'il est immoral d'utiliser les deux techniques habituelles d'entrevue avec un même invité: lui faire barrage ou lui laisser toute la corde qu'il faut pour se pendre, et Judith se défend d'utiliser les deux en même temps. «La direction le lui a reproché lors de son reportage sur Cuba», commentera-t-il. À leur dernière rencontre à New York, dans les années soixante-dix, l'un est devenu ministre d'État dans le gouvernement de Pierre Elliott Trudeau et fait partie de la délégation canadienne à l'Assemblée générale de l'ONU, l'autre vit sa dernière année de journalisme, et est en reportage dans la capitale américaine. Judith est déjà trop malade pour qu'ils puissent prolonger la soirée tard dans la nuit, mais le même sujet refait surface...

Artisane de la Révolution tranquille

Judith Jasmin était revenue au Québec pour agir dans une société en marche. Son flair ne l'avait pas trompée. Au moment de son retour, en septembre 1959, le premier ministre Maurice Duplessis disparaissait, et une révolution sociale qui se préparait depuis dix ans allait enfin se déclencher. À peine deux mois plus tard, *Le Devoir* publiait dans la rubrique des lecteurs — une nouveauté dans les journaux — une lettre signée Frère Untel; l'auteur y amorçait, sous une plume humoristique et satirique et dans une langue drue, une critique en règle du système d'enseignement, de sa faillite illustrée par le parler «joual», et par là-même de toute la société. Dans les mois suivants, le Frère revint à la charge dans d'autres lettres, placées en évidence dans son journal par André Laurendeau qui avait donné un pseudonyme au pamphlétaire et gardait jalousement le secret de son identité; il proposait la fermeture du département de l'Instruction publique (sous autorité religieuse) et la création d'un ministère de l'Éducation, idée tenue pour aussi dangereuse que le «gauchisme» et la «laïcisation». Personne n'imaginait qu'il s'agissait d'un vrai frère, ne s'attendant pas à une telle réflexion sociale et à un langage aussi vert d'un humble religieux faisant partie d'un sous-ordre ecclésiastique aux yeux mêmes de l'Église, d'une classe anonyme d'enseignants plus souvent la cible de railleries faciles sur leur bavette eccésiastique, leur ridicule chapeau rond et leur coupe de cheveux particulière que l'objet d'estime publique. On préférait croire que le pseudonyme cachait un écrivain ou un intellectuel connu. *Les Insolences du Frère Untel* furent un succès de librairie sans précédent: soixante mille exemplaires vendus en trois mois et cent trente mille au total.

Interdit de présence publique par les autorités ecclésiastiques, son auteur demeurait l'Inconnu. Judith est totalement emballée par ce livre-choc et par le courage de son auteur.

Au début du mois de novembre 1960, le cardinal Paul-Émile Léger convoque le Frère Untel et lève l'interdiction pour lui permettre de s'expliquer en public. Il fera tous les arrangements avec Radio-Canada, choisissant l'émission la plus prestigieuse d'affaires publiques et l'intervieweuse Judith Jasmin, ravie de faire connaître le personnage et ses idées au plus vaste public possible. C'est cela la télévision, pour elle: un moteur de changement dans une société, à la fois instrument et témoin de l'évolution individuelle et collective d'un peuple. La veille de l'enregistrement de l'entrevue d'une demi-heure qui sera complétée à l'émission par un reportage réalisé à Alma où le Frère Untel enseigne, Judith l'invite à dîner chez elle, en compagnie du réalisateur Claude Sylvestre, pour préparer l'entrevue. Après un suspense d'un an, la province entière est postée devant son téléviseur comme aux plus beaux jours du téléroman *La Famille Plouffe* de Roger Lemelin, le soir du 21 novembre 1960, pour découvrir à *Premier Plan* le vrai visage du Frère Untel. C'est un vrai frère de trente-trois ans, à la stature athlétique, au visage expressif et au langage imagé que le mariste Pierre-Jérôme (Jean-Paul Desbiens), et ses réponses à Judith Jasmin seront reprises dans *La Presse* du lendemain, presque *in extenso*. Le Frère s'exilera à l'étranger, d'abord un an à Rome, puis deux ans à Fribourg en Suisse, car le geste du cardinal Léger a été une levée d'interdiction ponctuelle. La journaliste et son invité entretiendront, au cours de ces années, une correspondance amicale, d'une douzaine d'échanges, sur la langue, les écoles neutres et la situation politique du Québec.

Judith Jasmin résumera sa perception du rôle du Frère Untel dans une conférence, considérant *Les Insolences* comme la charnière d'un nouveau nationalisme canadien-français.

> Le premier son de trompe qui nous a fait sortir de cette léthargie, ce fut, je crois, le bruit que fit le livre du Frère Untel, *Les Insolences*. En fait, tout en critiquant les méthodes d'enseignement traditionnelles, il attaquait le mal en plein cœur: une éducation qui faisait de nous des citoyens de seconde zone et des êtres dociles. Ce genre de formation, c'est exactement la méthode qu'aurait employée n'importe quel sadique pour nous annihiler. La courbure du dos, l'échine souple, l'œil baissé devant toute autorité, cléricale ou politique, voilà comment on fabrique un peuple soumis, prêt à se renier!

Quand le Frère Untel parle et fustige le «joual», il escompte un réflexe de fierté, un sursaut: le mal avoué, il nous reste à faire en sorte de l'extirper. Il n'a pas voulu humilier ses lecteurs, faire le masochiste inutilement: en éducateur, il a voulu corriger. Les milliers d'ouvriers qui lui ont écrit de partout, de la Angus, de la Dominion Bridge ou d'Alma, l'ont parfaitement compris. *Les Insolences* était souvent le premier livre qui entrait dans certains foyers. Le terrain était préparé: le gouvernement pouvait dès lors parler d'enseignement gratuit, de fréquentation scolaire obligatoire, le grand public était prêt à saisir l'importance de l'instruction et à accepter des réformes pour en assurer la qualité[7].

Le Frère a sonné la première alerte. Dans tous les milieux, jusque chez les ouvriers et les mères de famille, des voix revendicatrices s'élèvent au sujet de la sauvegarde de la langue et de l'identité des Canadiens français. On en discute fiévreusement chez les écrivains, au congrès de l'Association canadienne des éducateurs de langue française (ACÉLF), à l'Union canadienne des journalistes de langue française (ancêtre de la Fédération professionnelle des journalistes du Québec), congrès auxquels Judith assiste. Les linguistes font des campagnes de presse, les enseignants laïques réclament une meilleure place dans l'enseignement secondaire et universitaire; dans les journaux, les lecteurs soulèvent les questions du bilinguisme, de l'affichage en langue anglaise, du petit nombre de fonctionnaires de langue française au gouvernement fédéral.

Cinq jours après la diffusion de son entrevue avec le Frère Untel, Judith Jasmin prononce, devant les membres du Club Richelieu de Trois-Rivières et leurs épouses, une conférence intitulée «Reportage imaginaire sur le Canada français». Elle fait d'abord écho à l'insatisfaction et aux préoccupations qui agitent la société:

> Insatisfaits, nous le sommes d'abord en tant que Canadiens français. Il s'agit d'une inquiétude plus ou moins exprimée de se sentir peu nombreux, exposés à disparaître sous le nombre des Anglophones qui représentent la majorité. Nous acceptons mal une place de deuxième ordre dans l'ensemble du pays; nous voulons être présents non seulement dans notre province, mais dans les décisions du gouvernement central. Ces revendications prennent souvent des formes agressives et tyranniques, du genre maniaque. Les journaux sont pleins de lettres de lecteurs au sujet de fautes contre le bilinguisme; une brochure officielle ne paraît-elle qu'en anglais, nous protestons; un hôtel est-il baptisé «Queen Elizabeth» au lieu de

Maisonneuve, nous ouvrons de nouvelles hostilités. Nous ne suportons pas de sentir notre identité de Canadiens français niée un seul instant. Il ne s'agit pas d'une réaction épidermique, d'une susceptibilité passagère. La racine en est profonde.

[...]

Il ne faut pas s'étonner qu'il y ait un nationalisme canadien-français latent et insatisfait. Éclairé ou étroit, anachronique, justifiable ou non, il existe, vit et se nourrit des contraintes, des vexations, des ignorances ou des mépris que nous avons subis au long de notre histoire. Il répond au sentiment d'autodéfense de l'individu ou du groupe qui se sent menacé. Il séjourne parfois par un désir de «Laurentie». C'est alors que surgissent chez nous ces nombreuses questions au sujet de notre survivance qui, en fait, traduisent toutes ce malaise, cette insatisfaction profonde en ce qui concerne notre vie nationale. Il faudra *bien un jour avoir le courage de récurer le fond de notre conscience nationale*; pour le moment, en tant que reporter, je constate et je consigne des faits*.

Elle poursuit en traduisant sa vision de l'avenir à construire: faire de la province de Québec un État moderne et démocratique; elle insiste sur l'urgence, pour le gouvernement du Québec, d'être la figure de proue des vastes réformes à entreprendre et, pour toute la population, celle de participer à la révolution pacifique en cours et à l'affirmation du peuple canadien-français:

C'est évidemment au niveau de l'État que se joue le gros de la partie et nous pouvons assez bien réaliser que de l'audace de l'État en matière de réformes dépendront notre avenir et notre survivance. [...]

Il est bien clair qu'il ne s'agit pas, pour les élites, de réaliser des réformes mineures pour pallier au plus pressé, faire illusion ou avoir l'air de remplir des promesses électorales. L'enjeu est de prix: il appartient aux hommes d'aujourd'hui, à ceux qui détiennent des pouvoirs, les postes de commande à tous les niveaux et dans tous les secteurs de notre vie nationale, d'en prendre conscience, de mobiliser leur énergie et de mettre à contribution leurs talents de persuasion et aussi leur générosité. Il en faut pour accepter une nouvelle vision de notre petit univers.

[...]

Nous voulons survivre de toutes nos forces; ce sursaut, qui se manifeste par un grand cri: «Sauvons la langue», remplace les fusils ou

* Les italiques sont de l'auteure.

les chars d'assaut de certains autres peuples qui, à notre époque, ont essayé par une révolution d'affirmer leur existence. Avouez que notre révolution à nous est autrement plus pacifique et moins dangereuse. Il n'en faut pas moins mobiliser toutes les forces. Il ne suffit pas de quelques écrivains, journalistes ou éducateurs plus sensibles au danger; c'est à tout le monde — commerçants, hommes d'affaires, artisans, financiers, mères de famille — que sont demandés cet effort de volonté et cet amour de nous-mêmes, en tant que Canadiens de langue française.

[...]

Faites-vous donc les missionnaires de cette nouvelle pensée: «Sauver la langue pour sauver l'esprit et pour se sauver en tant que peuple.» Jusqu'à ce que nous ayons réussi à nous affirmer, il faut être intraitables. La bataille pour la langue et la culture nous fera gagner toutes les autres. La compétence nous amènera la victoire économique, cette dernière nous apportant la victoire du prestige, c'est-à-dire que nos créateurs, nos sages, nos hommes de science gagneront à leur tour l'estime, le respect des autres groupes et des autres nations. Nous avons tout pour bien vivre. Mais ce n'est pas assez. Nous voulons maintenant vivre avec qualité[8].

Intraitable quand il s'agit d'exiger du français, elle le sera... avec son humour fantasque. Elle ne rate pas une occasion de faire des pieds de nez aux unilingues anglophones des services publics dont le poste exige qu'ils soient bilingues. À un comptoir d'Air Canada à Ottawa, où l'équipe de tournage doit prendre un vol pour Toronto, elle demande: «Mange-t-on à bord?» Le préposé ne comprend visiblement pas: *«I beg your pardon?»* Judith répète et, comme il ne comprend toujours pas, telle une gamine, elle porte la main à sa bouche qu'elle ouvre bien grande... euh... euh... en mimant l'acte de manger. Elle déclenche un grand éclat de rire autour d'elle. Le préposé comprend d'office: «Oh! Yes! Yes!» Elle se livrera à des scènes semblables en différentes occasions.

Son affirmation devant les membres du Club Richelieu: «Il faudra bien un jour avoir le courage de récurer le fond de notre conscience nationale» est une indication voilée de son adhésion au projet de l'indépendance du Québec.

Tout bouge très vite dans la société québécoise. Trois mois plus tôt, en septembre 1960, se formait le Rassemblement pour l'indépendance nationale (RIN) dont le projet indépendantiste se doublait d'un programme de transformation sociale: intervention massive de l'État, nationalisations, laïcisation; son langage et son action en feront un groupe d'avant-garde qui attirera la jeunesse: ses fondateurs parlent de «révolution» nationale et sociale et organiseront manifestations, piquetages et appuis à des grèves. Le père de Judith Jasmin paie la location de la salle pour la première réunion publique du mouvement et offre la plus généreuse contribution des débuts; de réunion en réunion, il taquine les Marcel Chaput et André D'Allemagne: «Dépêchez-vous les p'tits gars, j'ai quatre-vingts ans.» À l'exception du fils, Jean-Jacques, libéral et fédéraliste, tous les membres de sa famille voient se concrétiser dans le mouvement indépendantiste leurs désirs de liberté nationale et de justice sociale. Judith, bien sûr, partage ces vues, mais, par souci d'éthique professionnelle, n'est pas membre du RIN qui est un mouvement politique. Elle en suivra de loin les activités et assistera à l'occasion à ses réunions en journaliste pour qui l'information de première main n'a pas d'équivalent. C'est une femme aux convictions profondes, ouverte cependant aux opinions des autres et toujours prête à remettre en question ses prises de position pour peu qu'on lui présente des arguments valables:

> Un intellectuel, à mon sens, est un homme qui ne s'arrête pas de lire après le collège, qui, dans son échelle des valeurs, ne place pas immanquablement l'argent au sommet et qui, toute sa vie, modestement, continue à se poser des questions[9].

Elle écrit au Frère Untel au sujet de l'indépendance:

> Moi qui aurais tendance à être séparatiste, je suis très touchée par les arguments de Laurendeau et pourtant je trouve bien dur que nous soyons pour toujours des citoyens de seconde zone et une minorité à moitié satisfaite.
>
> Son attitude avec les nationalistes est à la fois réaliste, sensible et attentive. Il essaie, non pas d'avoir raison (ce qui lui est probablement égal), mais d'amener les jeunes à comprendre le problème du nationalisme sous un éclairage neuf[10].

Selon Denis Monière[11], André Laurendeau adhérait à la théorie du pacte entre les deux nations, parce qu'il fallait reconnaître politiquement l'existence et l'égalité de deux sociétés distinctes et que le Québec devait récupérer des pouvoirs réservés aux provinces que l'État central avait accaparés. Cela le conduira à réclamer une enquête sur le bilinguisme et à accepter, en 1963, au moment où le terrorisme entre en scène, la coprésidence de la Commission royale d'enquête sur le bilinguisme et le biculturalisme, parce que «le destin d'un peuple est en cause». Le rédacteur en chef du *Devoir* ne se braquait pas contre l'option séparatiste, qui correspondait à un profond sentiment d'aliénation chez les Canadiens français et qui s'appuyait sur la nouvelle énergie libérée par la Révolution tranquille; il incitait plutôt ses lecteurs à l'examiner attentivement. Si le séparatisme lui paraissait une option légitime et logique découlant du dysfonctionnement du fédéralisme et un mouvement de pression utile, il ne constitutait pas, à ses yeux, une solution réaliste. Au début des années soixante, ce mouvement encore marginal qui liait l'indépendance à la laïcisation et au socialisme attirait des jeunes et des intellectuels mais n'avait pas d'emprise sur les masses. Laurendeau ne voyait pas non plus comment l'indépendance pourrait se réaliser dans un Québec dont le niveau de vie est élevé et pour qui il serait difficile de vaincre la résistance inévitable du Canada et des États-Unis, sans compter l'attachement des Canadiens français au Canada: «La confédération vaut mieux que la séparation pourvu qu'elle soit refaite.» Seul l'échec de cette réforme aurait pu l'amener à faire sienne l'option indépendantiste, mais il mourut en juin 1968.

L'épopée du Mouvement laïque de langue française

De leur côté, Françoise Filion et Lise Moreau-Hénault, deux jeunes mères de famille mécontentes du système scolaire, réclament un ministère de l'Éducation et des écoles publiques non confessionnelles mettant l'accent sur la valeur de l'enseignement et sur une pédagogie moderne. Elles en réunissent d'autres, provoquent une première réunion publique à laquelle assistent une quarantaine de personnes, recueillent cinq cents signatures de femmes sur une pétition publiée dans les journaux et sollicitent l'appui d'une personnalité publique de poids: Judith Jasmin. Un jeune rédacteur de nouvelles de Radio-Canada, Claude-Jean Devirieux, arrivé de France depuis sept ans et père de famille, fait partie du comité exécutif provisoire de l'association naissante, avec, entre autres, le notaire Maurice Blain, le réalisateur de télévision Pierre Lebeuf et l'avocat Gilles Duguay; il se souvient de la première impression que Judith Jasmin lui a faite aux réunions du comité qui se déroulaient chez elle: «Elle me faisait l'effet d'une grande dame aux idées claires et précises, assez autoritaire; elle manifestait plus d'esprit pratique que les hommes du comité qui avaient tendance à palabrer.»

Le moindre bruissement d'un rassemblement de personnes autour de la question de l'éducation ou de la religion se propage en moins de deux jusque dans les évêchés, à croire que l'Église possède un excellent réseau d'informateurs. Le cardinal Léger, inquiet de la montée de ce «mouvement antichrétien», convoque Judith Jasmin et le notaire Blain, qui lui répondent que l'action du groupe est motivée par le désir de voir s'instaurer un régime de justice sociale. Le 8 avril 1961, devant une salle de six cents personnes, à l'Université de Montréal, est fondé Le Mouvement laïque de langue française; le notaire Blain est élu président, Judith Jasmin, vice-présidente. Christian, le neveu de Judith, sera, à l'âge de quinze ans, vice-président des Jeunesses laïques de langue française, qui ne ralliera pas plus d'une cinquantaine de jeunes militants. Chez les militants du MLF (à ne pas confondre avec le mouvement de libération des femmes des années soixante-dix!), on trouve des intellectuels, des syndicalistes, des écrivains, des artistes et de jeunes parents progressistes — catholiques, pratiquants, croyants ou athées, et d'obédiences politiques diverses.

Le docteur Jacques Mackay, alors au début de la trentaine, travaille avec Judith à compter du mois de novembre suivant, quand il remplace le notaire Blain à la présidence du mouvement. Il rappelle: «Il fallait une personnalité connue pour cautionner le mouvement et Judith Jasmin était la personne idéale: elle avait la réputation d'une femme sérieuse, très professionnelle, et de n'être ni révolutionnaire ni tête chaude. Elle avait beaucoup de convictions personnelles, de chaleur humaine; très réaliste et très avisée, elle faisait toujours pencher la balance vers la modération. Sans être familière, elle n'était pas distante. La seule distance était celle que créent le respect et le sentiment d'être devant une femme supérieure qui aborde les choses avec une certaine élévation, en s'appuyant sur des principes. Elle a été très active au MLF et a joué un rôle capital; elle n'a jamais fait allusion devant moi aux difficultés que son action pouvait lui causer professionnellement.»

Ayant elle-même fréquenté les systèmes d'éducation confessionnel et non confessionnel, la journaliste de Radio-Canada donne les raisons de son engagement au MLF dans des notes préparatoires à la formation du groupe et à ses prises de position publiques:

> L'école neutre — ce qu'elle est
> un système qui permet une largeur de vue plus humaine, qui ne divise pas le monde en bons et méchants, de façon méthodique, en suivant la ligne tracée par une doctrine, qui essaie de voir le monde, de le comprendre tel qu'il est sans porter de jugement moral. [...]
>
> ce qu'elle n'est pas
> anti-religieuse. Des enfants de toutes croyances peuvent se côtoyer sans qu'aucune religion ne soit méprisée au profit d'une autre.
>
> [...]
>
> L'enseignement de la religion, au temple ou à l'école.
>
> Au temple
> Le symbole, le lieu par excellent qui définit une foi, c'est bien son temple. Nul lieu ne me paraît plus approprié pour l'enseignement religieux. Le culte, les cérémonies sont des prolongements de l'enseignement religieux.
>
> L'école
> est le lieu où se forme le citoyen, la personne sociale. [...] Il n'y a pas une façon chrétienne et une façon juive de retenir des règles de grammaire ou une fable de La Fontaine. [...] Quand il s'agit de faire asseoir côte à côte à l'école un enfant catholique et un enfant protestant, les parents des uns et des autres tremblent à l'idée qu'ils vont être contaminés.
>
> J'ai été à l'école avec des catholiques, des juives, des orthodoxes, des protestantes. Chacune est restée ce que ses parents, son milieu familial avait fait d'elle. Je ne suis devenue ni juive ni protestante. J'ai été dans un couvent où tout le monde semblait fort croyant. Je n'ai été ni contaminée ni changée par les autres. [...]
>
> [...]
>
> Mettons de l'ordre quand il s'agit de nourrir l'esprit des enfants. La foi et l'instruction profane sont de deux ordres différents. Mettons-les chacun à sa place. Tous les deux y gagneront[12].

La création du MLF et sa demande d'établissement d'un système public d'écoles neutres du primaire à l'université, égal en droits et parallèle aux deux systèmes confessionnels existant au Québec, le catholique et le protestant, firent l'effet d'une bombe. On peut en imaginer la force en 1961. L'état civil laïque n'existait pas: ni mariage civil ni sépulture en dehors de l'Église. Se dire incroyant, laïque, était s'infliger un stigmate de honte. (Aucun gouvernement depuis n'a pu convaincre la population de transformer le système scolaire en système linguistique et, trente ans après l'apparition du MLF, le Québec maintient un système confessionnel.) Un débat passionné fut déclenché dans les médias, et des interventions virulentes contre Radio-Canada, *Le Devoir* et *Cité libre* qui donnaient la parole au MLF paraissaient dans la presse catholique; on employa même l'épithète «suppôts de Satan». Dans son message de Pâques, le cardinal Léger prédit la défaite de ceux qui tentent d'organiser un ordre social sans référence à la religion. Le premier ministre Lesage fit une dénonciation véhémente du MLF à la collation des diplômes de l'Université de Montréal et affirma que son gouvernement ne créerait jamais de ministère de l'Éducation. Judith Jasmin rappellera ce contexte:

> Je songe à l'effroi qu'ont ressenti certaines personnes à la fondation du Mouvement laïque, il y a deux ans. Gérard Pelletier, qui n'est pas un trembleur, nous mettait en garde contre ce mot de laïque qui devait déchaîner une guerre religieuse au Québec[13]...

La vice-présidence du MLF sera le seul poste de responsabilité qu'elle occupera dans un organisme militant. Elle est membre de la filiale québécoise de La Voix des femmes — vaste organisation internationale à l'échelle du monde occidental, créée au Canada en 1960 et opposée à l'armement nucléaire — du Mouvement contre l'utilisation des armes nucléaires et de la Ligue des droits de l'homme. Des motifs d'ordre social motivent ses engagements: les luttes contre la guerre et les discriminations de toutes sortes. Le travail fastidieux à la petite semaine, à la base d'un mouvement, ne correspond pas à son tempérament. Selon son neveu, Christian Jasmin, ses convictions sociales étaient fortes, mais elle n'était pas femme à descendre systématiquement dans la rue pour défendre une cause. Son engagement au MLF était particulier; elle était très consciente de la force de conviction qu'il fallait déployer sur le sujet. Quand elle manifestait pour d'autres causes, la journaliste en elle était tout aussi présente; au lieu de s'en tenir à regarder se dérouler un événement, il lui fallait le vivre, le ressentir pour mieux le comprendre et le rapporter.

Une autre controverse

Ses reportages sur d'autres cultures, ses entrevues avec des intellectuels, des politiciens ou des économistes étrangers influents apportent à Judith des éléments supplémentaires pour mieux saisir la réalité québécoise, et elle sait que, partout dans le monde, la jeunesse est le ferment du changement. Continuant de faire le lien entre ce qui se passe ailleurs et au Québec, elle interroge une vingtaine d'étudiants des universités Laval, McGill, de Montréal et de Sherbrooke sur leurs préoccupations politiques, religieuses, sociales et nationalistes. À l'étranger, depuis un an, en Corée, en Turquie, en France, en Espagne, en Algérie, au Japon, au Venezuela, les jeunes, les étudiants surtout, sont mêlés de près aux crises et aux révolutions qui secouent leur pays. La jeunesse canadienne-française est-elle conservatrice ou a-t-elle une volonté d'engagement? Dans le réveil que connaît le Québec, où se situe-t-elle? Que pense-t-elle? demande Judith Jasmin au nom du public. Mal lui en prend. Ce reportage suscite la controverse à partir du parquet des politiciens. Le député unioniste de Maisonneuve, Lucien Tremblay, proteste énergiquement à la Chambre contre l'émission *Premier Plan* et «les apprentis Castro aux longues barbes, aux idées aussi dévergondées que leur tenue, qui font la leçon à l'Église catholique», et demande à son gouvernement de protester publiquement contre l'utilisation des ondes à des fins antireligieuses et antinationales. Des commentaires de lecteurs du genre de celui-ci paraissent dans les journaux:

> [...] Mademoiselle Jasmin, ça sautait aux yeux, avait choisi son équipe, petits pédantistes barbus en pleine crise religieuse, pour ne pas dire d'adolescence, esprits internationalisants pour faire snob, parlant d'athéisme pour faire peur ou faire rire.
>
> Mademoiselle Jasmin, vous aviez là des prétendants sérieux, mais comme vous pouvez être leur mère, nous vous conseillons tout au moins un mariage idéologique.
>
> Catherine[14]

En reportage, Judith Jasmin fait le choix des invités en accord avec le réalisateur de l'émission qui, au surplus, a le dernier mot sur le contenu et choisit le matériel présenté à l'écran — en collaboration avec les journalistes comme le fait le réalisateur de cette émission, Gérard Chapdelaine, ou non. Pourtant, chaque fois, c'est elle qui est critiquée ou louangée. Dans un article de *Cité libre*, intitulé «Ce métier n'est pas un paillasson», son collègue de *Premier Plan*, Gérard Pelletier, s'insurge contre les accusations malveillantes et l'indécence des critiques de certains de ses confrères (de droite), fondées à son sens sur une ignorance agressive, une incompétence satisfaite et une mauvaise foi souvent inconsciente qui menacent la profession elle-même. Il écrit:

> Pour connaître le sommet de l'indécence critique, il faut faire du journalisme télévisé. Il faut surtout le faire avec rigueur et un certain souci de qualité. Si l'on pratique dans l'à peu près le commentaire approximatif et superficiel, on peut vivre en paix. Mais qu'on essaie le moindrement d'approfondir un sujet, cela suffit pour faire de vous le football du premier venu. Rien ne vous est épargné; tous les coups sont permis. Exemple? Tout récemment, Mlle Judith Jasmin animait à *Premier Plan* une remarquable enquête sur les courants actuels de pensée chez les étudiants de nos universités. Il était sensible pour la dernière des concierges que l'effort d'objectivité, l'échantillonnage des jeunes et la conduite des interviews relevaient de la plus rigoureuse conscience professionnelle. Mais le bilan des opinions étudiantes était, sous plusieurs aspects, déprimant. À qui s'en est-on pris? À notre système d'éducation? À l'atmosphère de nos familles? Aux «acides modernistes» qui corrodent toutes les valeurs? Pas du tout: à Mlle Judith Jasmin. Ainsi les tyrans de l'Antiquité faisaient-ils mettre à mort les porteurs de mauvaises nouvelles[15].

Et il poursuit son article en faisant état des accusations de malhonnêteté qui lui ont été adressées pour son propre reportage réalisé en Algérie.

Témoignage rassurant pour Judith Jasmin, elle reçoit de ses pairs, en cette fin de la deuxième saison de *Premier Plan*, le Prix du meilleur animateur de télévision, au Congrès du spectacle qui succède aux galas annuels des Miss Radio-télévision. Au lendemain de la grève des réalisateurs de Radio-Canada, l'Union des artistes, la Société des auteurs et les syndicats des employés de radio-télévision avaient décidé de reprendre en main la remise annuelle de trophées aux artistes et artisans de la radio et de la télévision, organisée jusque-là par la presse artistique hebdomadaire — qui n'avait pas été tendre à leur endroit pendant le conflit — désirant enlever à l'événement son caractère commercial et établir des critères de sélection purement professionnels.

À la mi-juin, Judith repart en Europe pour trois mois. Avec le réalisateur Gérard Chapdelaine et la scripte Suzanne Mercure, elle enregistre, en France, au rythme fou de ces tournées en Europe, une série d'entrevues d'une demi-heure avec les écrivains Costa de Loverdo, Jean Paulhan, Jean Cayrol, Christiane Rochefort — l'auteure du *Repos du guerrier* et des *Petits Enfants du siècle* ainsi que d'une parole de femme vraie et décapante — l'actrice roumaine et directrice du Théâtre de Paris Elvire Popesco, le cinéaste Michelangelo Antonioni, la directrice des pages féminines de l'hebdomadaire *L'Express*, Christiane Collange, parce qu'elle accorde beaucoup d'importance à l'influence de la presse féminine, le navigateur Alain Bombard et l'explorateur Francis Mazière (une entrevue extraordinairement fascinante). En juillet, elle se rend en reportage en Suède, d'où l'équipe rapportera trois émissions d'une demi-heure. Après des vacances en Grèce on ne sait avec qui mais pas seule — elle n'aime pas aller en vacances seule — elle rejoint une autre équipe de *Premier Plan*, le réalisateur Marcel Blouin et la scripte Francine Doyon, pour une vingtaine de jours en Israël.

Au moment même où le président Eisenhower s'en prend au socialisme suédois, source prétend-il de nombreux suicides dans ce pays, elle cherche, à travers son enquête sur ce pays moderne par excellence, doté des meilleures lois sociales, où triomphent la démocratie et la liberté de presse, si les Suédois, qui lui semblent réservés et peu chaleureux entre eux, ont maîtrisé l'art d'être heureux. Son texte de présentation de la troisième émission comporte cette pénétrante réflexion:

> Le bonheur est un accord avec la vie profonde, dit une pédagogue française, Ménie Grégoire. Les plus graves maladies du bonheur sont celles qui atteignent la source intérieure de la vie, masquent le soleil, refusent des droits, tuent la passion. Pour être heureux, il faut surtout avoir rendu libre et vivant l'être souterrain dont l'homme est issu avec ses angoisses, ses amours, ses appels[16] [...]

Défense de la liberté dans tous ses sens

La liberté demeure l'axe, la ligne de fond, le sens même de sa vie professionnelle comme de sa vie personnelle; pour elle, les plus graves entraves à la liberté proviennent des mœurs puritaines, timorées et intolérantes[17]. Elle le croit fermement: une opinion publique éclairée est la force d'une démocratie et, pour décider librement de son sort, le public doit être informé le mieux possible. Elle voudrait que tous les enjeux sociaux, toutes les questions soulevées dans la société, tous les courants d'idées soient discutés sur la place publique et que tous les secteurs de la population puissent s'exprimer à la télévision. C'est une journaliste d'esprit européen. On l'imaginerait au journal *Le Monde* ou à l'hebdomadaire *L'Express* de Jean-Jacques Servan-Schreiber et de Françoise Giroud.

Son premier militantisme: s'appliquer à rendre l'information libre, car elle sait le rôle crucial de la presse et particulièrement de la télévision pour témoigner de la démarche d'une société, pour faire circuler les idées, ouvrir les esprits à de nouvelles valeurs.

À son retour de voyage, en septembre 1961, elle applaudit la parution du *Nouveau Journal*, dirigé par Jean-Louis Gagnon, l'ex-rédacteur en chef de *La Presse*; ce quotidien montréalais révolutionne la presse écrite par sa présentation graphique moderne et sa pratique journalistique fondée sur l'indépendance d'esprit, mais il durera moins d'un an, incapable de résister à l'opposition des pouvoirs en place. Dans son évaluation de l'influence du *Nouveau Journal* sur la presse québécoise, Judith Jasmin livre sa pensée sur l'importance de la liberté de presse:

> *Le Nouveau Journal*, pendant sa brève existence, a délié la presse (l'ensemble des journalistes), une fois pour toutes, de la peur d'écrire un chat est un chat. *L'Esprit Nouveau*, précédé du père Brouillé*, a beau tonner contre ce désordre du journalisme, dire qu'il ne représente pas la population, le mouvement est irréversible, et on ne peut plus réduire les journalistes au silence: il va falloir se résigner à la grande lumière. Ce nouveau langage, l'habitude de discuter ouvertement sur la place publique, à la télévision, à la radio et dans les journaux, de tous nos problèmes ont démythifié de fausses valeurs et désarmorcé de grandes peurs[18].

En décembre, elle déclare en entrevue à une journaliste du *Nouveau Journal:*

> Il y a quelques années, il m'arrivait souvent de proposer des sujets à Radio-Canada mais de plus en plus rarement maintenant. J'ai peu de succès. On me les refuse dans 80 % des cas. On me craint...
>
> — À cause de vos déclarations sur l'école laïque, par exemple?
>
> — En effet. À Radio-Canada, on n'aime pas particulièrement ceux et celles qui s'expriment librement. On les catalogue et l'on s'en méfie. J'avais pourtant un bon sujet à suggérer dernièrement, la peur...
>
> — De voir les gens autour de vous qui ont peur, cela ne vous influence pas?

---

* Le père Brouillé, un jésuite, dirigeait un mensuel, *L'Actualité*. Il mena une campagne contre *Le Nouveau Journal*, réclama une enquête sur les journalistes et provoqua de virulentes polémiques.

— Au contraire, je dirais plutôt que c'est un stimulant. Je me dis: J'ai beau ne pas avoir peur. Et puis il faut bien constater, depuis deux ans, qu'il y a beaucoup d'améliorations. On n'aurait jamais pu s'exprimer ainsi, voilà quelques années. Pensons au nombre d'enquêtes menées dans tous les domaines, les transformations radicales opérées en si peu de temps. C'est fantastique. On se rend compte que nous sommes un peuple libre. Mais il faut *se hâter de dire ce que l'on pense, d'exiger des renouvellements car dans deux ans, il se pourrait bien que le climat redevienne comme avant, sinon pire...*

— Vous êtes pessimiste?

— Je ne veux pas être aveugle[19].*

Ses propos sont rapportés à travers le filtre du journalisme écrit, mais ils reflètent néanmoins sa pensée. Le titre sensationnel de l'article, «Judith Jasmin: "J'avais un bon sujet de reportage à proposer à Radio-Canada, la peur!"», ne pouvait qu'indisposer la direction des Affaires publiques de la Société et refroidir ses relations avec sa journaliste au franc-parler. Judith n'aime rien mieux que d'amener les gens à se raconter, mais déteste se faire poser des questions. D'une discrétion absolue sur sa vie privée, elle parle néanmoins sans pudeur d'elle-même et donne des réponses franches. Son entourage ne l'a jamais entendue se plaindre ou se formaliser de la façon dont ses propos étaient rapportés par la presse écrite. Le sens critique ne lui faisait pas défaut. Ou elle choisissait de ne pas l'exercer ou elle trouvait des excuses aux journalistes: manque d'expérience de débutants, orientation populiste du journal, etc.

Sa réflexion sur la fragilité de la liberté d'expression dans la société québécoise se révélera d'une extrême lucidité. La Révolution tranquille ne se fait pas sans tensions ni dissensions. Le climat est à l'effervescence, à l'enthousiasme. Partout, on discute politique, renouveau social, tout engendre la discussion. Un éventail de prises de positions s'exprime, mais deux courants de pensée semblent se dessiner. D'une part, les milieux des affaires et le patronat voudraient freiner les programmes sociaux et l'intervention de l'État. Certains réformateurs, comme les membres de l'équipe de *Cité libre*, s'opposent à une orientation ouvertement nationaliste.

* Les italiques sont de l'auteure.

Les milieux catholiques fervents ne veulent pas de la création d'un ministère de l'Éducation.

D'autre part, le Mouvement laïque de langue française réclame la déconfessionnalisation des institutions, le mouvement indépendantiste rejette tout fédéralisme, les groupes socialistes prônent le renversement du système économique. Les milieux de gauche et de jeunes font plus facilement le lien entre le laïcisme, l'indépendance et le socialisme. La «gauche nationale» du Nouveau Parti démocratique fera, à l'automne 1962, une déclaration publique dans ce sens, et ses signataires les plus connus, Michel Chartrand, Marcel Rioux, Pierre Vadeboncœur et Jacques-Yvan Morin, fonderont ultérieurement le Parti socialiste du Québec. À compter d'octobre 1963, un groupe de jeunes intellectuels et d'écrivains radicaux lancera la revue *Parti Pris*, militant en faveur de l'indépendance du Québec, de la laïcisation et d'une révolution socialiste proprement québécoise.

Ainsi deux courants qui n'ont pas le même poids de pouvoir social cherchent à s'imposer; ils finiront par s'affronter durement, et l'information à Radio-Canada, nous le verrons, souffrira dans les années suivantes d'une réduction de la liberté de presse et d'un climat d'autocensure.

CHAPITRE 9

LE PHARE D'UNE GÉNÉRATION

À l'orée des années soixante, le monde journalistique n'échappe pas au mouvement de réveil qui parcourt le Québec. Là aussi, on veut révolutionner les choses. On discute de liberté de presse et de liberté tout court, de nationalisme, d'enjeux sociaux et politiques. Déjà progressivement syndiqués au cours de la décennie précédente, les journalistes commencent à s'organiser sur le plan professionnel. Judith Jasmin s'y intéresse de près. Elle occupe quelque temps un poste au conseil de direction de la jeune Union canadienne des journalistes de langue française et participe activement à ses congrès annuels, comme elle le fait au Cercle des femmes journalistes. Par sa force intellectuelle, par son dynamisme, par son magnétisme, elle exerce une grande influence. Elle a la réputation d'être «une femme qui ne parle pas pour ne rien dire». Ses interventions sont claires, cohérentes, lucides, sa pensée rationnelle, vive, sans bavure, sans lyrisme. Gérald Godin (journaliste, poète et futur ministre dans le gouvernement du Parti québécois) rappelle ces congrès, quand il démarrait dans le métier au *Nouvelliste* de Trois-Rivières: «Les "stars", Judith Jasmin, Pierre de Bellefeuille, directeur du *Magazine Maclean* (ancêtre du magazine *L'Actualité*), Jean-Marc Léger du *Devoir*, Yves Michaud, rédacteur en chef de *La Patrie*, et son adjoint, Yvon Turcot, prenaient la parole sur tout. Nous les admirions, mais nous nous sentions en même temps méprisés ou rejetés par eux, sauf par Judith Jasmin qui abordait tout le monde, ne faisait pas de distinction d'âge, de région. Elle était chaleureuse et attentive à tous. J'étais impressionné par cette espèce de bonté qui se dégageait d'elle, par son affection sans prétention pour les gens.»

Les journalistes faisaient alors naturellement partie des intellectuels qui militaient en faveur des changements dans la société, et prenaient la parole publiquement. Par exemple, Andréanne Lafond, journaliste à *Carrefour*, fut codirectrice du mensuel d'opinion *Points de vue* de 1955 à 1961 (moment de sa disparition). Gérard Pelletier, intervieweur à *Premier Plan*, était permanent syndical et collaborait à *Cité libre*. Pierre de Bellefeuille, rédacteur en chef du *Magazine Maclean*, membre de la gauche du NPD (il sera plus tard député du Parti québécois). Mais à mesure que la profession journalistique s'organise, les règles radio-canadiennes sur l'objectivité et l'impartialité en information se resserrent; elles interdiront tout engagement public pour quelque cause que ce soit et, par la suite, toute collaboration à un autre média. Les nouvelles directives ne sont pas étrangères à l'ébullition du moment, à la montée du mouvement indépendantiste et des mouvements de gauche et à la réaction, face au service de l'information de la société d'État, du Parlement fédéral, des milieux fédéralistes et conservateurs influents du Québec.

Le directeur des Affaires publiques, Marc Thibault, met Judith Jasmin en demeure de choisir entre son engagement au Mouvement laïque de langue française et sa carrière. La journaliste sentait venir le vent. Elle avait confié à une consœur, Fernande Saint-Martin, rédactrice en chef du magazine *Châtelaine*, sa crainte de perdre son emploi. Solange Chaput-Rolland, qui se battait elle aussi pour la liberté d'expression à *Points de vue* et qui était membre du comité consultatif du MLF, s'était vue remerciée de l'émission radiophonique *Métro magazine*. Elle était allée défendre leur droit à la liberté d'expression auprès du directeur du réseau français, Gérard Lamarche. Néanmoins, Judith démissionne à regret mais sans éclat de la vice-présidence du MLF en février 1962, dix mois après la fondation du mouvement; elle acceptera de faire partie du comité consultatif et, comme le fonctionnement de l'organisme est informel, elle continuera d'y exercer un rôle influent. L'année suivante, elle figurera au nombre des donateurs de prestige dont la liste sera rendue publique. À cette occasion ou lors d'un autre démêlé de Judith avec Radio-Canada au sujet du MLF, Solange l'emmènera à Ottawa pour lui faire rencontrer le ministre Maurice Sauvé, promettant à cet ami le plus joli scandale public si sa collègue est mise à la porte de la télévision d'État. Respecter la consigne de taire publiquement sa couleur politique est une chose, le droit d'exercer sa liberté de citoyenne sur le plan social en est une autre. Pour elle, la transparence est essentielle et une marque de respect à l'endroit du public. Comme les autres, les journalistes ont leurs opinions personnelles; les uns acceptent la guerre, d'autres pas, les uns choisissent pour leurs enfants des écoles confessionnelles, d'autres veulent pour eux des écoles neutres, les uns penchent vers le conservatisme, d'autres vers le socialisme. Aux yeux de Judith Jasmin, les seconds ne sont pas par essence moins aptes à traiter l'information avec rigueur. Le fait pour le public de connaître les prises de position personnelles d'un journaliste ne pose pas de problème, car elle croit à deux données fondamentales en information: l'honnêteté des journalistes et la capacité de discernement du public:

> Dans un travail comme le mien, on n'a pas le droit de tricher. Mon avant-gardisme n'est en fait que la monnaie courante du monde entier, c'est parce qu'ici on est trente ans en arrière qu'on crie à l'avant-gardisme. C'est comme pour le mouvement laïque, il y a déjà longtemps que tous les pays importants ont réglé cette question. Ici, on crie au scandale comme si nous venions d'inventer quelque chose. [...] quand une association de parents m'a demandé de m'associer au mouvement laïque je n'ai pas eu le droit de refuser. Ce qu'ils réclamaient, je l'aurais aussi demandé si j'avais eu des enfants. Je pense à Montesquieu qui disait: «Si dans l'intérieur d'un État, vous n'entendez le bruit d'aucun conflit, vous pouvez être sûr que la liberté n'y est pas.» Serait-ce que nous commencerions à être libres[1]?

Ces propos sont rapportés par une journaliste de la presse écrite; s'ils ne sont pas fidèles à la lettre de ses déclarations, ils en rendent l'esprit. À propos de la réserve qu'on lui demande d'observer en sa qualité de journaliste, elle répondra à Wilfrid Lemoine dans l'une de ses dernières entrevues accordées à la télévision:

> L'objectivité pour moi, ce sont les faits, les choses à dire, les gens à faire entendre tels qu'ils sont. Ce n'est pas la peine de maquiller, d'essayer de faire des commentaires ou des éditoriaux autour des faits. D'abord les faits. La chose la plus importante, ce sont les faits; à partir de là, le téléspectateur va se faire une opinion. Quelles que

soient ses idées personnelles, le journaliste doit montrer les faits qu'il a à montrer. C'est ça l'objectivité, presque la nudité du fait.

— Est-ce que ce n'est pas compliqué? Je pense à vous, vous avez été très engagée dans des mouvements sociaux, par exemple le Mouvement laïque de langue française.

— Il y a peut-être des gens que ça a dérangés. Moi, personnellement, je trouve que ça ne dérange pas. Quelqu'un, par exemple, qui est très très clérical, ça ne le dérange pas de faire du journalisme et d'être objectif. Pourquoi quelqu'un qui le serait moins, ça le dérangerait plus?

— Ça n'enlève pas une certaine crédibilité pour celui qui reçoit l'information?

— Ça dépend comment on la lui donne. Si on la lui donne sincèrement — la sincérité, c'est ce qui passe le mieux à la télévision, la bonne foi en tout cas. Je pense qu'on accepte que le journaliste ait des idées qui ne sont pas toujours les nôtres, mais si on sent qu'il y a une sorte d'honnêteté, de bonne foi, ça passe[2].

Sa foi dans la liberté du public, expliquera le réalisateur Gilles Derome, a été sa plus grande force.

Judith Jasmin est une *achiever*. Elle casse des œufs au besoin, mais réalise des choses. Elle travaille vite, exprime sa pensée rapidement, sait obtenir prestement l'information nécessaire, saisit tout aussi vivement les données d'une situation, d'un sujet. Douée d'une excellente mémoire, elle écrit d'un premier jet directement à la machine à écrire, fait peu de corrections — ses textes originaux de conférences en témoignent. Elle a l'habitude du sarcasme à la française, qui fait rire l'entourage. Au retour d'un voyage avec un réalisateur et une scripte qui avaient eu ensemble une aventure amoureuse, elle répond à un directeur de Radio-Canada rencontré dans un couloir, qui s'informe de son séjour à l'étranger: «Nous avons fait un beau voyage de noces.» «Toujours courtoise quand elle défendait un point de vue, elle avait un sourire sarcastique parfois inquiétant», reconnaît Raymond David*. Elle ne laisse rien passer dans une conversation. Il ne faut pas utiliser devant elle le terme «Sauvage» pour «Indien», elle vous reprend. Ni dire des

---

* Entré à Radio-Canada comme réalisateur de Radio-Collège en 1950, Raymond David assumera divers postes de directeur de service jusqu'à sa nomination, en 1968, comme vice-président et directeur général du réseau français.

bêtises ou faire preuve d'ignorance politique ou sociale, elle vous reprend aussi. «Si vous émettiez des idées trop faciles, elle trouvait toujours un point pour vous faire remarquer que... Ce n'était ni pour intriguer ni pour imposer ses vues; elle possédait cet art de le faire sans vous blesser ou vous faire sentir votre ignorance», affirme une scripte. D'un mot d'humour cinglant, elle peut clouer quelqu'un sur place. «Elle ne tolérait pas la bêtise, raconte le journaliste Pierre Nadeau. Son sourire ou son rire, qui s'accompagnait d'une sévérité de jugement à l'égard des êtres et des choses, pouvait alors être à la limite de la méchanceté. C'était la première femme à faire de l'information politique à Radio-Canada. Nous qui entrions au service des annonceurs au début des années soixante, nous avions le réflexe machiste de dire: “Qu'est-ce qu'elle fait là? Elle ferait mieux de faire des émissions féminines à la radio.” Bien avant que je la connaisse, elle avait dû sentir cette quasi-hostilité de la part des hommes du milieu. Elle avait développé des réflexes de défense et de combativité. On imagine difficilement qu'entre amis on puisse se faire remettre à sa place: “Tu ne sais pas de quoi tu parles. Lis telle et telle chose. Tu reviendras et on en reparlera.”»

Judith Jasmin maintient par contre une remarquable éthique dans ses rapports avec les membres d'une équipe de travail. «Elle avait une autorité intellectuelle considérable que tout le monde respectait», dira Gérard Pelletier. C'était la grande dame de notre métier mais une très agréable camarade de travail, aucunement *prima donna*, arriviste ou narcissique. Elle avait conservé une jeunesse incroyable et l'enthousiasme d'une néophyte.» Appelée à travailler avec des équipes et des réalisateurs de dix ou quinze ans plus jeunes qu'elle, Judith compose le mieux possible avec chacun d'eux et s'emploie à dissiper les tensions quand elles se présentent. Claude Sylvestre, qui avait précédemment réalisé l'émission *Point de Mire* animée par René Lévesque, fit partie de l'équipe de *Premier Plan*; il n'a eu l'occasion de faire que quelques émissions avec elle: «Elle était d'une stature intellectuelle et d'une envergure qui dépassaient celles de tout son entourage, tout à fait insérée dans les préoccupations importantes de la société. Elle se donnait entièrement et avait une pensée vigoureuse. On sentait sa vitalité dans sa façon de parler, de dire les choses. C'était une révélation à l'époque, poursuit-il, que de ramener des images du bout du monde et de témoigner d'autres civilisations, mais Judith Jasmin ne pouvait pas donner là sa pleine mesure. Son respect des gens l'emportait dans ses rapports d'équipe. D'humeur égale, jamais elle n'a laissé transparaître ses déceptions sur le manque d'envergure des gens avec qui elle travaillait, sur des reportages ratés par des réalisateurs ou quand elle se sentait dépossédée d'un dossier. Par exemple, Marcel Blouin ne lui faisait pas visionner le matériel des émissions et l'écartait ainsi du contenu; c'était la prérogative des réalisateurs et une façon un peu artificielle de s'accrocher à leur pouvoir. Pourtant, il ne jurait que par elle, il n'a jamais ressenti le moindre malaise envers elle et ne s'est jamais rendu compte, pas plus que d'autres, qu'elle pouvait ne pas le trouver à la hauteur. Même René Lévesque n'a jamais eu conscience de lui avoir parfois marché sur les pieds. Imaginez une personne avec une pareille vision à la direction de l'information radio-télévision! Elle était une femme dans une société et un milieu misogynes, et personne n'aurait pensé à lui offrir ce poste*.»

«Judith exigeait beaucoup d'elle-même, des autres, de la société, explique son amie Françoise Loranger. Au travail, elle demandait que les choses soient bien faites, que les gens fassent leur part comme elle; elle ne supportait pas qu'on bâcle son métier. Le produit final des reportages se révélait souvent en dessous de ses attentes. Jamais, pourtant, ses collègues ne se sont rendu compte de ses déceptions. Elle se sentait toujours triste de découvrir un réalisateur mou et faible ou d'avoir à en affronter un autre. Plus d'un réalisateur, tout en lui portant un grand respect, lui opposait de la résistance, embarrassé en tant qu'homme, par sa supériorité et son intelligence.»

Quant au réalisateur Marcel Blouin, avec qui elle avait choisi de faire équipe de 1962 à 1965, elle partageait avec lui un même enthousiasme pour le renouveau québécois du temps, estimait son intelligence, sa sensibilité et son ardeur infatigable au travail. Les relations n'étaient pourtant pas toujours aisées avec cet homme au caractère complexe pour ne pas dire difficile, machiste lui aussi, et qui avait un besoin incessant de dominer les autres pour s'affirmer. C'était un être hypersensible et, pour réduire les tensions, Judith usait de tact, ne cherchait pas lui imposer ses idées, sa façon de voir. «Les réalisateurs, explique son neveu Christian, apportaient

* Il est intéressant de remarquer que tous les collègues masculins de Judith Jasmin, qui décrivent la misogynie de l'époque et de leur milieu professionnel, le font comme s'ils n'en avaient pas été partie prenante ni responsables.

certainement un meilleur équilibre aux émissions. À cause de son approche qui embrassait le monde entier, Judith était un peu déphasée par rapport à la société québécoise. Livrée à elle-même, elle aurait produit des émissions moins bien ajustées à la sensibilité du public ou trop en avance sur lui.»

En automne 1961, à la troisième saison de *Premier Plan*, Judith Jasmin devient la principale animatrice-intervieweuse et porte l'émission sur ses épaules, Gérard Pelletier étant devenu rédacteur en chef à *La Presse* en remplacement de Jean-Louis Gagnon, à la barre du *Nouveau Journal*. Au cours de la première saison, les trois principaux journalistes avaient chacun une douzaine d'émissions à leur crédit. À la troisième, Judith en signe vingt-deux sur trente-quatre. À l'exception d'une enquête sur la formation des instituteurs, à la suite d'une plainte formulée contre un enseignant, ses émissions de l'automne et du début de l'hiver 1962 sont des entrevues enregistrées le printemps précédent en Europe, sans compter le reportage d'une heure rapporté d'Israël.

En février de 1962, Judith retourne au Chili avec une bonne nouvelle pour Joseph Châtelain: il peut venir au Québec. Grâce à son amitié avec Pierre Harvey, du Conseil d'orientation économique du Québec, elle peut l'assurer qu'il obtiendra des contrats gouvernementaux. Elle est au comble du bonheur. En avril, pour le troisième printemps, elle part en reportage en Europe d'où elle rapportera une émission sur la Belgique, une sur le Pacte scolaire belge, une entrevue avec Hergé, l'auteur de *Tintin*, qui la reçoit dans sa maison de campagne du Brabant, et une émission sur l'Aide à la détresse, œuvre de l'Abbé Pierre à Noisy-le-Grand, en France, sur les lieux de son enfance. Ses textes de narration sont émaillés de réflexions sensibles dans une langue souvent très belle. Dans son texte intitulé «Noisy-le-Grand ou le poids du mépris», elle a cette phrase:

> Les enfants ont un pacte secret avec l'avenir: ce sont eux qui endossent les promesses et solderont l'espoir à crédit dont vivent les gens d'un bidonville[3].

À son retour à Montréal, elle remporte, au Congrès du spectacle, le trophée du meilleur animateur de télévision pour la seconde année consécutive. Ayant dit à Wilfrid Lemoine, également mis en nomination: «Il faut que vous gagniez, vous le méritez», le lendemain, elle lui téléphone: «Je regrette que vous n'ayez pas eu le prix. J'espère que cela ne vous découragera pas.» «Peu de gens auraient eu pareil geste, affirme Wilfrid Lemoine. Son attention généreuse mais aucunement maternelle à mon endroit était sa façon d'encourager les plus jeunes. Judith Jasmin représentait une espèce de phare pour notre génération. Sans son exemple et celui de René Lévesque, un exemple d'authenticité et de foi totale dans le métier, nous aurions été pris de panique dans ces années où l'information télévisée prenait son envol. C'était une journaliste complète et une intervieweuse géniale, étonnamment personnelle qui introduisait la dimension affective dans chacune de ses entrevues. Tout être humain avait de l'importance à ses yeux. Elle s'inscrivait dans le monde, prête à prendre des risques. Elle voulait aller le plus loin possible en information, mais elle était d'une honnêteté absolue et avait la conscience de la responsabilité journalistique à une époque où ouvrir des fenêtres n'était pas sans poser de difficultés. Ses convictions et ses engagements pouvaient colorer son jugement, mais elle exerçait une constante vigilance afin de ne pas utiliser son opinion personnelle pour manipuler l'opinion publique et se questionnait sans arrêt. Sur le plan personnel, ajoute-t-il, c'était une nature riche et passionnée: elle aimait ou n'aimait pas les gens. Elle avait un port de tête majestueux et hautain qui contrastait avec sa grande timidité, elle émettait des opinions tranchées, avait des comportements brusques et n'était pas la moins râleuse.»

Le critique de télévision du *Magazine Maclean*, Jean Hamelin, venait d'écrire:

> Rares sont, à la télévision d'État, les personnalités assez fortes pour se maintenir à flot durant plusieurs saisons consécutives. Fernand Seguin et Judith Jasmin appartiennent à ce tout petit groupe de personnes qui, chez nous, a quelque chose à dire, qui sait le dire, qui sait intéresser, souvent à partir des mêmes sujets, se renouveler.

Et de Judith Jasmin:

> On sait la qualité de l'esprit de Judith Jasmin, sa vaste culture, cette espèce de don qui lui permet de toucher à une foule de sujets, parfois très opposés les uns aux autres, en le faisant toujours avec intelligence et connaissance de cause. Par-delà les frontières, par-delà les mers, Judith Jasmin est appelée à interviewer des écrivains, des philosophes, des cinéastes, des dramaturges, des peintres, des hommes de science. Partout, elle agit avec tact, se pose comme une causeuse intéressante pour l'interlocuteur choisi, quelle que soit sa

qualité. Cette femme sait admirablement tenir sa place. En dire assez sans en dire trop. Pousser l'interviewé à dévoiler le maximum de sa pensée. Ne pas s'effacer, être présente à l'entretien et pourtant ne pas donner l'impression de s'imposer. C'est un art que cette discrétion agissante, et Judith Jasmin le possède au plus haut point.

L'Homme devant la science et *Premier Plan* sont donc, en grande partie à cause de la forte personnalité de leurs animateurs, des pièces de choix à l'horaire de Radio-Canada. Ces émissions informent, renseignent et enseignent, atteignant par le fait même un des buts essentiels de la télévision: éduquer[4].

Le versant intime

Judith quitte l'avenue McGregor et le centre-ville pour la rue Ridgewood dans le quartier Côte-des-Neiges, cette rue sans issue qui grimpe jusqu'au faîte de la montagne, à la hauteur du dôme de l'oratoire Saint-Joseph, et y retrouve pour voisine son amie Suzanne Rivard. Mais un premier nuage assombrit sa vie amoureuse: Jo Châtelain, qui habitait chez elle depuis son arrivée au Québec, n'emménage pas avec elle et loue un appartement plus bas sur la même rue, prétextant la venue de son fils Alix que les parents de Judith garderont pendant l'été au lac Marois. Elle aurait préféré la vie commune, elle respectera son choix, comptant sur le temps pour consolider leur relation. Partager sa vie la remplit déjà de joie.

Son existence est un tourbillon organisé: elle fait glisser sans heurt de l'une à l'autre ses activités professionnelles, personnelles et sociales. À Montréal, elle va au cinéma, au théâtre de création comme de répertoire, le bon comme le moins bon; elle va entendre l'orchestre de Duke Ellington et les chansonniers, ces jeunes qui traduisent une nouvelle fierté à travers leur poésie et leur musique et se produisent dans des boîtes à chansons à Montréal, à la Butte-à-Matthieu de Val-David et jusqu'à Percé, depuis qu'en 1959 les Bozos — Clémence DesRochers, Jean-Pierre Ferland, Claude Léveillé, Raymond Lévesque et Hervé Brousseau — se sont risqués sur une scène avec leurs premières chansons, à l'étage supérieur d'un petit restaurant situé à deux coins de rue de Radio-Canada. Curieuse de tout, Judith convaincra une amie de voir l'opéra rock *Jesus-Christ Superstar*: «Il faut absolument voir ça.» Bon public, elle se laisse facilement émouvoir. Son neveu Christian avait été très gêné, tout jeune adolescent, de la voir pleurer abondamment à une représentation de *Poil de carotte*, une pièce qu'elle connaissait par cœur depuis l'enfance. Alors que, au début des années soixante, les catholiques de service trouvaient infâme le film *Le Défroqué*, elle fut sensible au problème humain qu'il posait. Elle et son amie Monique Bosco (professeure de littérature française à l'Université de Montréal et écrivaine) sortirent de la projection honteuses tant leurs yeux étaient bouffis. Un spectacle médiocre ou ennuyeux est source de rires et de remarques moqueuses entre les deux amies célibataires qui, pendant leurs douze années d'amitié, s'octroieront réciproquement la palme d'être la plus moqueuse des deux, un trait que Judith tient de sa mère. Elles forment avec un autre ami, le réalisateur de télévision Jo Martin, un trio de rires. Quand l'écrivaine Anne Hébert se joint à eux, le trio devient quatuor.

Judith aime s'occuper de son intérieur, s'entourer de sa famille et de ses amis. Faire ses tiroirs, elle appelle cela «catiner», et le grand ménage à l'ouverture du chalet l'été, «le corps à corps d'une femme avec sa maison». Elle reçoit à dîner régulièrement. Elle peut quitter le bureau à dix-sept heures et recevoir deux heures plus tard à un grand dîner qu'elle a elle-même cuisiné. Elle ne perd pas un instant. Elle peut surveiller la cuisson d'un plat en poursuivant une discussion d'ordre professionnel au téléphone ou en allant mettre la dernière main à un texte sur sa table de travail, toujours placée non loin de la cuisine. Les soirs où elle se retrouve seule à la maison, elle ne s'écrase pas devant l'appareil de télévision pour passer le temps: elle se plonge dans un livre, termine un texte.

Elle a le culte de l'amitié: «Je n'exige rien de mes amis, seulement d'être ce qu'ils sont, de sorte que j'ai des amis qui sont très différents de moi, très différents les uns des autres; je ne leur demande que leur amitié, c'est déjà beaucoup[5].» Mais n'entre pas qui veut dans son intimité; il faut d'abord gagner sa confiance. Sélectives, ses relations avec les femmes sont tissées de compréhension, d'entente profonde, de connivence, de tout ce que, des années plus tard, les femmes appelleront «sororité». Parmi ses amies, toutes ne s'apprécient pas l'une l'autre. Judith entretient des relations privilégiées avec chacune, aussi à l'aise dans l'entourage d'une amie plus mondaine, d'une consœur de collège devenue médecin, d'une relation intellectuelle que dans un milieu modeste, dans un cercle indépendantiste ou fédéraliste. Elle n'a pourtant jamais, dit-on, trahi une confidence. Elle trouve le temps d'aller les chercher à l'aéroport au retour d'un voyage et de leur acheter des aliments de première nécessité pour le petit déjeuner du lendemain. Ayant promis d'apporter un plat de poisson à une fête et obligée, au dernier moment, de partir en reportage à l'étranger, elle se lève une heure plus tôt, copie la recette et va la porter à l'hôtesse avant son départ. Quand elle entre dans un endroit, son magnétisme joue, le ton de la conversation change. Elle ne tient pas de propos banals: ce sont ou les éclats de rire ou les discussions sérieuses, profondes... Ses amies d'aujourd'hui pourraient la décrire dans les mêmes termes que ses amies d'adolescence, Éthéra Mackarachvili et Éliane Goldenthal: toujours prête à raconter des anecdotes, l'œil vif pour saisir le ridicule d'une situation, capable de se moquer d'elle-même, gentiment de ses amis, et plus cavalièrement d'autres. Une comédienne s'était plainte à satiété, dans une soirée, de ses affreuses migraines, en faisant de grands gestes pour expliquer la sensation d'aiguilles lui pénétrant la tête. Il fallait voir Judith mimer la plaignarde.

Les week-ends d'été au lac Marois, en parfaite hôtesse, Judith fait tout elle-même sans avoir l'air de travailler. Elle se rend responsable du bonheur des autres, du bien-être de chacun. Qu'elle ait des invités ou non, elle partage toujours un repas le dimanche avec ses parents âgés; à l'occasion d'un anniversaire, ce sont les ballons, les guirlandes, les jeux de société. Son père de quatre-vingts ans n'a plus une pensée très agile. Son respect pour lui la porte à l'idéaliser et, devant ses amis, elle finit ses phrases, cherche à éclairer les idées qu'il émet. Elle entoure sa mère d'affection et de réconfort, comme si elle n'attendait rien d'elle. Les jours où elles se retrouvent, à l'heure de la vaisselle, au-dessus de l'évier de la cuisine, mère et fille conversent sans fin pendant qu'Amédée Jasmin lit ou se repose.

Sa sœur Claude est présente aux fréquentes fêtes de famille mais, de plus en plus, chacune des deux sœurs évolue dans son propre cercle d'amis. Elles continuent à partager la même exigence, le même goût pour la culture, les mêmes idéaux politiques et sociaux. Judith, à l'avant-scène, s'engage publiquement. Claude, militante ardente mais anonyme, membre du Mouvement laïque de langue française, est de toutes les manifestations de rue en faveur des femmes, du fait français ou de l'indépendance du Québec. Mais leur tempérament et leur approche de la vie diffèrent trop pour qu'elles se comprennent vraiment. Claude est d'un naturel effacé et peu communicative. L'éducation qu'elles ont reçu leur a appris à retenir leurs émotions, ainsi elles gardent le silence sur toutes ces petites blessures que l'on s'inflige — involontairement mais inévitablement — entre sœurs. Reste l'affection, profonde et vraie, mais rarement exprimée.

Judith s'inquiète profondément des autres et invite à Noël amis, connaissances et collègues qui n'ont pas de famille. Elle loue à bas prix un logement de son «triplex», sur la rue du Parc-Lafontaine, à la femme de ménage qu'elle emploie, une Haïtienne, Iris Chandler, qui l'occupera encore au moment du décès de Judith. Elle entretient avec elle une relation d'amitié, lui rend visite et, par son entremise, aide de son argent et de ses démarches des familles haïtiennes immigrantes à s'installer au Québec. Elle laissera par testament quelques milliers de dollars à «cette amie méritante pour qu'elle puisse retourner vivre dans son pays».

Judith n'invite pas chez elle que des intimes. Elle aime faire se rencontrer les gens et mêle à dessein à sa table des personnes d'horizons divers: des amis, des collègues, des connaissances, des étrangers de passage, des personnes qu'elle désire mieux connaître, — depuis vingt ans, Judith a frayé dans tant de milieux. Des mélanges incroyables. Et, contrairement aux prévisions les plus improbables, ses soirées sont réussies, grâce à sa présence aux autres et à son attitude de non-jugement. Elle n'est peut-être pas un cordon-bleu mais, aussi fin gourmet que gourmande, elle apporte beaucoup de soin à la préparation des mets. Ses convives n'ont pas oublié le fumet de ses bouillabaisses ni la saveur de son couscous. Judith va vers les autres. Elle propose de faire chez elle l'entrevue avec Catherine Sauvage, qu'elle ne connaît pas, et l'invite ensuite à déjeuner avec le réalisateur Gérard Chapdelaine et la scripte Suzanne Mercure. Elle emmène son neveu Christian chez Gilles Vigneault. Elle ne manque jamais une soirée chez des amis, y prend beaucoup de place, discute parfois âprement et n'est jamais la première à quitter les lieux. Un soir, chez France et Pierre Nadeau, autour de la table de la salle à manger, assise au centre comme toujours, elle s'échauffe dans la discussion et donne un coup de poing sur la table. Le lustre-chandelier en fer rococo, qui pèse soixante kilos se décroche du plafond, et sa pointe acérée transperce la table de bois à cinq centimètres de sa main. Imperturbable, Judith lance: «Ça ne me fait pas changer d'idée» et rit de bon cœur. D'autres qui l'ont peu connue mais l'ont rencontrée à un dîner chez des amis gardent le souvenir d'une femme sans prétention, qui ne cherchait pas à attirer l'attention, mais en imposait tellement par sa présence et l'intérêt de ses propos que les convives faisaient silence pour l'écouter.

Depuis qu'il est au Québec, Jo Châtelain prend évidemment la première place. Avec son homme, Judith est une amoureuse servile, profondément marquée par le conditionnement des femmes de son époque et victime de sa propre insécurité affective. Elle le met en valeur, l'entoure de prévenances, le bichonne, lui met un coussin sous les pieds, et se réserve la gérance de la maison chez lui comme chez elle. En présence de ses amis, elle donne libre cours à sa fougue amoureuse, l'embrasse sans cesse, versant sur lui un trop-plein de caresses et de gestes amoureux retenus jusque-là. «Tu me gênes beaucoup. Laisse-moi respirer un peu», lui dit par moments cet homme très réservé. Au-delà de la passion amoureuse, cette relation la comble pleinement. Jo partage toutes ses valeurs, aime beaucoup le Québec et, bien qu'étranger, partage ses vues sur l'indépendance du Québec; d'un tempérament à l'opposé du sien, il l'aide à se remettre en question. Enfin, elle forme un couple, un vrai. Elle s'amène radieuse au bras de Jo au chalet de ses amis Pierre et Marie Harvey pour passer une journée familiale au milieu de leurs enfants, autour du barbecue. En dehors du cercle de ses amis et de ses collègues de travail, elle présente à Jo des gens de divers milieux québécois, invitant à dîner, par exemple, André D'Allemagne, du RIN, et sa première femme, Lysiane Gagnon, journaliste à *La Presse*.

Pauline Julien et Gérald Godin rappellent leurs quelques rencontres amicales avec Judith Jasmin et Joseph Châtelain, au lac Marois ou à North Hatley. «Nous riions beaucoup ensemble car Judith aimait la vie, était accueillante et appréciait les histoires drôles, raconte Gérald Godin. Nous parlions bien sûr du racisme, et son ami donnait des exemples vécus à l'échelle des institutions internationales. Quel que soit le sujet abordé, elle paraissait toujours précise et bien documentée.» «Judith a été une sorte de marraine pour moi à mon retour de Paris, une des seules de Radio-Canada à m'appuyer et à me reconnaître, rappelle Pauline Julien. Tous les quatre, nous avions surtout des échanges intimes. Nos vies de couples se ressemblaient. J'étais moi aussi plus âgée que Gérald. J'étais souvent séparée de lui, moi à Paris où je retournais chanter, lui à Montréal. Nous parlions de sentiments, de la vie, de la passion et de façon audacieuse de la vie sexuelle. Judith donnait l'image d'une jeune amoureuse tout émue et fragile sur le plan sentimental;

elle menait sa vie à sa guise, à l'encontre des mœurs de l'époque, mais elle franchissait un énorme tabou et racontait ce que cela représentait d'être avec un Noir.»

Judith Jasmin est un phare pour bien des gens, à commencer par sa famille. Il lui arrive d'intervenir d'autorité dans leur vie, à des moments cruciaux et parfois de façon brutale. Elle convainc son neveu Christian, adolescent, de s'inscrire dans une école laïque privée et paie ses études. Il y découvrira la passion des mathématiques, le tournant décisif de son avenir professionnel. À la fin de ses études universitaires, elle lui trouvera son premier emploi, par l'entremise d'un ami, Guy Fournier, auteur de télévision et copropriétaire d'une maison de production. Quand Pierre Nadeau perd son père âgé de cinquante-deux ans, il est anéanti sous le choc. Un soir, Judith va dîner chez lui. Au lieu de s'en tenir à le consoler affectueusement, elle lui dit: «En mourant, ton père t'a fait un cadeau.» Sur le coup, sa réaction révolte le jeune journaliste. Il la trouve cruelle et insupportable. Judith savait son jeune confrère animé d'une forte volonté. Elle avait compris la place énorme que son père tenait dans sa vie mais que, aussi douloureuse que puisse être une telle perte, elle lui laissait la voie libre pour qu'il s'engage dans une carrière professionnelle sans porter sur ses épaules le poids de la comparaison, qu'on n'aurait pas manqué de faire constamment avec le grand intellectuel et l'homme d'action qu'était Jean-Marie Nadeau. C'était la philosophie de Judith: les choses sont comme elles sont, on ne peut rien y changer, il faut retomber sur ses pieds et aller de l'avant. Au cours d'un dîner chez un collègue journaliste de Radio-Canada, la conversation porte sur les difficultés professionnelles de ce dernier. Judith se tourne, péremptoire, vers l'épouse: «Il va falloir foutre la paix à votre mari. C'est son métier, pas le vôtre. Vous allez lui créer plus de difficultés qu'il ne le fait lui-même. Il va finir par vous détester.» Le couple en reste coi. Quand la chanteuse Clairette, une vieille connaissance de la fin des années quarante, traîne son chagrin après le décès de son mari, Judith lui dira: «C'est assez. Vous devriez être reconnaissante. Vous avez vécu pendant de nombreuses années un bonheur que peu de gens connaissent dans leur vie.»

Une affaire méconnue

Au début de la saison 1962-1963, l'émission quotidienne *Carrefour*, qui a sept ans, est intégrée à une nouvelle émission variétés-information, *Ce soir où jamais*, qui ne tient l'affiche que trois mois. Lui succède *Aujourd'hui*, une nouvelle formule de magazine, dotée d'un fort budget et d'une vaste équipe. L'un des réalisateurs choisis pour bâtir le concept de l'émission, Jean-Maurice Laporte, songe pour l'animer à la meilleure journaliste de télévision, la mieux outillée pour ne pas perdre pied en direct et traiter n'importe quel sujet, aussi efficace en entrevue avec un premier ministre qu'avec une vendeuse de fleurs ambulante; il veut construire l'émission autour d'elle, l'approche, discute formule et cachet. Judith est enthousiasmée par le projet. Mais Marc Thibault, le directeur des Affaires publiques et superviseur de l'émission, ne voit pas la chose du même œil et, comme Laporte, contrairement aux autres réalisateurs de l'équipe, entend faire valoir ses prérogatives professionnelles sur le choix de l'animateur de l'émission, il le vire du service pendant cinq ans. M. Thibault préfère Michèle Tisseyre, la très populaire animatrice de *Rendez-vous avec Michèle* et de *Music-Hall*, une intervieweuse de grand métier mais pas à proprement parler une journaliste d'affaires publiques. Elle n'a ni l'expérience ni la compétence de Judith Jasmin en information politique et économique, et exige un cachet trois fois supérieur. Wilfrid Lemoine coanimera l'émission.

La situation est presque paradoxale puisque Judith Jasmin vient de remporter le trophée du meilleur animateur de télévision. Mais on la craint en haut lieu; on la respecte, on ne peut pas la balayer du revers de la main. On peut cependant l'écarter de l'animation d'émissions en direct et la cantonner dans le reportage filmé. Son honnêteté même joue contre elle. Elle effraie par sa volonté d'aller au fond des choses, par sa manière structurée de discuter qui force l'interlocuteur à justifier son opposition par des arguments valables. Elle ose contester la censure sur l'information. Les questions d'actualité, elle veut les fouiller pour faire prendre conscience aux télespectateurs de ce qui se passe autour d'eux: «Pourquoi ne parlerait-on pas de ça? Il faut le dire.» Plus grave encore, elle discute ouvertement de nationalisme et d'indépendance, un sujet tabou dans la maison. Il n'y a pas un millimètre de ruse dans son être, et elle ne comprend pas que ses interlocuteurs ne sachent pas faire la différence entre une discussion personnelle et la rigueur journalistique.

De plus, Judith ne correspond pas à l'image que se fait la direction d'une animatrice: «une femme à sa place», une «présence féminine», non la présence solide d'une femme. Elle ne se comporte pas en «star» et ne possède pas non plus la retenue qu'on attend d'une femme en toutes circonstances. Elle a de l'abattage mais peut afficher un comportement décontracté hors des ondes. De retour de voyage, elle peut descendre en vitesse d'un taxi, entrer en coup de vent à Radio-Canada, apercevoir René Lévesque dans le grand hall de l'édifice Ford, jeter son imperméable d'un côté, son sac de l'autre, ouvrir sa valise et en sortir le cadeau qu'elle a rapporté pour son collègue.

Selon Marc Thibault, on ne pouvait déplacer Judith Jasmin de *Premier Plan*, l'émission prestigieuse d'information internationale. Sa présence y était essentielle, surtout depuis le départ de Gérard Pelletier. Point de vue valable pour l'administration, pas pour la journaliste. *Premier Plan* était une émission filmée avec des équipes réduites, Judith Jasmin y travaillait comme reporter, elle faisait l'animation principalement en voix hors-champ par des textes de présentation et d'enchaînement. Cette émission hebdomadaire, diffusée le vendredi en fin de soirée, avait une cote d'écoute potentiellement faible en comparaison de celle d'un magazine quotidien diffusé en direct à l'heure du souper et bénéficiant d'importantes ressources financières et humaines — réalisateurs, reporters, recherchistes. Et Judith Jasmin aurait pu y donner sa pleine mesure.

On a dit qu'elle n'avait pas le charisme d'un René Lévesque ou d'une Michèle Tisseyre. Pourtant, elle réussira, comme correspondante aux Nations Unies et à Washington, à passionner l'opinion publique pour la politique internationale et américaine avec des topos d'une minute quarante. Trois personnes du monde de la télévision, qui l'ont bien connue, donnent leur explication des choses. Jacques Languirand: «Ce n'est pas entièrement de la faute de la direction. On ne comprenait pas qu'elle puisse être à la fois engagée socialement et objective. Puis, à cause de sa force comme femme. Elle n'était pas à sa place, elle était dans une situation d'homme; d'autres femmes de son époque comme Marcelle Barthe à la radio et Michèle Tisseyre à la télévision n'ont pas connu les mêmes problèmes.» Raymond David: «Judith Jasmin obligeait la direction à se poser la question: "Jusqu'où peut-on aller en information?" Il y a deux sortes de journalistes qui ne sont pas de tout repos: les incompétents et ceux qui soulèvent les vrais problèmes.» Pierre Nadeau, qui deviendra, dans les années soixante-dix, l'animateur vedette des affaires publiques de Radio-Canada: «Au début de la télévision, il était inconcevable, à cause de la mentalité de l'époque, qu'une femme puisse prétendre au même statut qu'un homme en information et jouir auprès du public de la même crédibilité, fût-elle de même calibre. Dans les années soixante, les femmes n'avaient pas encore accès au poste de lectrice de nouvelles et cela a pris encore dix-quinze ans avant qu'elles puissent accéder en information, à un statut comparable au nôtre. Après René Lévesque, Judith Jasmin était celle qui passait le mieux l'écran. Elle aurait été, comme lui, mais à sa façon, une extraordinaire animatrice de télévision si, pour les femmes, les conditions des années soixante avaient été celles des années quatre-vingt et si on lui avait confié une émission où sa personnalité puisse s'exprimer. Elle n'a jamais eu la possibilité d'être une bête de télévision, mais elle en serait devenue une. Le charisme est fait de deux choses: la crédibilité qui émane d'un animateur et ce lien magnétique qu'avec sa personnalité, sa spontanéité et même ses défauts, il réussit à établir avec le public et qui crée un phénomène d'identification de la part des téléspectateurs. Judith Jasmin possédait la crédibilité, mais elle n'a pas eu l'occasion de créer ce rapport de symbiose avec le public. À l'écran, elle était beaucoup plus pondérée et moins passionnée qu'elle ne l'était dans la vie. Femme dans un milieu difficile et hostile, obligée de se conformer aux standards de l'époque, elle projetait une image sévère qui n'avait rien à voir avec la vraie Judith.»

Judith ne confie ce revers professionnel ni à sa famille, ni à ses amis, ni à son entourage. Ses amies les plus intimes disent l'une après l'autre: «Elle ne me parlait pas de ses difficultés au travail.» De tous les collègues interrogés, seul le réalisateur Jean-Maurice Laporte semblait au courant de l'incident *Aujourd'hui*. Pour quelqu'un qui n'est pas attiré par le vedettariat non plus que par le pouvoir, ne pas animer la plus importante émission d'affaires publiques quotidienne de Radio-Canada n'est pas une épreuve en soi, tout au plus un contrecoup inévitable sur le chemin de la liberté de presse. Reste à Judith Jasmin, pour vivre sa passion de la découverte, le reportage à l'échelle du monde. Elle s'était tracé une ligne de vie qui écartait l'ambition personnelle, sur les pas des non-conformistes et des résistants:

> Mon père est l'homme qui a joué le plus grand rôle dans ma vie. Il a été un non-conformiste, un enfant terrible toute sa vie. J'ai tendance à admirer un type d'homme comme mon père, des gens anarchistes, pas du tout pour les conventions et les réussites sociales. D'autres? Charlie Chaplin. J'aime bien ceux qui prennent la défense des petits ou qui sont des petits. Je n'aime pas les gros, les puissants, les riches. Chez les femmes: Antigone et Jeanne d'Arc, des femmes qui influencent l'humanité, celles qui tiennent tête aux puissants, qui sont capables de résister à certaines pressions, aussi celles qui résistent à la domestication[6].

La guerre, mille fois non

L'automne 1962 est un automne chaud. La fièvre nationaliste court. Les graffiti apparaissent plus nombreux sur des édifices publics et des monuments à Montréal, à Ottawa comme à Québec: «À bas la confédération», «Vive le Québec libre», «Le Québec aux Québécois», «Je suis séparatiste». La campagne électorale sur la nationalisation de l'électricité menée par le ministre des Richesses naturelles, René Lévesque, bat son plein. Aux élections fédérales de juin, le Québec avait voté massivement contre le Parti conservateur de John Diefenbaker, et le Crédit social, un parti nationaliste populiste, avait remporté un tiers des sièges québécois. Survient l'incident Donald Gordon. Le président unilingue anglais du Canadien National justifie l'absence totale de Canadiens français aux dix-sept postes de vice-présidents de cette société d'État par cette phrase: «Les promotions se font au mérite[7].» Des manifestations de masse se produisent alors un peu partout au Québec. Les plus retentissantes ont lieu à Montréal: l'une organisée par le RIN et l'autre, qui tournera à la violence, par l'Association générale des étudiants de l'Université de Montréal.

En ce début d'automne, Judith Jasmin témoigne publiquement d'un autre de ses engagements. Après avoir assisté à une conférence internationale de La Voix des femmes, qui regroupait au lac Ouareau des déléguées de dix-sept pays de l'Ouest et de l'Est, elle prononce la conférence principale au congrès de l'organisme à l'Université de Montréal, La Voix des femmes devant s'adresser aux

Nations Unies à la session d'octobre et y présenter une cinquantaine de résolutions. C'est le seul texte qui livre sa pensée sur la paix, la guerre et le désarmement nucléaire, un texte encore d'actualité. À l'acceptation fataliste de la guerre, au nom de l'instinct guerrier naturel de l'être humain ou comme stimulant économique, elle répond: «NON, mille fois NON. Voilà un sophisme à rayer de nos idées un peu vite faites. [...] La guerre est une séquelle de l'âge de pierre. L'humanité a maintenant d'autres moyens de stimuler la productivité.» À son avis, aucune lutte dans la recherche et dans la science modernes, l'exploration du cosmos comme la conquête des terres pauvres pour nourrir les populations affamées ou les découvertes de vaccins contre le cancer ou d'autres maladies, «n'a besoin du fer, du feu et du sang des hommes pour être gagnée». Elle affirme:

> Certains se demandent encore: «Pourquoi un groupement de femmes?» Parce que les femmes, plus ou moins écartées de la politique, qu'elles le veuillent ou non, ne peuvent rester neutres quand il s'agit de la vie de leur famille, de leurs enfants. Il n'est plus question de leur répondre: «Ça ne vous regarde pas, c'est l'affaire des hommes.»
>
> La sécurité de la famille, souci n° 1 des femmes, est menacée par les essais et les armements nucléaires. Tout le reste est vanité.
>
> [...]
>
> La paix, ce n'est pas seulement l'absence de guerre, le bannissement des engins nucléaires, ce doit être mieux qu'une guerre froide où continuent de se développer la haine de l'ennemi, la déformation des faits, la suspicion et toute une psychose de défense qui est une forme larvée de la guerre.
>
> Une vraie paix, c'est un état d'esprit qui accepte les autres tels qu'ils sont, même communistes pour les uns, même impérialistes-capitalistes pour les autres, et admet qu'ils puissent vivre comme nous sur la même planète. Cette paix-là, c'est celle de la maturité des hommes et des peuples. Cet esprit de paix ne pourra s'instaurer que par la mise en œuvre d'une série de moyens d'éducation qui éclairent, informent les gens de chaque pays et changent les habitudes de penser et d'interpréter les choses. C'est surtout à ce travail de désintoxication des esprits, de réajustement du sens des réalités que pourrait s'employer un Institut de recherches pour la paix.
>
> [...]

> Ne pouvons-nous toutes ensemble essayer de faire entendre raison à ceux qui s'arrogent un droit de vie et de mort sur le genre humain[8]?

En novembre, elle va enquêter dix-huit jours sur la Fédération suisse. Elle revoit le Frère Untel, exilé à Fribourg. Au bout de dix jours, la douceur de vivre suisse commence à ennuyer toute l'équipe, on ne peut plus ravie de rentrer en France une semaine plus tard, pour enregistrer des entrevues pour un reportage sur la faim dans le monde et rencontrer quelques personnalités dont les écrivains Marcel Jouhandeau, figure légendaire de la littérature française, qui offrit un numéro de parfait comédien, enveloppé d'un grand plaid et se mettant à l'orgue pour jouer quelques psaumes de David[9], et Michel del Castillo, un romancier de vingt-neuf ans, célèbre depuis la parution de son premier ouvrage, *Tanguy*, avec qui l'entretien fut émouvant d'intensité et d'authenticité.

Au début de l'année 1963, une mauvaise nouvelle attend Judith: Joseph Châtelain lui annonce son embauche au Fonds monétaire international, à Washington, où il sera responsable de l'évaluation des projets africains et appelé à voyager constamment. Première raison: séparé de son fils, il s'inquiète de ses difficultés à l'école et cherche une solution pour lui offrir un cadre de vie plus stable, son ex-femme s'installant elle aussi dans la capitale américaine. Deuxième raison: il n'était pas venu au Québec avec l'intention de s'y établir. Quant à ses sentiments pour Judith... son fils passe au premier rang. À une femme aussi absolue et entière, directive et directe, on n'ose tout dire, on annonce des faits accomplis, on révèle les raisons de ses décisions une à une, au compte-gouttes. Le bonheur à deux incarné dans une union stable lui échappe, son rêve secret de mariage, aussi. «C'était un amour d'une saison, elle en a fait l'amour de sa vie», dira un ami. Sans doute Judith aimait-elle aveuglément, mais leur amour lui semblait réel. Le manque d'explications la blesse, la laisse incrédule: pourquoi leur relation est-elle remise en question parce que son amant veut, avec raison, assumer ses responsabilités paternelles? Au cours des mois suivants, elle ira le voir à Washington, des lettres continueront à être échangées, mais ses questions n'obtiendront que des réponses vagues. Elle lui écrira d'Algérie cinq mois plus tard:

> Si je n'avais pas reçu ta lettre hier, en rentrant d'une tournée à l'intérieur du pays, je crois que je n'aurais pas eu le courage de t'écrire, pas plus que je ne l'avais pendant ces dernières semaines. Le

> mur est dressé entre nous. Il me faut oublier. Il me faut apprendre à penser sans référence à toi, éliminer de mon esprit les courts-circuits qui me ramènent vers toi, vers ce que j'appelais bêtement le bonheur. Je sais maintenant que tu as triché avec moi. Pendant ces dix mois à Montréal, parallèlement tu préparais ton départ. J'étais une invitée de salle d'attente et ça m'est difficile de ne pas t'en vouloir. Ton silence est une forme de mensonge. Quand je serai guérie de toi, peut-être pourrai-je me souvenir de toi avec sérénité et indulgence. Pour le moment, non[10].

Elle effectue un dernier voyage avec son amant à Québec, pendant le Carnaval d'hiver, et en rapporte un reportage sur les enfants infirmes de la thalidomide, pour se rendre ensuite en Ontario enquêter sur le sort des écoles françaises séparées.

Dans une conférence devant les membres du Club Kiwanis de Laval, Judith Jasmin lancera un appel en faveur d'un nationalisme positif. Le journaliste de *La Presse*, qui couvre l'événement, écrira: «Ayant presque fait le tour du monde, [...] elle apporte dans un débat confus des concepts — classiques ailleurs mais encore neufs ici — tels que ceux de la "dépersonnalisation" et de la "colonisation"[11].» Judith abordera la question avec vigueur, se demandant si, au Québec, le mot «nationalisme» n'est pas dévalorisé, vidé de son contenu par le mauvais usage qu'on en a fait pendant cent ans: «Le bilan de cent ans de nationalisme canadien-français? De l'eau tiède, un produit de folklore, de quoi faire sourire l'étranger. Quand un groupe de jeunes parlèrent de séparatisme, il y a eu des sourires entendus. En fait, dans tous les milieux sérieux, *Le Devoir* (sauf Jean-Marc Léger), *Cité libre*, chez les grands bourgeois, dans le commerce, la finance ou le clergé, l'idée faisait peur. On n'avait plus foi en soi-même. C'est ce qui s'appelle, dans les pays colonisés depuis longtemps, un phénomène de dépersonnalisation.» La révolte des jeunes contre toute autorité, comme des adultes qui repoussent toute tutelle politique et économique, dit-elle aussi, se fait autour de l'idée nationaliste, un mouvement qui correspond à la décolonisation dans d'autres pays. Elle défend aussi l'importance de se regrouper pour mener la lutte: «Il n'y a que l'union qui puisse permettre à un petit groupe de résister, de tenir tête aux vastes concentrations de capitaux étrangers. [...] Il ne faut surtout pas que le corps électoral soit ce troupeau plus ou moins conscient des nécessités de l'heure, facile à émouvoir avec des épouvantails», et elle termine:

> L'État du Québec est en train de se faire sous nos yeux. Il sera fait à notre image. Par nos paroles, nos décisions, notre façon d'agir, nous pouvons orienter cette marche en avant. Il est assez exaltant au fond de se dire que nous vivons une époque de grand changement et que nous pouvons y laisser notre empreinte, grande ou petite[12].

En ce printemps 1963, trop de gens restent sourds ou indifférents à ce genre d'appel à la mobilisation pacifique, et l'agitation politique grandit. À l'occasion de la campagne électorale fédérale déclenchée par le gouvernement minoritaire de Diefenbaker que les indépendantistes boycottent, le RIN se transforme en parti politique. À Montréal, des bombes incendiaires sautent dans des casernes militaires, à l'édifice de l'impôt, à la gare centrale des chemins de fer nationaux. Un groupe terroriste, le Front de libération du Québec (FLQ), est entré en scène. À la fin d'avril, au retour d'un week-end à Washington chez Jo, elle lui écrit:

> En fait de victime inutile*, nous avons la nôtre au Québec depuis deux jours grâce au FLQ. [...] Mon dynam. est très gonflé. Inutile de le raisonner. Il marche à fond, convaincu qu'il prépare l'histoire. Il a fait 20 heures de prison et parle des policiers comme de pauvres imbéciles... J'ai perdu ma salive ce matin pendant une demi-heure. Car il était là, à 11 heures, pressé de tout me raconter[13].

«Mon dynam.» signifie sans doute «mon dynamiteur». Aucun des proches de Judith ne sait qui était ce garçon qu'elle connaissait. Judith peut comprendre l'exaspération de la jeunesse devant des changements trop lents à venir. Elle peut accepter la nécessité d'une lutte armée pour renverser le système politique d'un pays sous férule dictatoriale ou soumis à un colonialisme exploiteur et violent, dont le peuple entier est réduit à la pauvreté, à la misère, au déni de ses droits les plus fondamentaux. Dans une démocratie riche, la violence la déroute.

L'Algérie où je pourrais vivre

Elle quitte Montréal peu après pour un reportage de cinq semaines en Algérie, qui célèbre le premier anniversaire de son indépendance et dont la révolution, comme celle de Cuba,

---

* Un gardien de nuit anglophone d'un centre de recrutement de l'armée canadienne à Montréal.

enthousiasme les jeunes felquistes. À Paris, où elle passe une première semaine pour trouver la documentation la plus à jour et terminer sa recherche pendant que le reste de l'équipe prépare les moyens logistiques du voyage, elle loge dans un hôtel à deux pas de la place Saint-Michel, en plein cœur d'une foule étudiante et bigarrée, et en profite pour s'acheter une voiture, une Caravelle bleue. Aussitôt arrivée à Alger, Judith assiste à une conférence du chef du gouvernement, Ben Bella, puis réussit à rencontrer les autres principaux chefs de la révolution. Toute l'équipe est émue de découvrir un peuple, encore si récemment sorti d'une guerre sanglante, tellement rempli d'espoir et qui manifeste si peu de rancœur à l'égard des Français. Judith n'est pas la moins touchée et en fait part à Jo Châtelain:

> L'Algérie est mieux que tout ce que je pouvais en attendre. Je suis émerveillée chaque jour par le courage, la patience, la foi des Algériens. Bien sûr, les problèmes abondent et il y a des saboteurs de la révolution ici et là. Surtout les anciens militaires devenus les nouveaux nantis et plus rapaces que l'ancienne bourgeoisie. Mais à côté de ceux-là, la masse et toute une jeune élite qui a souffert (détention, tortures, humiliation), qui travaille, s'acharne, veut oublier le passé pour ne penser qu'à l'avenir. Nous n'avons jamais eu à souffrir de notre condition d'Européens. Quand on nous sait Canadiens, on a toute leur confiance. [...] Je me suis fait de bons amis et c'est l'un des pays où j'aimerais vivre[14].

Un jour, à Alger, elle aperçoit un groupe de petits cireurs, des enfants de la rue, sales, en haillons, mais vifs et espiègles, que le nouveau gouvernement a pris sous sa tutelle, créant pour eux des institutions où les loger et les nourrir. Elle se prend d'affection pour l'un d'eux, âgé de huit à dix ans et beau comme un dieu. D'abord un bain imposé... ensuite quelques achats de vêtements. Le gamin est tout content. Judith lui donne rendez-vous pour le lendemain. Stupeur, elle le retrouve dans ses haillons tout sales. Il a vendu ses vêtements. Elle ne désespère pas et l'emmène manger et se promener au bord de la mer. Elle fait des démarches auprès des autorités algériennes pour l'adopter, mais, pour une célibataire, l'adoption est aussi difficile en Algérie qu'au Canada. Elle souffre de la fin d'un amour, et son élan est une forme de compensation affective. C'est ce qu'elle exprime dans sa lettre à Jo:

> Nous rentrons à Paris dans quelques jours et de là je ne sais pas encore. Traîner en Europe pour quoi faire? Rentrer? J'ai peur de

revoir l'appartement, le lac. Alors que tu vis dans la joie et l'espoir de revoir Alix — pour toi alors plus de problèmes, plus d'angoisses. Pour moi, tout est appréhension.

J'essaie de ramener au Canada un petit Algérien si l'État m'y autorise; les orphelins sont si nombreux. J'ai passé plusieurs jours dans une institution de «petits cireurs». Il y en a de très intelligents, débrouillards et attachants. C'est l'un d'eux que je vais tâcher d'adopter. Tu trouves ça idiot sans doute. C'est que tu as les mains pleines et que moi je n'ai plus rien dans ma vie[15].

Le reportage sur l'Algérie, fait avec cœur par toute l'équipe, montre, selon le choix de la journaliste et du réalisateur, «l'Algérie des Algériens». Il aurait été impensable à l'époque de le présenter en France. Avant sa diffusion l'automne suivant, les membres de la haute direction de Radio-Canada, dont Marcel Ouimet, vice-président et directeur général de la radiodiffusion française, le visionneront et émettront certaines réserves. Mais l'équipe demeure très convaincue de la qualité de son reportage, et celui-ci sera acheté, traduit et diffusé par la chaîne de télévision américaine éducative. Après avoir rappelé très brièvement l'histoire du pays et les principaux jalons de la récente guerre d'indépendance, le reportage invite les téléspectateurs à «voir vivre l'Algérie pour essayer de la comprendre» à travers ses différentes régions, à travers des Algériens du peuple et un jeune journaliste. Essayer de comprendre la vie familiale et religieuse de cette jeune nation dont quarante-cinq pour cent de la population a moins de vingt ans, les défis des réformes à entreprendre pour donner une éducation et du travail à des millions d'Algériens analphabètes. Il est question de Ben Bella et des chefs de la révolution à travers les seuls témoignages d'un paysan et d'un journaliste.

En visionnant ce reportage, nous voyons effectivement vivre l'Algérie et les Algériens. Pour expliquer la qualité, l'intérêt, la compréhension humaine qui s'en dégagent, il faut, même trente ans plus tard, en lire le texte rédigé dans une langue descriptive, simple et émouvante, l'entendre en contrepoint des images des paysages, des visages de citadins, de paysannes, d'enfants, des scènes de leur vie, voir ces petites gens parler de leurs espoirs et de leurs défis. Les réticences des patrons proviennent d'un malentendu: ces hommes regardent l'émission en la soupesant d'un point de vue «rationnel» et en essayant de voir si la balance politique ne penche pas trop vers les Algériens, et pas assez vers les Français d'Algérie et la France. Mais le reportage ne se situe pas dans cette perspective-là[16].

Judith Jasmin dérange par son approche même de l'information, par sa vision de femme, de la femme consciente qu'elle est. Elle brise le moule unique du journalisme électronique parce qu'elle y introduit une regard complètement neuf, relevant le défi de s'appuyer sur ses qualités féminines, sans tenter de se travestir en homme journaliste. C'est la clé de sa force, de son originalité, de son succès de communicatrice. À la fascination du pouvoir, elle oppose la fascination de la vie et des êtres humains. À la passion de la guerre, elle oppose la passion de la paix, de l'égalité, de l'équité. À l'attrait des gens au pouvoir, des luttes politiques, elle oppose l'attrait de la population qui vit, souffre, s'entraide, travaille à la construction de son pays. Elle ne se laisse pas piéger par la règle de la neutralité émotive, c'est-à-dire de la suppression des émotions, ce que les hommes interprètent comme une caution d'objectivité et d'impartialité, l'affectif comme les valeurs spirituelles et humaines étant, dans le système patriarcal où nous vivons, du domaine des femmes, du domaine privé, et la raison et les valeurs matérielles de pouvoir et d'argent, du domaine masculin et des activités publiques. Elle résout la contradiction entre l'exigence imposée aux journalistes de réprimer leurs émotions et la nécessité, pour comprendre une réalité, de l'appréhender avec autant de sensibilité que d'intelligence, de cœur que de tête. Elle ne bloque ce faisant ni sa propre capacité de s'émouvoir ni la teneur émotive des faits. Et elle s'émeut devant la douleur et la misère tout comme devant le courage, l'espoir et les réalisations humaines, mais non devant la compétition, la conquête individuelle du pouvoir, les réussites financières. Elle bouleverse doublement les règles d'un métier défini au masculin. Rien de plus inapproprié pour la décrire que le commentaire, qui se voulait élogieux à son endroit: «Elle a une tête d'homme» (intellectuellement s'entend).

Judith Jasmin n'a pas bénéficié des réflexions et des découvertes du mouvement féministe des années soixante-dix et quatre-vingt, qui affirmera une parole et un regard autonome des femmes sur elles-mêmes, sur la vie, sur le monde, et réhabilitera comme fondamentalement essentiel à la vie en société, publique comme privée, le principe féminin et les valeurs qui y sont attachées. Elle a affirmé son regard et sa parole de femme dans la chasse gardée masculine de l'information, par fidélité à elle-même. Aujourd'hui, nous avons les outils qui permettent d'analyser sa contribution au métier. Elle ne les avait pas et n'aurait pu l'expliquer ainsi. Ses patrons la jugeaient dangereuse, redoutaient les sujets qu'elle proposait; ils lui reprochaient tantôt de faire des commentaires politiques personnels dans ses reportages, tantôt d'être trop engagée. Leurs accusations portaient à faux, mais leur malaise face à elle était réel. Ils étaient déroutés par un regard et par une morale autres, qui dérogeaient à leurs règles; ils n'y comprenaient rien puisqu'on ne parlait pas encore de ces choses.

Que Judith Jasmin enquête au Québec, en Espagne, en Suède, en Israël, en Algérie ou à Cuba, elle regarde, elle observe une société et en analyse le régime politique à partir de ses répercussions sur le bien-être, la liberté et l'avancement d'une population. Les entrevues avec les «petites gens» ont pour elle une importance égale à celles qu'elle mène avec des chefs d'État, dictateurs, révolutionnaires ou démocrates. Dans ses textes d'émission ou de conférence, quel que soit le sujet, il y a toujours place pour les femmes, les enfants, la vie quotidienne. Quand elle conclut son reportage sur Cuba par ces phrases:

> Moscou et Washington, au-dessus de leurs têtes, continuent leur dialogues de sourds et échangent des menaces effroyables... qui, si elles s'exécutaient, nous anéantiraient tous.
>
> S'ils les laissaient vivre, tout simplement?

elle ne fait pas un commentaire politique personnel. Elle établit un lien entre les politiques des deux Grandes Puissances (qui relèvent du domaine des faits) et les conséquences d'un affrontement nucléaire. (Deux ans plus tard, l'incident de la baie des Cochons sera une réalité.) Quant à sa dernière phrase, elle n'indique pas une approbation, même voilée, du régime castriste, mais une inquiétude humaine quant au peuple cubain. En conclusion de l'émission sur l'Algérie, qui se termine par les témoignages des petits cireurs de la rue, elle émet ce commentaire qui exprime à la fois une interrogation et un souhait d'ordre humain:

> Les hommes de demain et ceux d'aujourd'hui ont une foi, une passion commune, l'Algérie. Ce sentiment est-il assez fort pour soulever les montagnes? Pourquoi pas? En tout cas, ce ne sera pas le premier miracle de l'amour[17].

«Voir vivre l'Algérie et essayer de la comprendre» résume son approche:

> [...] Chaque sujet est un nouveau problème qui nous est posé. Essayer de bien comprendre un problème, une situation ou un individu, et, une fois qu'on l'a bien compris, essayer de le faire comprendre aux autres, c'est ça l'intérêt de ce métier. La télévision est différente de l'écrit mais aussi intéressante, la façon d'aborder un sujet en essayant de le faire comprendre par un mot, parfois une phrase, une expression qui va l'expliquer[18].

Y a-t-il approche plus féminine? Voir vivre les conjoints, les enfants, les proches malades, âgés, handicapés, et essayer de comprendre. De tout temps, on a confié cette tâche aux femmes dans la sphère du privé et, par extension, dans le travail à l'extérieur du foyer (infirmières, gardiennes d'enfants, enseignantes du primaire, sans compter tous les emplois subalternes d'assistantes). De tout temps, les femmes l'ont assumée. Judith Jasmin transpose ce comportement dans une profession masculine et un haut lieu de pouvoir. Elle dit de sa méthode de travail: «Je ne porte pas de jugements, j'utilise mon intuition[19].»

L'incident d'une lettre au FLQ

Pendant que les attentats à la bombe continuent à Montréal, Judith adresse d'Alger cette lettre au FLQ et la fait parvenir au *Devoir*, qui ne la publie pas immédiatement:

> Ici, sur cette terre baignée du sang d'un million de victimes de la guerre de libération, je pense à vous qui avez adopté quelques-unes des méthodes de combat employées par les patriotes algériens. À la clé, il s'agit bien d'indépendance, mais le contexte est sensiblement différent. Certes, vous avez réussi à attirer l'attention du monde sur le Québec. Beaucoup de jeunes Algériens connaissent votre mouvement; ils nous interrogent parfois sur «notre mouvement de libération».
>
> Quand il s'agit de leur raconter nos malheurs, les sévices dont nous sommes victimes, les injustices qui nous écorchent... j'ai un peu honte d'avoir si peu à leur dire. Nos frustrations ne sont pas du même ordre de grandeur et nous paraissons singulièrement gâtés devant eux.
>
> Où sont nos 2000 fusillés de Sétif, qui suscitèrent les premières organisations secrètes dont le «vol de la poste d'Oran» ne fut qu'un épisode? Où sont nos gourbis et l'indignité de se voir refuser le droit de vote, de choisir ses élus, de posséder tel commerce, d'accéder à tel poste? Le revenu moyen annuel d'un Algérien: $40. Celui d'un

Canadien: $2600. Quatre-vingts pour cent d'Algériens sont analphabètes, dépossédés des terres les plus riches. Dans l'histoire de la conquête de l'Algérie, au XIXe siècle, on ne compte plus les pillages, les viols, les massacres, alors que femmes et enfants furent traités comme du bétail. Qu'avons-nous à mettre dans le plateau de la rébellion du Québec qui soit comparable aux martyrs d'Algérie?

Vous avez admiré, à bon droit, le courage des Algériens combattant pour leur indépendance, et vous essayez de calquer votre démarche sur la leur. Ce que vous en retenez, c'est l'imagerie spectaculaire et violente comme un *western*: bombes, tribunaux révolutionnaires, vol de banque. Vous oubliez un peu facilement que le peuple algérien désespéré, misérable, n'ayant rien à perdre, s'est rangé tout entier (ou presque) derrière le FLN. L'autre aspect que vous trouverez moins attrayant, je le crains, car nous sommes d'affreux bourgeois assoiffés de confort, avides de sécurité, c'est l'effort dont est capable le peuple algérien pour gagner son indépendance économique. Actuellement, après sept ans de guerre, des milliers de pauvres, de chômeurs, de quasi-mendiants se dépouillent de leurs modestes bijoux: bagues ou montres, de leurs économies, de leur salaire, se privant d'un repas pour augmenter le Fonds de solidarité nationale.

Des milliers d'autres: jeunes gens, ouvriers, employés de bureau participent au reboisement ou aux travaux des champs, à titre de travailleurs volontaires le dimanche. Des milliers de jeunes filles donnent des cours, le soir, aux adultes pour réduire le taux d'analphabétisme; et tout cela par «patriotisme».

Rangez votre arsenal de violence, aspirants héros de l'indépendance; le travail à faire chez nous est bien plus difficile que vous ne le soupçonnez. Et si vous avez du courage de trop, attelez-vous à la restauration du pays. Éduquer, élever le niveau moral du citoyen, le rendre exigeant envers lui et ses représentants, sensible au bien de la communauté. Transformez-vous en missionnaires de la qualité civique. Aidez nos compatriotes à devenir des hommes de qualité supérieure. Voilà qui ouvrirait plus sûrement le chemin de l'indépendance qu'une série de bombes semées aux hasard. Mais c'est un travail qui demande de la patience et un long courage. Je crains que vous n'ayez opté pour la facilité.

En tout cas, avec vos bombes toutes bêtes, vous ne rendrez pas les Québécois semblables aux Algériens. Au contraire, craignez de susciter des martyrs et des héros parmi les gens d'en face, ceux-là mêmes que vous visez.

> Les Canadiens anglais étaient des gens quelconques, sans beaucoup de saveur; vous êtes en train de les rendre intéressants.
>
> Judith Jasmin[20]

En juin, la police arrête à Montréal vingt-trois présumés terroristes pour la plupart des jeunes gens dans la vingtaine, membres du RIN; ultérieurement, vingt et un seront cités à leur procès et, l'automne suivant, une quinzaine condamnés à la prison, quelques-uns pour homicide involontaire du veilleur de nuit du centre de recrutement de l'armée, les autres pour attentat à la bombe[21]. À son retour au Québec, vers la fin du mois, étant donné la tournure des événements et ne jugeant pas opportun de donner une leçon à des gens «touchés», Judith s'entend avec *Le Devoir* pour que ne soit pas publiée sa lettre au FLQ.

Surprise désagréable. Le 4 juillet, sa lettre paraît dans le quotidien, en plein débat passionné qui mêle le terrorisme au nationalisme et à l'indépendance. Furieuse, elle s'empresse de faire publier le lendemain dans le quotidien une mise au point et ses excuses aux felquistes arrêtés. Elle avait voulu par sa lettre «servir la cause du nationalisme canadien-français en essayant de ramener à la non-violence des garçons dont elle respecte, sinon les méthodes, du moins l'idéal». Elle refuse de se retrouver malgré elle «dans le camps des justiciers et des moralistes qui se donnent beau jeu, sur le dos des prisonniers, pour harceler un nationalisme égaré dans les avenues de la violence» et «de jouer le jeu de ceux qui font un épouvantail du séparatisme», et elle offre ses excuses aux prisonniers du FLQ «que sa lettre a pu blesser comme une vexation supplémentaire et inutile»[22].

Cet incident résume bien Judith Jasmin, sa cohérence, sa droiture, sa lucidité, son empathie et son sens de la justice; on ne l'amène pas sur des chemins qu'elle ne veut pas fréquenter. D'une part, réprouver la violence, dire leur fait aux felquistes et tâcher de les ramener à la non-violence en usant non pas d'un ton maternaliste mais d'arguments probants; d'autre part, quand ces mêmes jeunes, après avoir été tenus au secret pendant plusieurs jours et soumis à des interrogatoires serrés, voire brutaux, se retrouvent au banc des accusés, dans un climat social survolté, où les autorités gouvernementales et policières sont prêtes à prendre des mesures exceptionnelles susceptibles d'enfreindre les droits des prisonniers, avoir le courage de refuser publiquement d'être associée au zèle des redresseurs de torts et de ceux qui prennent prétexte de la situation pour confondre et dénoncer pêle-mêle le terrorisme et des revendications nationalistes et indépendantistes démocratiques.

On peut s'étonner de voir Judith Jasmin adresser une lettre publique aux felquistes. Mais à l'époque, les journalistes de la presse écrite prenaient part au débat social. Certains du moins. Quand le Comité d'aide aux prisonniers politiques se forme, au moment de leur mise en accusation, afin de leur assurer une défense pleine et entière, il comprend parmi ses membres fondateurs, Jean-Marc Léger, éditorialiste au *Devoir*, Pierre de Bellefeuille, rédacteur en chef du *Magazine Maclean*, et le journaliste J.-V. Dufresne.

Judith Jasmin voudrait enquêter, tenter d'expliquer au public cette violence qui secoue la société tout entière, l'impatience et la contestation qui se sont emparées de la rue. Quand elle le propose à Radio-Canada, elle fait l'effet d'une bombe. Gérald Godin, alors recherchiste à l'émission *Aujourd'hui*, explique le climat qui règne à l'époque à la télévision d'État: «Dans les années 1962-1963, on n'avait pas le droit, comme journaliste de Radio-Canada, d'exercer son droit de citoyen. Il nous était interdit de participer à quelque manifestation ou activité que ce soit. Marc Thibault m'avait défendu de collaborer à la revue *Parti Pris*. Plusieurs questions sociales controversées étaient taboues, et on ne pouvait, par exemple, interviewer un indépendantiste seul sans inviter un fédéraliste avec lui alors que le contraire était impossible. Judith Jasmin faisait partie d'une toute petite poche de résistance à l'autocensure qui s'était installée. Elle avait la réputation d'être celle qui abordait les sujets qu'il ne fallait pas toucher. Les journalistes de la boîte étaient traumatisés par le cas Judith Jasmin, le cas type à ne pas imiter pour ne pas être puni, l'exemple qui montrait qu'il valait mieux se surveiller si l'on voulait faire carrière.»

«Judith Jasmin venait aux lancements de *Parti Pris* avec son vieux père qu'elle présentait avec admiration, un geste audacieux de sa part, poursuit Gérald Godin. Le Québec était à la croisée des chemins, entre deux générations: d'un côté, les plus vieux, toute l'équipe de *Cité libre*, celle de l'Institut canadien d'éducation des adultes, André Laurendeau au *Devoir*, de l'autre, de jeunes intellectuels et de jeunes journalistes, qui, à leur tour, s'engageaient et affirmaient de nouvelles idées, d'autres valeurs. Pierre Elliott Trudeau disait: "Nous avons réussi à infiltrer Radio-Canada. Nous ne laisserons pas les séparatistes faire la même chose".»

Le réalisateur Jean-Maurice Laporte, pour sa part, raconte: «Judith Jasmin était *persona non grata.* Si tu devenais trop ami avec elle, tu en subissais les conséquences, mais elle ne demandait pas aux autres de se compromettre pour elle. Très exigeante pour elle-même comme pour les autres, elle gênait les lâches et elle était d'une telle intelligence que les imbéciles se sentaient jugés.»

Fernand Seguin expliquait: «Au début de la télévision, René Lévesque et Judith Jasmin ont joui d'une grande liberté d'expression, et c'était tant mieux: cela a eu des répercussions importantes. Tout allait tellement vite que personne n'avait le temps d'en mesurer les conséquences. Mais ce genre de liberté ne pouvait pas durer au sein de Radio-Canada. *Point de mire* était présenté en fin de soirée et on n'a pas renouvelé le contrat de Lévesque après la grève; c'est à la suite de ça qu'il est entré en politique. À l'endroit de Judith Jasmin, ça s'est passé en 1961-1962. À *Carte blanche**, nous avions connu, à un degré moindre, les effets de la censure. La première saison, tout passait, la deuxième, même des textes diffusés l'année précédente étaient censurés.»

Françoise Loranger semble être la seule amie intime de Judith qui ait reçu des confidences sur ses difficultés au travail: «Aujourd'hui, Judith Jasmin est un personnage. Personne n'oserait la critiquer. Elle avait une conscience sociale plus éveillée que la plupart des gens. Comme société, nous n'étions pas prêts pour sa volonté d'aller au fond des choses et d'amener le public le plus loin possible. C'était une époque où il fallait revendiquer; elle revendiquait pour des choses précises; elle avait à le faire et elle le faisait, même si elle était surveillée tout le temps comme René Lévesque l'avait été. À Radio-Canada, on ne pouvait pas ne pas la respecter mais elle leur faisait peur, les mettait mal à l'aise. Elle devait se battre sur tout et donnait la priorité à la lutte pour les idées sur les cachets. D'être moins payée que ses collègues masculins la frustrait, érodait son enthousiasme et l'obligeait à prendre sur elle-même pour se concentrer sur son travail. Elle était assez réaliste pour savoir dans quel monde elle vivait et ne pas piquer de colères à propos de tout et de rien. Elle était prête à payer de sa personne pour que des idées importantes triomphent. Elle se faisait dire oui, elle se faisait dire non, elle s'inclinait devant la direction.

---

* *Carte blanche*, émission radiophonique humoristique créée par Fernand Seguin, Roger Rolland et André Roche, célèbre pour ses satires politiques.

Elle le prenait mal, mais elle ne voulait pas risquer sa carrière. Elle avait accepté au départ de se battre jusqu'au bout. Sa force de caractère et son intégrité lui donnaient du courage.»

Sur le plan amoureux, c'est l'attente. Judith continue d'espérer voir Jo Châtelain revenir vers elle. À son retour d'Algérie, le passage de Jo sur la rue Ridgewood, en juillet, lui redonne momentanément la joie de vivre. Sans nouvelles de lui les semaines suivantes, le cœur déboussolé, elle vit la profonde tristesse de se sentir sur un sol mouvant, de payer de son bonheur la réunion d'un père et de son fils. Le travail est là durant la journée pour la ramener à la vie. Elle prépare un reportage sur le «bill 60» qui créera le ministère de l'Éducation, téléphone au ministre des Richesses naturelles René Lévesque, qui lui fournit des renseignements précis et de bons tuyaux, obtient une entrevue d'une heure avec le ministre Paul Gérin-Lajoie, responsable du dossier et futur ministre de l'Éducation, et se rend à Québec pour le rencontrer. Pendant ses vacances, elle emmène en voyage son neveu Christian qui a maintenant quinze ans et passe l'été chez elle. Les années qui passent ne font qu'amplifier l'affection maternelle qu'elle éprouve pour lui. Dans sa Caravelle bleue décapotable dont elle vient de prendre livraison, ils se rendent jusqu'à Tadoussac par la rive nord du Saint-Laurent, traversent le fleuve et s'arrêtent à Québec au retour. À la mi-août, elle retourne au travail.

CHAPITRE 10

LE PLUS GRAND DES JOURNALISTES

À la télévision d'État, l'émission *Premier Plan*, où Judith Jasmin remporte depuis quatre ans un succès d'estime publique, sinon un succès de cote d'écoute, est remplacée pour la saison 1963-1964 par *Champ libre*. La nouvelle série est conçue comme un grand magazine télévisé d'une heure, muni d'un visa sans frontières, à l'image de la célèbre émission de la télévision française *Cinq colonnes à la une*, et fait partie d'une entente d'échange avec les télévisions européennes francophones. *Champ libre* sera animé par Judith Jasmin et Guy Viau, et réalisé par Marcel Blouin, le «cerveau» de l'équipe, Gilles Derome et Jean Letarte. Il faut, pour traiter des questions internationales et des grands sujets politiques, le meilleur journaliste, capable d'en saisir toutes les subtilités et les complexités: Judith Jasmin évidemment.

L'été précédent, malgré les appels à la non-violence du pasteur Martin Luther King, le plus populaire des leaders noirs américains, la violence avait éclaté à Birmingham en Alabama et dans d'autres villes américaines du sud. Des manifestations tournaient à l'émeute, des bombes explosaient et même King, qui recevrait l'année suivante le prix Nobel de la paix, était jeté en prison. Judith Jasmin prépare avec le réalisateur Gilles Derome une émission sur le problème racial aux États-Unis, établit des contacts avec les chefs des divers mouvements non violents noirs, avec Malcolm X, le chef radical des Black Muslims, et avec le célèbre écrivain noir James Baldwin, dont il lui faut lire au préalable les ouvrages. L'équipe se rend dans le sud des États-Unis et couvre, le 28 août, dans la capitale américaine, la grande Marche sur Washington, d'une durée de cinq heures, d'une ampleur sans précédent et qui rassemble plus de deux cent mille personnes. Le reportage, intitulé *L'Autre Joue* et diffusé deux mois plus tard, s'ouvre et se ferme sur des images de cette marche historique. Il relève les divers pans de la situation noire, de la situation américaine, des faits peu flatteurs pour des gouverneurs et la police du Sud ainsi que pour certaines associations blanches racistes, mais il traduit la réalité, une réalité brutale. La voix de Judith Jasmin accompagne les premières images de l'émission:

> Pour conquérir le droit à la dignité et à la liberté, ils ont choisi la non-violence. Humiliation, ségrégation, telle est la condition humaine de vingt millions de Noirs américains. Dans un monde saturé de violence, ils sont les seuls après Gandhi à tendre l'autre joue.
>
> [...]
>
> Campant au milieu des pelouses washingtoniennes, la plus grande armée de pacifistes a pris une allure de kermesse. Pas une expression ni un cri ni un geste de haine ou de colère de la part de ceux-là, qui sont chez eux des citoyens de deuxième classe. À cette armée noire, dix mille Blancs se sont mêlés, garants d'une évidente bonne volonté de la part d'une partie de la population blanche. Ils présagent peut-être la victoire finale, victoire du bon sens sur la folie, de la santé sur la maladie.

Et elle conclut, sur les dernières images montrant Martin Luther King s'adressant en ces mots à la foule des marcheurs: «des hommes libres, oui, nous le serons»:

> Des hommes libres, oui, souhaitons-le pour l'honneur et la paix des Américains comme de nous tous..., pour que toutes nos grandes phrases sur la liberté ne soient plus des mots creux, pour sauver de la honte la civilisation dont nous nous réclamons[1].

Dans sa présentation de l'émission suivante, l'entrevue de James Baldwin, elle a cette phrase:

> Dure aux pauvres, dure aux Noirs, dure aux non-conformistes... telle est la société américaine... pas tellement différente de la nôtre après tout[2].

Alliage structuré et fluide où l'émotion s'intègre à la précision des faits, à la richesse de l'information, à l'authenticité des témoignages. Devant le petit écran, on n'est plus appelé à saisir intellectuellement la situation, le problème, les données, on sent les êtres qui les vivent. Quoi qu'on en dise, la journaliste n'«éditorialise» pas. Son approche est éminemment «politique», au sens le plus vaste, le plus réel, le plus humain du terme.

Le 22 novembre, le président des États-Unis, John F. Kennedy est assassiné à Dallas, au Texas. *Champ libre* veut dépêcher une équipe l'après-midi même, car, selon l'entente avec les télévisions européennes, Radio-Canada couvre l'Amérique. On envoie immédiatement un télex aux télévisions étrangères pour leur offrir le reportage. La direction tergiverse et donnera finalement son approbation deux jours plus tard, quand la télévision française répondra qu'elle achète tout. À Dallas, Judith Jasmin travaille sans relâche; au lieu de fraterniser et de prendre un verre avec les autres journalistes américains et étrangers, elle multiplie les appels téléphoniques et les démarches. Elle sera la seule à obtenir une entrevue du maire de Dallas, barricadé dans l'hôtel de ville; elle interrogera le chef de police et la mère de Lee Oswald, le présumé assassin du président. Une atmosphère d'affolement sévit dans la ville texane, les autorités américaines surveillent étroitement la presse, et il est très difficile de sortir des films du pays. Le réalisateur Jean Letarte fait parvenir à Radio-Canada chaque bobine tournée en la glissant dans la première boîte aux lettres qu'il trouve. Le reportage exclusif de l'équipe de *Premier Plan* sur l'assassinat du président Kennedy sera diffusé dans une quinzaine de pays, car la mère de Lee Oswald refusera par la suite d'accorder d'autres entrevues. C'est la première fois que ce jeune réalisateur travaille avec Judith Jasmin. Quand, avant le départ, il la rencontre pour préparer le reportage, elle lui dit: «Donnez-moi vos conditions, je vous donnerai les miennes.» «Je ferai ce que vous me demanderez, mais ne me rendez pas ridicule à l'écran», pose-t-elle comme exigence. «Avec elle, on ne discutait jamais de problèmes personnels, raconte Jean Letarte, ni des siens, ni des nôtres, mais on riait beaucoup. Sur le plateau de tournage, les techniciens, très jeunes pour la plupart, traitaient "madame Jasmin" comme une reine. De son côté, elle prenait le temps, après chaque entrevue, de remercier et de féliciter chacun. Je garde d'elle un souvenir ému. Elle avait beau être Judith Jasmin, elle n'était pas sentencieuse pour autant, mais elle glissait à l'occasion une réflexion importante. Un jour que j'entretenais des doutes sur la façon dont j'avais traité un sujet, je lui en fis part. Elle eut cette phrase: "Il existe un truc simple. Surveillez la réaction des techniciens. Ils font de la télévision du matin au soir. S'ils écoutent, c'est que c'est bon, et le public suivra."»

La saison de *Champ libre* a à peine démarré qu'à la Chambre des communes d'Ottawa des voix s'élèvent pour critiquer les gens de Radio-Canada «qui voyagent» et les budgets qui leur sont alloués. La direction de la Société est sur la défensive, et les reportages à l'étranger, ralentis. Réalisateurs et animateurs font front commun sans réel succès. Trois projets proposés par Judith sont refusés: une série de reportages à Paris, un à Chypre — la question chypriote étant estimée trop «chaude et délicate» —, un à Panama; le quatrième, au Pérou, est accepté. Judith demeure d'une patience exemplaire face à la lenteur et aux exigences de l'administration qui peut faire attendre l'équipe six mois avant de donner sa réponse à un projet. On doit souvent représenter un dossier plusieurs fois; d'Ottawa, le vice-président Marcel Ouimet exige de connaître tous les détails du reportage à tourner jusqu'à la liste des questions à poser aux invités, une mission impossible à remplir avant le départ à l'autre bout du monde. L'étroitesse d'esprit de la haute direction est par moments humiliante pour l'équipe vis-à-vis de ses collègues européens. Les télévisions européennes demandent à *Champ libre* un reportage sur l'Alaska. Radio-Canada refuse. La France ou la Suisse vient le faire... et Radio-Canada l'achète.

Entre-temps, Judith Jasmin a effectué, à Montréal, un reportage sur la grève des infirmières de l'hôpital Sainte-Justine, la première grève d'infirmières au Québec, qui scandalise la population mais qui deviendra un symbole pour les femmes syndiquées, et un autre sur le second jeûne, de cinquante-six jours, de l'indépendantiste Marcel Chaput, auteur du best-seller *Pourquoi je suis séparatiste*, qui avait fondé le Parti républicain du Québec après avoir quitté le RIN, «bon document, dit-elle, mais dur, acheté par la Belgique».

Au Pérou

Le voyage au Pérou avait été retardé une première fois à cause d'une révolte paysanne qui avait duré plusieurs jours. À son arrivée au pays avec le réalisateur Gilles Derome et l'équipe technique, une grève à l'aéroport les retient pendant trois semaines à Lima, la capitale, sans qu'ils puissent dédouaner l'équipement. Le consul canadien ne lève pas le petit doigt pour les aider. Il a peur d'eux. Précédemment, une équipe de CBC-Toronto avait dit sur le Pérou des choses «peu gentilles» qui auraient pu nuire à ses relations avec le gouvernement. Le voyage est exténuant. Il fait chaud, humide, et pour rattraper le temps perdu, on doit travailler à un rythme fou, tourner trois entrevues par jour en plus du matériel visuel. En Amazonie, l'équipe loge chez les pères franciscains canadiens. À 42 °C et cent pour cent d'humidité, leurs hôtes, se voulant sans doute agréables, servent un repas de fèves au lard à la canadienne; l'équipe aurait préféré déguster une simple tranche de melon. Le dimanche matin, le réalisateur voit Judith se rendre à la messe tout naturellement. Devant sa surprise, elle lui répond: «Je suis dans leur monde, je fais comme eux, je les respecte.» Dans un village, on sert à l'équipe du «maïs à vaches». Judith est la seule à en manger, par égard pour ses hôtes. Cette grande voyageuse a encore plus peur des douaniers que de l'avion. «Je n'ai jamais su pourquoi, raconte Gilles Derome. Elle vivait chaque fois une très grande anxiété au moment de se présenter aux douanes. On la perdait de vue. Elle filait comme une comète pour passer la première.

«Très informée sur beaucoup de sujets, sur les idées à travers le monde, poursuit-il, elle avait une vision très européenne, très politique et économique des choses, et des positions également très européennes, contre toutes formes d'impérialisme, de contrôle des gens par des pouvoirs occultes, fondamentalement une position de défense de la liberté, proche de celle des gens du journal *Le Monde* et de la pensée du journaliste Claude Julien* dans son ouvrage *L'Empire américain*. Au Pérou, elle cherchait à savoir qui détenait les clés du pouvoir et essayait constamment d'amener les gens à dire qui étaient les vrais possesseurs du pays. J'aurais préféré que nous nous attardions davantage sur la culture péruvienne. Sans

---

* Alors rédacteur au service étranger du *Monde*, directeur du service étranger de 1968 à 1971, et actuel rédacteur en chef du *Monde diplomatique*.

avoir le style agressif de l'intervieweur qui tente de faire dire rapidement aux gens ce qu'ils ne veulent pas dire, elle avait le don de tirer le tapis sous leurs pieds. Très polie, très diplomate mais très ferme, elle n'engageait pas un match avec les invités pour prouver qu'elle avait raison ou qu'elle avait gagné. Elle méritait leur confiance et réussissait ses entrevues parce qu'elle avait des positions claires.

«Le reportage était déjà très avancé dans sa tête quand nous arrivions sur les lieux, explique encore Gilles Derome. Sur place, elle mesurait rapidement ce qu'un invité était capable de donner: "Je vais lui parler de ça, on va filmer ça." Elle l'avait rencontré la veille, connaissait sa personnalité. Elle posait rarement des questions à la mauvaise personne et n'en posait pas qui suscitent des réponses abstraites. Avec elle, on ne se demandait jamais pourquoi elle avait posé telle question plutôt qu'une autre. Elle savait s'adapter à n'importe quelle situation, laisser tomber des choses quand elles se révélaient impossibles. Nous faisions le plan de l'émission ensemble, elle donnait son idée, elle participait au montage. Elle était une vedette sans l'être car elle ne jouait pas à l'être. Elle ne se préoccupait pas de savoir si elle était dans le cadrage de l'image ou non; son seul souci: s'assurer de porter le même vêtement pour les raccords d'images. Sa présence à l'écran était secondaire à ses yeux, seul l'invité comptait.»

Pour voyager en équipe pendant un mois, il faut de la souplesse, de la maturité et de la maîtrise de soi. Bonne équipière, sans mesquinerie aucune, Judith Jasmin est tout cela. Ses colères, bien que rares, sont spectaculaires. Une fois, l'équipe est en route vers Munich. Un cameraman qui a la réputation de conduire particulièrement vite est au volant. Judith est assise à l'arrière avec la scripte Francine Doyon. Elle a peur et demande à plusieurs reprises au cameraman de conduire moins vite. Il n'en fait rien. Dans une colère soudaine, elle dit: «Eh! si vous ne ralentissez pas, je descends!» Effrontément, le conducteur ralentit et s'arrête sur l'autoroute à une quarantaine de kilomètres de Munich: «Descendez.» Judith Jasmin descend de voiture ostensiblement: «Je descends.» Le réalisateur Marcel Blouin fait une colère rentrée, incapable de prononcer un mot. Quelques heures plus tard, un réalisateur et une scripte inquiets la retrouvent au lieu de rendez-vous, alerte et souriante comme si de rien n'était. Une autre fois, elle fait une colère sèche contre une scripte parce que celle-ci a une

Tête-à-tête avec l'homme de théâtre français Jean Vilar, septembre 1958.
(Photo: André Le Coz / Archives de Radio-Canada)

Famille Jasmin

Expédition dans le désert du Sahara, 1959.

Archives nationales du Québec

La même année à Banff, avec l'annonceur Jacques Fauteux,
pendant la visite de la Reine Élisabeth II et du duc d'Édimbourg.

Famille Jasmin

Avec Jean Marais,
au Festival de Cannes, 1958.

Famille Jasmin

La même année,
chez Léo Ferré, à Paris.

Judith à Paris, dans son appartement
de la rue Mézières, 1958.
(Photo: Famille Jasmin)

Avec son neveu,
Christian Jasmin, 1959.
(Photo: Famille Jasmin)

Atelier du peintre Foujita, à Montparnasse, mars 1960
(Photo: Châtelaine)

Hergé, le créateur de Tintin, la reçoit dans sa maison de campagne dans le Brabant, en 1962.
(Photo: Châtelaine)

Châtelaine

Le pape du surréalisme, André Breton, lui montre sa collection d'art nègre (1960).

Archives nationales du Québec

Sur la place d'un marché, à Haïti,
avec la scripte Rachel April, novembre 1959.

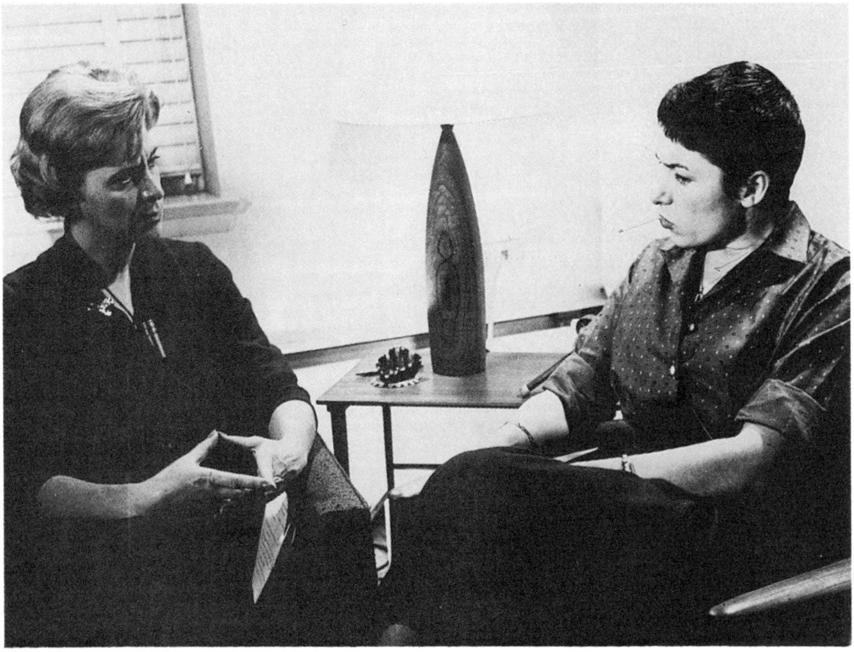

Archives nationales du Québec

Chez elle, à Montréal, en entrevue avec Catherine Sauvage.

Archives nationales du Québec

En studio, avec la scripte Suzanne Mercure
et le réalisateur Gérard Chapdelaine de *Premier Plan*.

Archives de Radio-Canada

Reportage en Suisse avec le réalisateur Marcel Blouin, 1963;
elle rend visite au frère Untel (Jean-Paul Desbiens), exilé à Fribourg.

Archives nationales du Québec

Reportage en Abitibi, 1964.

Archives nationales du Québec

La «grande dame blonde» signe des autographes pour les enfants inuit du village de Povungnituk dans le Grand Nord québécois, en 1964.

Famille Jasmin

Encan à Saint-Chrysostome, 1963. Les cultivateurs québécois vendent leur ferme parce qu'elle ne leur rapporte plus assez pour vivre.

Archives nationales du Québec

En Inde, au cours d'un reportage pour *Champ libre*, 1965.

Archives nationales du Québec

Avant, ou après l'enregistrement… la «très sérieuse équipe» du *Sel de la semaine*, en 1965. À l'avant-plan, Gilles Hénault et Guy Mauffette. À la table, l'animateur Fernand Seguin et les deux reporters, Judith Jasmin et James Bamber.

Famille Jasmin

Judith, à la fenêtre de son chalet du lac Marois.

Photo: Thomas-d'Hoste / Rita Martel

Chez l'écrivaine Violette Leduc, à Paris, avec le réalisateur Claude Desorcy et la scripte Rita Martel, 1965.

Archives nationales du Québec

Contemplant le ciel d'Athènes, durant ses vacances estivales, en 1961.

Archives nationales du Québec

Avec Joseph Châtelain,
dans sa retraite du lac Marois.

Archives nationales du Québec

Dans la lumière de l'été, au lac Marois.

Archives nationales du Québec

Avec Jo.

Famille Jasmin

Mère et fille à Washington, en 1970.

Famille Jasmin

Rosaria et Amédée

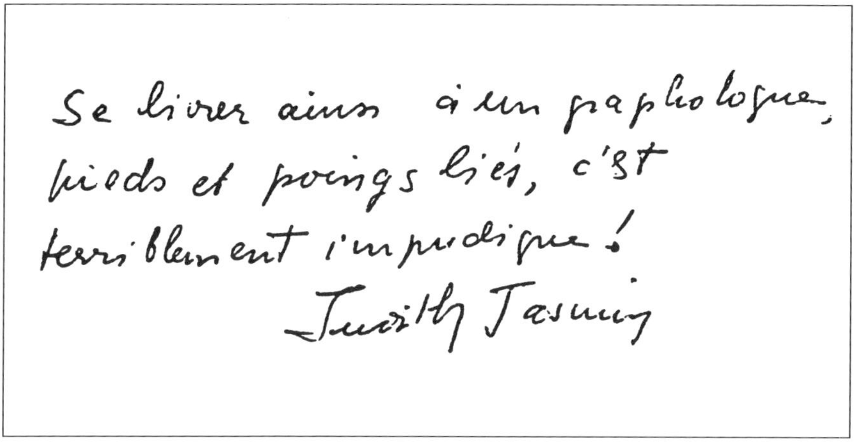

Se livrer ainsi à un graphologue,
pieds et poings liés, c'est
terriblement impudique !
Judith Jasmin

En 1956, à son arrivée à Paris, Judith soumet
au graphologue un échantillon de son écriture.
(Famille Jasmin)

L'équipe de *Format* 60 pour la saison 1970-1971: Andréanne Lafond,
Judith Jasmin, Jean Ducharme, Guy Lamarche et Michel Pelland.
(Archives de Radio-Canada)

Archives nationales du Québec

Remise du prix Olivar-Asselin, le 7 mars 1972, six mois avant son décès, en compagnie du président de la Société Saint-Jean Baptiste, François-Albert Angers, d'une amie, Henriette Duliani-Hicks, et de l'écrivain Ernest Pallascio-Morin.

aventure amoureuse avec le réalisateur de l'équipe; ultérieurement, elle s'excusera en l'embrassant affectueusement. Judith ne refuse pas une aventure en voyage, mais elle le fait discrètement, en dehors de l'équipe. Elle se dit contre «tout ce qui empêche d'être libre, les contraintes au nom de la morale et les gens qui vous empêchent de vivre[3]». Mais quand il s'agit d'amis, elle se fait protectrice. Ainsi, elle dira au sujet de l'amant d'une amie: «Quel sale type, il refuse de l'épouser», alors qu'elle-même est éperdue d'amour et d'admiration pour son Jo, qui adopte le même comportement.

Comme à son premier grand voyage en Inde en 1955, elle continue d'avoir besoin de recueillement pour mieux saisir et sentir un pays et se rendre disponible aux rencontres avec ses habitants. Souvent, elle part de son côté, le réalisateur du sien, laissant son intuition guider ses pas vers la découverte d'images significatives ou à travers les rues d'un village à la rencontre des gens. Le soir, elle s'écarte souvent de l'équipe, fait ses appels téléphoniques, rencontre l'invité du lendemain. Elle aime avoir les coudées franches pour accepter l'invitation à dîner d'un ministre, d'intellectuels ou d'autres gens du pays, quitte à faire l'effort de manger la nourriture locale.

À l'encontre de plusieurs de ses collègues masculins, elle traite les scriptes sur un pied d'égalité et établit avec elles des relations amicales qu'elle maintiendra après les années de travail commun. Elle ne les laisse jamais lui offrir du vin à table car elle les sait peu payées, ne leur demande pas de la servir, se vexe de les voir souvent faire en plus de leur travail celui du réalisateur et en incite plus d'une à passer à la réalisation. Et les rares accrochages se résolvent rapidement. Pour plus d'une, ce fut un professeur émérite dans le domaine de l'information et une relation marquante dans leur existence. «À l'époque où j'étais scripte à *Premier Plan*, affirmait la productrice déléguée en affaires publiques Suzanne Mercure, j'ai beaucoup voyagé avec Judith Jasmin. J'ai connu la journaliste curieuse de tout, et surtout désireuse de faire partager ses connaissances avec les auditeurs et les téléspectateurs. J'ai connu la femme sensible, humaine, facile à vivre et toujours prête à entamer le dialogue. J'ai acquis avec elle une curiosité intellectuelle; ce fut vraiment le meilleur professeur que j'aie eu dans ce métier.» Rachel April, elle, dira: «C'était une femme entière. Quand on ne la connaissait pas, on la pensait une femme de tête. Quelle chaleur elle avait! Elle t'enveloppait, toujours intéressante et intéressée à toi. J'ai des recettes d'elle; je recevais des cartes d'elle d'un peu partout.» «Judith Jasmin est certainement l'une des personnes qui a le plus compté dans mon existence, conclut Francine Doyon-Cornu. Son souvenir ne fait que confirmer l'estime et l'admiration que j'ai toujours portées à cette très très grande journaliste. Avec le recul du temps, je retiens davantage l'aspect humain de sa personnalité. Jeune de caractère, enthousiaste et souvent passionnée, elle était au fond une vraie femme. Quiconque a connu son intérieur chaud et sympathique, un couvert mis avec une touche personnelle, des plats préparés avec saveur, savait qu'elle était l'incarnation même de la féminité, mais quelque chose l'empêchait de l'exprimer, son doute sur son physique, sur sa féminité. Un jour, en Israël, un cameraman me prit le bras pour traverser une rue. Judith Jasmin me fit la remarque: "À moi, on ne fait jamais ces choses-là." Je m'étais empressée de répondre: "C'est parce que je suis petite."» Pour sa part, Rita Martel raconte: «J'ai été très étonnée de voir combien cette grande dame, à première vue distante, amie avec des personnalités très diverses, respectait les membres de l'équipe, les appréciait, les acceptait tels qu'ils étaient. Nous nous sentions forcément des petites filles devant elle; pourtant, elle établissait une complicité féminine avec nous et se montrait très gentille pour comprendre nos problèmes; c'était comme partir en voyage avec une amie.» Elle aussi fut témoin du malaise de Judith par rapport à la féminité. Elles avaient fait des courses ensemble à Paris et Judith s'était acheté des accessoires de salle de bain en porcelaine à motif fleuri. Au retour dans sa chambre, d'une geste maladroit, elle en avait laissé tomber un. Elle avait eu cette phrase touchante: «Ah! moi, chaque fois que j'essaie de faire quelque chose de féminin, ça tourne mal.» On ne voit jamais la journaliste se plaindre des conditions d'un voyage, des déplacements difficiles, des retards, des embûches inattendues. Doyenne de l'équipe et la seule à devoir faire face à la caméra sous une chaleur suffocante, après une randonnée cahoteuse dans une région perdue ou une journée harassante, elle est infatigable. Malgré un horaire exigeant, elle écrit de nombreuses cartes postales à sa famille, à ses amies, à des collègues. Elle quitte Montréal légère avec un seul bagage et revient avec trois ou quatre valises, bourrées de cadeaux et de souvenirs pour tout le monde.

En prison à New York

Une fois de plus, Judith se trouvera, sans l'avoir voulu, à la une des journaux montréalais, lors de l'«embouteillage» à la Foire internationale de New York, un incident qui fait la manchette des médias américains. Le 25 avril 1964, *Le Devoir* titre en première page: «Judith Jasmin raconte 30 heures de prison...» Pour protester contre la ségrégation raciale et faire pression sur le Sénat américain, qui continue de débattre, sans l'adopter, le projet de loi sur la reconnaissance de droits égaux pour tous les citoyens américains, plusieurs mouvements de défense des droits civils organisent, le jour de son ouverture, un boycott de la foire. Judith Jasmin y participe à titre personnel avec son amie Monique Bosco, et toutes deux s'inscrivent au préalable à CORE (Congress of Racial Equality), mouvement de défense des droits civils des Noirs. Trois mille personnes, en majorité des jeunes dont une moitié de Blancs, sont au rendez-vous tôt le matin dans le sous-sol d'une église protestante, à quelques minutes des terrains de l'exposition. Il fait froid, et les deux seules Canadiennes présentes s'enroulent les pieds dans du papier journal. Les consignes données aux manifestants sont strictes: chanter ou garder le silence en faisant du piquetage, ne pas riposter, ni se battre, répondre, crier ou lancer des injures. On se rend en silence par groupes de cinquante à l'entrée de la foire. Des milliers de policiers y sont déjà rangés. Les organisateurs de la manif donnent alors l'ordre d'aller défiler par petits groupes devant les comptoirs des États du Sud. Presque aussitôt, plus de soixante-quinze policiers s'approchent des comptoirs, bousculent les manifestants et les traînent hors du terrain de l'exposition. On en embarque deux cent soixante et on les écroue à la prison municipale pour hommes, surnommée *«The Tombs»* à cause de son délabrement et de son insalubrité, les faisant passer d'une cellule à une autre. Après une nuit à l'ombre, les deux Canadiennes sont transférées à la prison des femmes, d'où elles peuvent sortir moyennant un cautionnement de cinq cents dollars.

«La manifestation était totalement pacifique, et nous étions prêtes à aller en prison, raconte Monique Bosco. Nous sommes restées assises par terre et nous nous sommes laissé traîner jusqu'aux fourgons. En prison, on a essayé de nous intimider, on nous a fait un examen vaginal. Nous étions venues en voiture, et Judith avait très peur de perdre son permis de conduire. C'est elle qui m'avait convaincue sur la question noire. À Montréal, nous avons souvent participé à des protestations devant le consulat américain contre la discrimination raciale. Nos amis nous taquinaient: "Vous allez vous user les fesses à passer votre temps à vous asseoir sur le trottoir devant le consulat américain." Nous avons dû retourner plusieurs fois à New York nous présenter devant le juge. Nous faisions le trajet en voiture. Sur la route entre New York et Montréal, il n'y avait que des restaurants Howard Johnson's. À l'aller, nous apportions un lunch, au retour, nous mourions de soif et de faim. Judith, par principe, refusait de s'arrêter dans ces restaurants. Elle était inflexible: "Nous se sommes tout de même pas allées manifester à New York en faveur de l'intégration des Noirs pour encourager aujourd'hui cette chaîne de restaurants qui refuse de la faire." Un an plus tard, nous avons été condamnées à une amende, puis nos empreintes digitales nous furent retournées.»

Entre autres témoignages d'appui, Judith Jasmin reçoit une lettre de félicitations d'un grand avocat d'Outremont, spécialiste du droit civil, peu après nommé juge, Me Louis-Philippe Gagnon. Cet avocat est le père de l'un des jeunes gens arrêtés pour terrorisme en juin de l'année précédente. Il lui dit: «Vous avez eu le courage de vos convictions. Peu de nos compatriotes se comportent ainsi. Sauf, entre autres, mes deux fils, François, alors âgé de 18 ans qui purge une sentence de 3 ans à Saint-Vincent-de-Paul et mon fils aîné, 22 ans, qui est sous arrêt présentement avec un ami, Jean LaSalle. Mes fils veulent l'Indépendance du Québec. Ils croient que le dialogue de sourds est terminé. Ils sont passés à l'action. Ils abhorrent le rôle de spectateurs. Je voudrais vous écrire plus longuement, mais je désirais vous féliciter ainsi que mademoiselle Monique Bosco et non pas tenter de justifier mes deux seuls fils[4].»

Quant à la journaliste du *Devoir*, Solange Chalvin, elle termine ainsi l'article sur l'entrevue conduite au téléphone avec Judith Jasmin:

> Deux Canadiennes viennent de participer de façon tangible à la honte du monde libre devant le spectacle que donnent nos voisins américains. Sous des reflets de toute-puissance économique, ils cachent la plaie béante de la souffrance de milliers de Noirs qui ont aidé à construire et à édifier cette Amérique dans laquelle ils n'ont même pas le statut d'homme libre[5].

Dans les bureaux de la direction de Radio-Canada, on avait eu le souffle coupé, on s'était pris la tête dans les deux mains ou on avait donné un coup de poing sur la table. La journaliste numéro un du réseau français avait encore fait des siennes. On s'inquiétait de sa crédibilité, encore plus de la réputation de la maison et des réactions politiciennes possibles. On avait voulu cacher l'affaire... Quant à Judith, elle était très fière de son geste. Fernand Seguin expliquait: «C'était une époque de grands déblocages. L'engagement courageux contre le racisme de Judith Jasmin était vu avec admiration, d'autant plus qu'elle était une femme, blanche, prenant partie pour les Noirs. Ceux qui auraient osé la critiquer seraient passés pour des fossiles. Je parle des artisans de l'information. Je ne sais pas si on peut dire la même chose de la direction de Radio-Canada qui n'avait pas été atteinte par cet esprit de grand déblocage. L'absence de censure de Judith a sûrement imprégné aussi le public. Plus que la nature même de ses engagements, leur impact tenait au fait qu'ils étaient pris publiquement par une femme qui, dans l'imaginaire québécois, avait la réputation d'une fille de bonne famille, sérieuse, professionnelle, et qui tout à coup se passionnait pour des sujets qui n'étaient pas familiers.»

Judith Jasmin cernera l'épineuse question de l'engagement social des journalistes dans une conférence prononcée devant le Cercle des femmes journalistes, dont elle est la membre la plus respectée:

> Un vision lucide de notre époque ne peut être qu'une vision tragique. [...] Guerres, misères, tortures, camps de morts, déportations, famine, sous-alimentation, injustices, déni de droits civils, discrimination raciale, oppression des minorités, menace de destruction atomique... [...]
>
> Devant ce «tragique» de notre époque, pour employer l'expression de Malraux, et sans doute de toute condition humaine, quelle attitude adopter? Fermer les yeux, ne plus penser, se griser, vivre vite, se dire que le malheur c'est pour les autres? C'est une attitude qui correspond à une réaction de peur ou de paresse.
>
> Chez l'écrivain (et j'insère le journaliste parmi les écrivains), cet aveuglement est impossible. S'il a choisi d'écrire même un simple billet à la page 20 du plus «grand quotidien», cela veut dire qu'il a choisi de s'interroger, si peu soit-il, sur lui-même et sur les autres, au moins de temps en temps. S'il se pose des questions, il en viendra à celle-ci: «Comment répondre à un univers tragique? Comment sans désespoir l'accepter et y vivre?»

> L'homme religieux a des réponses sur le plan spirituel. Sur le plan des relations humaines, *il n'y a qu'une réponse qui ne conduise pas au désespoir, c'est de faire front, de lutter, de s'engager. C'est d'accepter l'aventure et «si possible» le courage**. C'est une façon de vivre qui permet de s'insérer dans un monde qui serait autrement désespérant, parce qu'absurde et injuste. Voilà pourquoi j'ai choisi l'engagement, tout comme vous toutes d'ailleurs. Autrement nous ne serions pas journalistes, autrement nous n'aurions même pas rêvé une seconde d'écrire dix lignes. C'est parce que nous avons voulu faire front, un jour, pour essayer de changer quelque chose à ce monde chaotique que nous avons cherché une tribune, si petite soit-elle.

Comment traduire cet engagement social dans un métier qui est d'information et non de combat, dans les mass medias et non dans la presse d'opinion?

> Les problèmes de notre temps sont trop pressants et trop présents à tous pour les passer sous silence. [...] «Un reportage doit être objectif», nous disaient nos patrons, soucieux avant tout d'éviter la polémique et les critiques de l'opposition. La lutte alors s'engageait entre notre moi le plus profond et un travail qui ne devait rien trahir de nos sentiments. Nous en avons vu de ces parfaits travaux de neutralité: machines mesurées et réglées au quart de pouce où rien n'apparaissait des intentions de leurs auteurs. C'étaient des machines et, comme telles, elles ennuyaient. Je vous défie de faire un reportage sur le chômage, la délinquance ou la question raciale aux États-Unis, en restant froid, neutre et objectif. *Ou bien vous n'avez rien compris. Car comprendre, c'est aussi aimer, s'indigner, prendre parti**.
>
> Il y a des images qui sont des accusations sans qu'un mot soit nécessaire; il y a des descriptions de situations qui sont également des mises en accusation, même si vous n'ajoutez aucun commentaire. C'est dire que l'engagement du journaliste commence au moment où il choisit ce métier; il se poursuit avec des fortunes diverses tout au long de sa carrière. Le simple choix d'un sujet, l'angle adopté pour l'aborder: inconsciemment, vous trahissez vos sentiments profonds. Si vous êtes quelqu'un d'engagé, cela se verra toujours. Inutile d'essayer de tricher, de vouloir faire «neutre» à tout prix. Ce qui était le grand art dans nos journaux en fait d'objectivité totale, c'était la traduction.

Elle insiste sur le rôle d'éveilleurs de consciences des journalistes:

---

* Les italiques sont de l'auteure.

> L'engagement du grand public passe par l'engagement de celui qui lui parle: l'homme politique, l'écrivain, le prêtre, le journaliste. Ces hommes, par leur profession ou leur vocation, dialoguent avec le grand public et ainsi forment l'opinion publique. Il est bien évident que plus ce dialogue sera chargé de sens, de conscience, plus celui qui, à l'autre bout, reçoit, lit, voit, entend, s'éveillera à la conscience de son univers.
>
> Qui niera que les émissions de René Lévesque, jadis, aient éveillé une conscience sociale et politique parmi les téléspectateurs?Qui niera que les articles publiés régulièrement depuis deux ou trois ans dans nos journaux (surtout dans les pages féminines) sur les problèmes de l'éducation et de la responsabilité des parents aient amené une révision de certaines attitudes et plus d'exigence en matière d'éducation?
>
> [...]
>
> Le public lui-même, de plus en plus éveillé aux réalités nouvelles, cherche un écho à ses sentiments. Si son journal, son poste de radio, de télévision ne lui renvoie qu'une image tiède d'un monde en explosion, il se désintéressera de ce partenaire[6].

«Comprendre, dit-elle, c'est aussi aimer, s'indigner, prendre parti.» La discrimination contre les Noirs l'indigne, la répression policière d'une manifestation pacifique dont elle a elle-même fait les frais, en échouant en prison, l'ont remplie de peur, puis de colère. Ce qui se passe au Québec l'émeut tout autant. En automne 1964, l'action terroriste se calme momentanément, tandis que le climat social, lui, demeure agité et explosif; les manifestations publiques démocratiques en faveur de changements sociaux et politiques sont étouffées dans l'œuf ou réprimées durement. La grève s'éternise au quotidien *La Presse* et, en octobre, une manifestation organisée à Québec par le RIN pour protester pacifiquement contre la visite dans cette ville de la reine Élisabeth II — visite perçue par les indépendantistes comme un geste de provocation —, est si sauvagement réprimée par la police que, depuis, on appelle cette journée «le Samedi de la matraque». Judith Jasmin rédige un texte intitulé «La Presse libre, défense de la liberté», d'une puissante lucidité sur la situation politique du moment et sur les risques de perturbations sociales inévitables, quand on empêche la population, au nom de l'ordre établi, d'exprimer librement ses revendications. Quand elle s'adresse à un auditoire, l'ardeur de ses convictions se reflète dans les idées qu'elle émet, dans la vigueur de ses propos; elle ne se laisse pas emporter par les déclarations intempestives. Dans ce texte sur la défense de la liberté (on ne sait où il fut publié ou prononcé), on la sent excédée; dérogeant à ses habitudes, elle s'enflamme et fait une sortie en règle. Le texte débute par cette phrase:

> La liberté commence le jour où les hommes la désirent; du moins c'est ce jour-là que commencent leurs malheurs.

Elle y écrit:

> Avant que le mal ne s'empare de tous, disent les grands juges de l'Ordre, il faut mettre à la raison tous ces voyous, ces détraqués, ces anarchistes, ces communistes, ces indépendantistes... À remarquer que ce dernier attribut est plus violent que le précédent dans l'ordre de l'ignominie.
>
> D'abord, la presse. La muscler. Une grève survint à point qui faisait l'affaire. Acculer à la disette les journalistes par une grève sans fin; quelque chose de mou, de flou où tout finit par s'embrouiller, surtout les droits acquis péniblement dans le passé.
>
> [...]
>
> Quant à ceux qui voudront crier dans la rue ce qu'ils pensent, ils iront au cachot, en retenue et au pain sec. [...]
>
> [...] Grands maîtres, Grands juges, qui avez si peur de la liberté des autres, de la nôtre, vous faites fausse route. Vous êtes en train de faire naître en chacun de nous une furieuse envie de nous battre pour quelque chose qui en vaille la peine. Des héros sans cause, il y en a plein la rue. Attention! Si vous nous donnez la liberté à défendre, vous allez réveiller les plus endormis, ceux-là mêmes qu'un coup de sang patriotique n'émeut pas. Et vous allez faire l'union, malgré eux, entre «ces jeunes nationalistes» un peu isolés et tous les autres qui attendent un signal de départ. Pour cela, il leur fallait un drapeau, un signe, vous le leur tendez, maladroits! Et pas besoin de nous faire un dessin, sur ce drapeau-là, on sera d'accord[7].

Un jour, Judith dit à Pauline Julien: «René Lévesque a peur des gens de gauche. Il faudrait lui faire rencontrer Gérald sur un terrain neutre.» Les deux femmes organisent une rencontre impromptue. Une fin d'après-midi, Judith sort de Radio-Canada en compagnie du ministre René Lévesque, venu participer à une émission. Comme par hasard, Pauline est dans l'entrée de l'édifice et les invite à la maison. Gérald Godin ne tarde pas à attaquer le

Parti libéral et demande à René Lévesque de lui nommer une seule chose que le Parti libéral a faite pour le peuple québécois. «La Caisse de dépôt*», répond René Lévesque. La discussion se corse et le ministre s'en prend à la «gang» de petits révolutionnaires à cheveux longs. Judith Jasmin lève les bras au ciel: «Ce n'est pas possible! Toi, René, tu reproches aujourd'hui aux jeunes ce que tu faisais il y a quinze ans et qu'on te reprochait.» René Lévesque grommelle comme à son habitude. «Mais elle l'avait apostrophé avec un sourire d'une telle douceur, raconte Gérald Godin. Son sourire était sa grande force. C'était une conciliatrice née. À cette rencontre, Pauline et moi, nous sentions toute l'estime qu'ils se portaient et une grande affection entre eux, très évidente.» Prompte à se moquer d'elle-même, Judith disait à qui voulait l'entendre de son sourire timide, qu'on trouvait si attachant, que c'était «une espèce de sourire niais».

Incorrigible romantique

Mystique de l'action, Judith est aussi une grande amoureuse. Depuis que Joseph Châtelain avait quitté Montréal pour s'établir à Washington, au cours de l'hiver 1963, elle s'était accrochée à leur relation et avait défendu son bonheur du mieux qu'elle le pouvait, au téléphone, dans ses lettres, au cours de ses visites dans la capitale américaine. Elle avait passé une fin de semaine chez lui avant de partir pour l'Algérie, s'était arrêtée pour le voir au retour de Dallas, était allée en reportage sur place. Lui était venu en été, et ils avaient passé la fin de l'année 1963 ensemble, Jo ayant fait escale à Montréal au retour d'un voyage d'affaires à Paris et dans des pays africains. L'hiver suivant, Judith s'arrêtait à New York, au retour du Pérou, pour tenter une fois de plus de recoudre les fils épars de leur relation qui demeurait bien fragile. Plus d'une fois, on l'avait vue pleurer dans l'avion du retour à Montréal. Leur correspondance se poursuivait, hachurée par de longs silences. Judith veut plus qu'une amitié amoureuse et tendre à distance. Par moments, elle bat en retraite, sans arriver à faire taire sa fougueuse passion. Son enthousiasme et son entrain au travail ne parviennent pas à masquer la profonde tristesse qu'elle cache.

---

* Créée à la suite d'un accord sur les régimes de pension durement arraché par le gouvernement libéral du Québec, au cours d'une conférence fédérale-provinciale en mars 1964, et qui donnera au Québec un puissant levier économique.

Un an et demi plus tard, en automne 1964, les ombres s'estompent, la joie est retrouvée. La relation avec Jo se ressoude, selon ses termes à lui. Il l'aime mais ne veut pas s'engager. Il ne se sent pas fait pour vivre en couple. Il a tenté l'expérience une fois, cela n'a pas réussi et ce n'est pas un hasard, lui dit-il, s'il ne refait pas sa vie. Judith est d'une essence supérieure, elle ne peut être heureuse qu'avec un être qui lui est son égal. Pour cet homme dont elle partage toutes les valeurs, Noir en plus, elle est prête à tout. «Dans tous les couples, confie-t-elle à une amie, il y en a un qui aime plus que l'autre. J'accepte qu'il m'aime moins»... une attitude de victime, en fait. Elle passera les vacances de Noël à Washington avec un couple d'amis, Suzanne Rivard et Jean LeMoyne. Elle n'a jamais été aussi heureuse. Elle s'installe chez lui comme une jeune mariée, prend en charge la maison et rayonne de bonheur. Lui semble plus distant, presque craintif dans la relation. Mais Judith attribue son attitude réservée au fait qu'il a été échaudé par son mariage et est demeuré farouche. Sa passion débordante devait peser un peu lourd à son amant. L'amour donne des ailes à cette femme de quarante-sept ans. Prendre sa voiture le week-end pour rejoindre son amant à Washington, elle le fait le plus souvent possible, sans sentir de fatigue. Elle s'est acheté un superbe manteau de vison qu'elle porte bien avec sa démarche altière. Elle confie à une collègue: «Je n'en ai rien à foutre de ce vison, je l'ai acheté pour parader au bras de Jo, pour faire remarquer une Blanche au bras d'un Noir. Oui, jeter à la face de l'Amérique mon mépris viscéral pour le racisme!» Voilà toute Judith Jasmin. Elle admire la bague faite de deux perles, l'une noire, l'autre blanche, que porte son amie Henriette Duliani-Hicks; celle-ci lui en offre une pareille. Judith porte fièrement au doigt ce symbole de son amour. N'aimant pas le contact du métal sur la peau, elle porte peu de bijoux: cette bague, un collier de perles et un bracelet en chaînettes d'or avec un disque portant une date chère à son cœur, offert par Jo.

En ces années, aux États-Unis, il est inimaginable qu'une Blanche ose se présenter à une réception d'ambassade, un Noir à son bras. C'est encourir des regards froids, des remarques méchantes, sentir le vide se faire autour de soi et créer du tort à l'autre autant qu'à soi-même. Judith refusera de se censurer, osera défier le tabou et imposer son partenaire dans ces milieux fermés quelles qu'en soient les difficultés. Dans l'émission *L'Autre Joue*, sur le problème racial aux États-Unis, elle avait dit:

> D'après le romancier noir James Baldwin, [...] l'attitude des Blancs qui s'opposent au mélange des races, à la «mongolisation» relève d'un tabou sexuel: ils sont contre les mariages mixtes, ils les trouvent «dégoûtants» pour des raisons que seul le freudisme pourrait démêler; ils sont obsédés par l'idée qu'un Noir puisse regarder une Blanche: caricature de la vertu, ils touchent à l'hystérie, à la névrose[8].

Trois ans plus tard, elle fera cet autre commentaire sur le racisme au cours d'une entrevue:

> Je pense qu'un jour une solution sera apportée à cet épineux problème mais ça prendra sans doute une ou deux et peut-être trois générations, ce qui est encourageant. Ici, aux États-Unis, les jeunes changent... et ils évoluent très rapidement. Ce sont peut-être les mariages entre les Noirs et les Blancs qui transformeront la situation actuelle[9].

À la découverte d'un Québec inconnu

Les reportages à l'étranger se font rares à *Champ libre*. Le duo Judith Jasmin-Marcel Blouin explore le Québec, son arrière-pays, son Grand Nord, à la rencontre des Inuit et des Amérindiens, populations aussi étrangères au public que celles des Péruviens. «De tous les reportages faits avec Judith Jasmin, en France, en Suisse, en Belgique, en Israël, en Algérie, en Inde et au Japon, affirme Francine Doyon-Cornu, alors la scripte de l'équipe, ce sont les reportages faits au Québec qui m'ont le plus révélé sa sensibilité journalistique; elle avait une tendresse particulière pour le Québec.»

L'équipe prépare d'abord un reportage sur la situation des agriculteurs, couvre la vente à l'encan des fermes dont les propriétaires ne gagnent pas assez pour vivre et la manifestation monstre de dix mille fermiers en colère devant le Parlement de Québec. Puis, c'est le départ à la découverte des Inuit, au village de Povungnituk, sur la côte est de la baie d'Hudson, à 2400 kilomètres et huit heures d'avion de Montréal. Y habitent une trentaine de Blancs et cinq cents Inuit, une population en pleine transition à la porte du monde moderne, qui risque de perdre son indépendance et son autonomie en passant de la vie nomade de chasseurs et de pêcheurs à la vie sédentaire et prolétaire d'emplois subalternes. Le regroupement en coopératives et le traitement d'égal à égal par les Blancs seraient pour eux les gages de la sauvegarde de leur dignité et d'un avenir économique plus prometteur. C'est le sens du reportage *Les Fils d'Inuk*[10] qui illustre cette fois l'art de Judith Jasmin de traduire une réalité sociale et économique par touches simples, à travers les gestes de tous les jours.

Au début de l'automne 1964, l'équipe Jasmin-Blouin se rend en Abitibi et découvre un vieux couple perdu dans la campagne, qui se repose enfin après des années de dur labeur. Couple émouvant, cet homme et cette femme assis côte à côte sur leurs chaises berçantes racontent les péripéties de la colonisation abitibienne. Sans billets de train pour le retour, ils avaient dû s'établir dans des conditions de misère noire. Leur récit est entrecoupé de silences, de regards attendris l'un pour l'autre. C'est la somme de toute une existence de travail acharné pour survivre. Judith Jasmin est très émue; elle pose peu de questions, respecte leurs pauses. Par moments, on n'entend que le bruit du moteur de la caméra. Puis le couple continue. «C'est ainsi, raconte Francine Doyon-Cornu, que je crois avoir entendu, au Québec, l'un des plus beaux témoignages humains.» Le reportage ne s'arrête pas là. Il compte neuf autres entrevues, décrit la vie en Abitibi, les industries minières et forestières, les formules audacieuses de vie coopérative, la volonté d'administrateurs de planifier le développement de l'avenir, la modernité de la nouvelle ville de Mattagami, au nord de la région.

Au cours d'un autre reportage dans les terres incultes, au fin fond de la région de Rimouski, l'équipe rencontre une famille de treize enfants dont la mère est d'un courage extraordinaire. Le père et les fils aînés s'acharnent à défricher, à tirer les souches à tour de bras avec le vieux cheval de la ferme. Les ressources familiales sont si maigres que seuls le sucre, la farine et l'huile sont achetés; tout le reste est fabriqué à la maison: le tissage de la laine, des tissus, la confection des vêtements, la mise en conserve des aliments; et tous les enfants coopèrent. Il se dégage de cette pauvreté une dignité remarquable. Devant ces êtres simples, qui sont avant tout des êtres d'exception, Judith Jasmin sait agir avec le plus grand respect. Il s'établit entre elle et eux un tel contact que l'équipe entière est subjuguée. La quête des autres était aussi la sienne, et les équipes qui ont travaillé avec elle racontent, les unes après les autres, ces moments magiques de tournage où ils assistaient, émus, à sa rencontre avec des êtres, un jour avec un écrivain célèbre, d'autres fois avec une mère de famille de la campagne québécoise ou inuk du Grand Nord. Judith Jasmin savait les écouter tous et les amener à se révéler par des questions qu'elle posait comme on applique des taches de couleurs sur un tableau dans l'amour et le silence de la création.

Remous à la Chambre des communes

Après la diffusion du reportage sur l'Abitibi, la critique locale est méchante: des personnages importants de la région n'apprécient pas le rappel de la vie miséreuse des premiers colons; ils auraient voulu voir l'accent mis sur davantage de réalisations modernes de leur coin de pays. Le chef des créditistes à Ottawa, Réal Caouette, marchand d'automobiles de Rouyn, envoie une lettre violente au président de Radio-Canada et exige publiquement la démission de Judith Jasmin. Ce n'est pas sa première attaque contre elle. À une autre occasion, il l'avait accusée de «cracher son venin contre l'ordre établi». Il n'est pas le seul politicien à vouloir sa tête. Certains députés de ses ennemis parlent du «cas Jasmin». La première intéressée est interloquée, cette fois, d'être mise sur la sellette. Elle répond dans une entrevue au journaliste de l'hebdomadaire *Photo-Journal* qui lui demande si ces attaques ne lui font pas mal ou peur:

> Je suis quelqu'un de trop en colère pour avoir peur. J'ai vu pas mal de fureur dans ma vie. Ça ne m'empêche pas de dormir.
>
> Mais on se pose des questions. Faut-il mettre des gants blancs? On a ses moments de doute. Et ses préjugés probablement. Comme chaque téléspectateur, comme chaque humain. Dans le cas de l'Abitibi, où nous avons justement voulu mettre en lumière le courage de l'homme abitibien, la réaction nous a laissés stupéfaits[11].

Elle reçoit comme un titre de gloire l'attaque de Réal Caouette qui, pour accroître son capital politique, ne cesse de faire des sorties véhémentes et criardes à la Chambre à propos de tout et de rien. Elle ne saurait non plus accumuler de ressentiment à l'endroit de ses ennemis politiciens... sans compter que sa naïveté l'empêche de saisir qu'elle n'est qu'un pion dans le jeu de Caouette. Elle se bat pour des idées, non contre des personnes. À l'occasion d'une entrevue ultérieure avec le chef créditiste chez lui, lors d'un reportage sur les préoccupations du Nord-Ouest québécois, elle fera ce commentaire: «Quel homme calme et doux dans l'intimité.» L'année suivante, faisant la présentation d'un reportage sur le Brésil dans une conversation informelle avec Guy Mauffette, elle dira: «Nous subissons des reproches, on nous dit des noms parfois, mais c'est le prix à payer pour être journaliste[12].»

Au lendemain de la diffusion à *Champ libre* du reportage suivant de l'équipe Jasmin-Blouin, un documentaire sur les Indiens du nord du Québec, le critique de télévision du *Petit Journal* se plaint «de ne pas voir assez souvent l'animatrice n° 1 de Radio-Canada à *Champ libre*». Sans doute n'a-t-il pas conscience du temps qu'exigent ces reportages. Celui de *La Presse* écrit:

> C'est presque un cliché de dire comment Judith Jasmin est un reporter brillant, de haute qualité, de dire aussi que Marcel Blouin sait sentir avec ses caméras la réalité qu'il a à décrire. À force de dire presque toujours la même chose au sujet de ce duo, on finit par se dire qu'on est préjugé. Pourtant chaque reportage force l'admiration[13].

La réaction à son endroit des politiciens, particulièrement des fédéraux, diffère totalement de celle des critiques de radio-télévision de la presse écrite: les uns veulent sa démission, les autres ne tarissent pas d'éloges.

Ce reportage sur les Indiens soulevait, à l'adresse d'un Québec en plein élan d'autonomie, un problème moral et social dont il ne se souciait guère, celui des conditions faites à cette minorité. Le ministère des Affaires indiennes, qui avait pleine juridiction sur cette population à l'exclusion des provinces, était là pour se charger de ces citoyens fédéraux. Le documentaire de *Champ libre* éveillait une fois de plus la conscience du public téléspectateur à une réalité cachée. Il y a trente ans, Judith Jasmin faisait état des droits des premiers occupants du Canada, une question qu'eux-mêmes forcent les Québécois et les Canadiens d'aujourd'hui à considérer. Au sujet du budget consacré à l'éducation par les Affaires indiennes, elle disait:

> Ce budget était en 1962 de 50 millions de dollars, soit $250 par Indien. C'est le prix de notre loyer pour l'occupation du Canada...

Elle disait aussi:

> Souvenons-nous qu'alors l'Indien a aidé le Blanc à survivre à la famine et au scorbut. Sans lui (c'est Champlain qui le dit), jamais l'homme blanc n'aurait pu prendre pied au Canada et y fonder une colonie.

Et en conclusion:

> Plus de la moitié de nos Indiens ont moins de vingt ans. L'espoir est peut-être là. Pour eux, la tâche est immense: prendre pied dans un monde nouveau plus fermé, plus hostile que ne l'étaient l'hiver et la forêt du temps de Champlain. Notre civilisation fera-t-elle moins pour eux que les «anciens sauvages» n'ont fait pour nous[14]?

L'équipe avait visité les nomades Tête-de-Boule établis au nord de Senneterre, en Abitibi, la réserve isolée d'Obedjiwan, à 240 kilomètres de là, où vivaient cinq cents Algonquins mélangés de Cris et où pénétraient pour la première fois des journalistes, la réserve montagnaise plus moderne et plus prospère de Pointe-Bleue au lac Saint-Jean. Leur périple s'était terminé à Shefferville, au Nouveau Québec. Cinq cents Montagnais étaient entassés dans le «dépotoir indien» à un kilomètre et demi de la ville; ils étaient venus de la réserve de Sept-Îles, beaucoup plus au sud, pour gagner leur vie dans la capitale minière du fer, mais en quittant leur réserve ils s'étaient privés de l'aide gouvernementale.

La recherche de droiture et de justice sociale de Judith Jasmin fut à l'origine d'une scène plutôt épique à l'arrivée de l'équipe à Shefferville. Dans cette région au climat rigoureux, la température atteignait souvent moins 45 °C. Les travailleurs blancs étaient largement rétribués pour l'époque et leurs conditions de travail et de vie très décentes. En visitant le campement de fortune indien, la journaliste s'indigna de voir l'eau potable puisée à même le réservoir de la ville vendue très cher aux Indiens. Elle fit un esclandre et s'adressa à la direction d'Iron Ore, qui lui fit aimablement comprendre que la réserve indienne, construite par le gouvernement fédéral à quelque cinquante kilomètres de là, s'était vidée depuis la création de la compagnie: «Ils veulent du travail, on les embauche mais ils viennent travailler un jour sur deux, ce qui perturbe le rythme de l'organisation. Nous ne sommes pas ici pour faire du social; la responsabilité relève du gouvernement fédéral, etc.» Chacun resta sur ses positions et, dans la soirée, au cours d'une réception, Judith ne dissimula guère son animosité à l'égard des dirigeants de la compagnie qui se lavaient les mains des problèmes des Indiens. Les directeurs fumaient le cigare et, ostensiblement, elle s'enfonça dans un gros fauteuil, à l'écart, dans un coin de la salle. Quelqu'un s'approcha et lui demanda: «Mais que faites-vous là?» «Vous empestez le cigare, vous n'avez aucun respect pour la présence féminine!» lui lança-t-elle. Son cran mêlé à une naïveté merveilleuse lui donnait une espèce d'impunité lui permettant de faire passer n'importe quoi, qu'on soit d'accord ou non avec elle. Un jour, à une réception au consulat de Cuba à Montréal, assise à côté du consul qui fumait un cigare, elle avait bien su le lui dire.

Suivra à l'écran de *Champ libre* un reportage de l'équipe sur d'autres facettes du Nouveau Québec: l'exploration scientifique et technique de cet immense territoire entreprise par le gouvernement provincial, les travaux hydrauliques de la Manicouagan, la vie des cinq mille Blancs venus du sud gagner leur vie à Shefferville, le transfert de juridiction sur les Inuit du fédéral au provincial, dont René Lévesque, le ministre responsable du Nouveau Québec, se fait le champion.

En février 1965, c'est le départ pour un séjour de deux mois en Asie: un mois en Inde, court séjour à Hong-kong et en Thaïlande, et trois semaines au Japon. Judith Jasmin, qui a séjourné et enquêté en Inde dix ans plus tôt et s'est familiarisée avec la civilisation et la spiritualité indiennes, se sent prête à déployer le maximum d'énergie pour faire un reportage de qualité. Le réalisateur, qui met les pieds pour la première fois dans ce pays, veut en présenter tous les aspects. La journaliste propose une autre approche, estimant impossible d'expliquer en deux heures d'émissions une civilisation aussi complexe dans son entièreté. Mais Marcel Blouin n'est pas homme à s'en remettre à une femme et il refuse tout dialogue. L'émission sera un amalgame indigeste.

Le Sel de la semaine

Les reportages sur l'Inde et le Japon seront présentés au début de l'automne suivant à la télévision de Radio-Canada, mais *Champ libre* disparaît des ondes pour être remplacé par *Le Sel de la semaine*, un magazine d'actualité hebdomadaire, conçu pour être la contrepartie de l'émission à succès du réseau anglais *This Hour has seven days* et la transcription à l'écran des magazines imprimés comme *L'Express* et *Time*. La direction de l'émission est confiée à Jean Lebel, un directeur de production à la Cecil B. de Mille, et l'animation à Fernand Seguin. L'équipe comprend Judith Jasmin, Gilles Hénault, Guy Mauffette et deux jeunes reporters, James Bamber et Jacques Keable. C'est Judith qui, aux premières réunions de production, avait suggéré d'embaucher des jeunes: «Il faut des jeunes dans l'équipe. Nous avons besoin d'être stimulés et leur présence sera vivifiante pour tout le monde.»

La dernière semaine de novembre, elle va en reportage à Paris avec le réalisateur Claude Desorcy et son équipe pendant vingt et un jours — le tarif le plus économique. Ce sera le marathon des marathons pour la journaliste: dix-huit entrevues d'une demi-heure chacune à préparer et à enregistrer, la dernière le matin même du retour. Au nombre des invités, Salvador Dali, Marguerite Duras, Anne Hébert, Violette Leduc, Albertine Sarrazin, l'universitaire et homme politique de gauche Roger Garaudy, Morvan Lévesque, Jules Roy, Claude Julien, rédacteur au service étranger du *Monde* (sur son dernier ouvrage *Le Canada, la dernière chance de l'Europe*), l'académicien et célèbre ingénieur français Louis Armand. Comme à l'accoutumée, qu'elle interroge un artiste aussi excentrique que Salvador Dali ou l'auteur d'un ouvrage politique, Judith établit facilement le contact avec ses invités, et ses entrevues sont remarquables. Il est moins évident que le lien puisse s'établir aussi aisément entre la journaliste étrangère, à l'allure de grande dame élégante et réservée, et deux femmes marginales et flouées par la vie, aux personnalités en outre fort différentes l'une de l'autre. Violette Leduc, une écrivaine au tempérament difficile et torturé, au physique ingrat, vient de connaître, à quarante ans, son premier succès de librairie avec *La Bâtarde*. Albertine Sarrazin, une délinquante qui a passé dix ans de sa jeunesse en prison, s'est évadée, a été reprise, a passé son baccalauréat en prison, s'est mise à écrire pour passer le temps, s'est prostituée pour vivre à sa sortie de prison et a connu le succès avec ses ouvrages, *L'Astragale* et *La Cavale*, tente, à trente ans, de recommencer sa vie. Pourtant, devant une équipe médusée, Judith atteint des sommets inégalés dans ces deux entretiens.

Violette Leduc, qui a mené jusque-là une existence misérable, vient d'acheter un tout petit appartement au quatrième étage d'un immeuble sans ascenseur ni eau chaude, près de Rochechouart. Comme les autres, Judith prend une valise d'équipement technique et la monte à pied jusqu'à l'appartement. Chez l'écrivaine, il faut tasser le matériel entre le lit et la cuisinière pour enregistrer l'entretien. Dans ce décor insolite, l'équipe ne s'attend pas à une entrevue extraordinaire de cette femme étrange qui se met une perruque et se bichonne devant eux, tout excitée à l'idée d'être filmée. Mais Judith crée si bien et si rapidement un climat de confiance avec Violette Leduc que celle-ci se raconte sans pudeur, et l'équipe assiste au témoignage émouvant d'une femme qui parle de sa jeunesse, de sa souffrance et pleure par moments. L'écrivaine aurait sans doute aussi sincèrement évoqué l'essentiel de son œuvre: Lesbos et ses prêtresses, mais l'intervieweuse ne s'aventure pas dans cette direction: on pratique la censure à Radio-Canada... et la libération gaie n'est pas encore à la mode[15].

La rencontre avec Albertine Sarrazin, chez elle à Limoges (l'ancienne détenue étant interdite de séjour à Paris), est encore plus étonnante. Judith la qualifiera de «rencontre d'une rare qualité[16].» Par son empathie et ses sous-questions toutes simples, la journaliste amène la jeune femme au physique de fausse bohémienne, au regard d'une tristesse infinie, à se livrer de sa voix brisée, sans cabotinage, et à révéler sur la société une réflexion d'une dimension inattendue. Toute l'équipe en est remuée. Un soir, pendant ce même séjour, avec le réalisateur Claude Desorcy et la scripte Rita Martel, elle assiste à une représentation de *Qui a peur de Virgina Woolf* où Madeleine Robinson triomphe. Après le spectacle, tous trois vont prendre un verre, et Judith au lieu de commenter la qualité du jeu des comédiens et de la vedette du spectacle, fait cette réflexion: «Ce qu'elle doit souffrir pour jouer ça, vivre ça tous les soirs.» Elle va au-delà de la prestation qui l'a éblouie pour penser à la comédienne.

Revenue à Montréal, elle manifeste en face du consulat américain contre la prolongation de la guerre au Viêt-nam, puis assiste en compagnie de son neveu Christian, secrétaire de l'association du RIN dans Ahuntsic, à une assemblée publique monstre de ce parti politique au centre Paul-Sauvé. Le président du Parti, Pierre Bourgault, orateur électrisant, prend la parole. Christian se tourne vers sa tante et voit de grosses larmes couler le long de son visage. «Il sait te remuer, celui-là», commente-t-elle.

Elle s'émeut aux larmes, elle rit aux larmes. En reportage au début de la saison aux Nations Unies à New York, l'équipe en était à la quatrième entrevue de la journée avec un ambassadeur africain, dans son appartement meublé au minimum. Il fait une chaleur écrasante. Après l'entrevue, leur hôte offre de la bière. Les hommes acceptent. Judith et la scripte demandent une boisson gazeuse. L'ambassadeur disparaît dans la cuisine où il reste un temps infini. Quand, finalement, il revient au salon, il offre aux deux femmes du *ginger ale* dans des verres de saké... une gorgée pour étancher leur soif. La chaleur et la fatigue aidant, la journaliste est prise d'un fou rire incontrôlable qui gagne la scripte devant un diplomate et des collègues qui n'y comprennent rien. Les deux femmes n'ont qu'une hâte: sortir de là pour rire tout leur soûl.

Au *Sel de la semaine*, Judith Jasmin n'est ni traitée ni reconnue à sa juste valeur; son cachet hebdomadaire d'intervieweuse est à l'avenant: le même que trois ans plus tôt à *Premier Plan* et le même que les deux jeunes reporters de l'équipe: trois cents dollars; son revenu annuel est moindre que précédemment, puisqu'elle est rémunérée pour quarante semaines au lieu de cinquante-deux. La direction de l'équipe éprouve peu de sympathie à son endroit et veut s'en débarrasser — c'est une pionnière du temps de Lévesque et de Pelletier, elle a fait son temps. Chez certains superviseurs du service, l'attitude n'est guère différente: «On garde la vieille?» Le réalisateur Claude Desorcy qui respecte profondément ses qualités professionnelles, essaie d'adoucir la situation en lui proposant des projets. Ni l'adversité ni l'insatisfaction ne font baisser les bras à Judith Jasmin. Elle s'active pour trouver le moyen de poursuivre un métier qui est sa passion. Avec le soutien de l'ex-réalisateur de *Champ libre*, Marcel Blouin, devenu coordonnateur de l'information au bureau de Paris et qui réclame un poste de journaliste en affaires publiques, elle s'adresse à son patron, Marc Thibault, pour obtenir ce poste. L'idée d'une correspondante qui rayonnerait de Paris en Europe est intéressante. Le Service des nouvelles possède des correspondants à Paris et à Londres, pas le Service des affaires publiques et, chaque fois qu'on veut faire un reportage outre-Atlantique, il faut dépêcher une équipe entière, un procédé très coûteux. La création de ce poste ne va pas sans mal, à cause des objections du Service des nouvelles qui craint qu'il ne fasse double emploi avec son propre poste de correspondant. Finalement, la question est réglée, et Judith envisage l'avenir immédiat avec sérénité, même si ce changement de cap l'éloigne de Montréal et de Washington où sont les deux moitiés de son cœur. Rester dans l'orbite de Jo ne changerait rien à sa relation amoureuse. Il n'est pas plus prêt aujourd'hui qu'hier à faire vie commune avec elle.

Un mal terrifiant

En avril 1966, elle part avec une équipe du *Sel de la semaine* à la découverte du Brésil. Si, dans ce vaste pays soumis au régime militaire, l'ambassadeur du Canada, Paul Beaulieu, leur facilite les contacts, le séjour ne se déroule pas sans incidents. Un premier technicien se blesse au pied, un deuxième manque de se noyer, un troisième risque sa vie, il l'apprendra plus tard, en filmant dans une fosse des serpents venimeux. L'accident le plus grave touchera Judith Jasmin. Elle voit avec effroi du sang s'écouler de son sein droit et se découvre une grosseur à l'aisselle. Symptômes alarmants pour une femme à qui on a enlevé une première tumeur cancéreuse au col utérin huit ans plus tôt. Les scénarios les plus sinistres la hantent. Maîtresse de ses émotions, elle poursuit son travail jusqu'à la fin du séjour, qui lui paraît interminable. Aussitôt de retour à Montréal, elle consulte un spécialiste. Le chirurgien craint un cancer du sein, l'hospitalise et procède à une opération exploratoire. À son réveil, six ou sept heures plus tard, elle apprendra qu'elle a été amputée du sein droit, «mutilée, dira-t-elle, dans ce qu'une femme croit le meilleur de sa féminité». Elle écrit à Francine Doyon-Cornu, mariée et installée à Paris depuis un an, une lettre qu'elle dactylographie maladroitement de la main gauche, incapable qu'elle est de se servir de la droite:

> Merci de vous souvenir de moi amicalement: tous ces jours-ci, j'ai eu besoin de l'amitié de chacun, car j'ai traversé quelques moments assez pénibles. [...]
>
> Devenue une sorte d'Amazone (sans carquois...), je souffre encore et souffrirai pendant plusieurs mois. J'ai un bras qui fonctionne mal et qui prendra presque un an à retrouver sa souplesse. On a craint un cancer avancé: il était temps, mais pas trop tard, et je suis pour le moment hors de danger.
>
> [...] Mais même si ce tableau paraît bien noir sur le papier, je ne suis pas abattue pour tout cela. La vie est bien fixée en moi. J'ai repris mon travail dès ma sortie de l'hôpital et suis à finir le texte du Brésil[17].

Son stoïcisme l'empêche de céder au découragement, et sa maxime de «ne pas importuner les autres avec ses problèmes personnels» lui fait cacher à son entourage combien elle se sent dévastée et déprimée. Par moments, elle commente l'amputation sur un ton badin. Pour mieux cacher son angoisse ou nier le drame qu'elle vit... La journaliste Adèle Lauzon, hospitalisée au même moment et au même hôpital qu'elle pour une intervention mineure, garde d'elle le souvenir d'une amie discrète sur ses états d'âme. Mais, le 29 mai, Judith Jasmin rédige son testament «au lendemain, écrit-elle, d'une opération qui me met en face de la fragilité de la vie».

Cette épreuve personnelle contrecarre ses projets professionnels. Devant être suivie pendant plusieurs mois par le médecin, elle doit renoncer à occuper le poste nouvellement créé de correspondante des affaires publiques à Paris (ce poste ne sera jamais comblé par la suite). Sa déception est grande. À son chalet du lac Marois, avec à ses côtés son amant qui a décommandé une mission au Congo pour venir passer l'été auprès d'elle, elle s'emploie, selon ses propres termes, à cicatriser ses plaies physiques et morales.

Aux élections québécoises du 5 juin qui porteront au pouvoir, contre toute attente, le chef de l'Union nationale, Daniel Johnson, elle vote pour le RIN qui y présente des candidats pour la première fois. Rien d'étonnant à cela. Dans la même lettre à son ex-collègue de travail, elle écrit:

> Les élections ont pris tout le monde par suprise: personne n'en est encore revenu, même pas les Union nationale. L'analyse révèle bien des mécontents et de grosses gaffes de la part de Lesage. Notre révolution tranquille est-elle arrêtée? Je ne le crois pas. Jonhson va avoir à cœur de ne pas se montrer trop rétrograde et d'ici les prochaines élections (dans quelques mois sans doute, la marge étant infime entre les deux partis), les libéraux vont avoir le temps de se ressaisir et de faire un vrai mea culpa. Les Rinistes ont fait leur possible: il y a eu de beaux moments avec Bourgault, qui est un orateur sensationnel! J'ai voté RIN comme 100 000 autres Canadiens. C'est un début*[18].

Jusqu'à sa mort, Judith Jasmin demeurera totalement discrète en public sur son option indépendantiste. Dans son milieu de travail, devant la direction, sans révéler la couleur de son vote, elle ne cache pas ses convictions politiques. D'autres journalistes non plus. Secret de polichinelle dans la maison: Roméo Leblanc, alors correspondant à Washington, est d'allégeance libérale, Jean-Marc Poliquin, correspondant à Ottawa, d'allégeance conservatrice. Leur opinion politique personnelle ne leur nuit en rien. Pour Judith Jasmin, c'est différent: elle est indépendantiste. Pourtant, toutes les causes qu'elle soutient, sans nécessairement s'engager dans des organismes militants ou des partis politiques, sont des causes évidentes de justice à l'endroit de minorités — les Canadiens

* À remarquer que, bien qu'indépendantiste, Judith Jasmin utilisera jusqu'à la fin de sa vie l'appellation «Canadiens» et «Canadiens français», une habitude des gens de sa génération, le terme «Québécois» remplaçant progressivement les deux premiers à partir des années soixante.

français, les Noirs, les pauvres — et d'un groupe numériquement majoritaire vu comme minoritaire: les femmes. Mais, au réseau d'État, comme dans d'autres médias privés, un journaliste peut être fédéraliste, machiste, prôner des idées ultraconservatrices sans que son objectivité soit mise en cause; se dire indépendantiste, féministe, socialiste devant ses patrons, petits et grands, fait percevoir d'office la ou le journaliste comme militant et non objectif; le seul fait, afin de renseigner adéquatement le public sur la réalité sociale, de donner la parole à des représentants de mouvements d'émancipation qui s'opposent aux pouvoirs en place et au statu quo, sans les mettre en opposition avec des adversaires, vous rend suspect et passible, selon les cas, de sanctions ouvertes ou de pénalités plus subtiles sous forme de rétrogradation, de promotions refusées, de sinécures[19]. En clair, rapporter les faits en se situant en faveur du statu quo, c'est être apolitique, donc objectif, les rapporter en se situant contre le statu quo, c'est être politiquement engagé et, partant, non objectif. Cela est si vrai qu'un collègue de Judith Jasmin expliquait, sans même se rendre compte qu'il tombait dans le piège: «Elle était faite pour un journalisme de combat: montrer les choses telles qu'elles étaient et laisser le public juger. Elle aurait été mieux soutenue dans son engagement au journal *Le Devoir*, par exemple.» Quel que soit le point de vue, tout regard colore la réalité. Judith Jasmin le savait et elle avait bien expliqué que pour elle, l'objectivité était «la nudité du fait — pas la peine de maquiller, d'abord montrer les faits, quelles que soient ses opinions personnelles». (Voir p. 253). Mais certains faits dérangent le statu quo...

«Judith a vécu l'indépendance du Québec différemment de nous, explique son ami Jean Michaud, architecte et conjoint de Françoise Loranger. Nous, nos revendications venaient de nos tripes, de nos frustrations, des situations d'infériorité qui nous étaient faites individuellement et collectivement; nous savions que tant que n'aurions pas un statut d'égal à égal avec les Anglais, qui possédaient tous les privilèges, nous ne nous en sortirions pas. Chez elle, cette certitude s'appuyait sur son sens profond de la liberté, de la justice, de l'égalité pour tous, sur sa conviction des droits des minorités. Et cette certitude, conjuguée avec sa formation intellectuelle et une dialectique rigoureuse, lui permettait d'expliquer clairement aux gens que l'autonomie politique était notre seule issue. Elle était si convaincue que nous avions droit à l'indépendance qu'elle nous rassurait. Elle n'était pas femme à mâcher ses mots, mais elle savait contenir son indignation et être diplomate. Je l'ai vue discuter avec mon père, réfractaire à cette idée. Elle avait une façon de parler avec lui, calmement sans lui imposer ses convictions, et de lui passer des messages, qui faisait dire à Françoise: "Comment peut-elle s'arranger avec un personnage comme ton père?" Judith vivait l'indépendance comme elle vivait d'autres situations d'injustice.»

Judith Jasmin voyait l'indépendance comme un levier d'épanouissement du peuple québécois, non comme une fin en soi. On peut lire, sur une page détachée qui devait faire partie d'un texte plus complet, cette réflexion sur l'indépendance:

> Quand Trudeau (ou Pelletier) dit que l'indépendance ne produit que de l'indépendance... c'est-à-dire pour lui, une sorte de rêve, quelque chose de non monnayable, il fait une erreur de matérialiste. L'indépendance produit une énergie, un stimulant qui, lui, peut conduire à des réalisations monnayables. Il y a une dynamique révolutionnaire, qui se développe à la suite d'une accession à l'indépendance qui, elle, est un facteur non négligeable, quand il s'agit de voir les perspectives d'avenir. La lutte pour l'indépendance, même quand elle se passe sur le plan de la discussion, de l'échange, accélère la maturité politique d'un peuple.
>
> Ainsi, il nous est facile de comparer la jeunesse d'aujourd'hui, engagée dans la lutte pour l'indépendance avec celle des années d'après-guerre, années de prospérité pourtant, mais années de vacuité. Certains se sont alors tournés vers le désespoir ou l'exil. Combien alors n'avaient qu'un rêve: se réaliser à l'étranger. Si les jeunes rêvent toujours de voyager, ils n'envisagent pas pour autant de vivre au loin: le Québec leur offre maintenant un champ d'intérêt dont ils se sentent maintenant de plus en plus responsables[20].

Le prix à payer

Les longues convalescences ne siéent pas au tempérament de Judith. Bien qu'elle vient de subir une grave opération, se remettre au travail est son meilleur antidote contre l'angoisse et son moyen privilégié de se rétablir. Le réalisateur Claude Desorcy est appelé à créer à la télévision, pour la saison suivante, un forum hebdomadaire sur une question chaude de l'actualité, qui met face à face deux invités en présence d'un public participant choisi selon le sujet. Il n'a qu'un nom en tête pour animer cette formule d'émission en direct que Radio-Canada tente pour la première fois: celui de Judith Jasmin. On comprend pourquoi il veut s'appuyer sur son talent, son expérience, sa maîtrise des situations. L'entreprise est risquée. Vingt-cinq à cinquante personnes en studio, qui n'ont pas l'habitude d'intervenir à la télévision, pour débattre de questions controversées, ce peut être la foire, l'échec. S'y affronteront, par exemple, la première saison, le chef du Parti créditiste fédéral Réal Caouette et le député libéral provincial François Aquin (qui, au lendemain du célèbre «Vive le Québec libre!» du général de Gaulle, quittera son parti pour siéger à l'Assemblée nationale comme premier député indépendantiste); le chef du RIN Pierre Bourgault et le libéral Yves Michaud; l'auteur des *Plouffe*, Roger Lemelin, et l'ex-ministre et député libéral d'opposition, René Lévesque, qui prône déjà pour le Québec un statut d'État associé au sein de la Confédération.

Judith accepte avec enthousiasme ce défi à sa mesure. De concert avec le réalisateur, elle élabore le concept, trouve le titre de l'émission: *Tirez au clair*. Puis tout s'effondre, l'administration lui refusant le cachet raisonnable qu'elle réclame, refusant même de négocier et lui offrant un simple cachet d'intervieweuse. Le refus de lui accorder un cachet d'animatrice est une façon détournée et habile de l'écarter. Le réalisateur intervient auprès du directeur des Affaires publiques, Marc Thibault, officiellement en vacances mais de passage incognito à son bureau, qui lui répond qu'il ne peut intervenir. Étrange. Un an plus tôt, à l'occasion d'une restructuration des services, Radio-Canada avait réuni pour la première fois le Service des nouvelles et celui des affaires publiques sous l'autorité d'un directeur de l'information, et nommé à ce poste Jean Grand-Laudau. Mais M. Thibault demeurait directeur des Affaires publiques, et tout choix d'animateur des émissions du service suggéré par les réalisateurs devait être approuvé par lui et l'était. Il n'a aucun souvenir de l'incident de *Tirez au clair*.

L'histoire d'*Aujourd'hui* se répète. En haut lieu, on craint Judith Jasmin au point de refuser de lui confier des émissions en direct; curieusement, des réalisateurs, eux, lui font une totale confiance. Ils ne subissent pas directement, il va sans dire, de pressions politiques... et certains du moins ont une vision différente de l'objectivité en information et une perception autre de Judith Jasmin. Créer un poste à Paris pour elle, c'est différent. On reconnaît ainsi sa compétence, sa valeur, ses états de service. Mais on peut visionner les reportages en provenance de l'étranger, effectuer des coupures ou encore les refuser, et, surtout, elle ne sera pas appelée à traiter des questions «québécoises». *Tirez au clair*, animé par le jeune reporter Jacques Keable, la nouvelle formule du *Sel de la semaine* — le «one-man-show» de Fernand Seguin — et le grand magazine quotidien *Aujourd'hui* animé par Michèle Tisseyre constitueront les trois principales émissions d'affaires publiques de la saison 1966-1967. M. Thibault explique: «Judith Jasmin avait un sens aigu des exigences du métier, sa compétence reposait sur la connaissance de ses dossiers et le souci de la rigueur, mais elle était impatiente de passer à autre chose, elle aurait voulu aller plus loin mais, en information télévisée, il y a des limites qu'on ne peut dépasser. Elle était frustrée de la sorte de journalisme qui lui était imposée. Elle aurait préféré le journalisme d'opinion au journalisme plus factuel, plus objectif qui oblige à garder ses distances, à ne pas établir de complicité avec les interviewés. C'était une personnalité attachante et très stimulante, je ne l'ai jamais perçue comme étant déraisonnable ou voulant tout casser.»

En réalité, le malentendu régnait entre eux, au-delà des tensions existant fatalement entre patrons d'information et journalistes. Le directeur des Affaires publiques, un homme fort intelligent, conservait une grande réserve dans ses rapports avec les membres du personnel de son service et ne perdait pas facilement contenance. Dans la maison, on le qualifiait aisément de jésuitique et on disait qu'il s'entourait d'une muraille de superviseurs; certains le surnommaient «Dieu le Père» et utilisaient l'expression l'«église thibaultaine» pour désigner sa cour. Un journaliste lui apportait-il dans une conversation un point de vue difficilement réfutable, il lui rétorquait: «Vous ne me dites pas.» La discussion en restait là et son interlocuteur savait simplement qu'il avait prononcé une parole qui avait porté sans pouvoir en mesurer l'effet. Judith était tout le contraire: elle allait droit au but, discutait poliment, fermement, sans arrière-pensée. Et elle ne savait pas esquisser un pas de côté, habilement battre en retraite ou séduire un interlocuteur après un échange serré: elle restait sur son quant-à-soi. Un jour, un réalisateur à qui elle confiait une préoccupation professionnelle lui dit: «Pourquoi n'en parlez-vous pas à Monsieur Thibault?» «On ne discute pas avec Monsieur Thibault», rétorqua-t-elle. Une autre fois, Marc Thibault demanda quelque chose à Judith. «Comme on ne peut en discuter, c'est non!» fut sa réponse. Le directeur des Affaires publiques ne semblait pas saisir qu'elle était prête à accepter toutes sortes de décisions même si elle n'était pas d'accord et que seuls les ordres stupides ou ex-cathedra lui étaient inacceptables. Il ne la savait pas non plus aussi discrète sur ses démêlés avec lui. En fait, Judith en parlait rarement, les voyant comme des différends inévitables avec un supérieur. Or, son patron en arrivait même à la soupçonner d'alimenter certaines critiques contre la direction de l'information formulées par des médias écrits, alors que ce n'était absolument pas le genre de Judith: ses critiques, elle les faisait à haute voix. Elle jouissait d'une grande autorité intellectuelle dans la maison comme à l'extérieur et ses jugements étaient écoutés. Il la craignait, il l'évitait. S'il la voyait prête à prendre l'ascenseur, il attendait le suivant. Elle aurait été fort surprise de l'apprendre, elle était si peu intrigante. Le directeur des Affaires publiques pouvait se débarrasser sans préavis un animateur, d'un journaliste ou d'un réalisateur qui s'écartait des lignes de conduite qu'il imposait ou qui lui tenait tête. Mais mettre officiellement Judith Jasmin à la porte était impossible.

Cette fois encore, la journaliste garde pour elle le secret de cet autre incident professionnel. Celle que les médias appelleront «la grande dame de l'information» et qualifieront de «monstre sacré des ondes» est sans contrat de travail. Un réalisateur lui offre un poste de recherchiste à la radio; un autre, l'animation à la télévision des paisibles discussions de *Cartes sur table*. On n'a plus rien qui puisse convenir à son talent et à ses compétences, pas même un poste administratif en information, qu'il est courant d'offrir à des animateurs et à des réalisateurs tenus en haute estime; invoquer à ce moment son état de santé n'est qu'un mauvais prétexte. «Elle était barrée», diront sous le sceau de la confidence des collègues de travail. Deux chocs inattendus, coup sur coup: le cancer et la mise au rancart des affaires publiques. Judith Jasmin devrait être ulcérée. Elle ferme simplement la porte sur ces contretemps, s'occupe activement de se trouver des piges dans des magazines, de préparer des dossiers; elle propose un cours «Pays et voyages» pour les adultes inscrits aux cours du soir de la Commission des écoles catholiques de Montréal. «Le journalisme était pour elle une forme de bonheur et elle voulait continuer à faire de l'information, mais animer sa propre émission n'y aurait rien ajouté, explique son neveu Christian Jasmin. Si le vedettariat l'avait intéressée, elle aurait joué d'autres cordes. Elle était face à un dilemme. D'une part, elle trouvait très dur d'avoir à composer avec des fonctionnaires dans un organisme gouvernemental. D'autre part, elle ne serait pas allée à la télévision privée, au Canal 10, à Télémétropole, car elle connaissait depuis longtemps DeSève, les objectifs financiers de la maison, le peu d'argent investi en information et, partant, les standards de qualité bien inférieurs à ceux de la télévision d'État. Elle a toujours été certaine de pouvoir se débrouiller, car elle croyait dans le fait de compter sur ses propres moyens. Si les portes de Radio-Canada se fermaient, elle se dirigerait vers la pige en journalisme écrit.» À l'extérieur de Radio-Canada, personne du milieu n'imagine, en été 1966, la célèbre journaliste sans travail.

CHAPITRE 11

PIONNIÈRE UNE DERNIÈRE FOIS

À la fin d'août 1966, a lieu à l'hôtel Windsor un grand défilé de mode de la saison, mettant en vedette le célèbre mannequin anorexique britannique, Twiggy dans sa minijupe. Plusieurs hommes journalistes qui fréquentent ordinairement les congrès politiques de préférence aux présentations de mode sont au rendez-vous, dont le chef des nouvelles télévisées du réseau français de Radio-Canada à Montréal, Phédon Vosniacos, et le vice-président et directeur général de la Radiodiffusion française, Marcel Ouimet. La journaliste Christine Sirois, rédactrice en chef adjointe de la revue *Châtelaine*, y assiste. Contents de se retrouver, les deux anciens collègues du Service des nouvelles de Radio-Canada décident, la présentation terminée, de prendre un verre ensemble. Marcel Ouimet se joint à eux. Les deux hommes disent chercher quelqu'un pour combler le poste de correspondant aux Nations Unies à New York, et ne trouver personne. Christine Sirois leur fait remarquer que Judith Jasmin est libre. Les voyant protester en évoquant sa maladie, elle leur affirme que Judith est rétablie, qu'elle déborde d'énergie et que ce serait un bon coup pour le Service des nouvelles que d'obtenir ses services. Sur la foi de la parole de leur interlocutrice et convenant avec elle que sa vaste expérience, sa culture et sa connaissance du domaine international font de Judith la candidate idéale, les deux patrons lui demandent de lui téléphoner pour lui suggérer de prendre rendez-vous dès le lendemain matin avec M. Vosniacos. Il est dix heures du soir. Christine Sirois téléphone à Judith de l'hôtel Windsor pour lui raconter sa rencontre fortuite. Judith se dit ravie. Le lendemain, à la première heure, elle téléphone au chef des nouvelles télévisées et rappelle Christine le jour même pour lui annoncer qu'elle a accepté le poste.

Le rêve de poursuivre sa carrière en affaires publiques à Paris s'est évanoui; à Montréal, on l'écarte de tout poste intéressant. Dans ces circonstances, cette offre inattendue du Service des nouvelles signe un nouveau départ, bien que quitter Montréal ne lui sourie pas. «Je ne pourrais plus vivre ailleurs», avait-elle confié l'année précédente à une journaliste[1]. Elle voit ce virage de carrière comme un nouveau défi et affiche enthousiasme et ferveur pour ses nouvelles fonctions. Mais comment savoir ce qu'elle ressent vraiment? À cinquante ans, elle peut prétendre à mieux comme apogée de carrière. Elle qui a l'habitude des grands reportages fouillés sur le terrain et de scruter par elle-même la réalité d'un pays, elle devra désormais couvrir la nouvelle quotidienne, faire deux, trois topos d'une minute quarante par jour, s'astreindre à suivre les interminables séances de l'Assemblée générale de l'ONU et de ses comités, courir les ambassadeurs et les délégués officiels aux discours diplomatiques ou hermétiques dans les couloirs de l'immense cage de verre qu'est l'édifice des Nations Unies. Elle déclarera dans une entrevue, un mois plus tard:

> Ce n'est pas à proprement parler un poste important. Je suis correspondante comme dix-huit autres employés de Radio-Canada. Être correspondant, c'est être journaliste tout simplement.
>
> Les Nations Unies, c'est sûrement quelque chose d'important même si c'est la partie parlée de l'histoire et non pas la partie la plus vécue; l'histoire, elle se vit au Vietnam, à Washington, elle se parle plutôt aux Nations Unies. Je pense qu'il faut aussi se parler pour réussir à s'entendre[2].

Elle dira à d'autres journalistes «avoir été rescapée par le Service des nouvelles après trois mois de chômage». Si elle avait attendu un peu plus longtemps, peut-être aurait-elle eu une offre d'un média écrit, probablement un poste de journaliste, car il faudra attendre les retombées de l'action du mouvement féministe des années quatre-vingt pour que la mentalité masculine évolue et qu'on embauche des femmes à des postes de commande. Quoi qu'il en soit, Judith est une femme de la télévision, voit l'information comme un service public et se sent mariée à la société d'État. «Il n'y a que Radio-Canada où je peux exercer mon métier», disait-elle. À un journaliste qui lui demandera, l'année suivante, quels sont ses projets d'avenir, elle répondra: «Il faut que j'attende que se termine mon contrat avec Radio-Canada, ici, à New York, ensuite ce seront mes patrons qui me feront des propositions. J'adore mon métier de journaliste, je ne le quitterai jamais[3].»

Cette nomination a toutes les apparences d'une promotion d'envergure. Première Canadienne correspondante à l'étranger du réseau d'État, Judith Jasmin ouvre, une fois de plus, la voie. Elle s'étonne qu'on en fasse un tel plat:

> D'autres pays y ont plusieurs correspondants féminins. Ça n'a rien de singulier. À moins que ça puisse stimuler de futures femmes de carrière! Il existe des pays comme le Brésil où beaucoup de femmes occupent des postes de commande, et personne ne s'en étonne. Tant qu'il subsiste quelque étonnement à ce sujet, c'est qu'on accepte encore mal le fait. Je me demande si de telles considérations ne contribuent pas à maintenir les femmes sous cloche. On continue de nous juger comme si nous avions un handicap au départ. On murmure à propos de telle ou telle fonction: «C'est bien pour une femme», comme on le dirait à propos d'un Noir ou d'un Canadien français. On entretient à l'égard des femmes le même complexe que pour les minorités[4].

N'eût été son expérience indiscutable et sa maturité, (elle est la doyenne des correspondants, leur aînée de dix à quinze ans), le poste ne lui aurait pas été offert. Il se passera douze ans avant qu'une autre femme soit nommée correspondante à l'étranger au réseau français: Myrto Gauthier, à Londres en automne 1978 et, l'année suivante, Madeleine Poulin, à Paris. Le réseau anglais nommera pour la première fois une femme correspondante à l'étranger à la fin des années soixante-dix.

Judith Jasmin loue rapidement un deux-et-demi meublé au 333 de la 49e Rue Est, à quelques pâtés de maisons de l'ONU, et laisse tous ses meubles et objets personnels dans son appartement montréalais sous-loué à Solange Chaput-Rolland. Son installation a tout du temporaire. Peut-être aurait-elle pu s'offrir mieux? Les loyers sont très chers à New York et, bien qu'elle reçoive une allocation de séjour, son salaire annuel n'est pas mirobolant — le même que quatre ans plus tôt à *Premier Plan*. Elle découvrira par la suite que d'autres correspondants gagnent beaucoup plus qu'elle. Dès sa première semaine en fonction, elle interviewe une dizaine de délégués francophones de pays différents. En dépit de son exceptionnelle connaissance de la politique internationale, elle n'a jamais traité le sujet sous la forme de capsules destinées aux bulletins de nouvelles. Passé le dur apprentissage des premiers temps, elle en fera rapidement de petits chefs-d'œuvre. «Je voudrais, dit-elle, adopter un style "détendu", plus cordial, moins sévère que celui des correspondants des Nations Unies[5].» Elle y réussira largement.

À peine installée à New York, elle est appelée à faire un geste humanitaire qui ne respecte pas la règle «impérieuse» d'apparente objectivité radio-canadienne. L'ex-journaliste de vingt-huit ans de *La Presse*, Pierre Vallières, et le professeur de vingt-sept ans, Charles Gagnon, leaders d'un réseau felquiste et activement recherchés par la police québécoise, sont en tournée clandestine aux États-Unis pour établir des contacts avec les principales organisations révolutionnaires américaines. Plutôt que de se cacher ou de se laisser cueillir bêtement par la police, par hasard et sans éclat, ils décident de faire du piquetage, pancartes en main, devant le siège des Nations Unies, et annoncent qu'ils feront une grève de la faim de trente jours. Ils veulent attirer l'attention de l'opinion mondiale sur l'existence au Québec d'un mouvement populaire de libération qui lutte, comme d'autres à travers le monde, contre le colonialisme, l'impérialisme et l'exploitation, et réclament le statut de prisonniers politiques pour les militants du FLQ. Pour eux-mêmes, ils demandent l'asile politique à tout pays leur permettant de poursuivre leur lutte[6]. Ils distribuent leur déclaration aux diverses délégations de l'ONU. Leur appel est diffusé sur les ondes de Radio-Canada dans une entrevue faite dans les studios de l'ONU, avec l'approbation de la direction du Service des nouvelles, par Lucien Millet, correspondant par intérim qui s'apprête à quitter New York, Judith Jasmin venant d'y être nommée. À la suite de cette entrevue, Radio-Canada manque de se voir retirer le droit d'utiliser les studios de l'ONU. Le lendemain, les deux felquistes sont arrêtés devant l'édifice des Nations Unies et accusés d'entrée illégale aux États-Unis. Refusant la déportation volontaire, ils sont incarcérés à la prison municipale pour hommes de New York, «*The Tombs*». Quelques jours plus tard, ils utilisent leur seul droit d'appel en téléphonant à Judith Jasmin. Un mois plus tard, fin novembre, Pierre Vallières lui fera parvenir une lettre écrite au crayon, lui demandant d'intervenir en faveur de Charles Gagnon, gravement malade et laissé sans soins médicaux.

Judith Jasmin ne tait pas l'incident, ne sauve pas les apparences. Elle s'en explique au journaliste Manuel Maître de l'hebdomadaire montréalais *La Patrie*, venu la rencontrer à New York.

> Ils ont pensé à moi peut-être parce qu'ils savaient que je sympathiserais, ayant moi-même passé une nuit à la prison de New York où ils sont très mal logés paraît-il. Ils s'inquiétaient de savoir si l'on parlait d'eux à Montréal et si leur geste servait à quelque chose. [...] L'avocat américain de New York, commis d'office pour les défendre, m'a aussi appelée pour me demander s'ils recevraient bientôt de l'argent de Montréal.
>
> Il n'est pas question pour eux d'obtenir l'asile en tant que réfugiés politiques dans un pays ou un autre à partir de New York et aucun des pays membres de l'ONU ne peut rien faire à cet égard. Ils seront sans doute condamnés pour le temps qu'ils auront passé en prison pour entrée illicite aux États-Unis et ensuite ils seront tout probablement extradés[7].

Que le nom de la correspondante de Radio-Canada à New York soit publiquement associé au FLQ, quelles qu'en soient les raisons, n'a rien pour apaiser ses patrons. Au Parlement fédéral, ils sont plus d'un politicien, Pierre Elliott Trudeau et Réal Caouette en tête, à pourchasser les «séparatistes» à Radio-Canada. De la Chambre des communes, les accusations pleuvent régulièrement sur le Service d'information du réseau d'État et mettent en cause l'impartialité de sa couverture de la situation politique québécoise. Devant la montée de l'indépendantisme, les nombreuses manifestations du RIN, dont certaines ont dégénéré en affrontements violents avec la police, et les attentats du FLQ, on refuse, à Ottawa, de faire la distinction entre un parti politique qui utilise la voie démocratique et un mouvement clandestin et terroriste. Tout le mouvement indépendantiste, en fait, est vu comme extrêmement dangereux et représentant une grave menace politique.

De nombreux Québécois et Québécoises de tous âges, chez les intellectuels comme dans d'autres milieux, réprouvent la violence des felquistes mais sont émus par ces jeunes qui croient à l'indépendance de leur peuple au point d'y engager leur vie. Chez les plus âgés, qui caressent ce rêve au fond d'eux-mêmes depuis si longtemps, le cœur comprend l'impatience de cette jeunesse. Judith

Jasmin est de ceux-là. Quand, après l'emprisonnement de Vallières et de Gagnon à New York et l'incarcération de leurs camarades à Montréal, se forme le Comité d'aide au groupe Vallières-Gagnon, destiné à recueillir des fonds pour leur défense juridique, il reçoit l'appui d'un grand nombre de personnalités qui signent un appel public. «Parmi les signataires: le président de la Ligue des droits de l'homme, Jacques Hébert, le journaliste Jean-Marc Léger du *Devoir*, les dominicains Vincent Harvey et Paul Doucet de la revue *Maintenant*, plusieurs professeurs d'université dont Guy Rocher et Marcel Rioux, d'anciens collègues de Vallières à *La Presse*, des avocats syndicalistes, leaders étudiants, intellectuels et artistes[8].»

Reportage d'une guerre

À l'ONU comme dans les grandes capitales du monde, les conflits politiques et militaires prennent plus souvent le devant de la scène que les enjeux socio-économiques. Les dix-sept autres correspondants du réseau français au Canada et à l'étranger sont des correspondants; plusieurs sont excellents. Elle, c'est Judith Jasmin: une présence à l'écran, une façon inimitable de présenter les faits en deux minutes ou en une heure. Les hommes journalistes, sauf exception, donnent la priorité au conflit lui-même. Elle, au contraire, n'est pas fascinée par la guerre, elle veut la voir disparaître. Donc, quand elle écoute, elle entend d'autres résonances, quand elle regarde, elle voit autre chose. Elle fait d'autres liens.

Le conflit israélo-arabe gronde. En mars 1967, elle se rend sur le terrain, des deux côtés de la ligne de feu, en Égypte, au Liban, en Syrie, en Jordanie et en Israël, et en rapporte deux émissions d'une demi-heure pour *Caméra 67*, une émission télévisée rattachée au Service des nouvelles. À les analyser, on se demande comment qui que ce soit a pu lui reprocher de manquer d'objectivité, si par objectivité on entend, comme elle, le rapport des faits, aussi bien humains que guerriers. Après avoir présenté la trame militaire et politique du conflit, chiffres et images à l'appui, elle interroge, à proximité de la ligne de démarcation, des Arabes d'un village jordanien et des Israéliens d'un kibboutz. Aucune agressivité dans la voix, aucune question piège, aucune tactique pour pousser plus loin l'interlocuteur, elle pose des questions simples. Elle a une façon bien à elle de ramener l'horreur de la guerre à l'échelle humaine, comme le montre ce passage du texte d'un des reportages:

> Une sentinelle nous rappelle qu'ici la violence peut éclater à tout moment. Un ballon d'enfant pourrait facilement bondir au-delà de la clôture mais l'enfant n'aurait pas le droit d'aller le chercher. Un état de guerre sourde dont les enfants s'accommodent comme de tous les jeux interdits[9].

Trois mois plus tard, pendant la guerre de six jours sur les fronts jordanien, syrien et égyptien (qui se terminera par la victoire d'Israël qui occupera la péninsule du Sinaï, la bande de Gaza, la Cisjordanie et les hauteurs du Golan), elle travaille vingt heures par jour. Pendant que le correspondant de l'Agence France-Presse, Georges Wolff, lui fait remarquer qu'elle travaille trop, Montréal lui demande si elle ne pourrait pas se maquiller! Elle hausse les épaules d'incrédulité.

Dans une émission spéciale, sans support visuel, elle répond pendant deux heures aux questions de Claude-Jean Devirieux qui est en studio à Montréal: elle explique le Moyen-Orient avec une connaissance et une maîtrise stupéfiantes du sujet. Devirieux, alors animateur de *Caméra*, a ce commentaire: «Elle avait un talent né d'animatrice et une telle expérience, une telle compréhension des choses qu'on pouvait difficilement mettre sa parole en doute. Ses topos étaient structurés; quand elle parlait deux minutes, on l'écoutait.» Ses reportages ne laissent pas le public indifférent. Radio-Canada reçoit, au sujet de sa couverture du conflit israélo-arabe, quarante-deux lettres — ce qui est beaucoup en soi — dont vingt et une lui reprochent d'avoir un préjugé pro-arabe, et les vingt et une autres un préjugé pro-israélien, équilibre susceptible de satisfaire les patrons les plus exigeants. Bien malin celui qui pourrait en déduire qu'elle est prosioniste ou pro-arabe. Dans un premier temps, sa sympathie était allée à Israël, qui l'avait conquise six ans plus tôt par le dynamisme de ses intellectuels, de ses scientifiques, de sa jeunesse, et par les efforts collectifs de la population pour se construire un pays. Dans un deuxième temps, après son reportage sur le terrain de la guerre, elle penchera du côté des Arabes et des Palestiniens, ce peuple apatride. Journaliste ou pas, on n'est jamais personnellement neutre; on penche d'un côté ou de l'autre; ou davantage vers l'un que vers l'autre. À l'encontre d'autres praticiens du métier, Judith Jasmin ne se cache pas la tête dans le sable et fait d'autant mieux la différence entre ses opinions personnelles et les faits.

Judith Jasmin est une grande vedette de l'information depuis plus de dix ans et une personnalité souvent sollicitée pour des entrevues par les médias écrits. Fatalement, on l'interroge sur des questions politiques: «Que pensez-vous de l'admission de la Chine populaire à l'ONU? De la guerre au Viêt-nam?» Sans faire de déclarations fracassantes, elle dit ce qu'elle pense:

> Je trouve illogique que la Chine rouge ne soit pas admise dans cet organisme international. C'est tout simplement irréfléchi. Je pense même qu'il s'en faudrait de peu que le Canada décide de ne plus suivre aveuglément les États-Unis sur ce point et accepte l'entrée de Pékin aux Nations Unies.
>
> La guerre au Viêt-nam est un drame qui m'afflige énormément; ça me fait mal au cœur et à l'esprit. Je supporte toujours difficilement la violence et le racisme. Je crois qu'aucun pays ne peut avoir raison d'intervenir dans la politique intérieure d'un autre pays pour tenter d'y imposer une façon de penser. C'est presque du sadisme politique et international. Vous savez qu'actuellement cinquante p. cent des étudiants américains sont à l'université, ce qui représente un nombre considérable, et la plupart de ces universitaires sont contre la guerre au Viêt-nam. Ils représentent l'Amérique de demain et, dans dix ans, ils seront une force aux États-Unis[10].

À Montréal, en mars, elle prononce une conférence devant Les Amis des peuples d'Amérique latine. En été, à la Journée internationale des femmes, elle préside la conférence internationale à l'Exposition universelle et internationale de 1967 et est invitée à parler de la situation dans le monde dans un séminaire interprovincial qui réunit des intellectuels, des universitaires, des personnalités du monde politique, dont des ministres fédéraux et le président du RIN, Pierre Bourgault. Situation irritante pour la direction de Radio-Canada, qui impose une loi stricte du silence à ses journalistes, en vertu d'une politique exigeant leur loyauté à l'organisme et leur interdisant, afin de garantir leur neutralité, d'émettre des opinions en public. Mais que faire? Lui interdire d'accorder des entrevues, de prononcer des conférences? Judith Jasmin ne connaît pas les faux-fuyants; elle dira la vérité. On imagine aisément le titre et l'article du journal du lendemain. Pour la direction, le mal serait plus grand, la politique d'information interne de Radio-Canada risquant de devenir l'enjeu d'un débat public.

De feu, de flamme

Chez la Judith Jasmin de cinquante ans, la passion du métier demeure entière: même volonté d'être au fait de tout ce qui se passe, même énergie pour dénicher l'information là où elle est, même flair pour trouver la personne qui a quelque chose à dire et le dit bien, même désir de comprendre et de ressentir une situation. Correspondante aux Nations Unies, elle n'a guère l'occasion de faire de grands reportages. En septembre 1967, elle est dépêchée à Washington pour préparer une émission sur la gauche américaine et l'opposition à la guerre du Viêt-nam, et couvre avec une équipe de *Caméra* la Marche sur le Pentagone, l'une des plus mémorables protestations contre cette guerre, qui réunit pendant deux jours près de cent mille Américaines et Américains décidés à pénétrer à l'intérieur de l'édifice qui abrite le secrétariat à la Défense et l'État-major général des forces armées des États-Unis. Le secrétaire à la Défense McNamara déploie pour l'occasion un dispositif militaire exceptionnel: barrage de soldats munis de masques à gaz à l'intérieur et à l'extérieur de l'édifice, soldats armés de mitraillettes sur le toit, hélicoptères tournoyant au-dessus des manifestants.

Au cours de la première journée, la manifestation se déroule en plusieurs temps: mouvements d'avance de la part des pacifistes, refoulement de la part des militaires. Situation tendue, explosive, au son des slogans, des chants et du vacarme des hélicoptères, en dépit de la discipline des protestataires et de la retenue des militaires. Des femmes, certaines enceintes, d'autres tenant leurs enfants par la main, se jettent aux pieds des soldats. Judith Jasmin se trouve dans cette immense marée humaine qu'on tente de refouler avec des gaz lacrymogènes. Elle doit s'éloigner temporairement, elle a mal au cœur, au ventre.

À un moment donné, les manifestants font une fausse avance d'un côté, l'officier en charge déplace ses soldats dans cette direction et une partie de la foule en profite pour forcer l'entrée du Pentagone. Judith est à l'intérieur, une des rares journalistes à s'y trouver. Les militaires réussissent à fermer les portes. Une demi-heure plus tard, le reste de l'équipe de Radio-Canada se faufile dans l'édifice. La scène relève de la science-fiction: un McNamara en chemise, furieux d'avoir perdu la face et vociférant contre tout le monde, des soldats masqués, des manifestants non armés, fiers d'avoir déjoué la stratégie militaire et d'avoir forcé l'entrée de cette forteresse en dépit de tout l'armement déployé.

L'équipe de Radio-Canada sort du Pentagone sans pouvoir repérer sa journaliste, réussit à retrouver sa voiture et finit par rentrer à l'hôtel vers une heure du matin. À deux heures arrive Judith; elle a marché très longtemps et fait de l'auto-stop. Il se peut qu'elle ait eu peur, mais n'en parle pas. Le lendemain, l'équipe tourne toute la journée. Au cours du trajet en auto, entre New York et Washington, Judith avait pris à bord des manifestants; grâce à ces contacts, l'équipe obtient la permission de filmer à la Centrale de l'organisation de la manifestation. La protestation se termine par une scène émouvante. Le permis de manifester se termine à minuit. Après deux avertissements, une centaine de protestataires s'assoient par terre et entonnent *Beautiful America*. Les soldats, chez qui on sent du respect pour les manifestants, les soulèvent un à un et les amènent sans brutalité vers les fourgons de police.

Sur les images et les entrevues choisies par le réalisateur, le texte de la journaliste établit les positions du gouvernement et des manifestants, explique les enjeux, restitue l'atmosphère, l'émotion de la Marche. «Contrairement à d'autres médias qui ont faussé la réalité en faisant état d'une brutalité incroyable des militaires à l'endroit des manifestants, nous nous en sommes tenus aux faits», affirme le réalisateur Roger Barbeau, qui estime avoir eu le privilège de faire deux «grandes choses» avec Judith Jasmin: *La Marche sur le Pentagone* et *Dix ans de castrisme*, tourné à Cuba deux ans plus tard. «Elle ne falsifiait jamais les faits, elle allait au-delà du politique», ajoutera-t-il.

Pendant son séjour à New York, pour se faire plaisir et échapper aux rigueurs du métier de correspondante, Judith signe des billets pour le compte du magazine féminin radiophonique *Enfin seule* (animé par Lizette Gervais et Jean-Paul Nolet). Elle y aborde des sujets sociaux comme la jeunesse américaine ou la Conférence internationale sur l'avortement, mais elle y brosse aussi des tableaux de la vie new-yorkaise — les chiens à New York, le zoo du Bronx, Coney Island, la Rolls, la maison sexy, le brunch — qui montrent qu'elle sait commenter avec humour les travers de ses contemporains.

Elle s'ennuie de ses confrères journalistes montréalais. Ses collègues américains et canadiens-anglais aux Nations Unies font preuve d'une misogynie prononcée. Un jour, elle est en train de lire un journal, assise à son pupitre. Le correspondant Don McNeil le lui enlève des mains sous prétexte qu'il en a besoin. En quête d'appui, elle se tourne vers Knowlton Nash, le correspondant de CBC-Toronto, qui lui conseille d'être compréhensive! Des images de femmes nues sont épinglées au mur du bureau; Judith demande à ses confrères d'enlever ces images offensantes. Sans succès. À son tour, elle fixera au mur une réclame de slip d'homme découpée dans un magazine français et montrant un beau jeune homme bronzé. Le geste ne sera pas apprécié. Elle se lie d'amitié avec des journalistes étrangers, le correspondant du *Christian Science Monitor* d'origine indienne, Darius Jhabvala, celui de l'Agence France-Presse, et plus particulièrement celui du journal *Le Monde*.

Judith ménage à ses amis montréalais de passage des divertissememts de toutes sortes: lèche-vitrine, visite chez une cartomancienne — les arts divinatoires la passionnent toujours — pièce de théâtre, dîner auquel elle convie des collègues de travail et des gens de l'ONU. Sa vieille mère et son neveu Christian font des séjours prolongés chez elle. Elle se tient informée en joignant l'utile à l'agréable, recevant à sa table des ambassadeurs étrangers, des délégués de l'ONU, des politiciens et diplomates canadiens comme l'ambassadeur Georges Ignatiev et David Lewis, membre de la délégation canadienne à l'Assemblée générale; elle se lie d'amitié avec le successeur d'Ignatiev, l'ambassadeur Paul Beaulieu, et avec sa femme. Elle fait de fréquents sauts au Québec et vient y passer ses vacances estivales, avec de nombreuses visites à l'Expo 67, car la métropole américaine ne lui plaît pas. «Cette ville inhumaine, dira-t-elle plus tard, où passer huit jours, pas plus, et où je n'étais vraiment pas heureuse[11].» «Vivre une journée à New York, disait-elle aussi, c'est comme fumer un paquet de cigarettes.»

L'amour en fuite

Mil neuf cent soixante-sept est une année douloureuse. Judith est plus près de l'homme de sa vie, puisqu'elle occupe un poste à New York, lui à Washington. Mais, fin janvier, elle le soupçonne de fréquenter d'autres femmes. Au début de mars, il annule, sous prétexte de travail, un week-end qu'il devait passer chez elle à New York. Le week-end suivant, lorsqu'elle arrive chez lui à Washington, les traces d'un party donnent à Judith une preuve dont elle ne veut pas. Bouleversée, elle l'affronte. Jo a beau la rassurer: ces relations passagères n'ont aucune importance, il ne prend qu'une marge de liberté, il ne veut absolument pas la perdre. Même si, pour la première fois, il lui avoue clairement son amour, elle est atteinte au plus profond d'elle-même. Pour lui, l'histoire est triviale; rien n'est changé, ni la personne spéciale qu'elle est pour lui, ni l'estime et l'admiration qu'il lui porte, ni la profondeur de leur entente faite de tout ce qu'ils ont vécu ensemble, mais l'attirance sexuelle s'est émoussée. Elle aimerait comprendre cet homme de trente-neuf ans, mais elle ne le peut pas, elle ne voit en lui que contradiction. L'amour est entier. Il ne se découpe pas en pièces détachées. Jalousie? Non, plutôt incapacité viscérale de s'accommoder de ce genre de partage.

> Je ne pourrais accepter de me buter à tout moment sur des filles, de soupçonner à tout moment qu'il s'amuse avec d'autres et attendre qu'il ait récupéré pour avoir le droit de le voir. Aussi, malgré tout mon amour, il ne me restait qu'une issue: partir, essayer d'oublier, vivre ou mourir mais ne jamais accepter ce rôle douteux et complaisant[12].

Trois jours plus tard, Jo lui téléphone à New York. Les mois passent sans qu'en apparence leur relation ait changé. Judith souffre, s'inquiète. La décision qu'il prend d'accepter pour un an un poste au Costa Rica la brise. Elle accueille mal cette nouvelle et longue séparation. Elle se sent mise au rancart, injustement traitée. Dans les semaines de septembre qui précèdent ce départ, elle est en reportage à Washington, couvrant la Marche sur le Pentagone et logeant chez un collègue absent qui lui a prêté sa maison. Quand elle voit Jo, les reproches jaillissent dru, sans préavis. Et chaque fois que l'amour ne répond plus, elle verse des torrents de larmes, seule, sur son oreiller. Les adieux à l'aéroport sont tendres en cette journée d'automne, mais le cœur de Judith vacille d'une inquiétude et d'une incertitude plus aiguës qu'à d'autres départs.

Ses peines, ses angoisses, elle les garde secrètes, sauf pour des amies très intimes qui doivent souvent aller chercher doucement la confidence à la petite cuiller: «Moi, ce n'est pas important», leur dit-elle. Le journaliste Pierre Nadeau, plus proche d'elle à partir des années 1966, en témoigne: «Elle m'a parlé d'elle une seule fois. Nous couvrions la convention républicaine en août 1968 à Miami. Un après-midi, en marchant sur la plage, elle m'a fait part de la colère qu'elle ressentait face au comportement de certaines personnes racistes, son ami étant noir, elle, blanche, et de la difficulté de vivre à deux quand chacun a ses habitudes.» Francine Doyon-

Cornu, qui a fait avec elle nombre de reportages de plusieurs semaines à l'étranger comme au Québec, confie: «Je l'ai davantage comprise par son comportement que par les propos qu'elle m'a révélés. Des bribes par-ci par-là... J'ai souvent constaté qu'elle souffrait parfois profondément. Il n'y avait pas d'écho à sa grandeur d'âme.»

Washington: là où l'histoire se vit

L'année 1968 amène Judith là où l'histoire se vit plus qu'aux Nations Unies, à Washington où elle est nommée correspondante en mars. La guerre du Viêt-nam occupe l'avant-scène américaine. En début d'année, l'offensive victorieuse du Têt par le Viet-cong entraîne l'arrêt limité des bombardements américains puis l'ouverture des négociations entre les pays belligérants. La contestation contre cette guerre qui a grevé le budget du pays s'amplifie; pour la première fois, plus de quarante pour cent de la population s'y oppose. Le président Johnson se retire de la politique, et ce sera une année d'élections présidentielles, qui porteront au pouvoir Richard Nixon. Sur le plan économique, le dollar est en crise. Pendant que la contestation étudiante agite l'Europe et que Mai 68 jette la France dans le chaos politique, les campus universitaires américains sont le lieu de manifestations violentes. L'assassinat du pasteur Martin Luther King, le 4 avril, à Memphis, provoque trois jours d'émeutes (trente-cinq morts, deux mille cinq cents blessés, quatre mille arrestations), et le défilé des cent mille Noirs aux funérailles de l'apôtre de la non-violence dure six heures. Deux mois plus tard, ce sera celui du sénateur Robert Kennedy. À l'extérieur du pays, l'Union soviétique envahit la Tchécoslovaquie, mettant fin aux espoirs du Printemps de Prague, et une cruelle guerre civile ravage le Biafra, région orientale du Nigéria.

La correspondante de Radio-Canada aura du pain sur la planche: interventions régulières au téléjournal et aux radiojournaux, participations de reporter et d'analyste à des émissions spéciales et à l'émission *Caméra*. Elle ne saurait s'en plaindre. Au cœur de l'action, elle vibre et donne le meilleur d'elle-même, même si travailler pour le Service des nouvelles la laisse sur sa faim: «Accumuler un tel bagage d'information et ne pouvoir le communiquer au public[13]!» Correspondante à l'étranger, elle ne participe au *Télé-Journal* que cinq ou six minutes par semaine à cause de la courte durée de celui-ci; même si elle est sur place, même si elle est la mieux informée, elle ne peut participer à des émissions d'affaires publiques plus consistantes à cause de la cloison étanche qui sépare les deux services.

Judith est heureuse de quitter l'atmosphère oppressante de New York. Elle loue, en bordure du Potomac, dans un bel édifice où habite notamment le sénateur Hubert Humphrey, candidat à la présidence des États-Unis, un grand appartement situé au rez-de-chaussée, avec jardin à l'arrière. Elle fait venir de Montréal ses meubles et ses tableaux et s'aménage un décor élégant. Une fois installée à Washington, son premier commentaire au téléphone à une collègue de New York: «Je respire... la verdure, l'air sain, l'espace.»

Elle n'obtient pas son accréditation de la Maison-Blanche. À cause de son arrestation à la manifestation de la Foire de New York? Ou parce qu'elle est fichée par le FBI depuis son reportage à Cuba en 1960? Allez savoir. Ce refus n'a pas de conséquences sérieuses sur son travail. À ces rencontres de presse qui réunissent un fort contingent de représentants de la presse américaine et étrangère, seuls quelques journalistes des médias américains les plus importants ont la possibilité de poser des questions, et les communiqués de presse officiels sont accessibles. Les meilleures sources d'information ne sont pas les déclarations gouvernementales, et Judith Jasmin est un as du renseignement: quand elle veut un document, une information, un rendez-vous, elle l'obtient. Certains journalistes (ils sont rares) ne demandent pas leur accréditation à la Maison-Blanche afin de ne pas être liés par les déclarations officieuses faites aux rencontres de presse. Pour la correspondante de Radio-Canada, c'est au plus un ennui et un désagrément: demander un laissez-passer chaque fois qu'elle veut assister à une conférence de presse ou à une séance d'information et, comme on cite à haute voix les noms des détenteurs de laissez-passer en donnant leur date de naissance, entendre chaque fois rappeler son âge devant le corps journalistique.

Les élections primaires américaines l'entraînent dans différents États pour couvrir la tournée des candidats présidentiels aux investitures démocrate et républicaine. Elle est à peine rentrée à Washington, quand se produit, à l'hôtel Ambassador de Los Angeles, qu'elle vient de quitter, l'attentat contre le sénateur Robert Kennedy, qui a remporté l'élection primaire de la

Californie, événement qui plonge le peuple américain dans la stupeur. Son topo sur la mort du sénateur Kennedy: un condensé de son art journalistique, un moment inoubliable de télévision. Son texte, un chef-d'œuvre du genre par son dépouillement et surtout sa perspicacité à l'endroit de cette Amérique brisée par les problèmes sociaux, traduit l'émotion qu'a causée cette déchirure chez le peuple américain. Elle le donne à l'écran d'une voix posée, sans effets dramatiques, avec une présence tout aussi sobre mais riche d'authenticité. Pendant ces brèves minutes, nous sommes là, subjugués, émus, touchés au cœur. Le texte sera reproduit, à la demande de téléspectateurs, dans *La Semaine à Radio-Canada*[14].

Dès qu'elle dispose d'un instant, Judith fait des gestes concrets pour les causes qui lui importent. Elle écrit une lettre au secrétaire d'État américain, Dean Rusk, pour lui demander d'intervenir en faveur d'un cessez-le-feu au Nigéria et une autre au premier ministre canadien, Pierre Elliott Trudeau, pour solliciter une aide humanitaire pour ce pays.

L'horrifiante nouvelle

Puis, c'est l'horrifiante nouvelle: son cancer s'est étendu, il est incurable. Larmes, effondrement, incrédulité, peur, désespoir. La crise est terrible. Ne plus vivre? Pourquoi? La mort? Quand? Dans combien de temps? S'être tant accrochée pour surmonter peines de cœur et déceptions professionnelles... Avoir tant de fois vaillamment relevé la tête pour aller de l'avant... Et maintenant, à cinquante-deux ans, voir la vie se détacher lentement de soi, la maladie ronger son corps, être en fin de course, non, ce n'est pas possible! Pas elle! qui a attaché tant d'importance à sa santé, à son hygiène de vie à tous égards: ne pas fumer, boire très modérément, choisir du pain naturel, le «pita» et la galette des Indes de préférence aux petits pains au chocolat, le blé entier de préférence aux céréales dévitaminées, faire quotidiennement sa gymnastique, se confier régulièrement aux soins de l'esthéticienne et de la masseuse. Mais le cancer vient de l'intérieur de soi. Cette femme qui a toujours demandé justice pour les autres a crié cette fois à l'injustice pour elle-même. Au sortir de la consultation chez l'éminent cancérologue de New York, elle téléphone de l'aéroport à Solange Chaput-Rolland: «Je prends l'avion pour Montréal. Attends-moi à l'appartement, j'ai quelque chose d'épouvantable à te dire.» Et une fois, arrivée à Montréal: «J'ai le cancer des os. Je vais mourir bientôt. J'en ai pour un an ou deux. Je suis trop jeune, j'ai trop de choses à faire.» Elle avise le directeur du Service des nouvelles de son intention de démissionner. Sa mère et sa sœur Claude ne parviennent pas à lui remonter le moral.

Simonne Monet-Chartrand, alors recherchiste à l'émission religieuse *5D* de Radio-Canada, prépare un reportage sur les mouvements ésotériques. Elle se rend à l'Ashram Sivananda de Val-Morin. Judith est là, assise sur un banc, l'air épuisé. «J'ai le cancer, je ne sais pas combien d'années j'ai à vivre, je vais à l'essentiel, dit-elle à Simonne. Quand on sait qu'on va mourir, on essaie de le faire dignement. Je ressens quelque chose de vrai ici. Il y a beaucoup de silence dans cet endroit; moi, toute ma vie, j'ai fait parler les gens.» Elles assistent ensemble à une cérémonie d'incantations autour d'un brasier allumé. «Marcher là-dessus, peut-être que c'est ça, l'essentiel», laisse tomber Judith, pensive.

Une fois le choc passé, elle se ravise, elle ne quittera pas son emploi. Le goût de la vie est le plus fort. La maladie n'est plus à prévenir, elle est là. Il faut maintenant lutter contre elle de toutes les forces qui lui restent, s'archarner à la combattre comme l'ennemi le plus redouté. À part la chimiothérapie, elle acceptera tout: interventions chirurgicales, traitements, médication qui peut en freiner la progression. Son goût féroce de vivre, sa force de caractère, sa détermination devant l'épreuve, son refus de s'apitoyer sur son sort, elle les tient de sa mère. À soixante ans, Rosaria Jasmin a appris à conduire en cachette et avait acheté une voiture; à quatre-vingts, devant parcourir la ville d'ouest en est en autobus deux fois par jour pour porter des repas à sa fille aînée hospitalisée, elle redemande son permis de conduire, et l'inspecteur chargé de vérifier ses aptitudes sera tellement stupéfait par l'énergie qu'elle déploie qu'il ne soulèvera aucune objection. Quand il sonne chez elle, elle le fait entrer en lui disant: «Je n'ai pas de temps pour vous. Je suis trop occupée. Je finis de préparer le repas pour ma fille hospitalisée et je dois aller le lui porter.» Après le décès de sa fille aînée et celui de son mari l'année suivante, elle continuera de voyager seule. En vacances en Haïti, elle se fracture une hanche en glissant dans une flaque de shampoing au bord de la piscine et, comme sa mère Mélina, refuse après l'intervention chirurgale de rester alitée, demande une marchette et réapprend à marcher. Par la suite, malgré une jambe qui la fait beaucoup souffrir, elle remontera le fleuve de l'Amazone et, à près de quatre-vingt-dix ans, fera une croisière sur l'Adriatique qui la conduira jusqu'en Russie, et elle dansera jusque tard dans la nuit avec un vieil Américain. Le fait d'avoir un régime strict à suivre ne l'empêche pas d'entreprendre ce dernier voyage; elle écrira au préalable au capitaine du navire pour faire les arrangements nécessaires. Elle demeurera jusqu'à la fin une grande amoureuse, elle s'éprendra passionnément d'un étudiant pensionnaire chez elle, et son dernier grand amour sera son arrière-petit-fils Simon qui habite en dessous et à qui elle prépare chaque jour une fête. À ces derniers moments, au lieu de se plaindre de ses douleurs, elle aura cette phrase: «Que c'était beau la vie!»

En août 1968, Judith Jasmin couvre la convention républicaine à Miami et la convention démocrate à Chicago, en plus de traiter d'autres événements majeurs dans le monde comme la crise en Tchécoslovaquie. À la mi-septembre, hospitalisée à Montréal, pendant une semaine pour examens, elle retournera immédiatement après à Washington. De nouveau hospitalisée à Montréal, du 7 au 15 octobre, pour subir une intervention préventive, une salpingo-ovariectomie bilatérale, elle sera à l'écran fin octobre et couvrira les élections présidentielles américaines du 5 novembre. La *Soirée des élections américaines* est diffusée en direct par Radio-Canada. Pendant de longues heures, Judith Jasmin et son confrère Yvon Turcot, correspondant aux Nations Unies, sont à l'antenne avec l'animateur Pierre Nadeau. Judith y déploie la verve et l'allant d'une personne au meilleur de sa forme physique. Deux jours plus tard, elle retourne à l'Hôtel-Dieu de Montréal, cette fois pour une intervention chirurgicale au sein droit et des traitements de radiothérapie. Elle sera de retour à Washington à la fin de novembre, en compagnie de sa mère, conduisant elle-même sa Renault 16 à transmission manuelle alors que le moindre mouvement du bras ou de l'épaule la fait terriblement souffrir. Rester au lit et se faire dorloter pendant un mois ne fait pas partie de son programme de lutte contre la maladie et de maintien de sa santé. Face au cancer, Judith a, pour la première fois de son existence, pensé d'abord à elle-même, mais son combat contre ce mal est inégal, une autre souffrance lui ravage le cœur. Dans son agenda se trouve cette note, griffonnée à cette époque, tandis que Jo, qui prolonge son séjour au Costa Rica, s'éloigne d'elle:

> Je sens jusqu'à la moelle de mes os à quel point nous étions faits pour être ajustés ensemble. Même quand tu es loin, seul ou avec d'autres, je suis en sommeil, dans une zone extérieure[15].

Depuis sa dernière opération, elle se tord littéralement de douleur avant d'entrer en ondes, mais n'en laisse rien voir à l'écran. Qui pourrait croire, à la voir travailler, qu'elle est atteinte d'un cancer généralisé, qu'elle relève de deux interventions chirurgicales, qu'elle surmonte tant de douleurs, tant de malaises? Elle prépare pour *Caméra* un portrait du président Nixon, illustré d'entrevues de spécialistes, et poursuit son travail quotidien de correspondante. Le 30 décembre, elle est l'invitée chouchou de l'animatrice Lise Payette à l'émission radiophonique *Place aux femmes*, enregistrée en studio à Montréal devant public. L'hormonothérapie lui occasionne de graves malaises. Pourtant, on la dirait en excellente forme. Ses reparties spirituelles sur elle-même font rire l'assistance. Et quand l'animatrice lui demande ce qu'elle pense du mariage de Jacqueline Kennedy avec Aristote Onassis, elle réplique: «Je ne parle jamais du mariage des autres.» Elle y parle aussi de choses graves. Quand on lui demande, faisant référence à la récente mission Apollo qui a atteint la Lune pour la première fois, si elle ne trouve pas excessif que l'administration américaine dépense autant d'argent pour aller sur la Lune alors qu'il y a de si graves problèmes de faim dans le monde, elle répond:

> Vingt-sept milliards, c'est une somme énorme, mais ce sont des recherches scientifiques intéressantes et qui mèneront à des choses sûrement positives. Je trouve bien plus dommage de gaspiller des milliards tous les jours dans des guerres parfaitement inutiles, 70 milliards par année au Viêt-nam à détruire. Puisque les Américains en ont tant, 27 dans la recherche, ça ne me paraît pas énorme; ce qui me paraît énorme, ce sont les milliards utilisés pour la Défense, même au Canada, nous, un petit pays.

Et à la question: «Que peut-on faire comme individu pour influencer les décisions gouvernementales?»:

> L'opinion publique influence les hommes politiques. Il faudrait que les gens manifestent davantage leur opinion, se fassent entendre. On dit toujours que les manifestations, ça ne sert à rien, je crois que ça sert. Mais c'est plus facile de croire que ça ne sert à rien et de rester là.

Aux prises avec les douleurs persistantes et l'inconfort que lui cause sa médication (qui ne sera arrêtée que la semaine suivante), elle n'est pas la moins animée des correspondants de Radio-Canada à *La Revue de l'année 1968*. Après quoi elle retourne prendre son poste à Washington. Ce sera le début, à ses frais, de fréquents allers et retours entre la capitale américaine et Montréal, tous les trois mois, tous les deux mois ou tous les mois, jusqu'à une fois la semaine selon son état de santé, pour subir des examens médicaux, recevoir des traitements ou changer de médication.

En février, à l'occasion d'un reportage en Amérique latine, elle ira retrouver Jo Châtelain au Costa Rica pour quinze jours. Lui viendra par la suite à Washington, mais la nature de leur relation semble avoir changé.

Au retour, c'est le départ avec le contingent de presse qui accompagne le président Nixon à son premier voyage en Europe. Le journaliste Colin Godbold, entré en fonction à Washington à la fin de 1968 comme correspondant du réseau anglais de Radio-Canada, découvrira, au cours d'un séjour à Montréal au début des années quatre-vingt, qu'un pavillon principal de l'Université du Québec à Montréal porte le nom de Judith Jasmin. Cette personnalité célèbre, ce personnage historique ne peut être, se dit-il, sa collègue de travail dans la capitale américaine. Les journalistes atteignent rarement pareille renommée et la Judith Jasmin qu'il a connue était une femme si modeste. Ne parlant pas le français, ne l'ayant jamais vue en ondes, il n'a apprécié chez elle que l'intéressante compagne de métier. Conscient après coup de son importance, il regrette de n'en avoir rien su au moment où il était près d'elle. Quelle attention il lui aurait alors prêtée!

«J'ai commencé à la connaître lors du premier voyage de Nixon en Europe, où nous avons fait six capitales en six jours, raconte-t-il. Elle ne se mêlait pas particulièrement aux autres. Nous nous asseyions côte à côte dans l'avion afin d'échanger le plus possible d'informations et parce que nous nous plaisions ensemble. Je l'ai vue se fâcher une seule fois et ce fut contre moi, à Bonn. Le président Nixon prononçait un discours dans une usine le midi. Il n'y avait que deux cabines téléphoniques à la disposition des journalistes. Je m'étais entendu avec elle: j'utiliserais ma carrure pour atteindre la cabine (il faut parfois jouer dur pour faire son travail) et quand j'aurais terminé ma communication, je lui céderais l'appareil. Une fois au téléphone, j'ai fait des entrevues et des commentaires pour diverses émissions. Plein de journalistes frappaient de tous les côtés sur la cabine et me lançaient des injures. Tout à coup, j'ai réalisé que celle qui m'injuriait le plus et donnait le plus de coups était Judith. Elle était furieuse contre moi. Quand, finalement, je lui ai passé l'appareil, elle n'était pas, et avec raison, des plus aimables.»

Godbold, d'origine britannique, lui-même cultivé et doté d'un bon sens de l'humour, dit de sa consœur: «Elle était une joie à côtoyer aussi bien au bureau qu'en déplacements: toujours agréable, avec un sens de l'humour légèrement acide. En sa présence, je me montrais toujours sous mon meilleur jour, car elle n'endurait pas facilement les gens stupides.» Judith semble se comporter différemment avec ses confrères de Washington qu'avec ceux de Montréal. «C'était une femme hautement politique, tout son comportement le dénotait, poursuit ce collègue. Mais elle se confiait peu aux autres journalistes et, contrairement à la majorité, discutait peu de ses convictions politiques et sociales ou encore de sa vision du métier; elle parlait de choses et d'autres. Nous n'avons jamais discuté ensemble, par exemple, du problème racial. Quelqu'un m'avait donné une affiche-portrait de Castro et je l'ai offerte à Judith qui l'a accrochée au plafond de son bureau. Certains confrères prenaient un malin plaisir à faire remarquer qu'elle avait interviewé Castro.» Judith Jasmin n'a pas interviewé Castro, mais peut-être a-t-elle pris, à son tour, un malin plaisir à le laisser croire à ses collègues canadiens-anglais.

La vie d'une femme correspondante

À Washington, la vie de Judith Jasmin se déroule dans une atmosphère plus élégante que celle de ses confrères, dans un environnement social différent. Les femmes journalistes ne sont pas admises comme membres du National Press Club, où les gars du métier passent leur vie. Elles y sont reçues uniquement comme invitées dans une salle particulière. À son habitude, Judith Jasmin ne se plaint pas, elle agit. Elle adresse par écrit au président du Press Club des plaintes officielles contre ce règlement discriminatoire et moyenâgeux. Elle protestera pour avoir été expulsée d'une rencontre où quelques-uns des correspondants américains les plus connus discutent de la couverture du voyage de Nixon en Europe. Lors de la visite du premier ministre canadien, Pierre

Elliott Trudeau, elle menace de faire du piquetage à l'extérieur du Press Building si elle ne peut assister à sa rencontre avec les membres. Immédiatement après sa conférence, M. Trudeau fendra la foule de journalistes d'un trait, comme lui seul sait le faire, pour aller embrasser Judith au fond de la salle. Et les journalistes présents seront nombreux à téléphoner au bureau de Radio-Canada pour demander, afin de le rapporter dans leur média, qui est cette grande femme blonde intime du premier ministre. Ils seraient étonnés d'apprendre que leur amitié n'est plus ce qu'elle était: elle s'est brisée sur la question du Québec.

Quand le recours officiel ne donne pas de résultat, Judith ne se prive pas d'oser un geste public, parfois espiègle ou fantasque. Elle racontera dans une entrevue à la télévision une autre de ses protestations contre l'exclusion des femmes de ce cercle de presse comme une anecdote amusante de sa carrière, sans s'accorder le moindre crédit[16]. Radio-Canada lui avait demandé de couvrir la conférence que donnait le président de Tunisie, Habib Bourghiba, devant les membres du National Press Club, commande qu'elle ne pouvait remplir puisque la porte de ce club très sélect lui était fermée. Elle attend dans le hall d'entrée le président Bourghiba et l'interpelle en français au passage: «Monsieur le président!» Tout à la joie d'entendre parler français, lui qui ne parle pas anglais, Bourghiba ordonne à ses gorilles de la laisser s'approcher. «Monsieur le président, poursuit Judith Jasmin, je suis une journaliste canadienne de Montréal et je n'ai pu couvrir votre conférence parce que je suis une femme. Ne pouvez-vous pas nous aider, vous qui avez affranchi les Tunisiennes, à affranchir les Américaines?» «Mais oui, lui répond Bourghiba, voilà une merveilleuse mission, d'autant plus que j'ai été étonné de ne pas voir de femmes dans l'assistance. J'en ai fait la remarque au président du Cercle: "Vous êtes en retard. Moi, j'admets les femmes partout."» «Se sentant sans doute d'arrière-garde, commente Judith Jasmin, le président du Press Club lui aurait répondu: "En votre honneur, monsieur le président, désormais nous admettrons les femmes". Et c'est grâce à un président tunisien que les femmes ont pu être admises au Press Club de Washington.» Elle ne pourra malheureusement pas bénéficier de cette victoire à laquelle elle avait contribué puisque le règlement infâme ne sera abrogé qu'après son départ de Washington en juin 1970.

Elle racontera aussi avoir souffert de l'attitude sexiste de ses collègues américains et canadiens-anglais: elle les jugeait en retard sur ce chapitre par rapport aux Québécois. D'un ton sérieux:

> Aux États-Unis, on a beaucoup de préjugés contre les femmes dans ce métier; on veut bien dorloter les femmes, on veut bien leur acheter un vison quand elles sont tout près de son cœur, mais on leur demande de foutre la paix aux hommes quand ils travaillent. Les journalistes américains et canadiens-anglais — je les mets dans le même sac car ce sont ceux-là qui m'ont fait le plus souffrir — sont très antiféministes. [...]
>
> Je suis féministe dans le sens où je demande plus de justice pour les femmes. Quand dans votre propre métier, pour une question de vieux préjugés, on vous empêche de faire votre métier à part égale avec un homme, qu'on refuse de vous donner des sources de renseignements, là je suis contre[17].

Et d'un ton sarcastique:

> On a peur des femmes à Washington, on n'est pas encore admises partout. Je parle du club des journalistes. On ne veut pas que ces dames voient des scènes pénibles: voir ces messieurs boire au bar[18]!

Ne pouvant aller au Press Club établir des contacts professionnels et rencontrer les gens ni les inviter au restaurant, elle les reçoit à dîner chez elle, réunissant autour de sa table des membres du corps diplomatique, des gens influents de Washington, des collègues correspondants. Elle reçoit beaucoup plus qu'à New York, utilisant à l'occasion les services d'un traiteur. Ses soirées élégantes au climat paisible — elle n'aime pas les mondanités bruyantes — sont très courues. Elle accueille généreusement les directeurs du Service des nouvelles à Montréal, les équipes de Radio-Canada de passage et, bien sûr, ses proches, ses amis et amies du Québec. D'abord, sa mère vient le voir, comme son neveu Christian, qui passe à plusieurs reprises une dizaine de jours chez elle. À l'une de ces occasions, il est accompagné de Jo Martin, qui continuera d'être très proche de Judith jusqu'à la fin. Adèle Lauzon — qu'elle fréquente depuis les années soixante — vient souvent aussi en reportage à Washington, et Judith est très heureuse de pouvoir discuter avec une Montréalaise à la fois de politique québécoise et de politique internationale.

Louise Lamoureux, responsable du bureau de Radio-Canada aux Nations Unies quand Judith Jasmin y était correspondante et qui la rejoint à Washington pour occuper le même poste à compter de décembre 1969, rappelle pour sa part leurs vives discussions politiques: «C'est la personne avec laquelle j'ai le plus ri et je me suis le plus engueulée — elle était indépendantiste, moi, fédéraliste, elle voyait tous les contestataires sincères et animés d'objectifs purs, moi pas; nous avons claqué des portes sans que notre amitié en souffre. À ses yeux, les Québécois avaient été foulés aux pieds, et leur valeur devait être reconnue quelles que soient les difficultés pour y parvenir. Elle suivait de près la pensée et l'action de René Lévesque» [alors chef du Parti québécois qu'il avait fondé en 1968]. Elle se souvient aussi d'une soirée de fougueuses discussions à trois, avec Solange Chaput-Rolland en visite à Washington. Par contre, avec d'autres de ses amis et amies proches qui sont fédéralistes, Judith évite gracieusement le sujet de l'indépendance. «Quand elle avait décidé d'adopter un peuple, il était parfait, explique de son côté Solange Chaput-Rolland. Tous les Noirs, tous les Juifs étaient beaux, intelligents. Pendant un an, elle est devenue un Régis Debray de l'Amérique latine par compassion et besoin de s'engager contre la misère du tiers monde, s'enflammant pour les Tupamaros».

La correspondante de Radio-Canada à Washington ne réserve pas son hospitalité uniquement à ses proches et à ses amis. En juillet 1969, elle invite deux scriptes de Radio-Canada, Rita Martel et Henriette Mondor, en route pour leurs vacances sur la côte américaine, à passer le week-end chez elle au lieu d'aller à l'hôtel. Elle les entoure de petits soins: petit déjeuner au lit, visite de Washington, du jardin zoologique. Ce week-end-là, l'astronaute Neil Armstrong pose le pied sur la Lune. Elle réunit chez elle plein de gens pour suivre l'événement à la télévision. Sa maison est toujours ouverte aux jeunes, et des journalistes de vingt-cinq, vingt-six ans sont au nombre de ses invités.

En 1969, Judith Jasmin voyage en plusieurs coins du monde: l'Amérique latine, l'Europe occidentale, la Roumanie, la Yougoslavie, où elle rendra visite à son amie d'adolescence Éthéra Mackarachvili, le Mexique et Cuba. De Roumanie, où elle accompagnait le président Nixon, elle rapporte une émission spéciale d'une demi-heure intitulée *Ils sont fous, ces Roumains*, et de Cuba (où elle a fait, neuf ans plus tôt, l'un de ses premiers grands reportages à l'étranger) une autre émission d'une heure qui porte sa griffe inimitable: *Dix ans de castrisme*. Le secret de sa réussite? Aujourd'hui comme hier, son ardeur au travail. À Cuba, la chaleur l'accable, mais elle assiste à tous les repérages et les tournages, dès sept heures du matin, même quand elle n'a pas d'entrevue à faire.

Il n'y a pas de petit reportage. À la fin du mois de juin, Judith était à Montréal, aux côtés de Pierre Nadeau, qui animait l'émission spéciale sur la cérémonie du dixième anniversaire de l'ouverture de la Voie maritime du Saint-Laurent qui se déroulait à la Place des nations de Terre des Hommes en présence du président Nixon, en visite au Canada, et du premier ministre Pierre Elliott Trudeau. La description d'une cérémonie officielle, quoi de plus ordinaire! Ce jour-là, pendant les longues minutes d'attente des dignitaires, en réponse aux questions de son collègue, la correspondante de Washington explique la complexité des relations économiques entre les deux pays. Elle maîtrise le sujet, l'expose dans un langage simple et vivant, de sorte que la question ne paraît pas compliquée du tout et, comme téléspectateur, on est attentif et on se croit intelligent. Contrairement à d'autres correspondants, elle n'utilise pas les expressions passe-partout: «Je crois que», «je pense que», «on doit dire que», «il faut dire que». L'information sort de sa bouche, précise et abondante.

Rien ne l'arrête, ni son état de santé ni ses démêlés amoureux. En août, au moment où ses émissions rapportées de Roumanie et de Cuba sont diffusées à Radio-Canada, avant son départ pour le Mexique, elle projette un autre reportage, au Viêt-nam celui-là, et écrit à ce sujet à l'ambassadeur de France. Jo Châtelain la rejoindra au Mexique. Il semble que ce soit leur dernière rencontre sur le lieu même de leur première lune de miel. Judith gardera de la rupture avec cet homme qu'elle aime follement depuis dix ans un sentiment de rejet dévastateur. Elle croira que sa vie sentimentale est définitivement terminée et que rien d'heureux ou de valable ne pourra plus lui arriver. Six mois avant de mourir, à l'émission télévisée *Femme d'aujourd'hui*, elle répondra à la comédienne et animatrice Françoise Faucher, qui lui demande quelle est pour elle la chose la plus importante dans la vie: «Je vais être banale comme tout, banale comme une midinette, pour moi, c'est l'amour, ensuite l'amitié et les vacances, ne rien faire[19].» Elle fera elle-même le lien entre son cancer et ses amours déçues; elle confiera à plus d'une amie proche vers la fin de sa vie: «S'il ne m'avait pas quittée, je n'aurais pas été aussi malade.» La force de la passion amoureuse chez elle est le trait contrastant d'une personnalité par ailleurs raisonnable et réaliste. Les blessures professionnelles que sa lucidité face aux vicissitudes de la vie lui avait longtemps permis d'accepter commencent aussi à l'atteindre: les injustices passées, le fait de se savoir encore aujourd'hui mal payée, exploitée. Elle s'en est ouverte au réalisateur qui l'accompagnait en reportage à Cuba.

Seule dans la capitale américaine, loin de la chaleur de ses proches, de ses amis dont certains insistent pour qu'elle rentre à Montréal, elle se demande que décider. Un soir, elle invite à dîner chez elle le journaliste Claude-Jean Devirieux, de passage à Washington. «J'ai découvert ce soir-là, raconte son invité, une tout autre femme que la journaliste que je connaissais professionnellement et que j'avais rencontrée dix ans plus tôt au Mouvement laïque de langue française: une hôtesse parfaite, une femme attachante par son charme exquis, sa douceur presque tendre, sa vulnérabilité. J'ai passé en sa compagnie une des meilleures soirées de ma vie et j'ai eu pour elle un coup de foudre intellectuel. J'ai été touché de l'entendre me demander: "Je n'ai pas de mari, je n'ai plus d'amant, je suis seule. Ma maladie est grave. Mes parents vieillissent. Je veux rentrer à Montréal. Que me conseillez-vous de faire?" Je lui ai conseillé de demander sa réintégration au Service des nouvelles.» Judith la demande effectivement au début de novembre. La réponse sera: «Oui, mais nous n'avons pas de poste ouvert actuellement.»

En automne 1969, la situation politique et sociale demeure explosive aux États-Unis, comme en témoigne la Marche du moratoire contre la guerre du Viêt-nam qui réunit le 5 novembre à Washington un demi-million de personnes. Judith est heureuse de pouvoir donner un peu plus d'information au public sur ce qui se passe dans le pays, la nouvelle formule du *Télé-Journal* animé par Pierre Nadeau accordant un peu plus de temps d'antenne aux correspondants. Elle signe quelques reportages spéciaux à la nouvelle émission d'affaires publiques bihebdomadaire *Format 60*, qui remplace l'émission du Service des nouvelles *Caméra* et quatre émissions d'affaires publiques. Preuve additionnelle de son intolérance à l'égard de la bêtise, de sa sévérité à l'endroit de l'incompétence... À l'émission spéciale *La Revue de l'année 1969*, animée par Pierre Nadeau, elle lance, au milieu de la discussion avec ses collègues correspondants, à l'adresse du correspondant aux Nations Unies, qui avait accumulé les propos erronés sur une question de politique américaine: «Vous avez raté une belle occasion de vous taire!»

Durant un passage au Québec, elle avait prononcé une conférence à l'occasion de la Journée des Nations Unies. Seuls de petits auditoires auront connu Judith Jasmin la conférencière. Elle défendait des idées peu couramment émises dans notre partie du monde, expliquant que la guerre et le sous-développement sont les deux fléaux au cœur des débats de l'ONU, que les obstacles à la paix mondiale sont l'inégalité politique entre pays — les riches croyant avoir plus de droits que les pauvres — et, plus grave encore, l'inégalité économique grandissante entre pays industrialisés et pays en voie de développement — les pays riches ne l'étant pas seulement de leurs vertus et de leur travail, mais de l'exploitation et de la spoliation par la force policière, militaire ou économique. Elle défendait sa croyance dans le dialogue entre peuples afin d'accorder à chaque être humain un accès à la liberté et à la dignité d'un niveau de vie décent[20]. Avec un remarquable esprit d'analyse et de synthèse, elle savait éclairer un sujet. Surtout, elle savait convaincre, frapper l'imaginaire par un chiffre ou la description d'une situation, avec un accent de vérité et de ferveur communicative qui n'avait rien d'échevelé, à la manière d'un René Dumont.

Côté santé, les nouvelles sont mauvaises, le cancer prolifère, l'état général se détériore. Du 15 au 18 janvier 1970, hospitalisation à l'Hôtel-Dieu de Montréal et nouvelle intervention chirurgicale. Judith passe ainsi de l'abattement au courage, à l'espoir, et de nouveau à l'abattement. Tout ce que sa famille et ses amis, inquiets et pessimistes depuis le début de sa maladie, peuvent faire: être le plus présents possible et suivre les vagues avec elle. Retrouver ceux qu'elle aime, être mieux entourée pour lutter contre la maladie, regagner ce Québec qu'elle aime tant, dont elle ne peut suivre que de loin la difficile ascension vers l'indépendance et la révolte sociale qui le traverse, son cœur n'hésite pas. Mais que lui réserve son avenir professionnel? Elle revient à la charge, liste ses états de service et demande sa permanence à la Société — cela la rassurerait dans les circonstances. L'obtiendra-t-elle? Quel travail lui proposera-t-on? Elle a eu maille à partir avec l'actuel directeur du Service des nouvelles, Pierre Charbonneau, qui lui a refusé plusieurs topos, manifestant nettement moins de respect pour ses compétences que son prédécesseur, Phédon Vosniacos. Les ordres venaient-ils de plus haut? Les reproches qui lui sont faits, sans lui être adressés directement: «Madame Jasmin dépasse les bornes dans ses textes» parce que... «trop à gauche, virulente contre les Américains [comprenons le gouvernement américain], elle a des idées préconçues, elle manque d'objectivité.» Cette hostilité, ce boycott de son travail lui sont pénibles à vivre, mais céder aux compromis exigés lui est impossible. Elle est à Washington, comme elle serait au Québec ou ailleurs, pour rendre compte des faits au public, les mettre en perspective et les expliquer. Au cours d'un de ses passages à Montréal, elle est allée, topos en main, rencontrer Marc Thibault, grand patron de l'information depuis septembre 1968 en remplacement de Jean Grand-Landau, avec lequel ses relations ne sont guère meilleures, pour lui demander de trancher. Il lui a donné raison. Était-ce le fond de sa pensée ou diplomatie? «Elle avait d'énormes problèmes avec Marc Thibault», affirmera une collègue de Washington sans vouloir en dire davantage.

Épisode felquiste

Une violence politique sans précédent affecte de nombreux points du globe, particulièrement le continent américain. Pendant l'année 1969, le FLQ a signé plus de vingt-cinq attentats à la bombe au Québec, le plus spectaculaire ayant eu lieu en pleine séance de transactions à la Bourse de Montréal et ayant fait une vingtaine de blessés mais, par miracle, aucun mort. Ce terrorisme est la frange radicale d'un vaste mouvement de contestation issu du mouvement étudiant, du mouvement syndical, de groupes politiques, populaires, de comités de citoyens. Les occupations étudiantes, les manifestations monstres et quelque cent quarante grèves se succèdent dans l'année. On assiste à des affrontements entre manifestants et forces de l'ordre d'une violence encore jamais vue au Québec: barrages policiers, matraquages, bombes lacrymogènes et, à certains moments, riposte avec des cocktails Molotov. On est témoin de tout cela à la manifestation contre le gouvernement de l'Union nationale, au moment du congrès au leadership de ce parti à Québec, puis à la marche de quarante mille personnes sur le Parlement, coordonnée par le Mouvement Québec français contre le «bill 63», et encore à la marche en faveur de l'école française de Saint-Léonard. À Montréal, la violence éclate à plusieurs reprises au défilé de la Saint-Jean-Baptiste puis pendant la dure grève de deux mois de la construction. Pendant la grève des policiers et des pompiers, le Mouvement de libération du taxi prend d'assaut les garages de la Murray Hill et les gardes privés de la compagnie ripostent à coups de carabine sur la foule, faisant un mort; la journée dégénère à la nuit tombée en désordres et pillages dans des rues de la ville[21].

Mieux que quiconque, Judith Jasmin comprend le sentiment de révolte de la jeunesse québécoise. Depuis deux ans, elle a vu aux États-Unis les attentats à la bombe perpétrés par des mouvements radicaux clandestins devenir monnaie courante dans tout le pays; elle y a vu la contestation enflammer l'ensemble des campus des collèges et des universités, avec son cortège de violence, de répression policière brutale, ses dizaines de morts, ses centaines de blessés. Ses reportages dans les pays d'Amérique latine lui ont révélé l'ampleur de l'échec des luttes paysannes et syndicales contre des régimes dictatoriaux, qui ont fait surgir une violence révolutionnaire armée aboutissant à des enlèvements politiques à la chaîne. Derrière les tranchées, lorsqu'elle a couvert le conflit israélo-arabe, elle a interrogé l'avenir et les droits du peuple palestinien, chassé de chez lui et passé maître dans l'organisation de sa résistance par la guérilla révolutionnaire. Aussi, quand elle compare la situation d'oppression des Canadiens français, dans un pays démocratique et libre, à l'exploitation des populations d'Amérique latine ou au sort du peuple palestinien, juge-t-elle excessif le recours au terrorisme politique pour atteindre l'indépendance du Québec et une plus grande justice sociale.

Elle héberge néanmoins un premier felquiste en fuite, un jeune homme complètement égaré et violent, orphelin, qui ne sait ni penser, ni lire, ni écrire. De plus, il fait la fine bouche devant la cuisine de Judith: elle ne sait pas faire à manger comme sa maman. Un mois d'enfer! Plus tard, à New York, attablée dans un restaurant avec son neveu Christian, elle le voit passer dans la rue. Elle sort sur le trottoir, lui demande s'il a besoin de quelque chose. L'air perdu, il ne répond rien, et elle lui glisse un billet de vingt dollars dans la main. Elle en hébergera pendant quelques jours deux autres, l'un aux cheveux longs châtains, l'autre aux cheveux courts noirs, qui n'ont pu être identifiés; une seule chose est sûre, ces services lui avaient été demandés par la filière de l'écrivain-éditeur-imprimeur Pierre Doris-Maltais, qui s'était donné le nom de Piel Petjo Maltest dit l'Indien, un sympathisant du FLQ qui avait ses entrées dans divers milieux. «Je les hébergeais, je les nourrissais, dira-t-elle plus tard à des cousines, et ils ne levaient même pas le petit doigt.» Cacher des felquistes recherchés par la police: un geste de charité comme un autre, fait en passant, un geste pour elle sans risques et sans parti pris. On ne peut se méprendre sur ses intentions, elle qui se dresse depuis si longtemps contre toute forme de violence. D'autres pourtant, incertains de gagner à ce genre de jeu, n'oseraient pas prendre pareil risque. Judith se sent capable d'affronter n'importe quelle situation difficile et de s'en tirer. Elle présente le premier felquiste comme un étudiant de passage à un diplomate canadien qu'elle reçoit à dîner. Elle transforme les deux autres en garçons de service à un dîner où elle reçoit l'ambassadeur du Canada en poste à Washington.

«Le trait de caractère qui m'a le plus frappé chez elle: son absence totale de peur, commentera le correspondant de CBC à Washington, Colin Godbold. Je n'ai pas rencontré de journaliste plus intrépide. C'était une soirée d'été très chaude. Il y avait des émeutes à l'Université Howard, et nous journalistes, nous nous tenions à l'extérieur de la clôture du campus. Les plus célèbres équipes de la télévision américaine étaient sur place. J'entends des bruits venant de l'autre côté du campus et je décide de m'y rendre. Quelqu'un me crie: "Je n'irais pas si j'étais vous." Personne d'autre ne bouge. J'y vais quand même. Des gens lancent dans ma direction toutes sortes de projectiles, des pierres, des boîtes de conserve vides. Je me mets à courir à toutes jambes pour sauver ma peau. Il fait déjà noir. Je débouche sur une rue latérale et je reprends mon souffle. En jetant un coup d'œil dans la direction d'où je viens, je vois plusieurs feux de joie dans la rue et des Noirs dansant et brandissant de longues barres de fer.

«Je rencontre Judith. "J'ai besoin d'aide", me dit-elle. "Nous avons tous besoin d'aide, lui dis-je, parce que je ne sais pas comment nous allons sortir d'ici. Je ne vois qu'une issue: sauter la clôture arrière de cette maison, traverser le jardin et ressortir sur la rue suivante." "Pourquoi n'allons-nous pas chercher mon auto, qui est de l'autre côté?" me demande-t-elle, en désignant directement l'un des feux. "Je ne crois pas que nous allons récupérer votre voiture." Je lui saisis le bras et l'entraîne. Des Noirs viennent vers nous et leurs intentions à notre endroit ne semblent pas des meilleures. Une fois dans l'autre rue, une auto s'arrête près de nous; à l'intérieur, ce sont des Noirs, et je me demande pendant un instant si nous ne nous sommes pas mis dans le pétrin. Heureusement, ce sont des policiers vêtus en civil et ils nous raccompagnent au Press Building. J'invite Judith au Press Club et moi qui étais au régime sévère depuis un mois, je commande une bouteille de scotch et deux verres. Je n'oublierai jamais sa détermination farouche à vouloir récupérer sa voiture dans un moment pareil. Là encore, Judith Jasmin se sentait forte parce qu'elle était francophone et que la France véhiculait alors pour les Américains une image de liberté. Dans une situation difficile, elle aurait parlé français.»

Loin du Québec

En mars, cela fait quatre mois qu'elle a demandé son rapatriement au Service des nouvelles à Montréal. Sans réponse, Judith cherche un emploi du côté des émissions religieuses. Une autre raison que sa santé ajoute à sa hâte de rentrer au Québec. La campagne électorale bat son plein et les circonstances sont exceptionnelles. Le Parti québécois, qui, depuis le sabordement du RIN, regroupe les forces indépendantistes, se présente pour la première fois devant l'électorat, et les sondages le placent en bonne deuxième position derrière le Parti libéral et son nouveau chef Robert Bourassa, le parti au pouvoir, l'Union nationale étant en totale dégringolade. Judith est malheureuse d'être au loin, triste aussi de ne pouvoir, à cause de son métier, s'engager ouvertement pour appuyer le chef du Parti québécois, René Lévesque, en qui elle a toute confiance et qu'elle est allée rencontrer à Québec avec ses amis Françoise Loranger et Jean Michaud au moment de la fondation du Parti. Elle a foi en la capacité de René Lévesque d'unir les Québécois et en sa volonté d'appliquer les réformes sociales que le programme de son parti prône. Offrir un espoir de changement pouvant canaliser l'exaspération des jeunes attirés par la violence et résoudre les conflits sociaux qui déchirent le Québec lui paraît de toute première urgence.

Depuis vingt ans, hormis son métier, aucune carrière ne l'intéresse. En 1962, elle répondait à une journaliste qui lui demandait pourquoi elle ne se lançait pas en politique: «C'est un monde qui m'ennuie et qui ne m'intéresse pas, sauf qu'il a un rapport avec le travail que je fais[22].» Et, à la fin de 1968, elle confiait à Lise Payette, à l'émission radiophonique *Place aux femmes*: «C'est une de mes faiblesses. Je suis un peu spectatrice de la vie», ajoutant:

> Ça ne se décide pas comme ça. Il y a beaucoup d'impondérables dans ces décisions-là. Il faut sentir qu'on veut de moi. Vous savez, dans nos sociétés, on ne veut pas tellement des femmes, les partis politiques n'en veulent pas en général. Ce sont des évolutions qui se font lentement[23].

Certains de ses amis ont la conviction que, si elle n'avait pas eu à lutter contre le cancer et si René Lévesque le lui avait demandé, elle se serait engagée à ses côtés pour conduire le Québec à l'indépendance et construire une nouvelle société.

Tout laisse croire que l'avenir du peuple québécois aurait été la seule motivation assez forte pour faire troquer à Judith Jasmin le journalisme contre la politique. À cause de son tempérament, de sa méfiance des gens au pouvoir, de ses convictions, elle n'aurait pu se lancer dans l'action politique qu'au sein d'un parti indépendantiste, et dont le programme social lui convienne. Sans doute aurait-elle été une politicienne aussi peu traditionnelle que son ex-confrère. En dépit de l'affection, de l'admiration et du respect qu'elle portait à René Lévesque, elle n'aurait pas fait plus de compromis en politique qu'en journalisme sur ce qu'elle aurait jugé être sa responsabilité publique, et elle aurait brillé à l'aile gauche du parti que son chef redoutait tellement. Elle aurait sans doute joué un rôle de conciliatrice, atténuant les tensions d'un côté comme de l'autre et la méfiance de son ex-collègue. Elle était l'une des quelques personnes à le tutoyer et à oser lui dire ses quatre vérités en toute amitié mais sans faux-fuyants. Une stratégie comme l'étapisme et la question brumeuse du référendum de 1980, question qui ne portait pas sur l'indépendance, l'auraient rendue folle de rage, affirme avec certitude Pierre Nadeau. Sa position aurait été: «Vous foncez ou vous ne foncez pas.»

René Lévesque fut sans contredit l'homme de sa génération qu'elle admira le plus, et elle lui rendit hommage publiquement nombre de fois. Quand Solange Chaput-Rolland écrira un article contre le président du Parti québécois, la colère de Judith sera telle que Solange, pour éviter à leur vieille amitié une rupture définitive, se dira prête à publier des excuses... René Lévesque rendait la pareille à Judith Jasmin. Il ne le lui a jamais dit. Elle ne l'a jamais su, même dans les dernières années de sa vie. «J'ai connu Judith Jasmin surtout par ce que m'en a dit René Lévesque tout au long de sa vie et par l'attachement qu'il lui conserva longtemps après son décès, témoigne Yves Michaud, l'un des intimes du célèbre journaliste et homme politique. René Lévesque n'avait pas l'admiration facile. Il en avait pour André Laurendeau et énormément pour Judith Jasmin. Pour lui, elle était la femme complète, d'abord comme professionnelle — une journaliste hors pair, rigoureuse, "une tête bien faite", disait-il, et par sa vérité. Tout ce qui sortait de la bouche de cette femme était vrai. Je suis à peu près certain qu'elle a influencé le comportement de René Lévesque devant la caméra par sa personnalité totale et vraie qui remplissait l'écran de sa présence. Je n'ai pas de souvenirs précis des propos de René Lévesque à son sujet, sinon que je l'ai entendu faire référence à Judith Jasmin trente, quarante, cinquante fois. Pendant nos trente ans d'amitié, c'est la personne qui revenait le plus souvent dans ses sources de référence. Ajoutez à cela le fait qu'elle était grande et lui, petit. C'est peut-être la seule femme qu'il admirait en tout; en tout cas, ce fut celle qu'il admira le plus.» Discret sur sa vie personnelle, plutôt réservé et timide en privé, René Lévesque parlait de Judith Jasmin sans jamais laisser soupçonner avoir eu une relation intime avec elle. La seconde épouse de René Lévesque, à qui il s'était confié, Corinne Côté-Lévesque, confirme le témoignage d'Yves Michaud: «Il ne donnait ni son admiration ni son amitié facilement. Il admirait André Laurendeau comme un aîné. Il avait plus que de l'admiration pour Judith Jasmin, il avait beaucoup d'affection pour elle. Il admirait son talent, son honnêteté, et surtout cette qualité rarissime chez une journaliste de toujours dire ce qu'elle croyait. Je les ai toujours imaginés discutant passionnément de tout au temps où ils travaillaient ensemble. Ces deux-là, me dit-elle en fin de conversation, il faudrait bien leur construire un mausolée.» L'historien Jean Provencher, qui publia, en 1973, *René Lévesque, portrait d'un Québécois*[24], se souvient qu'au cours de leurs rencontres, René Lévesque, alors chef du Parti québécois, lui aurait parlé de Judith Jasmin pendant des jours s'il ne l'avait interrompu pour le ramener au sujet de son ouvrage, voulant utiliser au maximum les précieux moments que lui accordait l'homme politique.

René Lévesque a eu cette phrase, devenue un aphorisme célèbre dans le monde de l'information québécoise: «Être informé, c'est être libre.» Après avoir quitté la politique et être revenu à son premier métier, il écrivait dans *Attendez que je me rappelle*...: «Savoir qu'on est là pour servir le public, croire à ce qu'on dit ou qu'on écrit, mais sans se prendre pour un autre[25].» Il le savait mieux que quiconque: cette conviction avait suffi à Judith Jasmin pour dépasser la peur et se consacrer à faire de l'information libre, quel qu'en soit le prix personnel à payer. Indice de l'estime qu'il lui portait, ce sera de tous les journalistes qu'il aura connus la seule à qui il rendra hommage dans son livre de souvenirs, en évoquant leurs premières années au réseau français: «Les autres ne m'en voudront pas de souligner que nos modestes succès reposèrent en grande partie sur le talent d'une collègue sans pareille. Il est moins banal qu'il ne semble de rappeler que Judith Jasmin parlait et écrivait une langue non seulement correcte mais d'une pureté de source. D'elle-même, elle exigeait le maximum tout en demeurant disponible chaque fois qu'un ouvrage mal foutu était à reprendre ou un absent à remplacer au pied levé. Rien de bonasse, cependant, chez cet esprit sans cesse en éveil, capable de s'appuyer sur une structure faite d'expérience et de culture bien digérées. Sa connaissance de l'art, du théâtre surtout, se mariait d'étonnante façon à un vif souci de précision et de franchise dans le récit des faits. De plus, je n'ai connu personne qui fût plus écorchée par l'injustice. Elle avait ses défauts, si c'en est un, par exemple, de ne pouvoir tolérer la bêtise et les faux-semblants. En un mot, Judith Jasmin, camarade et amie pendant quelques belles années, était une grande journaliste et une femme exceptionnelle dont la carrière si cruellement abrégée par la maladie l'avait déjà menée au sommet de notre métier[26].»

Les élections du 29 avril 1970 atterrent tous les indépendantistes. Chez les péquistes, désolation, colère devant l'injustice électorale qui frappe durement le Parti. Chez bien des jeunes, désespoir, désabusement du processus démocratique. Pendant la campagne, René Lévesque avait réussi à mobiliser des foules énormes, à soulever l'enthousiasme de la jeunesse. Mais les trois autres partis dans la course, épaulés par les partis fédéraux, s'étaient livrés à une campagne de terrorisme psychologique usant de tactiques de basse manipulation, associant constamment le PQ et le FLQ, comparant Lévesque à Castro, agitant le spectre de la faillite financière d'un Québec séparé. Le PQ sera rejeté dans l'opposition extra-parlementaire; avec près du quart des suffrages et un tiers du vote francophone, il ne fera élire que sept députés, la majorité dans des circonscriptions ouvrières de Montréal; René Lévesque et ses principaux adjoints seront défaits.

Judith Jasmin est triste devant ce gâchis et déçue pour René Lévesque. À Washington, elle a les mains pleines de ses propres problèmes. Son retour à Montréal, en apparence simple à régler, est source d'angoisse. Le poste de correspondant à l'étranger, l'échelon le plus prestigieux de la salle des nouvelles, sert de tremplin à une carrière dans la haute fonction publique, en politique, dans des organismes internationaux, dans le domaine privé des communications et, en journalisme, à des postes d'animateur de grandes émissions d'affaires publiques, de directeur de l'information, de directeur d'un bureau à l'étranger ou encore de rédacteur en chef d'un média écrit. Ce virage de carrière, le correspondant le négocie lui-même, selon son aptitude à nouer des relations et avec les appuis dont il jouit. Mais il est hors de question pour Radio-Canada, qui a expédié sa journaliste à l'étranger pour limiter sa «nuisance», de lui proposer un poste de confiance à Montréal où, malgré ses ennuis de santé, elle pourrait assurer des services efficaces. La situation est d'autant moins rassurante que l'administration n'a pas de mécanisme d'accueil pour ses correspondants à leur retour qui leur permettrait de réintégrer un emploi permanent s'ils sont contractuels, ou de se voir offrir, s'ils sont permanents, un poste à la mesure de leur compétence et de leurs états de service. D'autres que Judith Jasmin, dans les années qui suivront, ne pourront faire bénéficier le public de la richesse de l'expérience qu'ils ont acquise à l'étranger et se feront répondre: «Nous n'avons rien pour vous» ou seront relégués sur des voies de garage. La docilité se négocie mieux que la reconnaissance des états de service et de leur qualité, et le thermomètre de cette reconnaissance connaît de bizarres poussées vertigineuses vers le haut ou le bas.

À Washington, Judith attend depuis six mois la décision de Radio-Canada dans l'incertitude, continuant son travail quotidien de correspondante, ses reportages spéciaux diffusés à *Format 60* comme celui qui porte sur la francophonie en Louisiane, et poursuivant sa lutte contre le cancer. À Montréal, dans les officines de Radio-Canada, on cherche à résoudre le désagréable casse-tête Judith Jasmin. Finalement, la maison cède, fait preuve d'humanité et lui accorde la permanence qu'elle avait troquée quatorze ans plus tôt pour devenir, à son corps défendant, la première correspondante pigiste à Paris. N'ayant aucun poste de libre dans la salle, la direction du Service des nouvelles tente une manœuvre inusitée auprès du reporter national, Claude-Jean Devirieux. Elle lui demande s'il accepte que Judith Jasmin et lui soient jumelés à son poste. Étonné par cette requête, heureux cependant de rendre service à sa collègue émérite, il acquiesce.

«Jusqu'à la fin de son séjour à Washington, commente Louise Lamoureux, elle a déployé, en dépit de la maladie, énormément d'énergie pour aller chercher l'information. Son état physique n'a rien changé à son approche et ne l'a jamais empêchée de travailler. Quand elle recevait une mauvaise nouvelle au sujet de sa santé, elle vivait sûrement un choc. Une fois le choc passé, elle en parlait objectivement sans jamais s'apitoyer sur elle-même. Elle ne m'avouait pas être condamnée. Elle pouvait me dire: "Le cancer semble s'étendre", ou plus tard: "Je ne suis pas bien, je devrai rentrer à Montréal." Avant son départ, j'ai organisé chez moi une fête en son honneur à laquelle j'avais invité une quarantaine de personnes de Washington et de New York. Elle a hébergé une partie des invités et moi, l'autre; le lendemain, elle a offert le brunch à tout le monde. Encore là, aucune trace visible de ses ennuis de santé.» Ce matin-là, Judith confie à une invitée: «Je vais aller mourir dans mon pays.» De son séjour de correspondante à New York et à Washington, elle dira: «En un sens, ce fut le couronnement de ma carrière, mais je ne suis pas sûre que ce soit un sommet[27].»

CHAPITRE 12

LA FUREUR DE VIVRE

Enfin de retour à Montréal en juin, à la salle des nouvelles, la fondatrice avec René Lévesque du Service des émissions d'affaires publiques de Radio-Canada se retrouve affectée, comme une débutante, aux reportages locaux. On l'envoie couvrir un congrès de l'Association des pompiers, des défilés de mode, des dîners-causeries; on lui confie peu de choses à faire, on lui commande même un reportage sur les retombées des poussières des incinérateurs qui, au dire de certaines femmes, percent les bas-culottes! Quelles raisons amènent les responsables des affectations (un homme et une femme) à agir de la sorte à son endroit? Ce sont de jeunes turcs, fraîchement diplômés de l'université, prêts à conquérir le monde. Leur excuse: «On ne voulait pas la bousculer.» L'argument tient mal. La vivacité intellectuelle de Judith Jasmin, sa capacité de travail ne sont pas encore réduites, loin de là. Il s'agit plutôt d'une façon de se défaire d'une «trop vieille» — elle a cinquante-trois ans —, peut-être aussi du malaise de se sentir forcé par sa présence à réfléchir à la fragilité de la vie, ou de l'incapacité de la moindre compassion envers une personne en lutte contre la maladie, du tabou du cancer, plus tenace dans ces années qu'aujourd'hui, qui en fait aux yeux de plusieurs, particulièrement dans le cas d'une femme, une maladie «finale» bien avant sa phase terminale. Son intelligence, son excellence dérangent aussi. Autour d'elle, quelques-uns sont mal à l'aise, gênés de la voir ainsi humiliée. Ce genre de nouvelle traverse rapidement les couloirs, et ses collègues d'autrefois en affaires publiques sont outrés de la voir traitée de la sorte. Judith fait des colères en privé et a cette phrase à propos de ses petits et grands patrons: «Une “gang” d'eunuques. Aux États-unis, on ne se débarrasse pas comme ça des gens d'expérience.» Jeter les hauts cris dans la salle ou refuser les ordres qu'on lui donne, non. Elle a trop d'élégance pour se disputer avec de petits patrons sur des questions vaines. On la croirait née sous le signe des Gémeaux plutôt que du Cancer tant la dualité a marqué toute sa vie, autant son caractère que son éducation à la fois bourgeoise et non conformiste. D'un côté, anarchiste et libertaire, refusant tout système idéologique ou moral contraignant et faisant front pour poursuivre son idéal; de l'autre, capable de s'inscrire dans une structure, d'en observer les règles, de se plier aux ordres de personnes qui lui sont inférieures et d'accomplir toute tâche avec application, sans se rebeller et ce, dans un milieu où l'arrivisme et la compétition féroce tiennent plus de place que le jeu ouvert et l'élégance des rapports. Quand la coupe sera pleine, Judith cherchera à régler le problème à long terme. Elle ira se défendre, défendre son métier — ce qui lui reste de plus cher avec sa famille et ses amis — auprès du directeur de l'Information, Marc Thibault. Elle obtiendra d'être affectée à des émissions spéciales. Mais on l'enverra, un an plus tard, couvrir l'arrivée à Montréal du club de hockey Canadien, champion de la coupe Stanley! Elle enragera.

Judith emménage au rez-de-chaussée du «duplex» appartenant à ses parents, au 4646 de la rue Coolbrook, dans le quartier Notre-Dame-de-Grâce. Elle commande d'importantes rénovations et s'installe comme si elle allait y vivre de très nombreuses années. Elle dispose d'un salon, d'une chambre à coucher et d'une grande cuisine-salle à manger dont la porte-fenêtre ouvre sur la cour arrière. Elle pourrait s'offrir un logement plus luxueux. À Washington, appelée à recevoir chez elle des personnalités politiques et des informateurs que ses collègues masculins rencontraient au Press Club, elle s'était créé un décor digne de sa fonction. Mais les apparences n'ont jamais compté, aujourd'hui encore moins. Les gens, oui: les accueillir dans un cadre chaleureux en ville ou à son chalet d'été et être entourée. La présence de ses parents, qui occupent le logement supérieur, et celle de son neveu, qui emménage au sous-sol, la rassurent.

Judith retrouve ses meilleures amies qu'elle a moins fréquentées pendant son séjour aux États-Unis: Françoise Loranger, avec qui l'amitié indéfectible depuis l'époque d'Élise Velder s'est encore resserrée à travers les tribulations du cheminement du Québec vers l'indépendance; Henriette Duliani-Hicks, qui était secrétaire de la section française du Montréal Repertory Theatre quand Judith y jouait, Suzanne Rivard, qui a déménagé à Ottawa, Monique Bosco, de retour d'un séjour d'un an à Paris; son amie d'enfance Hélène Aubry, presque une sœur; et Fortunate, installées au lac des Seigneurs. Elle se rapproche de Jeanne Lapointe et de Mia Riddez dont les vies aussi pleines et mouvementées que la sienne l'ont éloignée pendant un temps. Elle renoue avec des amis et amies journalistes, avec des collègues de Radio-Canada, avec René Lévesque qu'elle rencontrera quelques fois chez elle ou chez lui, dans son logement à peine meublé d'ex-ministre pensionné et de chef du Parti québécois à temps plein sans salaire, qui signe une chronique quotidienne au *Journal de Montréal*. Elle reprend l'habitude d'inviter à sa table des amis, des gens dont la pensée l'intéresse ou qui peuvent lui fournir des renseignements de première main sur le climat social québécois dont elle a perdu le pouls quotidien depuis quatre ans, un climat aussi fiévreux qu'avant les élections d'avril. En mai, des felquistes ont déjà commis une dizaine d'attentats. L'été est marqué par d'autres explosions de bombes et par deux graves conflits de travail: la grève générale de dizaines de milliers d'ouvriers du bâtiment et celle des ouvriers de l'usine de montage de General Motors à Sainte-Thérèse. À Montréal, les «gars de Lapalme», des camionneurs, ex-employés d'un sous-traitant du ministère des Postes et déterminés à retrouver leur emploi, commettent des centaines d'attaques contre les camions et les succursales des Postes, pendant qu'à Cabano, dans le Témiscouata, la population, aux prises avec un taux de chômage alarmant et décidée à obtenir une usine de transformation du bois de la région, se met en colère, brûle des ponts, sort ses fusils de chasse et désarme des agents de la Sûreté du Québec[1].

Judith Jasmin réunit à sa table son amie journaliste, Adèle Lauzon et Pierre Vallières. La première vient de quitter le quotidien *The Montreal Star* et a accepté, entre autres contrats de pige, la publicité du FRAP, le Front d'action politique, nouveau parti municipal progressiste qui regroupe les efforts de divers groupes — syndicats, comités de citoyens et aile gauche du Parti québécois — en vue de combattre à l'élection municipale du 25 octobre suivant l'administration Drapeau-Saulnier en place depuis 1960; Pierre Vallières est en liberté provisoire depuis le 26 mai après quarante-quatre mois d'emprisonnement et quelques accusations pèsent encore sur lui dont celle de sédition pour son livre *Nègres blancs* d'Amérique, publié en 1968. Geste téméraire, de bravade ou initative dictée par l'ambition de décrocher un scoop? Nullement. Judith est revenue chez elle avec un riche bagage d'expérience de correspondante à l'étranger poursuivre son métier de «témoin de l'histoire en marche[2]», l'œil fixé cette fois sur le Québec. Sans perdre de temps et sans attendre qu'on lui commande un reportage, elle s'applique à reprendre contact avec la réalité politique et sociale. Dire qu'on envoit couvrir des défilés de mode et des dîners-causeries la journaliste québécoise la mieux outillée pour saisir et expliquer au public les enjeux réels et les causes de la situation explosive que vit le Québec! À un autre moment, elle invitera chez elle André D'Allemagne et un journaliste français de passage, poursuivant son habitude de faire se rencontrer des gens.

Le Women's Liberation Movement américain décrète une grève le 26 août 1970, et des milliers de femmes manifestent dans les rues de plus de quatre-vingts villes des États-Unis pour commémorer le cinquantième anniversaire du droit de vote et défendre le droit à l'avortement. En reportage aux Nations Unies, Judith se joint à la marche des New-Yorkaises. Avant de rentrer, elle fait un détour dans un centre zen macrobiotique de Boston où elle ne restera, à sa grande déception, que trois jours, logée au motel, la communauté étant en réorganisation, le chef de file malade et les contacts difficiles à établir. Elle en revient avec un régime alimentaire plus sévère à suivre et l'intention d'y retourner pour un séjour plus long.

Dans ses lettres à Jeanne Lapointe, adepte du zen qui vit à Paris cette année-là, elle est enjouée, ne faisant référence à sa lutte contre le cancer que par le biais de son régime macrobiotique:

> Du côté santé, je vais bien mais passe par des envies de boustifailles que je laisse inassouvies... Une autre théorie soutient qu'il faut de temps en temps surseoir au régime et contenter la bête... Je veux tenir au moins trois mois, jusqu'à mon prochain examen médical fin novembre.
>
> Fin août, j'ai assisté à New York à la journée LIB des femmes et ai descendu la Cinquième dans le peloton des militantes: très bonnes émotions. Sourires moqueurs des messieurs sur le trottoir et sérieux des jeunes militantes. Notre société va s'y habituer; le mouvement est bien parti[3].

Quand elle va en reportage à l'extérieur de Montréal pour plusieurs jours, comme elle continuera de le faire, il lui est quasi impossible de suivre le régime macrobiotique auquel elle s'accroche comme à une bouée de sauvetage et qui, s'il a pu soutenir sa vigueur physique, l'a surtout aidée psychologiquement. Si les circonstances du voyage s'y prêtent, elle le suit fidèlement, mais les occasions sont rares. Un jour, à New York, elle dispose de quelques heures avant de faire une entrevue vers la fin de l'après-midi; elle demande à une ex-scripte attachée au bureau de Radio-Canada et logeant dans l'édifice qu'elle avait elle-même habité de lui prêter son appartement, se procure les aliments et ingrédients nécessaires dans une épicerie spécialisée et prépare pour l'équipe le repas du soir dont le mets principal est un saumon cuit à la vapeur du lave-vaisselle comme c'était la mode à l'époque. Alors pourquoi ne refuse-t-elle pas ces affectations loin de chez elle? Manger macrobiotique, s'adonner à la méditation transcendantale, aux exercices de détente, autant de moyens à prendre pour lutter contre ce mal qui la rejette constamment d'un pôle à l'autre d'elle-même. Mais le travail compte encore plus. Et des moments de déprime et de résignation ont raison de son courage, de ses efforts de volonté. Dans une lettre du mois d'août, Judith avoue son état intérieur à son amie d'adolescence Éthéra, lui confiant que Jo, qui l'a quittée, était le seul à pouvoir éveiller chez elle le désir de combattre et de vaincre le cancer. Éthéra lui répond qu'elle n'aime pas sa résignation et l'encourage à vaincre la maladie par la volonté[4].

Au début de l'automne 1970, Judith fait un pèlerinage aux racines de son pays. Elle insiste pour accompagner à Ville-Marie, dans le Témiscamingue, Hélène et Fortunate Aubry dans la famille du mari d'Hélène et se plaît dans ce milieu simple d'ouvriers. Le voyage lui est physiquement pénible mais les «remèdes la tiennent». À Rouyn, elle rencontre Jacques-Yvan Morin, candidat du Parti québécois défait aux élections d'avril, de passage dans cette ville, et s'entretient avec des syndicalistes de l'endroit. Ce voyage aura des suites. L'automne suivant, elle retournera enquêter pendant quinze jours sur les préoccupations de la population du Nord-Ouest québécois.

Dans l'année qui suit, Judith reste une femme animée en compagnie de ses amis et silencieuse sur son mal. Elle donne encore des soirées extraordinaires au dire de ses invités, sans leur imposer son régime macrobiotique, sauf avec ses plus proches amies qui consentent avec le sourire à manger une nourriture dont elles n'apprécient ni le goût ni les vertus, suivant les indications de leur hôtesse: mâcher quarante fois une bouchée de ceci, quarante fois une bouchée de cela... Un soir, à sa table, devisent René Lévesque, Mia Riddez, Suzanne Mercure, Guy Viau et sa femme. Elle montre à Mia la photo de Jo dans sa chambre: «Un être extraordinaire. Je ne regrette rien. Je t'en parlerai.» Un autre soir, René Lévesque et Adèle Lauzon, assis par terre dans le salon qui n'offre que trois fauteuils, sont en vive discussion avec Yves Michaud, alors haut-commissaire pour le Québec à la coopération avec les pays francophones, Judith et son neveu Christian. Quand Guy Fournier est présent, il se fait l'animateur de la soirée et les rires fusent dans la maison. Un soir, la jeune journaliste de la salle des nouvelles, Michèle Viroly, se retrouve dans un placard avec Anne Hébert pour préparer une charade à mimer: le titre du livre *La ville dont le prince est un enfant*, pendant que le reste du groupe lance les hauts cris et les boutades pour les faire sortir de là. Anne et Judith s'amusent comme de jeunes écolières. Un autre soir, Françoise Faucher se joint à un dîner de famille, ou c'est une soirée plus intime avec Jeanne Lapointe et Jo Martin. Presque toutes les semaines, quand elle n'est pas en reportage à l'extérieur, Judith voit chez elle, rue Coolbrook, ou chez eux, tout près, rue Ponsard, avec d'autres amis ou non, France et Pierre Nadeau. Chez Françoise Loranger et Jean Michaud, la vie spirituelle s'intègre au quotidien, et Judith y trouve un support à ses nouvelles pratiques; on fait à quatre, avec Jeanne Lapointe également invitée, une demi-heure de méditation avant le repas. Elle aime les réunions familiales avec les enfants chez les Nadeau, chez son collègue Claude-Jean Devirieux et sa femme d'alors, Renée, auxquels elle rend visite à leur chalet. Il y a aussi les rencontres sympathiques avec d'anciens et nouveaux collègues des affaires publiques, comme cette fête en son honneur chez la scripte Rachel April. Le dimanche de Pâques, elle ira porter un gâteau russe, qu'elle a confectionné elle-même, à Françoise Faucher, bouleversée par cette marque de générosité: «Je sentais chez elle une grande solitude affective.» Judith continue de recevoir à son chalet du lac Marois. Elle y reverra une dernière fois ses compagnes de classe du collège Marguerite-Bourgeoys avec lesquelles elle avait maintenu des liens chaleureux espacés parfois de plusieurs années.

Elle se laisse aller très rarement à exprimer ses angoisses devant la mort. Peut-être ne les a-t-elle confiées qu'à une seule personne de son entourage, Suzanne Rivard, dont l'amitié attentive la met en confiance. Celle-ci s'arrête régulièrement chez Judith le vendredi, en route d'Ottawa vers sa maison de campagne à Saint-Denis-sur-le-Richelieu, et passe avec elle de longues heures jusque tard en soirée. À quelques reprises, Judith s'abandonne. La confidence, entrecoupée de très longs silences, sort au compte-gouttes, dans une douleur non dissimulée. Il lui arrive de pleurer mais elle s'en excuse aussitôt comme on le ferait d'un geste indécent. «J'avais l'impression, lors de tous ses monologues sur la mort, raconte Suzanne Rivard, qu'elle s'adressait à elle-même en me parlant, qu'elle avait besoin de partager le trop-plein de la bataille qu'elle livrait intérieurement.» Un jour, Suzanne lui reproche d'en faire trop — le travail, les fréquents déplacements à l'extérieur de Montréal, les dîners pour ses amis. Judith la fait taire. Elle sent combien peu de temps il lui reste à vivre; elle veut l'utiliser pleinement et elle se reposera ou prendra le lit uniquement quand ses forces l'abandonneront et qu'elle ne pourra plus demeurer active. Après chacune de ses soirées, Suzanne Rivard, bouleversée et indisposée par un repas macrobiotique qu'elle a eu du mal à avaler, fait une indigestion. Quand Judith se sent suffisamment bien, il lui arrive de passer la fin de semaine à Saint-Denis chez ses amis. Pour accepter de se reposer une heure ou deux dans la chambre d'amis, il lui faut se sentir très mal, et rester dans ces conditions au lieu de rentrer chez elle est une marque d'estime et de confiance à l'endroit de ses hôtes.

Octobre

La crise d'Octobre 70, qui soumet le Québec à l'un des plus grands chocs de son histoire, à la Loi des mesures de guerre, à l'occupation par l'Armée canadienne, à l'arrestation sans mandat de centaines de militants et militantes indépendantistes, trouve Judith en reportage aux États-Unis pour une dizaine de jours. Le soir du 8 octobre, trois jours après l'enlèvement par une cellule felquiste du diplomate britannique James Richard Cross, elle est à New York quand le manifeste du FLQ est lu sur les ondes de Radio-Canada. Elle suivra de loin la suite des événements tragiques: le rapt, deux jours plus tard, du ministre québécois du Travail et de l'Immigration, Pierre Laporte, par une autre cellule felquiste, la promulgation, le 16, à quatre heures du matin, de la Loi des mesures de guerre par le premier ministre Trudeau et, le lendemain, l'assassinat du ministre Laporte. Le 25, elle écrit à Jeanne Lapointe:

> J'ai été aux États-Unis, en tournée de travail dix jours, juste au moment où ici, nous connaissions une atmosphère de guerre civile. J'ai donc vécu tout ça de loin, bien que la presse et la radio américaines aient donné aux événements la manchette des grandes nouvelles internationales.
>
> Je suis du «bord» de ceux qui pensent que le gouvernement central a profité de l'occasion (kidnapping et assassinat) pour foutre une grande frousse à la population et, une fois pour toutes, en finir avec les «séparatistes».
>
> Loi du temps de guerre, 500 emprisonnements, l'armée sur pied... pour une bande de petits excités. C'est un peu gros comme moyens de répression. Surtout que cette fameuse loi du temps de guerre ne touche en fait que les Canadiens français. Pas un Anglais qui ne soit vraiment inquiété par ces mesures. Les déclarations de certains hommes d'État ressemblent actuellement curieusement à celles d'Agnew et de Nixon. Le virage à droite, nous l'avons pris ici, avec un bel entrain. Duplessis, c'était de la petite bière.
>
> Et notre société est plus divisée que jamais. Le FLQ aura réussi ça, si ça peut s'appeler une réussite. Trudeau y a aidé[5].

L'assassinat de Pierre Laporte l'horrifie, et elle n'arrive pas à croire que de jeunes Québécois en soient les auteurs; elle imagine plutôt un coup de la mafia. Quand la maison de ses amis Françoise Loranger et Jean Michaud, à Saint-Marc-sur-le-Richelieu, est l'objet d'une perquisition, indignée, elle s'empresse d'aller les réconforter.

À la mi-décembre elle participe au Colloque sur l'avenir démocratique du Québec, contre la répression policière et en faveur des prisonniers politiques toujours incarcérés depuis la rafle d'Octobre. À cette rencontre organisée par un comité formé de Guy Rocher, Fernand Dumont, Pierre Harvey, Raymond Laliberté, Claude Ryan et Charles-A. Taylor, elle soumet la résolution suivante: créer un mouvement du genre «le Noël des prisonniers». Récupérer les bonnes volontés inemployées pour faire des quêtes dans les lieux publics, préparer des colis à l'intention des prisonniers et leur rendre visite, un mouvement qui aurait le mérite de se situer au niveau de l'action immédiate et de permettre l'accès aux médias[6]. Elle assistera, à un autre moment, dans une salle du restaurant montréalais Butch Bouchard, à une rencontre organisée par l'avocat Marc Brière du Parti québécois pour fonder un club André-Laurendeau afin de permettre à des intellectuels, qui désirent conserver une position publique neutre, de lutter pour un Québec libre[7].

En ce début d'année 1971, la démocratie au Québec lui semble bien fragile, le climat social sombre et malsain, et l'orientation de l'information à Radio-Canada, qui jette un voile pudique sur la réalité, peu intéressante[8]. Pour une femme dans un tel état de santé et dans un tel état d'esprit, l'année sera pourtant prodigieusement active. Sur le plan professionnel, elle s'en tire du mieux qu'elle peut. Dès le premier jour de janvier, elle est le reporter de l'émission spéciale qui passe en revue les événements marquants de l'année précédente, *Le Monde en 70*, animée par Bernard Derome. Son travail la conduira entre autres en Saskatchewan, à Ottawa, à Québec. Ultime exemple d'un professionnalisme qui ne se dément pas, qui ne laisse pas filtrer ses opinions politiques quelles que soient celles de son invité: après une entrevue avec le premier ministre Trudeau, elle téléphone à son amie Suzanne Rivard, dont le mari est membre du personnel politique du premier ministre: «Dis à Jean que Trudeau a donné une fichue bonne entrevue.»

S'en tenir à l'analyse des politiques gouvernementales officielles et à la couverture politique quotidienne ne la satisfait pas. Il y a tant de malaises dans la société québécoise, tant de mouvements et de phénomènes sociaux à expliquer, de dossiers à fouiller, d'acteurs autres que les ministres et les spécialistes à qui donner la parole! Judith le déplore, le réprouve sans intervenir. Ses batailles se déroulent sur un terrain plus personnel, plus urgent. Dépasser chaque jour son état physique pour se maintenir au travail, réussir chaque entrevue, chaque reportage — c'est peut-être le dernier. La progression inexorable de la maladie mine ses forces. La douleur l'empêche souvent de dormir la nuit. Ses amis Suzanne Rivard et Jean LeMoyne lui prêtent leur maison de campagne à Saint-Denis-sur-le-Richelieu pour l'hiver. Ne se sentant pas suffisamment bien, elle n'y passera que deux week-ends avec son neveu Christian. Ses souffrances physiques, ses angoisses devant l'échéance inéluctable de la mort n'altèrent ni son goût de vivre, ni sa foi dans l'action, ni son sens aigu de l'engagement social. Au lieu de se replier sur elle-même, elle va de l'avant, inscrite dans le moment présent. Elle poursuit sa ligne de vie et continue à se donner à son métier, à la lutte pour la justice, pour les droits. Elle assume de nouvelles responsabilités militantes dans son milieu de travail. Syndiquée depuis peu, elle est élue présidente de son syndicat. Le 10 janvier, dans une lettre à Jeanne Lapointe, elle dit: «Je suis débordée par mes nouvelles fonctions syndicales et un peu perdue devant une mentalité et un langage nouveaux pour moi[9].» On peut se demander ce qui l'a poussée à poser sa candidature pour cette fonction. Sa santé est fragile, elle a passé quatre ans à l'étranger, elle n'a pas l'expérience des affaires syndicales. À l'approche de la négociation de la convention collective, ses collègues lui ont confié ce mandat plus par déférence qu'en vertu de ses connaissances de leur dossier. Comme eux, sans doute compte-t-elle sur la collaboration des autres membres de la direction du syndicat pour mener la tâche à bien.

Ses raisons de postuler ce poste sont diverses. Ses jours sont comptés. Faute d'avoir une famille bien à elle avec mari et enfants, elle n'a que l'action pour donner un sens à sa vie. Elle est prosyndicaliste depuis toujours. Déjà, en 1953, au moment de la négociation du contrat de travail du Syndicat des employés de la Salle des nouvelles, elle était intervenue auprès de ses collègues afin de faire inclure dans les demandes syndicales une clause destinée à protéger l'emploi des femmes et, durant la dure grève de deux mois des réalisateurs, bien que pigiste à Paris, elle a pris une position non équivoque en faveur des grévistes. Négocier avec la direction pour une fois sur un pied d'égalité et comme représentante d'un groupe d'employés n'est pas pour lui déplaire. Mais le règlement de compte personnel n'est pas dans son caractère. C'est un être essentiellement politique, rattachant constamment le cas individuel à sa dimension collective. La discrimination et l'exploitation qu'elle a subies sur le plan professionnel décuplent sa détermination à lutter dans une action commune avec ses collègues, bien qu'elle n'ait plus de bénéfices personnels à en retirer. À la table de négociation, courtoise, l'argument solide en bouche, elle ne perd pas son sens de l'humour: «On a coupé les seins à sainte Agnès. Nous, les journalistes, on nous coupe tout le temps. Nous devrions l'adopter comme patronne!»

Féministe à sa façon

Elle participe à la mi-février à la première réunion du Comité femmes formé à Montréal et qui prendra ultérieurement le nom d'Association des femmes de Radio-Canada. Le groupe de trente femmes veut voir mettre en application par la Société les recommandations du rapport de la Commission royale d'enquête sur la situation des femmes au Canada, rendu public quelques mois plus tôt. Les initiatrices du mouvement se sont d'abord adressées aux syndicats de la maison. Devant la réaction négative de leurs collègues masculins, elles ont décidé de former un groupe autonome. Elles ont contacté les employées du siège social, à Ottawa, ainsi que celles du réseau anglais, à Ottawa et à Toronto, sans succès immédiat — celles-ci ne formeront des groupes semblables que deux ans plus tard. Le Comité mènera une enquête auprès du personnel féminin de la maison et obtiendra sa première rencontre avec la direction en novembre suivant. Judith Jasmin y joue un rôle clé, n'hésitant pas à énumérer la liste des discriminations qu'elle a elle-même subies en tant que femme sur le plan du salaire comme sur celui du travail, dont celle de ne jamais s'être vu offrir un poste administratif. L'année précédente, elle en avait fait état à la radio de Radio-Canada:

> Pour une femme qui travaille pendant un certain temps dans une grande administration comme celle de Radio-Canada, c'est évident à plusieurs paliers. On ne m'a jamais offert un poste dans l'administration, ce qu'on a offert à mes collègues [masculins] après vingt-cinq ans dans la boîte[10].

Sa présence donne au Comité une crédibilité dont il a besoin, car la direction est bien décidée à faire la sourde oreille à ce groupe de revendicatrices occupant des postes de cadres intermédiaires, de documentalistes, de scriptes, cette «poignée de frustrées du Women's Lib qui veulent faire de l'agitation[11]», refusant de voir que la très grande majorité des femmes sont cantonnées à Radio-Canada dans des ghettos d'emplois subalternes et mal payés, sans possibilité d'avancement et sans bénéficier des mêmes avantages sociaux que les hommes.

Jusque-là, Judith Jasmin a exercé son féminisme par l'exemple de sa vie professionnelle et de ses engagements sociaux, incarnant pour les autres femmes québécoises, dès les débuts de la télévision, un modèle unique d'émancipation du rôle féminin traditionnel. Son parcours journalistique montre que les femmes peuvent faire preuve d'une exceptionnelle rigueur intellectuelle, comprendre et expliquer le monde et ses situations les plus complexes et le faire sans se renier. Pierre Nadeau la qualifiera de «Barbarella de l'information», de «phénomène de l'information politique»; les médias écriront qu'elle «impose un nouveau style journalistique, sans parvenir à l'expliquer».

Mais les femmes, elles, le ressentent intuitivement avec une vive émotion. Pendant vingt ans, elle est l'inspiratrice aussi bien des femmes de sa génération que des plus jeunes, et l'idole de nombreuses adolescentes. À chacune de ses apparitions à l'écran, elles ressentent espoir et fierté. Elle fait reculer les tabous et les interdits qui pèsent sur elles et confirme la validité de leurs aspirations: s'affirmer, s'exprimer, créer. S'identifier à cette grande journaliste est d'autant plus facile qu'à travers ses reportage elles retrouvent chez elle leur manière d'être, de sentir les choses, de vivre les événements. Et cette femme s'engage publiquement en faveur de la paix, de l'école laïque, contre l'armement nucléaire, contre la discrimination envers les Noirs, les femmes et tous les opprimés. L'écran de télévision ne leur renvoie pas une image fictive d'un idéal à atteindre, mais son incarnation en chair et en os. «J'avais treize ans, raconte une féministe de la génération des années soixante-quinze, mes parents suivaient ses émissions et je les regardais avec eux. Je ne comprenais pas la moitié de ce que Judith Jasmin expliquait mais j'étais rivée à l'écran; émue, touchée, je vibrais.» Comme beaucoup d'autres cependant, ne pouvant l'associer à un mari et à des enfants, cette jeune femme a cru que, pour parvenir là où elle était, Judith Jasmin avait fait le choix délibéré de tout sacrifier à sa carrière.

La journaliste Francine Montpetit, qui a connu Judith Jasmin de plus près, l'ayant rencontrée à l'âge de dix-sept ans au lac Marois avant de la retrouver, trois ans plus tard, à ses débuts journalistiques sur le plateau de l'émission *Carrefour*, explique: «Elle était un modèle et une inspiration comme journaliste et encore plus comme femme engagée. Elle était enveloppée d'une auréole de courage et de détermination que nous, les jeunes, nous n'avions pas. C'était un grand reporter comme on les imagine, d'une curiosité insatiable, très informée, la seule femme à faire de l'international, capable d'interroger n'importe quel chef d'État mais d'une approche très sensible avec les plus humbles, n'ayant absolument pas peur de l'émotion, ne craignant pas d'aller chercher sa sensibilité au fond d'elle-même et de l'utiliser, un comportement qui enfreignait les règles journalistiques. À l'époque de la prise du pouvoir par Fidel Castro à Cuba, au début des années soixante, les idées de gauche avaient une dimension terrifiante. Judith Jasmin croyait dans la justice et dans l'action, elle s'engageait en faveur de l'égalité des droits, marchait avec les Noirs aux États-Unis et, pour moi, son engagement prenait une dimension tangible: elle aimait un Noir. Nous avions de petites ouvertures pour toutes ces idées tout en nous disant que ce ne devait pas être très correct. Elle, brisait toutes les barrières, tous les préjugés, tous les tabous.»

Pour saisir l'ampleur de l'ascendant qu'a pu exercer Judith Jasmin sur les femmes de sa génération et sur les plus jeunes, il faut se reporter aux années cinquante et soixante où les femmes voyaient leurs aspirations prestement étouffées. En 1950: une seule élève d'une classe de diplômées du cours lettres-sciences d'un couvent d'une ville moyenne se dirige vers un collège féminin, les autres deviendront secrétaires... en attendant de se marier. La mère de cette collégienne fait face à la désapprobation générale de ses amies qui lui suggèrent, si elle tient à offrir une éducation supérieure à sa fille, de l'inscrire à l'Institut de pédagogie familiale! En 1960: sur une promotion de vingt-deux bachelières d'un collège, qui poursuivront toutes des études universitaires (médecine, droit, musique, psychologie, lettres, service social, etc.), trois seulement feront carrière: l'une restant célibataire, et les deux autres se mariant à la sortie de l'université. Les autres épouseront aussi des professionnels, mais non sans avoir été mises en demeure de choisir entre l'amour et la carrière. Le droit d'accès aux études universitaires et à l'exercice des professions masculines est acquis aux femmes, mais, dans la réalité, l'égalité n'existe pas pour elles. De jeunes avocates se voient refoulées à des tâches subalternes de quasi-secrétaires dans les firmes qui acceptent de les employer. Une jeune reporter de la télévision, dûment mariée, attend son premier enfant: elle devra quitter l'émission.

Pourtant, de plus en plus de femmes gagnent leur vie. Au tournant des années soixante-dix, elles forment trente-cinq pour cent de la main-d'œuvre dite active, et une mère de famille sur quatre travaille aussi à l'extérieur du foyer. Leur situation sur le marché du travail n'est pas changée pour autant: elles gagnent quarante pour cent de moins que les hommes, et la majorité sont de petites salariées dans des emplois féminins de service. Aucune loi ne les protège efficacement contre la discrimination en matière d'emploi ni quand elles s'absentent pour une maternité, et les services de garde n'existent pas. Le divorce et le mariage civil viennent enfin d'être légalisés, mais l'avortement et la ligature des trompes demeurent en pratique inaccessibles. Le «bill Omnibus» autorise les hôpitaux à faire des avortements thérapeutiques mais sous tutelle médicale, et le Code criminel interdit toujours la diffusion de l'information sur la régulation des naissances, l'annonce et la vente de produits contraceptifs[12]. La pauvreté des femmes, le sort des femmes immigrantes demeurent des problèmes cruciaux.

À la lumière du contexte des années cinquante à soixante-dix, on peut mieux mesurer pourquoi Judith Jasmin a été un modèle si important pour les femmes du Québec. Non seulement elle réussissait de façon éclatante dans l'un des métiers masculins les plus en vue, non seulement elle était une vedette de la télévision et une personnalité socialement engagée, mais aussi et surtout elle demeurait une des leurs, une «femme» à laquelle elles pouvaient s'identifier et qui, au surplus, ne craignait pas d'affirmer sa «féminitude» dans sa profession ni de se dire féministe alors que l'usage du mot était encore fort peu répandu.

Judith avait évidemment lu *Le Deuxième Sexe* de Simone de Beauvoir et le best-seller publié en 1963, *La Femme mystifiée*, de l'américaine Betty Friedan, qui devait fonder peu après la National Organization of Women (NOW). Elle avait suivi de près le réveil au Québec, à la faveur de la Révolution tranquille, de la presse féminine, qui secouait la tradition pour faire écho à la gravité des problèmes reliés aux conditions de vie des femmes. Elle avait fait référence à l'influence de la nouvelle presse féminine dans ses conférences.

De l'automne 1966 à l'été 1970, elle était aux États-Unis. Elle avait couvert à New York, en 1967, la Conférence internationale sur l'avortement mais n'avait pas suivi l'évolution du mouvement des femmes américain, prise par sa tragédie personnelle et occupée à couvrir les questions de politique internationale et américaine, mobilisée davantage par la lutte contre le racisme, l'opposition à la guerre du Viêt-nam et à la lutte contre les dictatures d'Amérique latine. Elle avait suivi d'encore plus loin l'accélération de l'évolution des Québécoises, leur regroupement dans une vaste fédération, qui, sans se dire encore féministe, s'était donné une plateforme constituant la base de l'ensemble des grandes revendications modernes. Cette Fédération de femmes québécoises (FFQ) allait aussitôt joindre ses efforts à ceux des groupes de femmes canadiens-anglais afin d'obtenir une commission royale d'enquête sur la situation des femmes au Canada. Le rapport de cette commission (la Commission Bird), rendu public à la fin de septembre 1970, fait grand bruit dans la presse comme dans les milieux gouvernementaux. Un journaliste du *Toronto Star* le qualifie de «bombe bourrée de plus de matières explosives que tout engin préparé par des terroristes» et «d'appel à la révolution, plus persuasif qu'un manifeste du FLQ» tandis que la presse féminine et les groupes de femmes québécois l'accueillent avec tiédeur, jugeant ses recommandations timides et dépassées[13]. Quant à Judith, elle fera le commentaire suivant à l'une des commissaires, son amie Jeanne Lapointe: «C'est une documentation énorme où viendront, espérons-le, puiser curieux, chercheurs et... légistes! On a été sévère sur les conclusions et les recommandations. Tu t'y attendais, je crois. J'espère que la réaction de la presse et celle du gouvernement ne t'affectent pas trop[14].»

Judith Jasmin n'aura le temps d'entendre que les premiers échos du féminisme politique et révolutionnaire qui surgit comme un raz de marée provocant et subversif au début des années soixante-dix dans la majorité des pays industrialisés, à la faveur de la contestation sociale et politique générale de l'époque. Les Françaises se sont engagées dans la lutte révolutionnaire étudiante et ouvrière de Mai 68, les Américaines dans les luttes contre la guerre au Viêt-nam, l'armement nucléaire, le racisme à l'endroit des Noirs, le capitalisme et ses injustices sociales. Au Québec, dans un climat de contestation sans précédent des pouvoirs établis et du système social, les femmes sont de toutes les luttes — étudiantes, ouvrières, populaires, de libération nationale. Des jeunes femmes dans la vingtaine et dans la trentaine prennent conscience, à travers leur militantisme, de l'exploitation spécifique de leur sexe. Elles voudraient intégrer la lutte pour leur libération au combat général, mais les groupes et les organisations de gauche auxquels elles appartiennent la rejettent comme secondaire et non avenue, et leurs compagnons de lutte reproduisent à leur endroit les attitudes d'autoritarisme, de paternalisme, de discrimination qu'ils dénoncent dans les partis politiques traditionnels. Elles prennent en charge leur propre libération en formant des groupes autonomes, non mixtes.

En reportage à New York, Judith Jasmin défile sur la 5ᵉ Avenue avec les jeunes militantes du Women's Lib. Elle est de cœur avec elles mais elle ne fera pas le lien avec le nouveau féminisme, qui amorce une remise en cause radicale de tous les aspects de la vie des femmes. Elle en restera à la lutte en faveur de la justice, de l'égalité, de la promotion des femmes, sans avoir le temps de remettre en question les fondements du sexisme et les rapports de pouvoir des hommes sur les femmes. Dans ses rapports privés avec les hommes, elle a eu un comportement féminin traditionnel d'amoureuse servile et de bonne ménagère se réservant les tâches domestiques. Elle avait intériorisé le manque d'estime de soi distillé insidieusement dans l'esprit de toutes les femmes: elle ne doutait pas de ses capacités professionnelles, elle doutait de sa personne — de sa féminité — entretenait un rapport malaisé avec l'argent comme beaucoup d'autres femmes, et sa pudeur la faisait hésiter à se battre pour elle-même au travail. Seule femme au départ dans son milieu professionnel, elle n'a jamais joué la femme-alibi ni choisi la complicité avec les hommes, tout en considérant qu'il appartient largement aux femmes de se sortir de leur situation: «croyant en la justice pour les femmes dans les questions importantes, travail, statut, droit, mais n'aimant pas les femmes qui se cramponnent en même temps à certains privilèges enfantins» — ce fut sa dernière déclaration féministe au cours de l'une de ses dernières entrevues[15]. On peut imaginer, connaissant sa lucidité et sa capacité de se remettre en question, que si elle avait vécu au-delà de ses cinquante-six ans, elle aurait, à l'instar d'une Simone de Beauvoir, pris le train en marche du nouveau féminisme.

Elle a aussi été un modèle pour les hommes, bien qu'ils n'aient pas saisi que son apport à l'information et à la société québécoise reposait essentiellement sur un regard de femme. La plupart des réalisateurs avec lesquels elle a fait équipe acceptaient son approche des choses. Plusieurs de ses plus jeunes collègues, de Jacques Languirand et Jean Ducharme à Wilfrid Lemoine et Pierre Nadeau, affirmeront qu'elle a été un exemple. «Elle représentait un idéal, dira Pierre Nadeau, on oubliait qu'elle était une femme, quelqu'un d'ici. Elle avait tout lu, connaissait tout, des choses qu'on n'arriverait pas à connaître dans une vie. À l'aise partout, dans n'importe quelle ville, dans n'importe quel pays, le monde lui appartenait. J'ai beaucoup appris d'elle et j'aurais encore appris. Elle était arrivée, nous étions en devenir.» «Les clous qu'elle a plantés, dira par ailleurs Jean Ducharme, n'ont peut-être pas eu, chaque fois, un effet retentissant, mais elle a eu une plus grande influence que l'on pense non seulement sur la profession journalistique mais sur l'évolution du Québec, une influence peut-être pas éclatante mais profonde, qui porte ses fruits à long terme. Un mot d'elle a pu suffire à ceux qui ont suivi. Les gens l'admiraient et Judith aurait eu besoin qu'on le lui dise, mais parce qu'elle était impressionnante, dégageait une image de force et paraissait distante quand on ne la connaissait pas bien, les gens n'étaient pas portés à le faire.» Au décès de Judith Jasmin, le journaliste Jean de Guise écrivait: «Elle était souple mais ne courbait pas l'échine devant personne, devant rien. Elle, vraiment, savait communiquer. Dans le domaine des communications, c'est l'essence de l'art. La perte de Judith Jasmin est encore plus grande, sans doute, que nous ne nous en rendons compte pour le moment[16].»

Dernière frénésie de journalisme

À l'automne 1971, le directeur de l'Information, Marc Thibault, arrange les choses pour que Judith retourne aux affaires publiques. Enfin, elle retrouve le genre de journalisme qu'elle préfère. Elle fait partie de l'équipe de reporters de *Format 60*, avec Michel Pelland, Guy Lamarche et ses camarades d'autrefois, Andréanne Lafond et Jean Ducharme; elle anime en plus, à tour de rôle avec Pierre Nadeau et Guy Lamarche, la nouvelle émission hebdomaire *Politique Atout*, consacrée aux questions politiques canadiennes et surtout québécoises, où l'on interroge ministres et spécialistes sur les sujets d'actualité.

Dernière frénésie de travail. Du 24 août au 10 septembre, en reportage dans le Nord-Ouest québécois sur les préoccupations de la population. Le 12 septembre, en studio, à *Politique Atout*, traitant de la politique du ministère de l'Éducation. Les 25 et 26, au Manoir Saint-Castin, au lac Beauport, couvrant le troisième congrès du Centre québécois de relations internationales et y interrogeant, entre autres personnalités, le ministre de l'Agriculture du Chili sur la situation dans son pays. Elle trouve l'énergie, le 5 octobre, de prononcer une conférence à la Société d'études de conférences de Montréal sur les écrivains et écrivaines de marque qu'elle a rencontrés au cours de sa carrière[17]. Puis, c'est le départ pour l'Uruguay, la Suisse d'Amérique latine, alors à deux pas de la révolution, où l'organisation clandestine des Tupamaros a fait les manchettes de la presse internationale avec une série d'enlèvements spectaculaires. Si elle ne peut expliquer au public la violence politique qui agite le Québec, elle cherchera une dernière fois à faire comprendre les tumultes d'un autre pays agité par des problèmes économiques et sociaux et dont le climat révolutionnaire a influencé l'action de jeunes Québécois. Curieuse et aimant aller au fond des choses, elle se rendra jusqu'à Mercedes rencontrer la famille de l'ex-mari de sa sœur Claude et rapportera à son neveu Christian des photos de sa famille paternelle dont il n'a aucun souvenir, étant rentré au Canada à l'âge de un an et demi. Pour la dernière fois, elle partira avec une seule valise pour en revenir avec plusieurs, lourdes de souvenirs et de cadeaux. Au retour, le 7 novembre, ce sont l'assurance-maladie à *Politique Atout*, et la préparation de l'émission sur l'Uruguay les deux semaines suivantes pour *Format 60*.

Bien que de plus en plus fréquents, les ennuis de santé ne tiennent pas Judith longtemps éloignée des studios. Le 21 novembre, elle traite à *Politique Atout* de la politique de bilinguisme du gouvernement fédéral et y interroge le secrétaire d'État Gérard Pelletier. Le 23, elle subit à l'Hôtel-Dieu une autre intervention chirurgicale. Une amie attend dans l'inquiétude des nouvelles de l'hôpital. Le téléphone sonne. Quelle n'est pas sa surprise d'entendre la voix de Judith lui dire: «Comment allez-vous?» Le lendemain d'une intervention chirurgicale, elle peut encore, aussi bien qu'à un autre moment, cuisiner un repas élaboré pour des amis. Trois jours plus tard, le 26 novembre, elle enregistre une entrevue du commissaire aux Langues officielles Keith Spicer. La première semaine de décembre, elle subit des séances de radiothérapie. Du 10 au 12, elle conduit des entrevues pour un reportage sur «Le Québec à l'époque du Refus global». Le 12 également, elle anime une autre émision de *Politique Atout* sur la juridiction fédérale-provinciale du domaine des communications. À Noël, qui sera son dernier, elle reçoit un groupe d'amis dont Anne Hébert, Monique Bosco, Aimée Danis, Guy Fournier, Suzanne Mercure, Huguette Pilon, Benoît Lafleur, France et Pierre Nadeau, à une soirée pleine d'entrain. Lors du déménagement du secteur des affaires publiques de l'édifice Castle, rue Stanley, en haut de la rue Sainte-Catherine, à la nouvelle maison de Radio-Canada, rue Dorchester Est (aujourd'hui boulevard René-Lévesque), on trace des graffiti sur les murs des bureaux. Dans un élan, Judith y laisse un souvenir à sa manière: «Vous êtes pas tannés de mourir, bande de caves», la phrase du poète Claude Péloquin, inscrite dans la murale de Jordi Bonet du hall d'entrée du Grand Théâtre de

Québec, dont le dévoilement avait déclenché le plus beau scandale à l'échelle de la province.

Dans la semaine du 6 janvier, elle enregistre des entrevues pour une émission d'une heure sur «Le Fossé des générations.» Le 23 janvier, elle interroge le ministre des Affaires municipales, Maurice Tessier, sur la planification de la Communauté urbaine de Montréal. Début février, elle fait une entrevue sur les élections américaines, puis se rend en reportage en Martinique, entre deux séries d'examens médicaux à l'hôpital Notre-Dame, où la traite depuis janvier, la docteure Madeleine Blais, une cancérologue qui vient de terminer sa spécialité aux États-Unis d'où elle rapporte de nouvelles techniques de soins et avec laquelle Judith se sent plus en confiance qu'avec son précédent médecin traitant, moins engageant et plus avare d'explications.

Pendant son séjour en Martinique, elle avait rencontré, à Fort-de-France, Pauline Julien et Gérald Godin, et les avait entretenus avec enthousiasme de ses projets professionnels. En marchant sur la plage avec Judith, la voyant si amaigrie, Pauline aborde le sujet de sa maladie. Judith lui répond, avec une conviction qui ne laisse planer aucun doute sur sa détermination à lutter contre le cancer: «Ce n'est pas la maladie qui me vaincra, c'est moi qui vaincrai la maladie.» Pourtant, elle sait la fin proche. Plus tard, une seule fois, un samedi, elle fera appel à Pauline: «Peux-tu venir? J'ai besoin de toi.» En cet hiver 1972, sa maison continue d'être ouverte et elle y reçoit à dîner ses plus anciennes amies, les sœurs Aubry.

Le prix Olivar-Asselin

Judith Jasmin avait remporté, dix ans plus tôt, le trophée du meilleur animateur de télévision. Par la suite, des femmes avaient reconnu son apport au Québec. En 1968, au pavillon Hemisfair de la Foire internationale de San Antonio, qui rendait hommage au rôle des femmes sur le continent nord-américain, Judith était au nombre des cinq femmes représentant le Canada français, avec Thérèse Casgrain, Gabrielle Roy, sœur Laurent-de-Rome (membre de la Commission Parent sur l'éducation) et Pierrette Alarie. En 1970, Judith Jasmin figurait au nombre des Dix femmes de l'année au Salon de la femme, à Montréal. Avant son départ pour la Martinique, elle reçoit un coup de téléphone surprise: elle est la récipiendaire pour l'année 1972 du grand prix de journalisme québécois, le prix Olivar-Asselin, décerné annuellement depuis 1956 par la Société Saint-Jean-Baptiste de Montréal. Ce prix prestigieux et cette reconnaissance publique tardive lui font plaisir: «On n'a pas des honneurs tous les jours, déclare-t-elle en entrevue. Celui-là m'a fait plaisir parce que c'était davantage un prix donné par les miens, pas trop officiel; ce n'est pas un prix donné par un État, un gouvernement ou une association très officielle. La Société Saint-Jean-Baptiste, ça reste quelque chose de presque familial, et je suis aussi d'accord avec beaucoup des buts qu'elle poursuit comme la primauté de la langue française[18].» Au point où en est cette femme qui a affiché tant de courage dans sa vie, pris tant de risques pour exercer sa profession avec une passion de l'excellence et de la vérité peu commune, qui a su proposer un idéal exigeant, cet honneur n'a plus tellement d'importance. Ce qui compte, c'est profiter de l'occasion pour continuer le combat et intervenir pour changer les choses. Le soir du 7 mars, à la remise officielle du prix qui réunit au Monument national, rue Saint-Laurent, à Montréal, un petit groupe de parents, d'amis et de gens de la profession, les femmes journalistes présentes sentent rejaillir sur elles l'honneur enfin rendu à la plus grande des leurs, qu'elles savent déjà très malade.

La directrice des pages féminines du quotidien *Montréal-Matin*, Marie Laurier, appelée, à titre de seule femme membre du jury, à présenter la lauréate, parle en leur nom:

> [...] C'est une fête pour nous toutes, Québécoises! Ne nous en veuillez pas trop, messieurs, de savourer égoïstement quelques minutes la gloire d'une grande journaliste qui a fait sa marque, qui continue de tracer la voie pour celles d'entre nous et nos filles qui auront le courage, l'audace, la témérité, je dirais, de se réaliser dans un métier si exaltant.[...]
>
> [...] nous voulons continuer de l'admirer longtemps. Et cela, ici même, dans le milieu québécois, à *Format 60* et à *Politique Atout*, les rares émissions qui nous restent comme denrées substantielles — et de plus en plus par les temps qui courent — qui nous permettent de cheminer vers la vérité, que vous aimez, Judith Jasmin, et que nous vous sommes reconnaissants de nous faire partager[...][19].

Le lendemain, dans *La Presse*, la journaliste Cécile Brosseau, qui couvrait l'événement, écrit:

> Dans mon for intérieur, je déplorais que les auditeurs et téléspectateurs, admirateurs de cette journaliste universelle, n'aient pas le privilège de l'approcher pour lui confier combien ils l'aimaient.
>
> En leur nom, je voudrais remercier la récipiendaire du prix Olivar-Asselin pour toutes les minutes intéressantes qu'elle leur a permis de vivre. Car Judith Jasmin a été et demeure l'idéal de toute une génération[20].

Dans son allocution d'acceptation du prix, Judith Jasmin reste on ne peut plus fidèle à elle-même. Saisir chaque occasion de parler en public, fût-elle une réception en son honneur, pour s'exprimer avec franchise, se prononcer sur des questions importantes, amener les gens à réfléchir. Le faire avec un subtil dosage de fermeté et de respect à l'endroit de son auditoire, adapté à la circonstance. Si l'on excepte les entrevues qu'elle accordera dans les jours suivants, cette courte allocution sera son dernier message public. Le sourire éclairant son visage marqué par la maladie, coiffée d'une perruque qui cache une chevelure ternie, elle tient son bras droit douloureux près du corps et une fois de plus dit des choses qui portent:

> Pour en revenir à ce prix Olivar-Asselin qui souligne le travail des journalistes, je note que la presse électronique n'a eu jusqu'ici que deux titulaires, notoires d'ailleurs, MM. René Lévesque en 1957 et René Lecavalier en 1959 sur 16 lauréats. Je suis donc heureuse qu'en ma personne, cette faible proportion de la presse électronique soit augmentée d'une unité et gratifiée d'une mention honorable. Je n'oublie pas que M. Paul Blouin, réalisateur, fut récemment titulaire d'un prix de la SSJB et qu'il est venu raffermir cette idée que la TV et la radio gagnent peu à peu leurs lettres de noblesse.

L'audace des termes ne lui manque pas pour faire remarquer qu'elle n'est que la deuxième femme journaliste en dix-sept ans, après Germaine Bernier, alors directrice des pages féminines du *Devoir*, à recevoir ce prix et pour enregistrer un plaidoyer en faveur de la justice à l'endroit des femmes.

> Sans vouloir soulever de polémique en une réunion aussi cordiale, je ne peux pas ne pas constater également que ce prix accordé à une femme (la deuxième en dix-sept ans) me semble signifier un effort de la Société SJB pour s'accorder au mouvement de promotion de la femme. Tout comme l'ensemble de notre univers, elle s'éveille à cette réalité: les femmes ne sont pas que des éléments de décor; elles participent activement à toutes les phases de la vie sociale, de

l'enfant qu'elles mettent au monde et éduquent, jusqu'au travail qu'elles fournissent dans presque tous les métiers et professions. Aussi, que l'on pense à elles quand il s'agit d'avancement ou de signe prestigieux ne me semble que sain et normal.

À ce titre, je me réjouis de bénéficier aujourd'hui de ce nouvel esprit de justice qui gagne peu à peu du terrain, et s'étend depuis la Commission royale d'enquête sur les droits de la femme, jusqu'à venir ébranler les murs et peut-être les préjugés de notre société nationale; en tout cas, je la félicite du bon exemple qu'elle donne à notre milieu social.

Elle termine sa brève allocution en insistant sur une question qui la préoccupe quant à l'avenir de la société québécoise: la portée extraordinaire de la télévision sur la vie même des gens et les nouvelles responsabilités sociales qu'elle impose tant aux artisans des médias électroniques qu'aux divers paliers d'autorité et aux organismes représentatifs du public. Depuis, cette question a été analysée sous toutes ses facettes et abondamment débattue publiquement, mais au moment où la récipiendaire du prix Olivar-Asselin l'aborde, le sujet est encore neuf au Québec.

Ce medium froid, comme dirait McLuhan, offre des possibilités énormes, en bien ou en mal, pour atteindre, remuer, transformer une opinion publique. Il agit, comme vous le savez, à long terme sur le subconscient de l'auditoire. La réclame nous en offre l'illustration courante.

De nouvelles générations élevées devant le petit écran ont vu peu à peu l'univers entier entrer chez eux. Les fameuses barrières de tribus, de clans ou de castes ont été abolies. Le monde de demain, dirigé, façonné, commandé par les enfants de la TV ne sera plus jamais le même que celui que nous connaissons et qui s'achève avec notre génération. *Il n'est donc plus question d'ignorer l'électronique ou de la ranger au nombre des gadgets futiles de la société de consommation. Il faudrait au contraire prendre très au sérieux un tel medium et lui imposer des normes rigoureuses.** Il faudrait aussi savoir qui a le droit et le devoir de poser de telles normes. Il en va de nous Canadiens français comme des Américains, grands avaleurs d'images: *d'ici une génération nous serons devenus ce que la TV et ses nombreux messages auront fait de nous... bons ou médiocres.*

Ce n'est pas là une mince responsabilité pour les artisans des médias électroniques, y compris les journalistes.

---

* Les italiques sont de l'auteure.

> Je crois qu'une société comme la Saint-Jean-Baptiste, préoccupée par des valeurs nationales, *peut jouer un rôle de guide, de garde-fou et d'inspirateur dans l'établissement des programmes et des politiques de la radio-télévision destinés aux Canadiens français*; en tout cas, je souhaite qu'elle s'intéresse de plus en plus à ce medium d'information et de culture; en apparence frivole et fugace, la TV est en train de nous changer en profondeur; *il serait bon que les nôtres aient un mot à dire dans une telle évolution*[21]*.

Dans les entrevues qu'elle accorde aux médias dans les jours suivants, elle précise sa pensée:

> Tous ceux qui y participent doivent se rendre compte qu'il y a là une responsabilité: faire attention au choix des émissions, à l'orientation des émissions, à la programmation tout entière, à ce qu'on donne à voir aux gens, à ce qu'on les empêche de voir[22].

À une autre émission, à Wilfrid Lemoine:

> Les autorités quelles qu'elles soient, les groupes de pression, tous les leaders de notre société ont laissé un peu aller tout ça presque au hasard. Tous ces grands changements qui vont se faire chez nous, on ne s'en préoccupe pas assez.

Quand l'intervieweur lui demande comment la télévision peut influencer le subconscient du spectateur, elle ajoute:

> Les commerciaux, des films médiocres, des émissions médiocres, des choses vulgaires. Et puis, il y a aussi un manque de réalisme: bien des choses qui devraient être couvertes par la télévision ne le sont pas. Il y a des choses importantes dans notre vie culturelle qu'on néglige complètement: il n'y a pas une seule bonne émission de télévision, pas une seule, qui s'occupe de la littérature canadienne et québécoise. Il y a de grosses lacunes[23].

À cette occasion, un dernier échange de lettres entre Gabrielle Roy et Judith Jasmin:

> Québec, le 13 février 1972
>
> Chère Judith,
>
> Je vous devais depuis longtemps un mot en réponse à votre carte de Noël et à vos bons souhaits. Voici que l'annonce de votre prix me secoue enfin et que je ne peux tarder à vous dire combien je suis contente de cela et de tout ce que vous avez accompli. Quand je

* Les italiques sont de l'auteure.

songe aux reportages sur presque tous les aspects de la vie canadienne que vous avez donnés, à ces témoignages de la multiple vérité, à ces portraits d'hommes et de femmes saisis «vivants», je me dis que vous auriez dû recevoir depuis longtemps ce prix et bien d'autres prix encore.

Les années passent et ne nous accordent pas souvent en effet de nous retrouver ensemble. Je me rabats sur les souvenirs. J'en ai un de vous que j'affectionne particulièrement. Vous souvenez-vous de ce soir-là: à cause d'une panne d'électricité, nous veillions, chez moi, à Ville LaSalle, dans la timide lueur d'une lampe de campagne. Mon petit chat Hô Chi Minh, séduit par le brillant de votre pendant d'oreille à ce feu de la lampe, tenta de vous l'arracher d'un coup de patte espiègle. Mais ce que je me rappelle surtout c'est combien vos yeux — les nôtres aussi peut-être — étaient beaux et touchants dans cette délicate lueur, et combien nous étions jeunes encore. Je me dis aussi parfois que le plus vrai de notre être c'est dans de tels moments éternels qu'il se révèle.

Je vous embrasse bien affectueusement, chère Judith, et vous redis ma joie pour ce prix Olivar-Asselin, qui a du prestige n'est-ce pas, mais à qui vous en donnerez davantage.

Gabrielle Roy[24]

La réponse de Judith:

Chère Gabrielle,

Ce fameux prix Olivar-Asselin m'aura valu au moins de reprendre contact avec de vieux amis; c'est le bon côté de ces manifestations un peu officielles. Vous n'avez pas oublié les bons jours d'antan! Je sais que pour vous la vie continue pleine et productive comme une grande rivière qui n'arrête pas de couler. J'ai lu avec émotion votre beau livre sur la femme esquimaude. Ma santé n'est pas trop bonne depuis quelque temps et je n'ose faire de projets à long terme. Mais, j'espère néanmoins avoir l'occasion d'aller à Québec au printemps. Peut-être serez-vous libres tous deux pour un petit moment de retrouvailles? À bientôt, et merci de votre lettre amicale qui me touche beaucoup.

Judith Jasmin[25]

Le 31 mars, *Format* 60 présente Le Fossé des générations, un magnifique document d'une heure préparé précédemment avec le réalisateur Pierre Castonguay et auquel participent des parents, des jeunes et les sociologues Marcel Rioux et Jacques Lazure. Judith a dû prendre plaisir à faire ce dossier et être fière d'avoir réussi ce sujet, aussi important à ses yeux que des entretiens avec des politiciens et beaucoup plus difficile à mener. Depuis une semaine, elle est hospitalisée à l'hôpital Notre-Dame, atteinte d'un zona à l'œil droit qui s'étend sur tout le visage, la tête, le cuir chevelu et qui la fait horriblement souffrir. Son état général se dégrade: privée d'appétit, elle a perdu huit kilos en quelques semaines, a des nausées constantes, ne tolère aucun médicament et son bras droit lui cause des douleurs de plus en plus intenses.

Après sa sortie de l'hôpital, le 6 avril, elle doit garder le lit chez elle, souffrant encore terriblement de ce zona. À ce sujet, elle dit à Monique Bosco: «Les douleurs du cancer ne sont rien à côté de celles du zona», et à Françoise Loranger: «J'aime mieux souffrir de ça que d'amour; souffrir d'amour, c'est encore pire.» Au cours d'un vendredi que Suzanne Rivard passe avec elle, elle l'entretient longuement. Elle lui confie avoir le sentiment d'avoir pleinement vécu sa vie, d'avoir donné le meilleur d'elle-même et de pouvoir envisager que tout s'achève. «Ce jour-là, rappelle Suzanne Rivard, je m'en souviendrai toujours, elle s'est livrée d'une façon déchirante.» Dès que Judith peut quitter le lit et en dépit de ses douleurs persistantes, elle reprend certaines activités. Elle trouve la force de retourner au travail. La productrice déléguée Suzanne Mercure lui propose de préparer ses dossiers à la maison: «C'était pénible de la voir lutter avec autant d'énergie et de voir ses forces diminuer.»

Afin d'alléger ses douleurs, elle prend rendez-vous chez un acupuncteur. Elle n'aura pas le temps de s'y rendre: elle est hospitalisée à nouveau le 1er mai, aux prises avec des nausées de plus en plus fortes, et est trop faible pour subir l'ablation de l'hypophyse, intervention pratiquée afin de réduire l'intensité des douleurs. Quelques jours après sa sortie de l'hôpital un mois plus tard, elle se rend à Radio-Canada. Son bureau était déjà occupé par une autre personne et ses affaires, mises dans des boîtes mais, à l'insu de l'administration, ses collègues, Andréanne Lafond et les autres, ont tout remis en place avant son arrivée.

Une volonté de vivre incroyable

Judith Jasmin affichera jusqu'à la fin une volonté de vivre incroyable, qui tient d'un héroïsme à la fois exemplaire et terrifiant pour ceux qui en sont témoins. Monique Bosco, dont le vieux père est très malade, lui fait cette réflexion: «Je ne le comprends pas. Ça ne vaut pas la peine de vivre quand on a tant de maux.» Judith la regarde: «Vous savez, juste le plaisir de respirer, ça existe.» Parfois, elle fait preuve d'un courage à la limite du raisonnable. Un jour, elle raconte fièrement au téléphone à Monique Bosco: «J'ai amené ma mère et je suis allée faire le tour du bloc en auto.» «C'est la seule fois, raconte son amie, où je lui ai fait une scène, la trouvant déraisonnable. Elle était bourrée de médicaments, incapable physiquement de tenir un volant.» À son anniversaire, le 10 juillet, comme elle le fait depuis plus de trente ans, Judith téléphone à Thérèse Casgrain, qui célèbre son anniversaire le même jour qu'elle et avec qui elle a conservé des rapports d'affection et de respect. Elle lui glisse cette simple phrase: «Thérèse, je vous envie d'avoir ce que moi je n'ai plus, la santé.» Puis, les deux femmes parlent d'autre chose, de tout sauf de Judith et de sa maladie[26]. Installée pour l'été à son chalet du lac Marois, bien qu'elle soit très diminuée et qu'elle puisse à peine préparer de quoi manger, elle n'abandonne pas l'idée de retravailler. Quand les douleurs ne sont pas trop fortes, elle continue de lire, de se documenter sur des sujets de reportages.

Le projet ne se réalisera pas car, le 17 juillet, elle se casse le bras et, à la mi-août, elle est à nouveau admise à l'hôpital Notre-Dame. C'est une patiente docile comme une enfant, qui boit les paroles de la docteure Blais, une patiente d'une délicatesse et d'une gentillesse exemplaires et à l'endroit du personnel — infirmières, auxiliaires, préposées à l'entretien — une patiente très reconnaissante, qui se confond en remerciements pour le moindre service rendu. «Pour elle, il n'existait pas de classes sociales», commente son médecin. Judith a toujours un livre à la main. Dans ces moments difficiles, comme elle l'a toujours fait pour oublier une peine ou un cafard, elle se plonge dans un bon livre. «Ne plus être en mesure de lire, aussi bien mourir», dira-t-elle. Le dernier ouvrage qui l'accompagne porte sur la Chine. Claude-Jean Devirieux et sa femme Renée sont les rares personnes de l'entourage radio-canadien de Judith à surmonter le choc de sa transformation physique et à lui rendre fréquemment visite à l'hôpital (il est vrai qu'elle dissuade nombre de ses connaissances de venir la voir). Un jour, son collègue journaliste la trouve complètement désemparée. «Je n'ai plus d'argent, lui dit-elle. J'ai épuisé tous mes congés de maladie, je ne reçois plus de salaire.» Elle n'est pas sans le sou, mais les crises d'angoisse la jettent dans l'insécurité et ont une curieuse façon de la ramener à des considérations matérialistes dont elle a si peu tenu compte au cours de sa vie. Indigné, Devirieux communique avec le président de Radio-Canada, Laurend Picard, pour lui exposer la situation. «Je m'engage sur l'honneur à régler cette question, lui répond son interlocuteur. C'est un scandale qu'on coupe les vivres à une femme à qui le Canada français et le Québec doivent tant.» Il prend à même le budget de la présidence l'argent nécessaire pour verser à Judith Jasmin de quoi vivre pendant les derniers mois. «Dans les dernières années, soutient Devirieux, Judith Jasmin fut victime d'une administration qui ne tient pas compte des états de service et des services rendus à la Société et au public. Ce fut le premier exemple d'une personnalité qui avait fait la gloire de Radio-Canada et qu'on avait jetée au rebut.» Les administrations n'ont ni âme ni mémoire...

À compter de septembre, Judith a de plus en plus de difficulté à respirer. Si le jour elle demeure calme, le soir, vers vingt et une heures, de fortes quintes de toux l'accablent. La panique et la peur de mourir étouffée s'emparent d'elle. Par chance, la docteure Blais, entièrement dévouée à ses patients, ne quitte l'hôpital que tard dans la soirée. Soir après soir, sa présence à son chevet rassure Judith et calme son angoisse: «Vous avez été gentille de venir, je vais pouvoir dormir.»

Pendant ces deux mois d'hospitalisation, la mère de Judith, quatre-vingts ans, lui apporte deux fois par jour des repas préparés à la maison avec des aliments sains — steak tartare, céréales complètes, beurre d'arachide naturel —, des mets parfois un peu lourds mais que Judith mange avec appétit, et, vers la fin, des soupes passées au robot culinaire, geste qui montre la combativité de la mère et de la fille jusque dans les derniers instants. Judith ne se replie pas sur elle-même et accepte l'amitié qu'on lui témoigne. Quand ses amis lui rendent visite, toute son attention se porte vers eux et elle ne leur montre que son courage. Elle peut s'absenter pour aller vomir trois fois de suite, revenir à son lit et, même très affaiblie, leur demander: «Comment vas-tu? Raconte.» La semaine précédant son décès, lyrique, elle fait venir pour leur faire ses adieux ses amis et amies et des personnes qui ont compté à un moment ou l'autre de sa vie. Tous en sortent émus et bouleversés. Parmi eux, René Lévesque, qui sera profondément affecté par la disparition de Judith. Au réalisateur Claude Desorcy, elle dit: «Quand le jour se lève, si vous saviez comme je m'en veux si je ne suis pas éveillée. Voir le jour se lever, voir tomber la pluie, ça prend une telle importance!» Sa dernière parole à Adèle Lauzon: «Ne laisse jamais ton travail dominer ta vie personnelle», et à une autre amie: «J'ai moins de peine de partir. Je ne laisse qu'une carrière.» Quelque temps auparavant, n'avait-elle pas dit à Michèle Viroly: «Il faut que vous fassiez un enfant.»?

Elle tient aux infirmières des propos sur la mort qu'elle ne confie pas aux trois personnes qui sont les plus proches d'elle à ce moment: sa mère, sa sœur Claude et son neveu Christian, pas plus qu'à ses amies. Où en est-elle face à la spiritualité? À poursuivre ses interrogations? La dimension de l'âme, de l'au-delà ne lui avait pas échappé durant sa vie. Jésus, Bouddha, Mahomet étaient pour elle des êtres humains qui, par leurs qualités exceptionnelles, s'étaient élevés à une dimension divine. Six ans plus tôt, elle faisait cette réflexion à un journaliste:

> Je suis une non-pratiquante, je ne peux dire que je suis agnostique. Je vous l'ai dit: je me pose des questions. Il y a une vie spirituelle de l'homme qui ira loin, très loin, ici. Nous étions un Québec clérical. Nous devenons un Québec spiritualiste[27].

Pierre Nadeau lui avait posé la question une fois ou deux. Elle avait évité de répondre et fait une blague. Dans son testament, elle a cette phrase à l'adresse de Françoise Loranger: «S'il y a communication entre les âmes, je la sais attentive à ces questions...» De son lit d'hôpital, elle écoute une émission sur la mort à *Par quatre chemins* qu'anime Jacques Languirand à la radio de Radio-Canada et s'intéresse au cheminement spirituel de l'animateur, qui apprend la chose de la sœur de Judith: «Je me suis senti très proche d'elle à ce moment-là et son écoute a influencé mes choix de sujets.» Par un juste retour des choses, vingt ans après que, avec René Lévesque, Judith Jasmin lui eut montré la voie du journalisme télévisé, il tente, par la voix radiophonique, de l'aider à poursuivre une autre route. La spiritualité était-elle une préoccupation intime qu'elle ne partageait avec personne? Elle en emportera le secret avec elle. Dans les derniers jours, à travers ses délires, sous l'effet de la morphine, elle ne parle que de son dernier amour et le réclame sans cesse. Après avoir essayé en vain de retrouver sa trace, Jo Martin a cette dernière délicatesse: il lui fait envoyer une gerbe de fleurs, signée Jo. Elle a un regain momentané de vie puis s'éteint aux premières lueurs du jour, le vendredi 20 octobre 1972, entourée de sa mère et de sa sœur, tenant à la main la lettre que son amie de jeunesse, Mia Riddez, vient de lui faire parvenir. Quand Amédée Jasmin, âgé de quatre-vingt-onze ans, apprend la mort de sa fille aînée tant aimée, il en ressent un épouvantable chagrin et un fort sentiment d'injustice. La voir partir si jeune le révolte. L'équipe de médecins qui la soignaient n'en revient pas qu'elle ait pu lutter si longtemps, tant ses forces étaient déjà épuisées, six mois plus tôt. Les dernières volontés de Judith Jasmin portent son empreinte:

> Je souhaite, à condition de ne pas trop peiner ma famille, des funérailles aussi modestes et laïques que possible, sans cérémonie religieuse. Si cette clause m'empêche d'être inhumée dans le lot familial du cimetière Saint-Laurent, que je rejoigne ces terrains publics, honnis des bonnes gens. Je suis contre ces démarcations puériles et souhaite que ma mort et mon enterrement soient en accord avec mes idées[28].

Quant à ses papiers personnels, elle suggère d'en «faire un grand feu de joie; rien dans ce fatras qui vaille pour d'autres que moi, prière donc de tout détruire». Heureusement pour nous, sa mère décida plutôt de les confier aux Archives nationales du Québec.

L'enterrement au cimetière de Ville Saint-Laurent se déroule dans la plus discrète simplicité, loin des caméras, au milieu de sa famille et de ses amis. Mia Riddez prononce le dernier au revoir:

> J'ai connu notre amie Judith alors que nous avions vingt ans, que nous étions deux filles graves et pourtant encore sujettes aux grands rires fous de l'adolescence. Un même idéal nous rapprochait; c'était indiscutablement un idéal d'amour. Nous étions aussi avides d'amour l'une que l'autre. Nous étions également aussi, je crois, deux volontaires.
>
> À l'amour, toutes deux nous sommes parvenues. Mais à Judith, n'a pas suffi l'amour personnel et un peu égoïste. Le hasard et sa culture, que j'admirais très tôt, l'ont menée à un intérêt profond, chaleureux de toute démonstration humaine. Judith avait saisi que dans le métier qu'elle avait assumé, seul l'intérêt sincère qu'elle pouvait spontanément prouver à son vis-à-vis lui faisait obtenir le maximum d'informations pour le reste de la communauté. Elle excella si bien à ce sport spirituel que pas un de ses reportages ne fut seulement bien. Tous nous ont apporté plus qu'un renseignement, plus qu'une nouvelle; ils nous découvraient des pensées et des âmes. Par contre, Judith n'a jamais connu ce qu'on appelle communément la gloire!

Mais j'espère qu'elle a senti toute l'estime de ses amis, de ses camarades et du public, ce genre de récompense qui reste très discrète.

En dehors de son métier, Judith était vibrante, lucide et bonne. Elle avait une objectivité basée sur les faits qui faisait qu'elle donnait à chacun son dû. D'avoir côtoyé la misère des hommes, d'avoir su la comprendre, la définir l'avait aguerrie, puisque la longue et terrible épreuve de ces dernières années lui faisait avouer à sa sœur que de savoir que les jours et les heures lui étaient comptés lui faisaient apprécier la vie jusqu'à la délectation. N'est-ce pas la seule, la grande vérité valable? Apprécier, chercher, c'était, il me semble, l'essence de l'esprit de Judith.

Le temps de son corps est terminé, nous n'avons plus à le ressentir dans notre impuissance; ce temps affreux nous séparait d'elle, car l'être est seul face à la mort. Puisque la mort visible est dépassée, Judith nous est rendue. Elle est en nous et nous la portons en esprit; c'est peut-être cela l'Éternité. Car ceux que nous recevons ainsi, à notre dernier souffle, avec nous seront reçus par d'autres. Solidarité, humanité! Croyons en l'humanité comme Judith y croyait. Que la paix soit avec elle[29].

La passion fut toute sa vie

Un livre se referme sur une vie, celle d'une femme chez qui aucune peine, aucune difficulté n'a réussi à entamer l'amour absolu et gourmand de la vie elle-même. Pour Judith Jasmin, le passage dans ce monde était une expérience intense, riche de vibrations aux êtres et aux choses, une quête constante du sens de l'humanité. Elle s'était inscrite dans l'existence avec le désir de rendre cette humanité meilleure et ne dérogea pas à l'idéal de liberté et de justice qu'elle s'était forgé à onze ans. Petite fille, elle rêvait d'une destinée hors du commun, elle voulait changer le monde. Ni par la puissance ni par la gloire, cela ne l'intéressait pas. Par l'amour, la compassion, la compréhension, à travers la conscience et l'action. Elle disait que «ses plus beaux souvenirs étaient des rencontres humaines[30]» et que «son métier lui avait donné une meilleure approche des êtres, une meilleure compréhension des autres[31].»

Ces êtres étaient ses contemporains. Ce ne furent jamais des héros lointains qui l'inspirèrent. Bien sûr, dans sa jeunesse, avec toute l'exaltation de son caractère, elle avait choisi pour modèles Jésus et Jeanne-d'Arc. On peut peut-être lire dans ce choix deux constantes qui marquèrent ensuite sa vie. Jésus incarnait l'amour. Jeanne-d'Arc la touchait parce qu'elle était restée femme dans un monde d'hommes. Judith disait d'elle:

> [...] elle n'a emprunté l'habit et les armes des hommes que pour mieux s'approcher d'eux; elle leur a laissé le message d'une femme: à la fois force et douceur, foi et raison[32].

Quand Judith Jasmin entrait dans une pièce, son énergie était contagieuse, sa présence agissante. Trio, quatuor ou orchestre changeaient de ton, de rythme pour l'écouter. Et sa voix fut son premier passeport auprès d'un vaste public dans un métier auquel elle n'avait pas rêvé. Ses ambitions d'adolescente la dirigeaient vers l'université et vers une carrière scientifique. Le cours des choses la conduisit vers la scène et vers les applaudissements. À travers un personnage de radioroman, sa voix prenante rejoignit tout le Québec et en fit l'une des jeunes comédiennes les plus populaires et les plus aimées. Et ce fut encore sa voix qui, dix ans plus tard, l'amena au journalisme, un métier qu'elle exerça avec passion pendant vingt ans. On disait qu'elle avait un sixième sens en information, elle lui aura surtout donné un nouveau sens. Celle qu'on surnomma par la suite «le plus grand journaliste québécois» suscitait l'admiration mais elle ne faisait pas l'unanimité autour d'elle; elle provoquait des controverses, des oppositions. La critique louait son talent, son excellence, sa recherche de vérité, mais Judith Jasmin poursuivit son chemin seule. Ses confrères, ses consœurs lui portaient un respect silencieux et craintif. Beaucoup se sont réclamés d'elle. Bien peu l'ont suivie...

Judith Jasmin avait de l'existence et de l'humanité une vision grave. Son regard s'allumait de combativité au spectacle de la misère humaine. Elle en avait vu tant de visages sur tant de continents. Elle croyait d'une conviction profonde que cette terre de guerre, de violence, de destruction et d'injustice, nous pouvons la transformer en une terre de paix, de partage et d'équité, que chacun, chacune d'entre nous y peut quelque chose et que l'inaction est paresse et facilité. Son courage n'était pas vertu, il était instinct de vie. Elle n'était sûre ni de son droit, ni de sa compétence, ni de son impunité — elle s'interrogeait constamment —, elle était sûre de son devoir d'agir. À l'inévitable, au raisonnable, aux nécessités, elle se pliait. Mais à ses convictions, elle obéissait — aucune pression ne l'aurait fait céder — et il y avait des seuils qu'elle ne franchissait pas. Dure et intolérante envers «les vendeurs du temple» et les tricheurs, elle respectait le plus humble des êtres authentiques. Elle savait que les humains sont plus proches les uns des autres que ne le laissent voir les barrières érigées par les cultures et les coutumes. Pour elle, femme, homme ou enfant, jeune ou vieux, noir, blanc ou jaune, tous communient à la même joie et à la même douleur de l'existence. Elle posait un regard d'espoir et d'optimisme sur cette humanité si lente à entendre les leçons du passé et du présent et à corriger sa trajectoire. Elle s'érigeait contre tous les systèmes, doctrines ou morales qui dénient à quiconque le droit de vivre libre et heureux. Sa recherche passionnée pour découvrir les faits et les exposer au public, pour faire se livrer les gens célèbres ou inconnus, s'inscrivait dans la certitude du droit au bonheur et à l'expression de chacun. L'injustice, la discrimination, l'oppression la révoltaient parce qu'elles rayent jusqu'à l'option du bonheur. Si nous devions retenir une seule pensée de Judith Jasmin, celle qui résumerait le mieux le sens de son engagement et de son action serait la suivante:

> Les plus graves maladies du bonheur sont celles qui atteignent la source intérieure de la vie, masquent le soleil, refusent des droits, tuent la passion. Pour être heureux, il faut surtout avoir rendu libre et vivant l'être souterrain dont l'homme est issu avec ses angoisses, ses amours, ses appels[33].

Elle partageait si intensément les joies et les souffrances de tous ceux qui croisaient son chemin, qu'elle a eu la hardiesse de transgresser les règles immuables de sa profession pour porter à son sommet l'art de transmettre et de recueillir l'émotion de la vie, des êtres, des faits, des situations. Elle s'identifiait à la quête des autres, mais sa pudeur et sa discrétion laissaient la sienne dans l'ombre.

Le sentiment qui l'habita plus que tout autre fut la compassion. Mais son empathie infinie avait son revers. Il y eut tragédie d'amour dans sa vie. Qu'elle n'ait pu connaître la réciprocité du grand amour dont elle rêvait en fut la conséquence. Le drame se jouait en elle-même, celui du manque d'amour de soi. Judith Jasmin avait magnifiquement compris sa mission publique, son rôle social, sa responsabilité envers les autres, moins bien sa responsabilité envers elle-même. Elle aimait au point de tout donner, sans se réserver la première part. Elle ne put ainsi découvrir les clés de son propre bonheur. Toute jeune déjà, elle se croyait incapable de trouver l'amour par elle-même et l'attendait d'un autre. Elle a fait l'erreur de croire que l'amour de soi est égoïsme, que compassion et abnégation sont synonymes, que l'oubli de soi est vertu alors qu'il est refus.

Elle qui savait si bien faire parler les autres, elle n'avait pas compris combien il est essentiel, vital, d'exprimer tout l'éventail de ses émotions. Elle ne savait pas que toutes celles que l'on refoule s'inscrivent dans l'être et dans le corps comme autant de blessures. «On ne pouvait pas imaginer qu'une femme comme elle puisse aimer autant que ça», dira un confrère tant elle se livrait peu. En s'accordant plus de place, d'espace, de temps, peut-être aurait-elle trouvé des réponses satisfaisantes à ses interrogations spirituelles, plus de paix intérieure et plus de bonheur.

Telle qu'elle était, avec sa simplicité de cœur et sa rigueur intellectuelle, son authenticité et sa franchise à toute épreuve, Judith Jasmin aurait détesté qu'une biographie d'elle soit un portrait grandi par la complaisance. Elle aurait souhaité que le témoignage de son parcours nous aide à mieux aimer, à vivre plus heureux, à mieux comprendre le sens de l'existence — ce qu'elle-même en avait saisi aussi bien que ce qu'elle n'avait pas réussi à percevoir — et à cheminer en pleine conscience.

REMERCIEMENTS

Je tiens à exprimer ma profonde gratitude à tous celles et ceux, si nombreux, qui m'ont aidée avec tant d'enthousiasme, de générosité et de franchise. Des gens qui ont croisé Judith Jasmin à des moments particuliers de sa vie, ses collègues, ses patrons, ses amies et amis, sa famille. Tout particulièrement sa sœur, Mme Marie-Claude Jasmin, qui avait à cœur que cet ouvrage voie le jour et qui m'a ouvert ses archives personnelles en totale confiance, son neveu, M. Christian Jasmin, qui m'a offert son soutien constant et chaleureux, et Mme Suzanne Rivard, qui a fouillé avec beaucoup d'attention ses souvenirs sans lesquels certains passages du livre n'existeraient pas.

Le Conseil des Arts du Canada m'a apporté une aide financière grâce à son programme Explorations et son programme de bourses B, et je veux remercier mes marraines et parrain qui furent pour beaucoup dans l'obtention de ces bourses: Francine Montpetit, Lysiane Gagnon, France Théoret et Gabriel Charpentier. Je remercie pour leur appui indéfectible deux amies très chères, Micheline Saint-Amant-Yamamoto et Me Claudette Ménard, ainsi que mon cercle d'amis et de proches toujours prêts à me soutenir tout en respectant mes longs silences d'écriture.

Un merci spécial au personnel des Archives de Radio-Canada — particulièrement à Normand LaPierre, agent de recherche du Service de documentation-dossiers —, à l'équipe dynamique des Éditions du Boréal et à Paul-André Linteau, directeur de la collection Histoire de la maison, qui, le premier, a cru avec enthousiasme à cette biographie, à Andréanne Lafond, pour son regard critique précis, et à Andrée Yanacopoulo, correctrice respectueuse de mon manuscrit mais combien rigoureuse qui, par pure amitié, a eu la généreuse patience de lire et de relire le texte qui doit beaucoup à ses précieux conseils.

Entrevues

Marie-Claude Jasmin
Christian Jasmin
Jean-Jacques Jasmin
Laurette Desjarlais
Lorraine Desjarlais
France Desjarlais
Hélène Aubry-Roberge
Fortunate Aubry
Monique Bosco
Solange Chaput-Rolland
Jeanne Lapointe
Françoise Loranger
Jean Michaud
Mia Riddez
Suzanne Rivard
Rachel April
Gérard Arthur
Roger Barbeau
Docteure Madeleine Blais
Paul Bouchard
Roger Bouchard
Robert Choquette
Lucien Côté
André D'Allemagne
Raymond David
Gilles Derome
Romain Desbois
Claude Desorcy
Claude-Jean Devirieux
Jean Ducharme
Béatrice Grenier-Bergeron
Irène Falardeau-Legault
Claude Fournier
Colin Godbold
Gérald Godin
Béatrice Grenier-Bergeron
Richard Guay
Pierre Harvey
Pauline Julien
Andréanne Lafond
Jacques Lalonde
Louise Lamoureux
Jacques Languirand
Jean-Maurice Laporte
Adèle Lauzon
Wilfrid Lemoine
Gertrude LeMoyne
Jean LeMoyne
Jean Letarte
Docteur Jacques Mackay
Gilles Marcotte
Rita Martel
Suzanne Mercure
Yves Michaud
Lucien Millet
Simonne Monet-Chartrand
Francine Montpetit
Pierre Nadeau
Françoise Papineau
Huguette Paré
André Payette
Gérard Pelletier
Noël Pérusse
Huguette Pilon
Jean-Guy Pilon
Cécile Renaud
Roger Rolland
Christine Sirois
Fernand Seguin
Claude Sylvestre
Marc Thibault
Gilberte Vaillancourt
Pierre Vallières
Michèle Viroly
Phédon Vosniacos

Entrevues téléphoniques

Marcel Chaput
Corinne Côté-Lévesque
Jean-Paul Desbiens
Françoise Faucher
Guy Mauffette
Léa Roback

Témoignages écrits

Anne Hébert
Francine Doyon-Cornu

NOTES ET RÉFÉRENCES

Avant-propos

1. «Hommages à Judith Jasmin» (Andréanne Lafond, journaliste aux Affaires publiques de Radio-Canada, Pierre Nadeau: Une pionnière en information politique, René Lévesque: «Dans le métier, c'était un cas exceptionnel»), *La Presse*, Montréal, 21 oct. 1972.
2. *Le Devoir*, Montréal, 21 oct. 1972.

Chapitre 1
Une enfance exceptionnelle

1. Collection Claude Jasmin, document.
2. Collection Claude Jasmin, journal de J.J., 21 juin 1935.
3. Collection Claude Jasmin, deux feuilles détachées écrites à la main et non datées, probablement de mai ou de juin 1956.
4. Amédée Jasmin, «Départ», *L'Écho de Terrebonne*, Terrebonne, Vol. 2, n° 11, 21 juin 1921, Bibliothèque municipale de Terrebonne.
5. *Ibid.*
6. Collection Claude Jasmin, carnet de notes de J.J., classe de 5ᵉA, 1931.
7. *L'Écho de Terrebonne, op. cit.*, Vol. 1, n° 8, août 1917, Recensement des habitants de Terrebonne en juin 1917: 1891 personnes dont 960 du sexe masculin et 931 du sexe féminin; sur un total de 384 familles, 366 sont canadiennes-françaises, 14 canadiennes-anglaises, 3 juives et une chinoise; sur les 384 maisons habitées, 216 le sont par leurs propriétaires et 168 par les locataires ou des occupants non propriétaires et 300 sont tenues par des personnes mariées.
8. Puck Kasma, «Judith Jasmin n'a qu'un visage», *La Revue populaire*, Montréal, oct. 1962.
9. *L'Écho de Terrebonne*: mensuel, janv. 1917-janv. 1918 (Vol. 1, nᵒˢ 1-12), directeur-fondateur et principal rédacteur: Amédée Jasmin, prix de l'abonnement annuel: 50 cents; suspension de publication en 1918

et 1919, à cause de la guerre; reprise de publication en juil. 1920 jusqu'à la fermeture en juil. 1921, lors du départ de son fondateur pour l'Europe (Vol. 2, nos 1-11), rédigé en collaboration, abonnement annuel: $1.00. Amédée Jasmin signe du pseudonyme de Paul Darcher.

10. Amédée Jasmin, «Souvenirs», *La Revue de Terrebonne*, Terrebonne, 15 juin 1961.
11. Amédée Jasmin, «La Liberté d'opinion», *L'Écho de Terrebonne, op. cit.*, Vol. 1, n° 8, août 1917.
12. «Discours du notaire Amédée Jasmin, président du souper aux huîtres offert par le Club de Terrebonne à l'honorable Athanase David, le 15 novembre 1919», *L'Avenir du Nord*, Saint-Jérôme, 21 nov. 1919. Société historique de Terrebonne.
13. Amédée Jasmin, «Coloniser n'est pas tout, il faut civiliser, Lettre ouverte à M. Athanase David, député de Terrebonne», *L'Écho de Terrebonne, op. cit.*, Vol. 1, n° 10, oct. 1917.
14. Amédée Jasmin, «Souvenirs», *La Revue de Terrebonne, op. cit.*, 22 juin 1961.
15. Amédée Jasmin, «En marge de la guerre», éditorial, *L'Écho de Terrebonne, op. cit.*, Vol. 1, n° 2, fév. 1917.
16. Amédée Jasmin, «La Révolution russe», *L'Écho de Terrebonne, op. cit.*, Vol., 1 n° 3, mars 1917.
17. Amédée Jasmin, «Le Socialisme n'a pas été tué par la guerre», *L'Écho de Terrebonne, op. cit.*, Vol. 1, n° 4, avril 1917.
18. Andrée Lévesque, *Virage à gauche interdit*, Montréal, Boréal-Express, 1984, p. 42-43.
19. Jean Jaurès, cité par François Fonvieille-Alquier, *Ils ont tué Jaurès*, Paris, Robert Laffont, 1968, p.18.
20. Jean Jaurès, cité par Henri Guillemin, *L'Arrière-pensée de Jaurès*, Paris, Gallimard, 1966, p. 23.
21. Jean Jaurès, cité par Henri Guillemin, *op. cit.*, p. 46 et p. 37.
22. Claude Jasmin, «Petit requiem pour ma "Petite cousine"», Arts et spectacles, *Journal de Montréal*, Montréal, 23 oct. 1972.
23. Amédée Jasmin, «Départ», *L'Écho de Terrebonne, op. cit.*, Vol. 2, n° 11, juin 1921.
24. Amédée Jasmin, «Lettre de voyage (À bord du Sphinx, le 27 mars 1926)», écrit spécialement pour *La Presse*, 17 avril 1926, Bibliothèque de Terrebonne.
25. Collection Claude Jasmin, journal de J.J., 15 avril 1929.
26. *Ibid.*, 17 mai 1929.
27. *Ibid.*, 25 mai 1929.
28. *Ibid.*, 28 juil. 1928.
29. *Ibid.*, 25 mai 1929.
30. *Ibid.*, 28 juil. 1928.
31. Collection Claude Jasmin, fiche d'Amédée Jasmin citant Judith, 1923.

32. Fonds Judith-Jasmin; Archives nationales du Québec à Montréal; cahier de classe de J.J., 1929, P143/3/23 avant le traitement du Fonds en 1986.
33. Collection Claude Jasmin, journal de J.J., août 1929.

Chapitre 2
Au-delà du réel

1. Fonds Judith-Jasmin, lettre de É.G. à J.J., 18 sept. 1930, P143/2/8.
2. *Ibid.*, cahier de composition de J.J., 16 nov. 1929, P143/3/23 avant le traitement du Fonds en 1986.
3. Odile Dhavernas, *Droits des femmes, Pouvoir des hommes*, Paris, Seuil, 1978, p. 245-250; Maté Albistur et Daniel Armogathe, *Histoire du féminisme français du Moyen Âge à nos jours*, Paris, Des femmes, 1977, p. 94.
4. Collectif Clio, Micheline Dumont, Michèle Jean, Marie Lavigne, Jennifer Stoddart, L'Histoire des femmes au Québec, Montréal, Les Quinze, 1982, p. 313-322, 389.
5. Maté Albistur et Daniel Armogathe, *op. cit.*, p. 395.
6. Collectif Clio, *op. cit.*, p. 389-394.
7. Fonds Judith-Jasmin, lettre de A.J. à J.J., 28 déc. 1930, P143/1/3; lettres de C.J. à J.J., 6 déc. 1930, 21 fév. 1931, 26 juil. 1934, P143/1/4.
8. *Ibid.*, découpure de journal non identifié, P143/6/60; lettre de A.J. à J.J., 28 déc. 1930, P143/1/3; lettres de R.J. à J.J., 8 nov., 1930, 29 fév. et 8 oct. 1932, et lettres de C.J. à J.J., 6 déc. 1930 et 21 fév. 1931, P143/1/4; entrevue C. Jasmin.
9. *Ibid.*, lettres de A.J. à J.J., 2 mai et 14 nov. 1931, P143/1/3.
10. *Ibid.*, photo et légende, *La Patrie*, Montréal, 10 oct. 1930, P143/7/64; Collection Claude Jasmin, découpure de *La Presse*, Montréal, sans date.
11. Collection Claude Jasmin, lettre de A.J. à J.J., 9 juil. 1948.
12. Entrevue de Lorraine Desjarlais.
13. Fonds Judith-Jasmin, lettre de J.J. à ses parents, 30 sept. 1930, P143/1/1.
14. *Ibid.*, lettre de R.J. à J.J., été 1934, P143/1/4.
15. Collection Claude Jasmin, journal de J.J., oct. 1931.
16. Fonds Judith-Jasmin, lettre de J.J. à ses parents, 2 oct. 1930, P143/1/1; lettre de A.J. à J.J., 10 nov. 1930, P143/1/3.
17. *Ibid.*, lettre de J.J. à ses parents, 20 nov. 1930, P143/1/1.
18. Collection Claude Jasmin, journal de J.J., 11 mai 1931.
19. *Ibid.*, 10 oct. 1931.
20. Fonds Judith-Jasmin, lettre de A.J. à J.J., 28 sept. 1930, P143/1/3.
21. Collection Claude Jasmin, journal de J.J., exemples: déc. 1930 et 12 juin 1931.

22. *Ibid.*, 21 janv. 1931.
23. *Ibid.*, 14 fév. 1931.
24. *Ibid.*, 2 août 1931.
25. Fonds Judith-Jasmin, lettre de A.J. à J.J., 21 janv. 1931, P143/1/3; lettres de R.J. à J.J., 9 déc. 1930, 11 avril et 9 mai 1932, et lettres de C.J. à J.J., 10 oct. et 21 nov. 1930, P143/1/4; entrevue C. Jasmin.
26. *Ibid.*, lettres de R.J. à J.J., 20 et 29 fév., 18 mars 1932, P143/14; entrevue C. Jasmin.
27. *Ibid.*, lettre de R.J. à J.J., 12 nov. 1931, P143/1/4.
28. *Ibid.*, 29 fév. 1932.
29. *Ibid.*, lettres de J.J. à C.J., 9 nov. 1931, 11 janv. 1932, P143/1/1; lettres de A.J. à J.J., 21 janv., 8 mars, 29 déc. 1931, P143/1/3; lettres de R.J. à J.J., 10 juil., 8 oct., 24 et 30 nov. 1931, P143/1/4; entrevue C. Jasmin.
30. *Ibid.*, lettre de R.J. à J.J., 11 avril 1932, P143/1/4.
31. *Ibid.*, 9 mai 1932.
32. *Ibid.*, lettre de A.J. à J.J., 9 sept. 1931, P143/1/3; lettres de R.J. à J.J., 24 nov. 1930 et 11 avril 1932, P143/1/4.
33. *Ibid.*, lettre de A.J. à J.J., 6 déc. 1930, P143/1/3.
34. *Ibid.*, 21 janv. 1931.
35. *Ibid.*, lettre de J.J. à ses parents, 31 déc. 1931, P143/1/1.
36. *Ibid.*, letre de A.J. à J.J., 15 nov. 1930, P143/1/3.
37. *Ibid.*, lettres de A.J. à J.J., 28 sept., 25 et 31 oct., 3 et 19 nov., 19 déc. 1930, 6 juil. 1931, P143/1/3.
38. *Ibid.*, 23 nov. 1930, 26 déc. 1931, 25 fév. et 25 mars 1932.
39. *Ibid.*, 4 oct. 1930.
40. *Ibid.*, 21 août 1931.
41. *Ibid.*, lettre de R.J. à J.J., 29 fév. 1932, P143/1/4.
42. *Ibid.*, fin août 1931 et fin mars 1932.
43. Collection Claude Jasmin, journal de J.J., 12 juin 1931, fév. et 20 avril 1932.
44. Fonds Judith-Jasmin, lettre de A.J. à J.J., 4 oct. 1930, P143/1/3.
45. *Ibid.*, R.J. à J.J. dans lettre de A.J. à J.J., sept. 1930, P143/1/3.
46. Ibid., cahier de notes de lectures de J.J, 27 déc. 1930, P143/4/50.
47. Collection Claude Jasmin, journal de J.J., 4 déc. 1931.
48. *Ibid.*
49. Fonds Judith-Jasmin, lettre de A.J. à J.J., 18 sept. 1931, P143/1/3.
50. *Ibid.*, 26 juin 1931.
51. Collection Claude Jasmin, journal de J.J., 12 juin 1931.
52. Fonds Judith-Jasmin, lettres de J.J. à ses parents, exemples: 27 nov. 1930, 15 mars et 22 déc. 1931, P143/1/1.
53. *Ibid.*, 1er oct. 1931.
54. Collection Claude Jasmin, journal de J.J., 20 avril 1931.
55. *Ibid.*, 14 janv. 1932.

56. Fonds Judith-Jasmin, lettres de É.M. à J.J., 17 et 28 août 1970, P143/1/7.
57. *Ibid.*, lettres de G. Jobard à J.J., 6 sept. et 26 oct. 1933, P143/1/6.
58. Ibid., lettre de J.J. à ses parents, 18 juin 1931, P143/1/1; Collection Claude Jasmin, journal de J.J., 13 juin 1931.
59. Collection Claude Jasmin, journal de J.J., 14 mars 1931.
60. Collection Claude Jasmin, journal de J.J., août 1931; Fonds Judith-Jasmin, lettre de J.J. à ses parents, 27 déc. 1930, P143/1/1.
61. Fonds Judith-Jasmin, lettres de A.J. à J.J., 11 et 13 fév., 21 août 1931, P143/1/3; lettre de R.J. à J.J., 8 mars 1932, P143/1/4.
62. *Ibid.*, lettre de A.J. à J.J., 18 sept. 1931, P143/1/3.
63. *Ibid.*, lettres de R.J. à J.J., 22 nov. et 9 déc. 1930, 8 fév. 1932, P143/1/4.
64. Collection Claude Jasmin, lettre sans date.
65. Fonds Judith-Jasmin, lettre de J.J. à ses parents, 28 janv. 1931, P143/1/1.
66. *Ibid.*, lettre de A.J. à J.J., 11 fév. 1931, P143/1/3.
67 *Ibid.*, 21 août 1931.
68. *Ibid.*, lettre de R.J. à C. J., 1936, P143/1/5.
69. *Ibid.*, lettres de A.J. à J.J., 29 déc. 1931, 29 et 30 juin 1932, P143/1/3.
70. *Ibid.*, 8 juil. 1931.
71. *Ibid.*, 30 juin 1931.
72. *Ibid.*, 9 juil. 1931.
73. *Ibid.*, lettres de J.J. à ses parents, 5 juil. et 3 août 1931, 4 fév. 1932, P143/1/1; Collection Claude Jasmin, journal de J.J., 7 fév. 1932.
74. *Ibid.*, lettre de A.J. à J.J., 21 août 1931, P143/1/3.
75. *Ibid.*, lettre de A.J. et R.J. à J.J., 13 mars 1931, P143/1/3; lettre de R.J. à J.J., sans date, contexte été 1931, P143/1/4.
76. *Ibid.*, lettre de R.J. à J.J., sans date, contexte été 1931, P143/1/4.
77. *Ibid.*, 31 juil. et 17 août 1931.
78. *Ibid.*, 9 sept. 1931.
79. *Ibid.*, lettre de A.J. à J.J., 3 avril 1931, P143/1/3.
80. *Ibid.*, lettre de J.J. à ses parents, 4 déc. 1930, P143/1/1.
81. *Ibid.*, lettre de A.J. à J.J., 6 juin 1931, P143/1/3.
82. *Ibid.*, 11 et 19 juil. 1931.
83. *Ibid.*, lettres de J.J. à ses parents, 31 déc. 1930, 3 août 1931, 21 juin 1932, P143/1/1.
84. *Ibid.*, cahier de notes de lectures de J.J., P143/4/50.
85. Simone de Beauvoir, *Les Mémoires d'une jeune fille rangée*, Paris, Gallimard, 1958, p. 162-167.
86. Collection Claude Jasmin, journal de J.J., 11 mai 1931, 7 fév. et 14 mai 1932.
87. *Ibid.*, 11 août 1931.
88. Fonds Judith-Jasmin, lettres de J.J. à ses parents, 11 et 17 oct. 1931, P143/1/1.

89. Collection Claude Jasmin, journal de J.J., 31 oct. 1931.
90. *Ibid.*
91. *Ibid.*, 10 oct. 1931.
92. *Ibid.*, 18 déc. 1931.
93. *Ibid.*, 7 fév. 1932.
94. Fonds Judith-Jasmin, lettres de J.J. à ses parents, 4 et 1 7 fév. 1932, P143/1/1.
95. *Ibid.*, lettre de J.J. à Jean-Jacques Jasmin, 13 avril 1932, P143/1/1; entrevue C. Jasmin.
96. Collection Claude Jasmin, journal de J.J., 17 fév. 1932.
97. *Ibid.*, 27 fév. 1932.
98. *Ibid.*, 1er avril 1932.

Chapitre 3
Étrangère en son pays

1. Fonds Judith-Jasmin, «Jeune canadienne diplômée de l'Université de Paris», *La Presse*, Montréal, 30 juil. 1932, P143/6/63; Collection Claude Jasmin, *La Presse*, Montréal, 8 août 1932.
2. Collection Claude Jasmin, journal de J.J., 12 sept. 1932.
3. *Ibid.*, 28 oct. 1932.
4. Fonds Judith-Jasmin, lettre de Jeanine Guérin à J.J., 3 juil. 1936, P143/2/9; lettres de C. Jasmin à ses parents, 8 juil., sans date, 1935 ou 1936, P143/1/5; entrevue des compagnes de collège de J.J.: Béatrice Grenier-Bergeron, Irène Falardeau, Françoise Papineau, Cécile Renaud, Gilberte Vaillancourt.
5. Pierre Léger, «Une femme globe-trotter dont Caouette veut la tête, Judith Jasmin: "Je suis trop en colère pour avoir peur..."», *Photo-Journal*, Montréal, 27 janv. 1965.
6. Collection Claude Jasmin, journal de J.J., 28 oct. 1932.
7. Fonds Judith-Jasmin, lettre de A.J. à J.J., 2 avril 1932, P143/1/3.
8. Mason Wade, *Les Canadiens français de 1764 à nos jours*, Montréal, Le Cercle du livre de France, 1963, p. 244; Andrée Lévesque, *Virage à gauche interdit*, *op. cit.*, p.122 et p. 79, citant Mgr Georges Gauthier dans *Mandements, lettres pastorales, circulaires et autres documents*, Vol. 18, Montréal, Arbour et Dupont, 1940, p. 335, et G.H. Lévesque, «Socialisme canadien, la CCF», *L'Action nationale*, II, 2 oct. 1933, p. 92-110.
9. Collection Claude Jasmin, journal de J.J., 3 janv. 1933.
10. *Ibid.*, 5 fév. 1933.
11. *Ibid.*
12. Fonds Judith-Jasmin, lettres de É.M. à J.J., 13 juil. et 28 déc. 1933, P143/1/7; lettre de R.Guertin à J.J., 8 août 1933, P143/2/9; lettre de la gagnante d'un concours à J.J., sans date, P143/1/6.

13. Collection Claude Jasmin, journal de J.J., 24 juil. 1933.
14. *Ibid.*
15. Fonds Judith-Jasmin, lettre de Laurette Desjarlais à J.J., 7 mai 1933, P143/2/9.
16. *Ibid.*, lettres de quelques amies québécoises entre 1933 et 1939, P143/2/9.
17. Entrevue de Laurette Desjarlais.
18. Collection Claude Jasmin, journal de J.J., 18 nov. 1933.
19. *Ibid.*, 13 sept. 1933.
20. *Ibid.*, 7 déc. 1933.
21. Fonds Judith-Jasmin, lettre de É.M. à J.J., 31 déc. 1934, P143/1/7.
22. *Ibid.*, bulletin de notes, 29 juin 1934, P143/5/53.
23. *Ibid.*, lettres de É.M. à J.J., 21 fév. et avril 1935, P143/1/7; Collection Claude Jasmin, journal de J.J. 25 janv. 1935.
24. *Ibid.*, cahier de notes de lectures de J.J., printemps 1935, P143/4/50.
25. Collection Claude Jasmin, journal de J.J., mai 1935.
26. *Ibid.*, 24 juil. 1933.
27. *Ibid.*, 21 juin 1935.
28. Fonds Judith-Jasmin, lettres de É.M. à J.J., exemples: 19 sept. 1932, 28 avril et 20 juil. 1933, 17 mai et 31 déc. 1934, 21 fév. et 11 août 1935, P143/1/7.
29. *Ibid.*, cahier de notes de lectures de J.J., P143/4/50.
30. *Ibid.*, lettre de É.M. à J.J., 2 fév. 1934, P143/1/7.
31. *Ibid.*, 17 mai 1932, 7 fév. 1934, avril 1935.
32. Fonds Judith-Jasmin, lettres de Jeanne Lapointe à J.J., juil. et fin août 1938, P143/2/10.
33. Andrée Lévesque, *op. cit.*, p. 132.
34. *Ibid.*, p.143.
35. Denis Monière, *André Laurendeau*, Montréal, Québec/Amérique, 1983, p. 36.
36. *Ibid.*, p. 88.
37. *Ibid.*, p. 95.
38. *Ibid.*, p. 83.

Chapitre 4
Les rêves brisés

1. Fonds Judith-Jasmin, cahier de collages et dossier de découpures de journaux, P143/4 avant le traitement du Fonds en 1986.
2. Puck Kasma, *op. cit.*
3. Entrevues de Claude Jasmin et Jeanne Lapointe.
4. Fonds Judith-Jasmin, lettre de J.J. à sa famille, été 1935, P143/1/2.
5. Collection Claude Jasmin, journal de J.J., sept. 1935.
6. *Ibid.*, carnet de J.J., 13 sept 1935.

7. «Candidat Défait, Amédée Jasmin à ses électeurs», annonce payante, *L'Activité de Saint-Henri*, Montréal, jeudi, 24 oct. 1935, Bibliothèque de Terrebonne.
8. Collection Claude Jasmin, journal de J.J., 1 nov. 1935.
9. *Ibid.*, section Mémoires d'Amély, intitulée *Primerose* (titre d'une pièce de théâtre), sans date, probablement printemps 1936.
10. Fonds Judith-Jasmin, lettre de É.M. à J.J., sans date, avril ou mai 1936, P143/1/7.
11. *Ibid.*, lettres de É.M. J.J., mai et 3 juil. 1936. P143/1/7; lettre de J.J. à ses parents, août 1936, P143/1/2; Collection Claude Jasmin, lettre de la Commission scolaire de Montréal à J.J., juin 1936.
12. Fonds Judith-Jasmin, cahier de notes de lectures de J.J., 14 mai et 14 juin 1936, P143/4/50; Collection Claude Jasmin, journal de J.J., 5 avril 1936.
13. Fonds Judith-Jasmin, lettre de É.M. à J.J., 15 avril 1936, P143/1/7.
14. *Ibid.*, cahier de chimie, fragment d'un brouillon de lettre de J.J. à É.M., P143/2/23 avant le traitement du Fonds en 1986.
15. *Ibid.*, lettre de É.M. à J.J., 3 juil. 1936, P143/1/7.
16. *Ibid.*, 12 janv. 1939.
17. *Ibid.*, cahier de notes de lectures de J.J., P143/4/50.
18. *Ibid.*, lettre de Jeanne Lapointe sur Salavin, 1940, P143/2/10.
19. Collection Claude Jasmin, journal de J.J., 6 juin 1936.
20. Collection Claude Jasmin, journal de J.J., 2 nov. 1936; Fonds Judith-Jasmin, lettres de J.J. à ses parents, 22 et 30 sept. 1936, P143/1/2; entrevue de C. Jasmin.
21. Collection Claude Jasmin, journal de J.J., 13 nov. 1936.
22. Collection Claude Jasmin, journal de J.J., 27 janv. et 15 mai 1936; Fonds Judith-Jasmin, lettres de É.M. à J.J., 13 et 31 janv., 5 fév, 12 mars et 3 juil. 1936, P143/1/7.
23. Collection Claude Jasmin, journal de J.J., 15 avril 1936.
24. *Ibid.*, 5 mai 1936.
25. Collection Claude Jasmin, journal de J.J., 24 nov. 1932; notes détachées de J.J. au sujet de ses rêves; Fonds Judith-Jasmin, lettre de É.M. à J.J., 17 mai 1934, P143/1/7.
26. Fonds Judith-Jasmin, contrat, P143/4/46.
27. *Ibid.*, critique dans *Le Canada*, Montréal, sans date; René-O. Boivin, *La Patrie*, Montréal, sans date; Fernad Lacroix, *La Province*, sans date; autre journal non identifié, P143/6/63.
28. Collection Claude Jasmin, journal de J.J., 13 nov. 1936.
29. Collection Claude Jasmin, journal de J.J., 2 et 13 nov. 1936; Fonds Judith-Jasmin, lettre de É.M. à J.J., 24 déc. 1936, P143/1/7.
30. Collection Claude Jasmin, journal de J.J., 20 nov. 1936; Fonds Judith-Jasmin, lettre de É.M. à J.J., 24 déc. 1936, P143/1/7.
31. Fonds Judith-Jasmin, citation dans lettre de É.M. à J.J., 3 avril 1937, P143/1/7.

32. *Ibid.*
33. *Ibid.*, notes au crayon de J.J. sur la lettre d'Éthéra.
34. Fonds Judith-Jasmin, fragment d'un brouillon de lettre de J.J. à É.M. sans date, P143/4/46.
35. Collection Claude Jasmin, journal de J.J., 9 janv. 3 mars et 18 mai 1937.
36. Collection Claude Jasmin, journal de J.J., 2 nov. 1936; Fonds Judith-Jasmin, lettre de J.J. à ses parents, 9 août 1936, P143/1/2; lettres de É.M. à J.J., 3 et 14 avril 1937, P143/1/7.
37. Collection Claude Jasmin, journal de J.J., 9 juin 1937.
38. *Ibid.*, 12 sept. 1937.
39. *Ibid.*, 1er juil. 1937.
40. *Ibid.*, 1er juil. 1937.
41. Fonds Judith-Jasmin, lettres de É.M. à J.J., 14 avril et 16 juin 1937, P143/1/7.
42. Collection Claude Jasmin, journal de J.J., 12 sept. 1937.
43. *Ibid.*, 29 mai 1937.
44. Fonds Judith-Jasmin, lettre de É.M. à J.J., 8 sept. 1937, P143/1/7.
45. Collection Claude Jasmin, journal de J.J., 17 oct. 1937.
46. *Ibid.*, 29 mai 1938.
47. *Ibid.*, 11 juin 1938.
48. Fonds Judith-Jasmin, cahier brouillon et cahier de notes sur écrivains, P143/3/23 et P143/4 avant le traitement du Fonds en 1986.
49. Collection Claude Jasmin, journal de J.J., 17 oct. 1937.
50. Fonds Judith-Jasmin, lettre de É.M. à J.J., 14 avril 1937, P143/1/7.
51. *Ibid.*, Louis Pelland, «Créations canadiennes au M.R.T.», *Le Jour*, Montréal, 20 nov. 1937, P143/6/63.
52. *Ibid.*, E.-Ch. Hamel, «Beau succès d'Arthur Prévost à la soirée française du Festival dramatique», *Le Jour*, Montréal, 19 mars 1938, P143/6/63.
53. Collection Claude Jasmin, journal de J.J., section Mémoires d'Amély, automne 1937.
54. Fonds Judith-Jasmin, lettre de É.M. à J.J., 8 sept. 1937, P143/1/7.
55. Collection Claude Jasmin, journal de J.J., 26 fév. 1938.
56. Fonds Judith-Jasmin, E.-Ch. Hamel, «Gala d'auteurs dramatiques canadiens», *Le Jour*, Montréal, 21 mai 1938, P143/6/63.
57. Louis-Martin Tard, *Vingt ans de théâtre au Nouveau Monde*, Montréal, Jour, 1971; Paul-André Linteau, René Durocher, Jean-Claude Robert, François Ricard, *Histoire du Québec contemporain, Tome II, Le Québec depuis 1930*, Montréal, Boréal, 1989.
58. Fonds Judith-Jasmin, lettre de J.J. à Anysie Delaud, dir. du service social de l'Institut Bruchési, été 1938; brouillon d'une lettre de J.J. au Club Rotary sans date, P143/2/9; lettre de Jeanne Lapointe à J.J., fin juil. et 31 août 1938, P143/2/10.

Chapitre 5
La faveur populaire

1. Entrevue de J.J., *Propos et confidences*, CBF, Radio-Canada, Montréal, 9 août 1970.
2. Collection Claude Jasmin, journal de J.J., 25 nov. 1938.
3. *Ibid.*, 15 avril 1939.
4. *Ibid.*, 5 avril 1939.
5. *Ibid.*, 15 avril 1939.
6. *Ibid.*, 25 mai 1947.
7. Fonds Judith-Jasmin, ébauche de roman de J.J., sans date, probablement rédigée vers 1955, P143/4/40.
8. *Ibid.*, lettres de É.M. à J.J., 31 déc. 1934, juin 1935, 15 avril et mai 1936, P143/1/7.
9. «Hommages à Judith Jasmin» (Sénateur Thérèse Casgrain, une «amie de toujours»), *La Presse*, Montréal, 21 oct. 1972.
10. Fonds Judith-Jasmin, Judith, Parc Lafontaine, Montréal, «Guérilla féminine», *La Voix des Bois Francs*, imprimé à St-Justin, 3 mars 1938. Judith Jasmin identifiera le journal comme étant un hebdomadaire de Nicolet dans une entrevue ultérieure.
11. Entrevue de J.J., *Fémina*, CBF, Radio-Canada, Montréal, 11 sept. 1967.
12. Fonds Judith-Jasmin, Marcel Gagnon, «En causant avec Élise Velder, j'ai découvert Judith Jasmin», journal non identifié et sans date, P143/7/64.
13. *Ibid.*, Georgette Dugré, «Georgette Dugré présente Judith Jasmin», *La Presqu'île*, 22 oct. 1953, P143/7/64.
14. *Ibid.*, Claire Dutrisac, «Une conversation avec Judith Jasmin», *La Petite Revue*, Montréal, n° 10, oct. 1953, P143/7/64.
15. *Ibid.*, lettre de Paul Maugé à J.J., 30 sept. 1955, P143/2/11.
16. Cécile Brosseau, «Germaine Bernier», *Vingt-cinq à la une, biographies*, Le Cercle des femmes journalistes, Montréal, 1976, p. 18-23.
17. Fonds Judith-Jasmin, A.P., «Judith Jasmin, Artiste de la Scène et de la Radio», journal non indentifié sans date. D'après le texte, entrevue conduite le 2 janv. 1939, P143/7/64.
18. *Ibid.*, A.P., «Élise-que Velder», *Le Sorelois*, Sorel, 14 août 1941, P143/7/64.
19. *Ibid.*, lettres d'Éliane Goldenthal (Hougton-Brunn) à J.J., 1938-1941 et autres documents reliés à son admission avec sa fille au Canada, P143/2/8.
20. Selon le journal de Judith — printemps 1947 — sa correspondance avec Éthéra a été interrompue en 1941. Les lettres contenues dans le Fonds Judith-Jasmin (P143/1/7) s'arrêtent en 1939 et reprennent en 1956.

21. Les lettres de Jeanne Lapointe à J.J. contenues dans le Fonds Judith-Jasmin portent principalement sur la période 1938-1941, P143/2/10.
22. Fonds Judith-Jasmin, texte d'une entrevue radiophonique accordée à Jeanne Frey, 4 juin 1942, P143/2/14.
23. Collection Claude Jasmin, lettre de J.J. à C.J., 1 sept. 1943.
24. *Ibid.*, 23 nov. 1943.
25. *Ibid.*, lettre de A.J. à C.J., 10 déc. 1943.
26. *Ibid.*, lettre de J.J. à C.J., 18 déc. 1943.
27. *Ibid.*, fin année 1943.
28. *Ibid.*, 2 fév. 1944.
29. *Ibid.*, 23 nov. 1944.
30. *Ibid.*, 22 fév. 1944.
31. *Ibid.*, journal de J.J., 25 mai 1947.
32. *Ibid.*, lettre de J.J. à C.J., 23 août 1944.
33. *Ibid.*, 4 nov. 1944.
34. Fonds Judith-Jasmin, Roger Duhamel, critique du radiothéâtre *Siegfried* de Jean Giraudoux à CBF, journal non identifié sans date, P143/7/64.
35. *Ibid.*, auteur non identifié, «Cinéma, musique», *La Patrie*, Montréal, 24 janv. 1944; «Ondes par-ci, par-là, *Le Film*, janv. 1945 et légende accompagnant une photo de Judith Jasmin, mai 1945; Lucette Robert, «Ce dont on parle», *La Revue populaire*, Montréal, avril 1944; autre journal non identifié, P143/7/64.
36. Gérard Pelletier, *Les Années d'impatience*, 1950-1960, Montréal, Stanké, 1983, p. 233.
37. Fonds Judith-Jasmin, Jean Gachon, «Sensationnelle réaction dans la presse française», découpure d'un journal montréalais non identifié, 23 mars 1950, P143/7/64.
38. *Ibid.*, J.J, «Quelques brèves rencontres...», conférence, Société d'études et de conférences, Montréal, 5 oct. 1971, P143/4/44.

Chapitre 6
Le tournant

1. Collection Claude Jasmin, journal de J.J., 25 mai 1947.
2. Fonds Judith-Jasmin, J.J., «Aller-retour», conférence, 2 déc. 1947, P143/4/40/1.
3. Collection Claude Jasmin, journal de J.J., 25 mai 1947.
4. Fonds Judith-Jasmin, René Garneau, «Antigone», *Le Canada*, Montréal, mars 1948; Lucette Robert, «Ce dont on parle», *La Revue populaire*, Montréal, mai 1948; Gérard Pelletier, «Deux superbes comédiens, Louis Jouvet et Douglas McArthur», chronique «Par la faute de M. Hertz», *Le Devoir*, Monttréal, 21 avril 1951, P142/7/64.

5. *Ibid.*, J.J., «Le métier de radio-reporter», conférence, Shawinigan, 10 déc. 1954, P143/4/40.
6. *Ibid.*
7. Fonds Judith-Jasmin, *Le Film*, mai 1947, P143/7/64.
8. Entrevue de J.J., *Les Maillons de la chaîne*, CBF, Radio-Canada, Montréal, 6 avril 1969.
9. Entrevue de J.J., *RSVP*, CBF, Radio-Canada, Montréal, 15 août 1970.
10. Marie-N. Choquet, «Judith Jasmin», *Vingt-cinq à la une, op. cit.*, p. 106.
11. Hélène Pilotte, *Châtelaine*, Montréal, avril 1966, p. 94.
12. Gérard Pelletier, «M. René Lévesque, reporter et commentateur émérite», *Le Devoir*, Montréal, oct. 1951.
13. Fonds Judith-Jasmin, J.J., «Le métier de radio-reporter», *op. cit.*
14. René Lévesque, *Attendez que je me rappelle...*, Montréal, Québec/Amérique, 1987, p. 172.
15. *Ibid.*
16. Fonds Judith-Jasmin, Marthe Nicol, «Judith Jasmin, l'envers et l'endroit», journal non identifié sans date, probablement automne 1961, P143/6/63.
17. *À votre choix*, CBFT, Radio-Canada, Montréal, 7 oct. 1966.
18. Fonds Judith Jasmin, J.J., «La femme et son univers», conférence, Saint-Jérôme, 1952; Québec, 10 déc. 1953; Ottawa, 21 fév. 1954; Rimouski, 20 avril 1954, P143/4/40. Texte intégral *in Défense de la liberté*, choix de textes de Judith Jasmin, Montréal, Boréal, collection «Papiers collés», 1992.
19. Hélène Pilotte, «Judith Jasmin», *Châtelaine*, Montréal, mars 1966.
20. Fonds Judith-Jasmin, J.J., «Le métier de radio-reporter», *op. cit.*
21. *Ibid.*, *La Semaine à Radio-Canada*, vol. III n° 49, 13-19 sept. 1953, P143/6/63.
22. Puck Kasma, *op. cit.*
23. Fonds Judith-Jasmin, J.J., ébauche de roman autobiographique, *op. cit.*, p .15.
24. *Ibid.*, J.J., journal, tablette de sténo «Paris», janv. 1957, P143/6/59.
25. *Ibid.*, J.J., ébauche de roman autobiographique, *op. cit*,. p. 15.
26. *Ibid.*, lettre de Paul Maugé à J.J., 30 sept. 1954, P143/2/11.
27. *Ibid.*, lettres de Gabrielle Roy à J.J., 26 oct. et 16 nov. 1954, P143/2/10.
28. *Ibid.*, 7 déc. 1954.
29. Fonds Judith-Jasmin, J.J., carnets de voyage, 26 fév. 1955, P143/6/58.
30. *Ibid.*, René Lévesque, mémo par télétype à la direction, 6 juil. 1955, P143/4/40.
31. *Ibid.*, Claude Bertrand citant J.J. «L'homme humain en Inde», *Vrai*, Montréal, 22 oct. 1955, P143/7/64.

32. *Ibid.*, «Judith Jasmin parle de son voyage en Inde», *Bulletin du Cercle juif*, Montréal, déc. 1955, P143/6/63.
33. Collection Claude Jasmin, deux feuilles détachées écrites à la main et non datées, probablement de mai ou de juin 1956, *op. cit.*
34. Fonds Judith-Jasmin, J.J., journal, tablette de sténo lac Marois, 1955-1956, 6 fév. 1956, P143/6/59.
35. *Ibid.*, J.J., journal, tablette de sténo «Paris», fév. 1957, P143/6/59.
36. Pierre Léger, *op. cit.*
37. Fonds Judith-Jasmin, J.J., mémo au directeur des programmes, non daté, P143/2/12.

Chapitre 7
Paris, la libération

1. Collection Claude Jasmin, lettre de R.J. à sa famille, nov. 1958.
2. Fonds Judith-Jasmin, lettre de J.J. à sa famille, 14 oct. 1956, P143/1/2.
3. *Ibid.*, J.J., tablette de sténo «À bord de *l'Homéric*», sept. 1956, P143/6/59.
4. *Ibid.*, J.J., tablette de sténo «Paris», 29 janv. 1957, P143/6/59.
5. *Ibid.*, bilan 10 mars 1957, P143/6/59.
6. *Ibid.*
7. Fonds Judith-Jasmin, J.J., tablette de sténo Paris, 25 sept. 1957, P143/6/59.
8. Puck Kasma, *op. cit.*
9. Collection Claude Jasmin, lettre de J.J. à C.J., 15 nov. 1957.
10. Brigitte Morissette, «Judith Jasmin à New York: "Je repars à zéro"», *La Patrie*, Montréal, 2 oct. 1966, Archives de Radio-Canada.
11. Collection Claude Jasmin, lettre de J.J. à A.J., 15 nov. 1958.
12. *Ibid.*, lettre de J.J. à sa famille, 17 mai sans année, probablement 1958.
13. Fonds Judith-Jasmin, J.J., «Quelques brèves rencontres...», *op. cit.*
14. Collection Claude Jasmin, lettre de J.J. à Monique Jasmin, 28 janv. 1959.
15. *Ibid.*, lettre de J.J. à sa famille, 9 janv. 1959.
16. *Ibid.*, lettre de J.J. à sa famille, 28 janv. sans année, probablement 1959.
17. *Ibid.*, lettre de J.J. à A.J., 2 fév. 1959.
18. *Ibid.*, lettre de J.J. à A.J., 11 fév. sans année, probablement 1959.
19. *Ibid.*, lettre de J.J. à J.M. Laporte, sans date.
20. *Ibid.*, lettre de J.J. à C.J., 13 fév. sans année, probablement 1959.
21. *Ibid.*, lettre de J.J. à A.J., 11 fév. sans année, probablement 1959.
22. *Ibid.*, lettre de J.J. à sa famille, 13 fév. sans année, probablement 1959.

23. *Ibid.*, lettre de J.J. à C.J., 28 fév. 1959.
24. *Ibid.*, lettre de J.J. à sa famille, 23 mars 1959.
25. Annonce payante: Amédée Jasmin, notaire, le candidat-social démocrate, «Raisons d'être social-démocratique en 1956», *La Voix populaire*, Saint-Henri, p. 16, 18 juin 1956, Bibliothèque municipale de Terrebonne.
26. Collection Claude Jasmin, lettre de J.J. à sa famille, 17 mai, sans année, probablement 1958.
27. Entrevue de J.J., *Propos et confidences*, *op. cit.*
28. Brigitte Morissette, *op. cit.*
29. Claude Pascal, «Judith ferait parler la Tour Eiffel...», *La Patrie*, Montréal, le 13 juil. 1958.
30. Fonds Judith-Jasmin, J.J., «Quelques brèves rencontres...», *op. cit.*

Chapitre 8
Le Québec, l'engagement

1. Hélène Pilotte, Judith Jasmin, *Châtelaine*, *op. cit.*
2. Hermine Beauregard, «Impartiale dans son métier et ferme dans ses principes», *Le Petit Journal*, Montréal, 9 mars 1972, Archives de Radio-Canada.
3. Fonds Judith-Jasmin, «Émission de TV sur l'Espagne critiquée», «*Premier Plan* sur l'Espagne: Madrid exprime son regret» et deux lettres à l'éditeur et la réponse de Judith Jasmin, *Le Devoir*, sans date, P143/6/63.
4. Andréanne Lafond, «Vues... en face», *Points de vue*, Montréal, Vol. 6, n° 3, nov. 1960, Bibliothèque nationale du Québec.
5. Fonds Judith-Jasmin, J.J., «Les Surprises du journalisme», Conférence, sept. 1960, P143/3/27.
6. Texte de J.J., Cuba, *Premier Plan*, CBFT, Radio-Canada, Montréal, 14 août 1960, Archives de Radio-Canada.
7. *Ibid.*, J.J., «Pour un nationalisme positif...», conférence, Club Kiwanis, Laval, 28 fév. 1963, P143/4/44. Texte complet *in Défense de la liberté*, choix de textes de Judith Jasmin, Montréal, Boréal, collection «Papiers collés», 1992.
8. *Ibid.*, J.J., «Reportage imaginaire sur le Canada français», conférence, Club Richelieu, Trois-Rivières, 26 nov. 1960, P143/4/44. Texte complet *in Défense de la liberté*, choix de textes de Judith jasmin, Montréal, Boréal, collection «Papiers collés», 1992.
9. J.J. citée par Michèle A.-Mailhot *in* «Qu'est-ce qu'un intellectuel?», *Points de vue*, Montréal, Vol. 6, n° 8, avril 1961, Bibliothèque nationale du Québec.
10. Fonds Judith-Jasmin, lettre de J.J. au Frère Pierre-Jérôme, non datée, P143/2/10.

11. Denis Monière, *op. cit.*, p. 275-277.
12. *Ibid.*, J.J., tablette de sténo «L'École neutre», P143/6/59.
13. *Ibid.*, J.J., «Pour un nationalisme positif», *op. cit.*
14. *Ibid.*, «M. Lucien Tremblay dénonce une émission de *Premier Plan* et les "apprentis Castro"» et *Premier Plan*» (lettre de Catherine), journal non identifié sans date, P143/6/63.
15. Gérard Pelletier, «Ce métier n'est pas un paillasson», *Cité libre*, Montréal, juin-juillet 1961, Bibliothèque nationale du Québec.
16. Fonds Judith-Jasmin, texte de J.J., «La Suède, les difficultés d'être heureux» (troisième émission), *Premier Plan*, CBFT, Radio-Canada, Montréal, 14 fév. 1962, P143/3/20.
17. «Rencontre avec Judith Jasmin», article non signé, *Points de vue*, Montréal, oct. 1962, Bibliothèque nationale du Québec.
18. Fonds Judith-Jasmin, J.J., «Pour un nationalisme positif», *op. cit.*
19. Claude-Lyse Gagnon, «Judith Jasmin: "J'avais un bon sujet de reportage à proposer à Radio-Canada, la peur!"», *Le Nouveau Journal*, Montréal, 20 déc. 1961.

Chapitre 9
Le phare d'une génération

1. Puck Kasma, *op. cit.*
2. Entrevue de J.J. par Wilfrid Lemoine, *Format 30*, CBFT, Radio-Canada, Montréal, 8 mars 1972.
3. Fonds Judith-Jasmin, texte de J.J., «Noisy-le-Grand ou le poids du mépris», *Premier Plan*, CBFT, Radio-Canada, Montréal, oct. 1962, P143/3/20.
4. Fonds Judith-Jasmin, Jean Hamelin, «Radio-TV, Arts et spectacles», *Le Magazine Maclean*, Montréal, avril 1962, P143/6/63.
5. Entrevue de J.J. par Françoise Faucher, *Femme d'aujourd'hui*, CBFT, Radio-Canada, Montréal, 15 mars 1972.
6. Entrevue de J.J. par Lise Payette, «La minute de vérité» *in À votre choix*, animé par Nicole Germain, CBFT, Radio-Canada, Montréal, 7 oct. 1966.
7. Louis Fournier, *F.L.Q. (Histoire d'un mouvement clandestin)*, Montréal, Québec/Amérique, 1982.
8. Fonds Judith-Jasmin, «Discours prononcé par Mlle Judith Jasmin, à l'Université de Montréal», 14 sept. 1962, P143/4/44. Texte complet *in Défense de la liberté*, choix de textes de Judith jasmin, Montréal, Boréal, collection «Papiers collés», 1992.
9. *Ibid.*, J.J., «Quelques brèves rencontres...», *op. cit.*
10. Collection Claude Jasmin, brouillon de lettre de J.J. à J. Châtelain écrit sur pages d'agenda détachées, daté le 13 juin 1963.

11. Fonds Judith-Jasmin, Raymond Grenier, «Judith Jasmin réclame un nationalisme positif», journal non identifié et sans date, probablement *La Presse*, P143/6/63.
12. *Ibid.*, J.J., «Pour un nationalisme positif», *op. cit.*
13. Collection Claude Jasmin, brouillon de lettre de J.J. à J. Châtelain écrit sur pages d'agenda détachées, date probable: 23 avril 1963.
14. *Ibid.*, brouillon de lettre de J.J. à J. Châtelain écrit sur pages d'agenda détachées, daté le 13 juin 1963.
15. *Ibid.*
16. Texte de J.J., «L'Algérie», Champ libre, CBFT, Radio-Canada, Montréal, 26 oct. 1963, Archives de Radio-Canada. Texte complet *in Défense de la liberté*, choix de textes de Judith Jasmin, Montréal, Boréal, collection «Papiers collés», 1992.
17. *Ibid.*
18. Entrevue de J.J. par Françoise Faucher, *Femme d'aujourd'hui*, *op. cit.*
19. Hermine Beauregard, *op. cit.*
20. Fonds Judith Jasmin, «Lettre au F.L.Q.», publiée sous le titre «Lettre aux terroristes» dans *Le Devoir*, Montréal, 4 juil. 1963, P143/4/45.
21. Louis Fournier, *op. cit.*
22. Fonds Judith-Jasmin, «Madame Judith Jasmin fait une mise au point», *Le Devoir*, Montréal, 5 juil. 1963, P143/6/63.

Chapitre 10
Le plus grand des journalistes

1. Fonds Judith-Jasmin, texte de J.J., «L'Autre Joue», daté oct. 1963, *Champ libre*, CBFT, Radio-Canada, Montréal, 2 nov. 1963, P143/3/21.
2. Texte de J.J., «James Baldwin», *Champ libre*, CBFT, Radio-Canada, Montréal, 23 nov. 1963, Archives de Radio-Canada.
3. Entrevue de J.J. par Lise Payette, *À votre choix*, *op. cit.*
4. Fonds Judith-Jasmin, lettre de L.-P. Gagnon à J.J., 28 avril 1964, P143/4/45.
5. *Ibid.*, Solange Chalvin, «Judith Jasmin raconte 30 heures de prison...,» *Le Devoir*, Montréal, 25 avril 1964, P143/6/63.
6. *Ibid.*, J.J., «L'Engagement de la journaliste: engagement social», communication, Colloque sur l'engagement, le Cercle des femmes journalistes, Montréal, 24 mai 1964, P143/4/44. Texte complet *in Défense de la liberté*, choix de textes de Judith Jasmin, Montréal, Boréal, collection «Papiers collés», 1992.
7. *Ibid.*, J.J., «LA PRESSE LIBRE, défense de la liberté», 1er nov. 1964, P143/4/43.
8. *Ibid.*, texte de J.J., «L'Autre joue», *op. cit.*
9. Maurice Côté, «Mlle Lamarsh donne raison aux hommes qui trouvent que les femmes parlent trop», *Journal des vedettes*, Montréal, 25 nov. 1967.

10. Fonds Judith-Jasmin, texte de J.J., «Les Fils d'Inuk», *Champ libre*, CBFT, Radio-Canada, Montréal, 7 nov. 1964 P143/3/21. Texte complet *in Défense de la liberté*, choix de textes de Judith jasmin, Montréal, Boréal, collection «Papiers collés», 1992.
11. Pierre Léger, *op. cit.*
12. Fonds Judith-Jasmin, texte de présentation du reportage sur le Brésil (J.J. répondant aux questions de Guy Mauffette), *Le Sel de la semaine*, CBFT, Radio-Canada, Montréal, 14 juin 1965, P143/3/34.
13. *Ibid.*, Jacques Keable, «Radio-télévision», *La Presse*, Montréal, 18 janv. 1965, P143/3/21.
14. *Ibid.*, texte de J.J., «Les Indiens du Québec», *Champ libre*, CBFT, Radio-Canada, Montréal, 16 janv. 1965. Texte complet *in Défense de la liberté*, choix de textes de Judith Jasmin, Montréal, Boréal, collection «Papiers collés», 1992.
15. *Ibid.*, J.J., «Quelques brèves rencontres...», *op. cit.*
16. *Ibid.*
17. Photocopie d'une lettre de J.J. à Francine Doyon-Cornu, non datée, remise par la destinataire.
18. *Ibid.*
19. En 1980, j'étais journaliste à l'émission radiophonique d'affaires publiques *Présent*. J'appris par expérience personnelle combien, aux yeux de la direction de l'Information, le critère de l'apparence d'objectivité supplantait, au déficit du public, le critère de la qualité de l'information, ainsi que l'existence d'une liste noire d'invités «secrète» que, dans mon ignorance, seule l'autocensure m'aurait permis de respecter. Pendant la campagne référendaire, l'objectif premier de la couverture du réseau français était de parvenir à un parfait équilibre quantitatif de l'information, soit un nombre rigoureusement égal de présences au micro des porte-parole et sympathisants des camps du Non et du Oui. Couvrions-nous adéquatement le débat référendaire, passions-nous à côté? La balance quantitative comptait avant tout... Je couvrais, le 7 avril, au Forum de Montréal, la Soirée des Yvettes organisée par le Parti libéral du Québec, membre du Comité du Non, événement que l'éditorialiste du *Devoir*, Lise Bissonnette, et la pluaprt de ses confrères allaient qualifier de «ressac antiféministe» et interpréter comme une réponse de la «majorité silencieuse des ménagères» au mouvement féministe alors qu'il était une manifestation partisane fort bien orchestrée et l'expression de l'option fédéraliste de quatorze mille femmes, heureuses qu'on leur demande pour une fois d'exprimer leur opinion publiquement. Sur place, c'était une évidence pour moi comme pour ma consœur de *La Presse*, Lysiane Gagnon, à travers les entrevues glanées dans l'assistance, à l'écoute des discours des oratrices qui ne faisaient référence ni à Lise Payette ni au féminisme et dans l'entrevue que m'avait

accordée l'une d'entre elles, la ministre fédérale Monique Bégin, sans compter que des analyses rigoureuses le montreront clairement par la suite. Pour compléter le reportage et après une recherche consciencieuse, j'avais invité en studio, pour analyser l'événement, Anne Legaré, professeure en sciences politiques à l'Université du Québec à Montréal, parce qu'elle offrait l'analyse la plus pertinente et la plus intéressante des quelques femmes spécialistes capables de traiter le sujet — les hommes universitaies ne s'intéressaient pas à la question des femmes et n'y connaissaient rien. À l'écoute de l'émission dans son bureau, Marc Thibault, alors grand patron de l'information, eut un accès de colère rouge ou noire, je ne sais, en entendant le nom de l'invitée en studio: «C'était une indépendantiste et une socialiste avouée». Après l'avoir écoutée, il ajouta, j'imagine avec un soupir de soulagement: «Elle n'a pas été si pire». Étonnant commentaire au sujet de l'invitée et mauvaise note pour moi. Pourtant, je n'interrogeais pas mon invitée sur ses options référendaire ou socialiste et je ne m'en étais pas préoccupée; en professionnelle, elle s'en était tenue au sujet, et le public avait eu droit à une analyse des plus justes et des plus éclairantes du moment sur le phénomène des Yvettes.

20. Fonds Judith-Jasmin, J.J., page détachée semblant faire partie d'un texte plus complet, P143/4/44.

Chapitre 11
Pionnière une dernière fois

1. Hélène Pilotte, *op. cit.*
2. Entrevue de J.J. par Nicole Germain, *À votre choix*, *op. cit.*
3. Maurice Côté, *op. cit.*
4. Brigitte Morissette, *op. cit.*
5. «Judith Jasmin, commentrice au téléjournal de Radio-Canada», *Le Devoir*, Montréal, 2 sept. 1966, Archives de Radio-Canada.
6. Louis Fournier, *op. cit.*, p. 136.
7. Manuel Maître, «Judith Jasmin se plaît à New York», *La Patrie*, Montréal, 23 oct. 1966, Archives de Radio-Canada.
8. Louis Fournier, *op. cit.*, p. 138.
9. Fonds Judith-Jasmin, texte de l'émission «Aux Frontières de la terre promise» (1ère partie), *Caméra 67*, CBFT, Radio-Canada, Montréal, 3 avril 1967, P143/7 avant le traitement du Fonds en 1986.
10. Maurice Côté, *op. cit.*
11. Denise Prézeau, «Après avoir séjourné pendant quatre ans à New York et à Washington, Judith revient à Montréal», *Ici Radio-Canada*, Vol. 4, n° 30, Montréal, 18 juil. 1970; Maurice Côté, *op. cit.*

12. Collection Claude Jasmin, J.J., feuilles détachées d'agenda, 17 mars 1967.
13. Denise Prézeau, *op. cit.*
14. Judith Jasmin, «Reportage de Judith Jasmin sur l'assassinat de R. Kennedy», *La Semaine à Radio-Canada*, Vol. 2, n° 30, 20-26 juil. 1968, p. 3. Texte complet *in Défense de la liberté*, choix de textes de Judith Jasmin, Montréal, Boréal, collection «Papiers collés», 1992.
15. Collection Claude Jasmin, J.J., feuilles détachées d'agenda, sept. 1968.
16. Entrevue de J.J. par Françoise Faucher, *Femme d'aujourd'hui*, *op. cit.*
17. *Ibid.*
18. Entrevue de J.J., *RSVP*, *op. cit.*
19. Entrevue de J.J. par Françoise Faucher, *Femme d'aujourd'hui*, *op. cit.*
20. Fonds Judith-Jasmin, J.J., «Journée des Nations Unies», conférence, Québec, 24 oct. 1969, P143/3/35. Texte complet *in Défense de la liberté*, choix de textes de Judith Jasmin, Montréal, Boréal, collection «Papiers collés», 1992.
21. Louis Fournier, *op. cit.*, p. 201-221.
22. Puck Kasma, *op. cit.*
23. Entrevue de J.J. par Lise Payette, *Place aux femmes*, CBF, Radio-Canada, Montréal, 30 déc. 1968.
24. Jean Provencher, *René Lévesque, portrait d'un Québécois*, Montréal, La Presse, 1973.
25. René Lévesque, *Attendez que je me rappelle...*, Montréal, Québec/Amérique, 1987.
26. *Ibid.*, p. 160.
27. Article non signé, «Monstre sacré des ondes, Après 33 ans de métier, Judith Jasmin continue avec enthousiasme», *La Patrie*, Montréal, 7 janv. 1971.

Chapitre 12
La fureur de vivre

1. Louis Fournier, *op. cit.*, p.278-279.
2. Fonds Judith-Jasmin, J.J., «L'Engagement de la journaliste: engagement social», *op. cit.*
3. Lettre de Judith Jasmin à Jeanne Lapointe, remise par la destinataire, 30 sept. 1970.
4. Fonds Judith-Jasmin, lettre d'Éthéra Mackarachvili à J.J., 17 août 1970, P143/1/7.
5 Lettre de Judith Jasmin à Jeanne Lapointe, remise par la destinataire, 25 oct. sans année, probablement 1970.
6. Fonds Judith-Jasmin, document, P143/4/45.

7. Fonds Judith-Jasmin, Claude Jasmin, «Petit requiem pour ma "Petite cousine"», *op. cit.*
8. Lettre de Judith Jasmin à Jeanne Lapointe, remise par la destinataire, 10 janv. 1971.
9. *Ibid.*
10. Entrevue de J.J., *RSVP*, *op. cit.*
11. *La femme à Radio-Canada*, Rapport du groupe de travail sur la condition de la femme, Société Radio-Canada, 1975, p. 3.
12. Véronique O'Leary et Louise Toupin, *Québécoises deboutte!, tome 1*, Montréal, Remue-ménage, 1982; Colette Beauchamp, «Nous sommes les championnes du cheap labor!», *Châtelaine*, Montréal, oct. 1977.
13. Collectif Clio, *op. cit.*, p.461.
14. Lettre de Judith Jasmin à Jeanne Lapointe, remise par la destinataire, 13 déc. sans année, probablement 1970.
15. Hermine Beauregard, *op. cit.*
16. Fonds Judith-Jasmin, Jean de Guise, «Un collègue se souvient», *Journal de Montréal*, Montréal, 21 oct. 1972, P143/6/63.
17. *Ibid.*, J.J., «Quelques brèves rencontres...», *op. cit.*
18. Entrevue de J.J. par Françoise Faucher, *Femme d'aujourd'hui*, *op. cit.*
19. Marie Laurier, texte de présentation de Judith Jasmin, remise du prix Olivar-Asselin, 7 mars 1972, Archives de la société Saint-Jean-Baptiste à Montréal.
20. Cécile Brosseau, «Judith Jasmin prix Olivar-Asselin», La Presse, Montréal, 8 mars 1972, Archives de Radio-Canada.
21. Judith Jasmin, allocution à l'issue de la remise officielle du prix Olivar-Asselin, 7 mars 1972, Archives de la société Saint-Jean-Baptiste à Montréal.
22. Entrevue de J.J. par Françoise Faucher, *Femme d'aujourd'hui*, *op. cit.*
23. Entrevue de J.J. par Wilfrid Lemoine, *Format 30*, *op. cit.*
24. Fonds Judith-Jasmin, lettre de Gabrielle Roy à J.J., 13 fév. 1972, P143/2/10.
25. Lettre de J.J. à Gabrielle Roy, publiée dans «Cuba 1960, Judith Jasmin empruntait les durs sentiers d'une Terre Promise», *Châtelaine*, Montréal, mai 1973.
26. «Hommages à Judith Jasmin (Sénateur Thérèse Casgrain, "une amie de toujours"», *op. cit.*
27. Pierre Léger, *op. cit.*
28. Collection Claude Jasmin, document.
29. Collection Claude Jasmin, document.
30. Marthe Nicol, *op. cit.*
31. Entrevue de J.J. par Wilfrid Lemoine, *Format 30*, *op. cit.*
32. Fonds Judith-Jasmin, J.J., «La femme et son univers», *op. cit.*
33. Fonds Judith-Jasmin, texte de J.J., «La Suède, les difficultés d'être heureux», *op. cit.*

BIBLIOGRAPHIE

Maïté Albistur, Daniel Armogathe, *Histoire du féminisme français du moyen âge à nos jours*, Paris, Éditions des femmes, 1977.

Hermas Bastien, *Olivar Asselin*, Montréal, Éditions Bernard Valiquette, 1938.

Le Collectif Clio, Micheline Dumont, Michèle Jean, Marie Lavigne, Jennifer Stoddart, *L'Histoire des femmes au Québec depuis quatre siècles*, Montréal, Les Quinze éditeur, 1982.

Comité du livre du 150e de Saint-David d'Yamaska, *Histoire de Saint-David d'Yamaska 150e*, Sorel, Éditions Beaudry et Frappier, 1981.

Michel Coulombe et Marcel Jean, *Le Dictionnaire du cinéma québécois*, Montréal, Boréal, 1991.

Sous la direction de Yolande Cohen, *Femmes et politiques, Les Idées du jour*, Montréal, Le Jour éditeur, 1981.

Jacques Corbeil, Aimé Despatis, *Terrebonne, 110 ans d'histoire (Et de petites histoires) du Conseil municipal*, Terrebonne, Ville de Terrebonne, 1991.

Odile Dhavernas, *Droit des femmes, Pouvoir des hommes*, Paris, Éditions du Seuil, 1978.

Fernand Dumont, *Les Idéologies au Canada français, volume 2, 1900-1929*, Québec, Les Presses de l'Université Laval, 1974.

Fernand Dumont, *Les Idéologies au Canada français, volume 3*, Québec, Les Presses de l'Université Laval, 1978.

François Fonvieille-Alquier, *Ils ont tué Jaurès*, Paris, Éditions Robert Laffont, 1968.

Louis Fournier, *F.L.Q. Histoire d'un mouvement clandestin*, Montréal, Québec/Amérique, 1982.

Graham Fraser, *Le Parti québécois*, Montréal, Libre Expression, 1984.

Marcel-Aimé Gagnon, *Olivar Asselin toujours vivant*, Montréal, Les Presses de l'Université du Québec à Montréal, 1974.

Henri Guillemin, *L'arrière-pensée de Jaurès*, Paris, Gallimard, 1966.

Gisèle Héroux, *La Jeunesse de Judith Jasmin*, thèse de maîtrise, Université Carleton, Ottawa, décembre 1982.

«Histoire des luttes féministes au Québec», *Possibles*, Montréal, 1979, vol. 4, n° 2.

Michèle Jean, «Idola Saint-Jean», dans *Mon héroïne (Les lundis de l'histoires an 1)*, Montréal, Éditions du Remue-ménage, 1981.

Marie Lavigne, Yolande Pinard, *Les Femmes dans la société québécoise*, Montréal, Boréal Express, 1977.

Claude Larivière, *Albert St-Martin, militant d'avant-garde*, Montréal, Éditions coopératives Albert St-Martin, 1979.

Les Insolences du frère Untel, Montréal, Éditions de l'Homme, 1960.

Diane Lamoureux, *Citoyennes? femmes droit de vote et démocratie*, Montréal, Éditions du Remue-ménage, 1989.

Andrée Lévesque, *La Norme et les déviantes, des femmes du Québec pendant l'entre-deux-guerres*, Montréal, les éditions du Remue-ménage, 1989.

André Lévesque, *Virage à gauche interdit*, Montréal, Boréal Express, 1984.

Paul-André Linteau, *Histoire de Montréal depuis la Confédération*, Montréal, Boréal, 1982.

Paul-André Linteau, René Durocher, Jean-Claude Robert, *Histoire du Québec contemporain, de la confédération à la crise (1867-1929)*, Montréal, Boréal Express, 1979.

Paul-André Linteau, René Durocher, Jean-Claude Robert, François Ricard, *Histoire du Québec contemporain, Tome II, Le Québec depuis 1930*, Montréal, Boréal Compact, 1989.

Denis Monière, *André Laurendeau*, Montréal, Québec/Amérique, 1983.

Denis Monière, *Le développement des idéologies au Québec*, Ottawa, Québec/Amérique, 1977.

«Libération des femmes, année Zéro», numéro spécial, *Partisans*, Paris, François Maspero éditeur, juillet-octobre 1970, nos 54-55.

René Lévesque, *Attendez que je me rappelle...*, Montréal, Québec/Amérique, 1987.

Véronique O'Leary, Louise Toupin, *Québécoises Deboutte!, Tome 1, Une anthologie de texte du Front de libération des femmes (1969-1971) et du Centre des femmes (1972-1975)*, Montréal, Éditions du Remue-ménage, 1982.

Gérard Pelletier, *Les Années d'impatience, 1950-1960*, Montréal, éditions Alain Stanké, 1983.

Jean Provencher, *René Lévesque, portrait d'un Québécois*, Montréal, Éditions La Presse, 1973.

Jean-Louis Roux, «Radio-Canada 1959», *En grève*, Montréal, Le Jour Éditeur, 1963.

Louis-Martin Tard, *Vingt ans de théâtre au Nouveau Monde*, Montréal, Le Jour Éditeur, 1971.

Gérard Tougas, *Histoire de la littérature canadienne-française*, Presses universitaires de France, 1966.

Vingt-cinq à la une, biographies, Montréal, le Cercle des femmes journalistes, 1976.

Mason Wade, *Les Canadiens français de 1760 à nos jours, tome II*, Montréal, Cercle du livre de France, 1966.

INDEX

E

TABLE DES MATIÈRES

Autres titres au catalogue du Boréal

Emmanuel Aquin, *Incarnations*

Emmanuel Aquin, *Désincarnations*

Emmanuel Aquin, *Réincarnations*

Denys Arcand, *Le Déclin de l'empire américain*

Denys Arcand, *Jésus de Montréal*

Gilles Archambault, *À voix basse*

Gilles Archambault, *L'Obsédante Obèse et autres agressions*

Gilles Archambault, *Les Choses d'un jour*

Gilles Archambault, *Enfances lointaines*

Manon Barbeau, *Merlyne*

Julien Bigras, *Ma vie, ma folie*

Lise Bissonnette, *Marie suivait l'été*

Marie-Claire Blais, *Une saison dans la vie d'Emmanuel*

Réjane Bougé, *L'Amour cannibale*

Jacques Brault, *Agonie*

Ralph Burdman, *Tête-à-tête*

Louis Caron, *Le Canard de bois. Les Fils de la liberté I*

Louis Caron, *La Corne de brume. Les Fils de la liberté II*

Louis Caron, *Le Coup de poing. Les Fils de la liberté III*

Louis Caron, *Racontages*

Claude Charron, *Probablement l'Espagne*

Lyse Desroches, *La Vie privée*

Paule Doyon, *Le Bout du monde*

Louisette Dussault, *Môman*

Gloria Escomel, *Pièges*

Madeleine Ferron, *Un singulier amour*

Madeleine Ferron, *Le Grand Théâtre*

Gilberto Flores Patiño, *Esteban*

Roger Fournier, *Chair Satan*

Lise Gauvin, *Fugitives*

Michel Goeldlin, *Juliette crucifiée*

François Gravel, *Benito*

François Gravel, *L'Effet Summerhill*

François Gravel, *La Note de passage*

François Gravel, *Bonheur fou*

Louis Hémon, *Maria Chapdelaine*

Suzanne Jacob, *Les Aventures de Pomme Douly*

Marie Laberge, *Juillet*

Marie Laberge, *Quelques Adieux*

Micheline La France, *Le Talent d'Achille*

Robert Lalonde, *Le Fou du père*

Raymonde Lamothe, *N'eût été cet été nu*

Mona Latif Ghattas, *Les Voix du jour et de la nuit*

Mona Latif Ghattas, *Le Double Conte de l'exil*

Monique Larouche-Thibault, *Amorosa*

Monique Larouche-Thibault, *Quelle douleur!*

Hélène Le Beau, *La Chute du corps*

Louis Lefebvre, *Guanahani*

Michèle Mailhot, *Béatrice vue d'en bas*

Michèle Mailhot, *Le Passé composé*

André Major, *Histoires de déserteurs*

Marco Polo, *Le Nouveau Livre des Merveilles*

Gilles Marcotte, *La Vie réelle*

Eric McCormack, *Le Motel Paradise*

Guy Ménard, *Jamädhlavie*

Marco Micone, *Le Figuier enchanté*

Pierre Nepveu, *L'Hiver de Mira Christophe*

Michael Ondaatje, *Le Blues de Buddy Bolden*

Fernand Ouellette, *Lucie ou un midi en novembre*

Nathalie Petrowski, *Il restera toujours le Nebraska*

Raymond Plante, *Avec l'été*

Jean-Marie Poupart, *Beaux Draps*

Jean-Marie Poupart, *La Semaine du contrat*

Jean-Marie Poupart, *L'Accident du rang Saint-Roch*

André Pronovost, *Appalaches*

Bruno Ramirez et Paul Tana, *La Sarrasine*

Yvon Rivard, *Les Silences du corbeau*

Heather Robertson, *L'homme qui se croyait aimé*

Alain Roy, *Quoi mettre dans sa valise?*

Gabrielle Roy, *De quoi t'ennuies-tu Éveline?* suivi de *Ély! Ély! Ély!*

Gabrielle Roy, *La Détresse et l'Enchantement*

Gabrielle Roy, *Ma chère petite sœur*

Joseph Rudel-Tessier, *Roquelune*

Jacques Savoie, *Les Portes tournantes*

Jacques Savoie, *Le Récif du Prince*

Jacques Savoie, *Une histoire de cœur*

Éric Simon, *L'Amoureux cosmique*

Christiane Teasdale, *À propos de l'amour*

Marie José Thériault, *Les Demoiselles de Numidie*

Marie José Thériault, *L'Envoleur de chevaux*

Dalton Trumbo, *Johnny s'en va-t-en guerre*

Pierre Turgeon, *Le Bateau d'Hitler*

Serge Viau, *Baie des Anges*

Claude-Emmanuelle Yance, *Alchimie de la douleur*

Typographie et mise en pages:
Les Éditions du Boréal

Ce deuxième tirage a été achevé d'imprimer
en décembre 1992
sur les presses de l'Imprimerie Gagné
à Louiseville, Québec